高等学校新国贸创新系列教材

U0866583

ZHONGGUO DUIWAI MAOYI GAILUN

中国对外贸易概论

（第四版）

主　编　黄建忠
副主编　张秋菊

高等教育出版社·北京

内容提要

本书是高等学校新国贸创新系列教材之一。本书共 13 章，主要内容包括：中国对外贸易的现状、问题与政策，对外贸易与经济增长，对外贸易理论依据，加入 WTO 与对外贸易体制改革，对外服务贸易，对外贸易与利用外资，对外贸易与对外直接投资，对外贸易与知识产权保护，对外贸易与环境保护，对外贸易关系与全球价值链，对外贸易摩擦，对外贸易宏观调控，对外贸易战略。

本书适合作为高等学校国际贸易专业相关课程教材，也可作为社会人士的自学用书。

图书在版编目(CIP)数据

中国对外贸易概论/黄建忠主编.—4 版.—北京：高等教育出版社，2021.11

ISBN 978-7-04-057203-2

Ⅰ. ①中… Ⅱ. ①黄… Ⅲ. ①对外贸易-中国-高等学校-教材 Ⅳ. ①F752

中国版本图书馆 CIP 数据核字(2021)第 214082 号

策划编辑 刘自挥 郭昕宇 **责任编辑** 郭昕宇 **封面设计** 张文豪 **责任印制** 高志富

出版发行	高等教育出版社	**网　　址**	http://www.hep.edu.cn
社　　址	北京市西城区德外大街 4 号		http://www.hep.com.cn
邮政编码	100120		http://www.hep.com.cn/shanghai
印　　刷	上海华教印务有限公司	**网上订购**	http://www.hepmall.com.cn
开　　本	787 mm×1092 mm 1/16		http://www.hepmall.com
印　　张	18.25		http://www.hepmall.cn
字　　数	399 千字	**版　　次**	2003 年 5 月第 1 版
			2021 年 11 月第 4 版
购书热线	010-58581118	**印　　次**	2021 年 11 月第 1 次印刷
咨询电话	400-810-0598	**定　　价**	40.00 元

物 料 号 57203-00

第四版前言

当前中国对外贸易形势已发生了巨大变化，经济已经进入新常态，建设贸易强国、实现经济高质量增长成为急需解决的问题。紧跟当前时代特征，本教材围绕“如何建设贸易强国”的主题展开，作者在第三版框架体系内容的基础上作了一系列调整。

本教材的主要特点：第一，在内容方面具有很强的逻辑框架。第一部分通过讨论中国对外贸易发展的世界贡献及中国对外贸易发展过程中存在的问题，为本教材后续章节讨论的内容作了铺垫。第二，结合时代特征对第三版教材内容进行了更新。例如，在第二章“对外贸易与经济增长”中，结合国家扩大进口战略要求，适当增加了关于进口贸易对经济高质量发展作用的分析；在第五章“对外服务贸易”中，添加了数字服务贸易相关内容；在第十章“对外贸易关系与全球价值链”中，从全球价值链的角度探讨如何发展与其他国家的经贸关系。第三，将国际经济学、法学、体制经济学、统计学与金融学等学科知识体系相结合，更有利于培养复合型外贸人才。

本教材由上海对外经贸大学黄建忠教授担任主编，张秋菊副教授担任副主编。具体分工如下：黄建忠负责教材总体框架设计；黄建忠和张秋菊负责统稿；第一、二、三章由张秋菊编写；第四章由张帆（上海对外经贸大学副教授）编写；第五、六、七章由高翔（上海对外经贸大学讲师）编写；第八章由代中强（上海对外经贸大学教授）编写；第九、十、十一、十二和十三章由赵瑞丽（上海对外经贸大学讲师）编写。

我们力求根据中国对外贸易形势的变化不断重塑教材内容，但在本教材修订过程中，由于作者精力和水平有限，难免有错误与不妥之处，期待读者和同行专家多提宝贵的意见和建议，以利于我们继续改进和完善本教材。

编　者

2021 年 6 月

第一版前言

现代经济发展的实践表明，对外贸易是经济增长与社会进步的强大羽翼。第二次世界大战后，国际贸易的迅速发展在全球范围内引起了国际分工体系的革命性改变和福利分配格局的重组，极大地促进了经济增长；日本、德国、亚洲“四小龙”提供了新的对外贸易增长促进经济发展的成功经验。20 世纪 80 年代以来，中国改革开放的实践再次佐证了这一观点。

当然，纵观世界经济的古往今来，各国发展对外贸易的国情、外部环境、所处阶段和战略步骤、途径与手段各不相同，产生的福利差异也各不一，甚至因对外贸易引致国弱民穷者也不乏其例，如 18 世纪的印度和 19 世纪鸦片战争时期的中国，以及近三十年来贸易对某些发展中国家经济增长产生的“贫困化增长”作用等。

鉴于对外贸易在当今世界经济发展中的重要地位及其作用的二重性，对外贸易越来越成为现代经济学研究的主题对象之一。对外贸易与经济增长、对外贸易理论与政策思想、加入世界贸易组织与对外贸易体制改革、对外贸易的产业经营和经济效益、对外贸易资本运营及风险管理、对外贸易与利用外资、对外服务贸易、对外贸易与知识产权保护、对外贸易与环境保护、对外贸易的宏观调控以及对外贸易发展战略等，已成为各国经济学界和政府必定关注的问题。这也是在中国对外贸易学科中，“中国对外贸易概论”作为一门独立的专业基础课程的基本依据。

中国高等院校目前使用的《中国对外贸易概论》教材，最早源于 20 世纪 50 年代初，是中国人民大学在苏联专家指导帮助下编写的，供研究生班教学使用的《中苏贸易关系》一书。其后三十余年间，由于中苏关系破裂、国际环境不佳，中国计划经济体制逐步陷入僵化，对外贸易与经济事业发展遭受严重挫折，全国高等院校的对外贸易学科或专业被迫纷纷取消，“中国对外贸易概论”课程也遭遗弃。1978 年，党的十一届三中全会召开，开启了中国长期关闭的国门。随着中国对外贸易经济合作的迅速发展和体制改革整体推进，全国高等院校对外贸易学科犹如雨后春笋般出现，对外贸易学科的教学内容和课程体系、教学改革随即被提上议事日程。20 世纪 80 年代初，由外经贸主管部门牵头，依靠少数教学单位和一批老专家、学者，重新开发了包括“中国对外贸易概论”在内的外经贸基础课程及其教材。这些课程和教材经过二十多年的改革和修订，沿用至今。

然而众所周知，中国近二十五年来对外经济贸易面貌所发生的变化，对外贸易体制经历的变革，何止是“一日千里”。而中国对外贸易经济理论与教学的发展，则因种种原因而显得缓慢。在“中国对外贸易概论”等重要专业基础课程内容、课程体系和教学方法上，甚至存在着某种“固化”的倾向与积弊。它具体表现为：①观点、内容陈旧。近些年来，《中国对外贸易概论》对中国对外贸易的认识仍然停留在原有的水平上。例如，对外贸易的作用基本上还是被界定于社会再生产的物质补偿、实现价值和价值增值等方面，未能从国际价值转移、动态比较优势和提升产业结构、增强国家和产业竞争力等深度来阐明问题，因而缺乏新的认识突破。②理论依据不足。现有的《中国对外贸易概论》教材仅从斯密、李嘉图、马克思、李斯特、俄林等人的有关理论解释一国对外贸易，且对这些经典理论的仅有分析又流于浅泛，令读者感同嚼蜡。事实上，中国外贸理论界对上述经典理论的研究十分不够，经典作家的深邃思想尚未得到挖掘。同时，第二次世界大战以来，国际经贸理论已有重大的发展，许多对国际贸易理论和现实的研究成果令人耳目一新，它们理应被纳入中国对外贸易的理论依据。③分析叙述方法落后。随着中国经济学研究和教学日益与国际接轨，《中国对外贸易概论》教材和课程教学在方法论上仍然停留于简单的定性分析、一般化的逻辑叙述，因而其分析叙述方法的贫乏落后暴露无遗。④课程体系创新慢。随着中国加快改革与扩大开放，特别是加入世界贸易组织后，中国对外贸易的宏观环境和真实内涵都发生了深刻的变化。世界贸易的一般规则、世界各国发展和管理对外贸易的经验做法，都对中国开展对外贸易产生着日益强烈的影响。《中国对外贸易概论》应当客观地反映出中国对外贸易的这一形势，反映对外贸易宏观调控的体制趋势。⑤总结实践经验不够。近年来，中国对外贸易实践步伐加快，对外服务贸易与市场准入、对外贸易与国际投资相结合、外贸产业经营与资本经营相协同等日益出新，但现有的《中国对外贸易概论》教材均未能对实践进行有效的总结。所以，《中国对外贸易概论》的教材、课程和教学革新势在必行。

摆在读者面前的新著《中国对外贸易概论》一书，是作者为尝试解决已有教材存在的上述问题，在理论研究上所付出的努力，也是作者十余年对外贸易教学的一项阶段性成果和近五年来对外经贸实践经历的总结。此前作者曾经由经济科学出版社出版的《国际贸易新论》一书，可看作本书的先行之作。出于逻辑和体系的需要，本书的个别章节直接引用了前书的论述。本书作为新著，作者希望它能够有别于国内已有的同类著作，尽力弥补以往教材的某些明显不足，同时也表达作者的一种革新愿望。当然，有其心未必得其力，有其名未必使有其实，书中不当之处甚至错误观点在所难免，敬祈学术界同仁给予批评指正，以共同促进中国对外经济贸易教育事业的发展。

本书得以顺利出版，首先要感谢厦门大学国际贸易系对于创新教材的一贯重视和支持，感谢领导和同仁们对作者的真诚爱护。同时，我要衷心地感谢高等教育出版社编辑，由于他(她)们的竭诚支持与辛勤工作，才使本书得以尽快付梓面世。

黄建忠

2003 年 4 月

目　录

第一章　中国对外贸易的现状、问题与政策

学习要点

1. 对外贸易与国际贸易的联系与区别；
2. 中国对外贸易发展的世界贡献；
3. 中国对外贸易发展过程中存在的问题；
4. 当前中国对外贸易发展的主要政策。

改革开放以来，中国对外贸易快速崛起，取得了巨大成就。但司时，我们也应该看到中国在发展对外贸易的过程中存在的问题。本章通过回顾中国对外贸易发展的历程，分析中国对外贸易发展背后存在的问题，并对今后对外贸易发展的举措进行了总结。

第一节　对外贸易与国际贸易的内涵

一、对外贸易的概念

对外贸易(foreign trade)是一国与世界其他国家之间物质产品和服务交换活动的总和。对外贸易是一国社会生产力发展到一定水平的产物，是一国参与国际分工、对外经济联系的重要形式。一国对外贸易的规模和水平，是衡量该国国民经济发展程度、对外开放程度的重要指标。对外贸易是一个随着交换内容不断增加而持续扩展的流通领域，对外贸易的概念包含以下三个层次：

(1) 对外贸易的基础或传统内涵是指一国对世界其他国家的商品进出口活动。从最早期的原始社会氏族或部落之间对少量剩余物品的交换开始，到国家与国家之间的大规模对外贸易的发展成形，对外贸易总是从有形的商品形态起步的。这种一国与其他国家之间的商品交换包括原材料、半成品、成品和制成品等不同的有形商品的跨国界买入和卖出，即商品进口与商品出口，它包括易货贸易、一般贸易、加工贸易

等具体形态。

(2) 对外贸易的发展或延伸性内涵是指一国对外商品交换与服务交换活动，包括商品贸易及商品贸易以外的劳务输出输入、工程承包、技术贸易、国际旅游、国际金融与保险、国际电信服务和国际运输等。

(3) 对外贸易的扩大内涵是指对外贸易服务业，包括与对外贸易活动相关的咨询、广告、包装、仓储、装卸、展览和翻译等。

对外贸易包含对外服务贸易活动。与对外商品贸易不同，对外服务贸易(foreign trade in service)是指一国对世界其他国家与地区的劳务、技术、金融保险、房地产、商业、运输、电信、旅游和文化体育等服务交换。服务贸易的一般特点是：①服务产品通常是无形的；②服务的生产和消费是同一过程；③服务不可储藏。因此，服务贸易的一般方式包括跨境提供、商业存在、市场准入、境外消费和自然人流动等。目前西方经济发达国家的服务业以金融、电信和房地产(建筑业)业为重点，而国际的服务贸易则主要是金融保险、技术贸易、劳务合作与工程承包、运输、旅游。

对外贸易最终表现为两种基本的状态，即外贸顺差和外贸逆差(foreign trade surplus & deficit)。外贸顺差是指一国在一定时期内对外商品和服务贸易的收入大于支出，出口贸易额超过进口贸易额，形成外汇结余；外贸逆差则指相反的情况，即一国在一定时期内对外商品和服务贸易的收入小于支出，进口贸易额超过出口贸易额，出现外汇缺口或短缺的状况。因此，外贸收支平衡情况通常能够说明一国的比较优势大小，或产业的国际竞争能力。但是，对外贸易传统上是一国作为主权国家发生的独立的对外交换行为，在一些发展中国家，对外贸易甚至被看作一国经济主权的存在方式和体现。因此，对外贸易是一个政策密集领域，一国的对外贸易政策经常对对外贸易活动、行为方式产生某种程度(局部的、暂时的)的扭曲。在这种情况下，外贸的进出口平衡通常是政策强行干预的结果，单纯依据外贸顺差或逆差多少，难以科学地判断一国对外贸易的发展水平和竞争能力。

对外贸易的直接目的和意义是，通过对外贸易获得商品和服务价值的最大化，获得商品与服务的价值增值。换言之，一国发展对外贸易是为了通过交换提高自身的商品生产和服务产业劳动生产率，以较低的成本换取等量或更大量的商品或服务，实现和确立动态的国际比较优势，促进本国经济发展与增进国民福利。

二、对外贸易与国际贸易的辩证关系

对外贸易是一国范围内，政府与企业对外进行的商品和服务的交换活动。从理论上严格地说，它是一种以“国民(籍)”作为统计口径的经济行为，不包括外资企业外贸行为的本国厂商的对外产品与服务交换活动，它是一国对外经济贸易活动中的基础部分，也是最真实地反映一国国际竞争力的经济活动环节。

国际贸易(international trade)是一种共同行为，它包含两重内涵：一方面从广义的统计意义上说，它是各国对外贸易的总和；另一方面从狭义的现代经贸发展角度而言，它是跨国公司的直接经营与跨国经营活动及其导致的结果。从某种程度分析，第二次世界大战后的资本主义对外贸易就是现代国际贸易。因为西方发达国家在第二次世界大战后的对外贸易，伴随着大量的跨国投资，因而跨国公司一开始便是现代国际贸易的重要主体。

由于国际生产要素或资源的相互流动，对外贸易开始进入一个与国际贸易相互交织的发展阶段。随着现代世界经济一体化和各国经济贸易活动日益国际化，对外贸易与国际贸易之间的界限日益模糊化。

但是，对外贸易与国际贸易两者间的差别是始终存在的。对于发展中国家来说，强调这一差异具有特别重要的意义。因为发展中国家要致力于民族经济的发展，必须以当代国际贸易的状况和发展趋势为现实背景，在利用跨国公司带来的经济贸易成果的同时，发展中国家必须特别重视发展本国的对外贸易，提高本国外贸产业的国际竞争能力。

三、现代国际贸易的发展状况与特征

国际贸易是国与国之间商品与服务进出口交换关系的总和，其概念内涵与各国对外贸易总和一致。国际贸易是国际社会共同的交换行为，对世界经济增长具有重要的作用。

第二次世界大战后，国际贸易正由单一的自由结汇贸易和易货贸易方式，向着贸易和技术转让、劳务输出输入、国际投资和合作经营等活动相结合的复合型国际贸易转化。

第二次世界大战后国际贸易的显著特征如下：

（1）在水平分工基础上的产业内贸易（intra-industry trade）迅速发展。特别是20世纪70年代以后，传统上发达国家与发展中国家之间的“垂直分工型”的国际贸易趋于相对萎缩，而发达国家之间“水平分工型”的国际贸易则迅速扩大，“产业内贸易”成为发展最为迅猛的国际贸易领域。

（2）国际贸易与国际投资相互促进，迅猛发展。当今世界贸易额的40%以上发生在跨国公司内部，以“国内生产-国际销售”为主的传统对外贸易正日益被“国际生产销售一体化”的现代国际贸易所取代，反映了在当代国际竞争中发达国家占据的强势地位。与此同时，作为国际贸易主体的跨国公司国际化程度大大加强，随着国际经济一体化和资本流动的加强，国际经济要素流动频繁发生将对世界经济产生短期调整（资本的先行流动）、中期调整（资源要素的相对全面流动——重新配置）的作用，并最终形成长期调整（产业结构的变化）的效果。因此，世界经济的相互依存程度也在日益提高。

（3）国际贸易与服务贸易相互促进。服务贸易尤其是技术贸易已经成为继资本要素后最为活跃的影响因素，随着发达国家产业结构的升级和“产业空洞化”趋势加强，服务贸易在世界对外贸易中的比重将继续增加。

第二节　中国对外贸易的崛起与世界贡献

1978年，党的十一届三中全会拉开了中国改革开放的新篇章，经济体制从计划

经济逐步向市场经济转变，随着改革开放的不断深入，中国对外贸易快速崛起，中国对外贸易高速增长，贸易规模不断扩大，成为世界商品贸易第一出口大国。

一、中国对外贸易的崛起

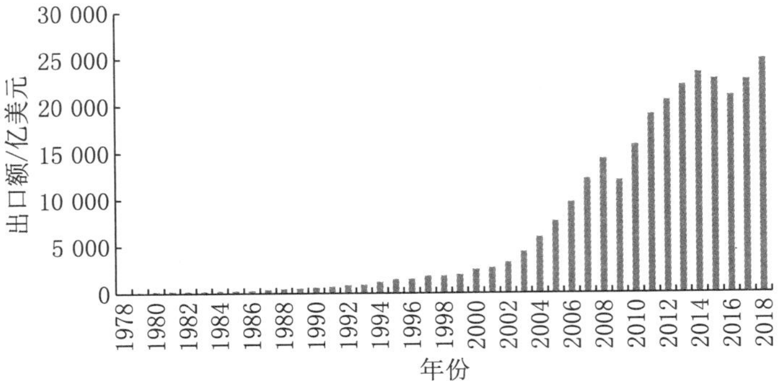

图 1-1　1978—2018 年中国商品出口额

数据来源：世界银行数据库。

1978—2018 年，中国商品出口额基本呈上升趋势，具体如图 1-1 所示。中国外贸出口额增量对世界贸易出口额增量的贡献率达到 13.74%。改革开放后，中国对外贸易发展主要经历了五个阶段①。由于不同阶段影响出口增长的内外部因素的差异，不同时期出口增长的速度也有差异。具体如下：

（一）探索尝试阶段：1978—1991 年

改革开放初期，中国对外贸易发展处于探索尝试阶段，这一阶段的主要政策是“简政放权、出口导向、引进外资”。通过这一阶段的改革，中国对外贸易取得了飞跃式发展。1978 年，中国出口总额仅为 97.5 亿美元，1991 年增长至 719.1 亿美元。贸易总额由 206.4 亿美元增长到 1 357 亿美元。1978 年贸易逆差 11.4 亿美元，到 1992 年变为贸易顺差 43.5 亿美元。外汇储备增长近 130 倍。

尽管这一阶段对外贸易取得了巨大成就，但仍存在诸多问题：首先，由于经济长期封闭运行，难以迅速与世界接轨，出口商品缺乏；其次，开放意识不足，许多制度推行中遇到较大阻碍；最后，市场经济体制尚未建立，投资环境对外资的吸引力较低。因此，对外贸易改革必须继续持续和深入。

（二）全面发展阶段：1992—2001 年

1992 年，中共十四大正式确立“中国经济体制改革的目标是建立社会主义市场经济体制”。在建立社会主义市场经济体制的过程中，中国对外贸易体制改革也在逐渐深化，对外贸易在推动国民经济发展中的作用愈加凸显。这一阶段的主要政策目标是将“走出去”和“引进来”相结合。主要举措有：进行汇率制度改革，建立以市场为基础的人民币汇率形成机制；取消外汇留成制度，放宽人民币兑换自由；降低关税总水平，取消大量进口限制措施；成立中国进出口银行，帮助企业出口；完善对外贸易法

---

① 倪沙，《改革开放 40 年来中国对外贸易发展研究》，《现代财经》，2018 年第 12 期。

律法规，营造良好的外贸环境；加强中介机构对贸易活动的服务作用。从 1992 年到加入 WTO 之前，中国对外贸易环境有较大改善。2001 年，中国对外贸易总额 5 097.6 亿美元，国际排名上升至第六位。

（三）纵深发展阶段：2002—2007 年

2001 年底中国加入世界贸易组织（WTO），是中国对外贸易发展进程中的一座里程碑，中国对外贸易从自主推进的单边开放向着相互多边开放转变，在不断融入国际规则体系的过程中，享受着贸易自由化的成果，出口实现快速增长。加入 WTO 后，中国对外贸易的主要目标是融入世界规则体系，实现互利共赢。

加入 WTO 后，中国经济融入世界经济体系的程度不断加深，中国对外贸易实现了突飞猛进的发展，由图 1-1 可以看出，在这期间中国出口增速明显加快。中国企业积极探索国际化道路，企业活力增强，国际市场竞争力提升；中国制造业科技研发意愿增强，国际交流增多，创新能力提高。出口结构持续优化。在开放共赢的理念下，中国努力营造良好的贸易和投资环境，对外资吸引力显著增加，贸易规模持续扩大。加入 WTO 使中国经济与世界经济联系更加紧密，一方面拓宽了中国经济发展空间，另一方面也加大了世界经济波动对中国的影响。

（四）危机应对阶段：2008—2011 年

2008 年美国爆发了次贷危机并引发了全球金融危机。金融危机对世界经济发展产生了极为不利的影响，国际贸易领域表现尤为明显。中国对外贸易受金融危机影响严重。由于许多国家对进口商品需求的持续减少，中国出口自 2008 年 11 月起，连续 7 个月大幅缩减，大量出口企业倒闭。为应对金融危机对贸易的冲击，鼓励企业对外投资，扩展国际市场。对“走出去”企业进行必要的资金和政策支持，创造良好的发展环境。在国际金融危机的影响下，中国对外贸易发展受到了严重冲击，但经过一系列应对措施的实施，对外贸易总量恢复了持续增长态势。

（五）对外贸易发展新时期：2012 年至今

2012 年后，中国经济结束了高速增长，步入了“新常态”。国内产能过剩，资源供应紧缺。与此同时，国际社会上，贸易保护主义抬头，国际市场竞争愈发激烈。在此背景下，中国对外贸易政策也发生了变化。在保持传统贸易优势的同时，积极培育新的国际竞争优势，不断调整和优化国际贸易结构，重视进口贸易；加大创新投入力度，扶植高新技术产业；提出“一带一路”倡议，扩大合作范围，促进世界经济共同发展。党的十九大报告提出“推动形成全面开放新格局”。大幅度放宽市场准入，扩大服务业对外开放，保护外商投资合法权益；探索建设自由贸易港；创新对外投资方式。一系列政策措施的出台将使中国对外贸易迈上新台阶。

2009 年，中国成为全球货物贸易第一大出口国和第二大进口国。2013 年，中国超越美国成为全球货物贸易第一大国，2014—2015 年保持这一地位。2017—2018 年，中国继续保持全球货物贸易第一大国地位。2018 年，中国货物进出口占全球份额为 11.8%，其中出口占 12.8%，进口占 10.8%。

二、中国对外贸易的世界贡献

中国对外贸易在发展过程中，始终坚持以开放包容的心态，积极融入和推动经济全球化。经济全球化促进了资源在全球范围内的有效配置，提高了世界经济发展水平，是不可逆的历史趋势。中国通过发展对外贸易在获得经济全球化利益的同时也为世界经济发展做出了巨大贡献。

(一) 中国对外贸易迅速发展拉动对世界经济

改革开放以来，中国商品出口在快速增长的同时，商品进口也在快速增长。1978—2018 年中国商品进口额，如图 1-2 所示。1978—2018 年，中国外贸进口额增量对世界贸易进口额增量的贡献率为 10.97%。其中，2002—2007 年，中国进口对世界进口增长的平均贡献率仅为 10.7%，2012—2017 年中国进口对世界进口增长的平均贡献率达 22.5%。

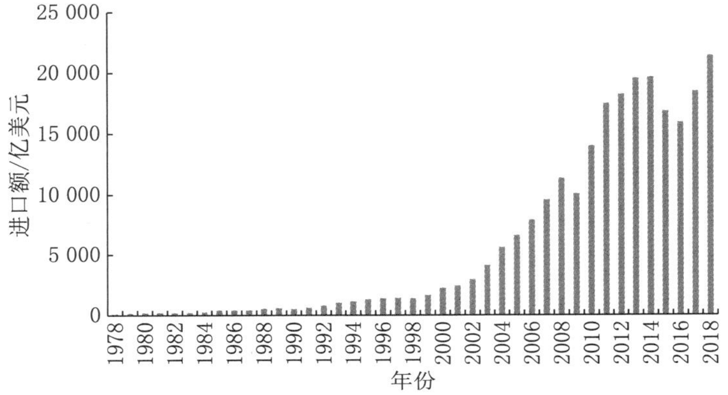

图 1-2　1978—2018 年中国商品进口额

数据来源：世界银行数据库。

2017 年中国在全球货物贸易进口总额中所占比重达 10.2%，是 120 多个国家和地区的主要贸易伙伴。2001—2017 年，中国货物贸易进口额年均增长 13.5%，高出全球平均水平 6.9 个百分点。自 2009 年以来，中国一直是最不发达国家的最大出口市场，吸收了最不发达国家 1/5 的出口。就服务贸易来看，2001—2017 年中国服务贸易进口额从 393 亿美元增至 4 676 亿美元，年均增长 16.7%，占全球服务贸易进口总额的比重接近 10%。自 2013 年起，中国成为全球第二大服务贸易进口国，为带动出口国当地消费、增加就业、促进经济增长做出了重要贡献①。

(二) 中国对外贸易发展提高了中国与贸易伙伴的国民福利

随着加速融入世界分工体系，中国依靠劳动力成本优势、较强的产业配套和加工制造能力、不断提高的劳动生产率，逐渐发展成为世界工业品的主要生产国和出口国，为世界各国和地区提供了物美价廉的商品，满足了国际市场多种多样的需求。中国在全球制造业环节的规模经济优势和加工成本优势，部分地消化了上游生产要素的价格上涨，起到了抑制全球通货膨胀、提高贸易伙伴消费者实际购买力的作用。中国对外贸易的发展为贸易伙伴提供了广阔市场。2001 年以来，中国货物进口总额扩

① 张茂荣：《中国为世界经济发展做出重大贡献》，中国网，2018 年 7 月 2 日。

大了约5倍，年均增长约20%，中国迅速扩张的进口已成为世界经济增长的重要推动力，为贸易伙伴扩大出口创造了巨大市场空间。目前中国已经是日本、韩国、澳大利亚、东盟、巴西、南非等国家第一大出口市场，是欧盟的第二大出口市场，是美国和印度的第三大出口市场。中国工业化、城镇化正在快速推进，内需持续增长，不断扩大和开放的市场将为贸易伙伴提供越来越多的发展机会。

（三）中国对外贸易在国际金融危机中率先趋稳，促进了全球经济复苏

2008年国际金融危机爆发以后，中国政府及时采取一系列政策措施刺激经济，扩大内需，稳定进出口规模。2009年，世界货物贸易进口量下降12.8%，中国进口量增长2.9%，是世界主要经济体中唯一保持增长的国家。中国因素支撑了许多受危机冲击国家的出口，刺激了全球大宗商品市场需求，提振了人们的信心，对世界经济复苏和增长起到巨大拉动作用。世界贸易组织在对中国进行第三次贸易政策审议时指出，应对金融危机期间，中国在刺激全球需求方面发挥了建设性作用，为世界经济稳定做出了重要贡献。据美中贸易全国委员会估算，仅2015年的中美经贸往来就至少支持了美国约260万个工作岗位。

（四）中国全面参与并推动了全球经济治理机制的改革

随着中国经济的飞速发展和对外贸易的持续增长，中国在国际经济活动中的话语权不断增强，在国际经济组织中的积极作用不断凸显，中国全面参与并推动了全球经济治理机制的改革。中国政府积极倡导以“均衡、普惠、共赢”作为多边贸易体制改革的目标，努力推动建立公平、公正的国际经济贸易新秩序。作为迅速成长的发展中大国，中国积极参与了二十国集团领导人峰会、金砖国家领导人会晤、多哈回合谈判等国际对话和合作机制，努力承担与自身发展水平及国力相适应的国际责任。中国不断加强与新兴国家在经济、金融、贸易和投资等领域的合作，促进国际经济秩序朝着公正、合理、共赢的方向发展。此外，中国提出的“一带一路”倡议，得到了越来越多的国家积极响应，亚洲基础设施投资银行的设立，也得到了许多国家的支持。中国从国际贸易的积极参与者，逐渐向着规则制定者转变，中国在世界经济中的地位得到不断提升。中国通过“一带一路”建设，同80多个国家和国际组织签署了合作协议。2013—2017年，中国同沿线国家贸易额超过5万亿美元，中国企业在这些国家累计投资超过700亿美元。截至2017年底，中国企业在有关国家建设75个境外经贸合作区，上缴东道国税费超过16亿美元，为当地创造了22万个就业岗位。通过提出举办国际进口博览会等一系列高水平对外开放重大举措，中国正推进更全面、更深入、更多元的对外开放格局的形成，今后中国也必将为世界经济发展做出更大贡献。

第三节　中国对外贸易存在的问题

改革开放之后的很长一段时间中国凭借低劳动力的成本优势参与国际分工，出口快速增长，增长速度达到两位数，但2012年之后出口增速放缓。其中一个最主要的原因就是原先的贸易模式难以支撑后续的快速增长。如果将中国的出口增

长进行分解，从中分析中国出口增长的来源，即可发现中国原先出口增长模式存在的问题。

一、中国出口增长的结构问题

有国内外学者将一国出口增长根据增长的来源分解为扩展边际、数量和价格的增长。扩展边际的增长指的是出口产品种类的增加或新的企业进入出口市场带来的出口增长。数量增长是指原有产品出口量的增加带来的增长，价格增长是指原有出口商品价格的提高带来的增长。将中国的出口增长进行分解后，我们发现中国出口增长主要是靠数量增长拉动的。中国与前十大贸易伙伴的三元边际，即扩展边际（EM）、价格边际（P）和数量边际（Q）及其增长率如表 1-1 所示。

表 1-1　中国与前十大贸易伙伴的三元边际

贸易伙伴	1995 年			2015 年			增长率/%		
	EM	*P*	*Q*	*EM*	*P*	*Q*	*SEM*	*GP*	*GQ*
美国	0.856	0.704	0.104	0.962	0.918	0.245	12.39	30.49	135.89
中国香港	0.954	0.838	0.434	0.992	0.893	0.550	3.96	6.52	26.76
日本	0.887	0.789	0.161	0.864	0.889	0.339	−2.56	12.77	110.88
韩国	0.852	0.709	0.094	0.907	0.818	0.287	6.49	15.35	205.16
德国	0.755	0.692	0.046	0.882	0.886	0.126	16.81	28.08	175.50
越南	0.772	0.743	0.164	0.938	1.014	0.314	21.53	36.49	91.97
英国	0.743	0.655	0.025	0.861	0.790	0.151	15.83	20.75	504.90
荷兰	0.602	0.682	0.036	0.911	0.785	0.127	51.22	15.04	248.37
印度	0.562	0.929	0.055	0.843	0.972	0.198	50.07	4.64	260.09
新加坡	0.822	0.672	0.068	0.966	0.937	0.169	17.47	39.40	150.14

资料来源：陈洁，等，《中国出口贸易增长及影响因素研究》，《上海管理科学》，2019 年第 4 期。

由表 1-1 可以看出，中国数量增长型的贸易增长模式对主要贸易伙伴都成立，即中国与主要伙伴国（地区）的出口增长仍以数量拉动为主。中国对十大贸易伙伴的出口中，数量边际增长幅度远高于扩展边际和价格边际增长之和，对英国、印度和荷兰的出口而言尤为如此。1995 年中国对英国的出口数量边际为 0.025，至 2015 年该值上升到 0.151，增长幅度高达 504.9%，相比之下，扩展边际和价格的增长几乎可忽略不计；中国对印度和荷兰的出口数量增长也十分迅速，增长幅度分别为 260.09%和 248.37%。由此可以看出，中国原有的出口增长主要是靠数量扩张拉动的。

二、旧贸易模式的弊端

这种靠数量扩张拉动的出口增长模式必然引起“三高一低”，即原材料和能源的高强度消耗、高度污染、对国外市场的高依赖和低附加值，“三高一低”的模式又会反过来制约后续的出口增长。

（一）原材料和能源的高强度消耗

中国国民经济的发展是以消耗巨大的资源为代价的，近几年中国经济和贸易急速增长引起对原材料和能源的消耗量快速增加。例如，人均收入与金属消耗的强度之间的关系呈“倒 U 型”变动。中国人均收入对应的金属消耗强度位于金属消耗强度随人均收入增加而增加的阶段，而发达国家美国和日本人均收入对应的金属消耗强度位于金属消耗强度随人均收入增加而降低的阶段。由此可以看出，中国经济的发展会使原材料的消耗强度不断增大，而发达国家如美国原材料的消耗强度会随着经济的快速发展而减小。

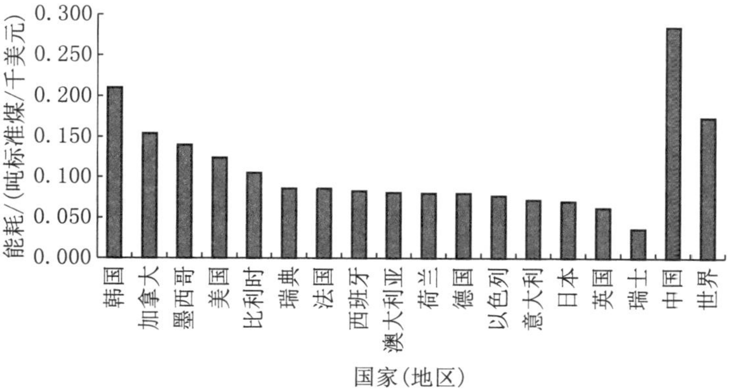

图 1-3　2017 年世界部分国家（地区）的单位 GDP 能耗

数据来源：根据《中国能源统计年鉴 2020》和《中国统计年鉴 2020》计算。

2017 年世界部分国家（地区）的单位 GDP 能耗，如图 1-3 所示。2017 年中国单位 GDP 能耗为 0.285 标准油/千美元，世界单位 GDP 能耗平均水平为 0.174。由此可以看出，中国能耗水平远高于瑞士、英国、日本、美国、法国等国家，也远高于世界平均水平。

（二）高度污染

改革开放后，中国出口在快速增长的同时，环境问题日益突出，全球污染最严重的 20 个城市中，中国占到 16 个，发达国家上百年工业化进程中出现的环境问题在中国都已集中出现，污染事件造成的年均损失占 GDP 比重在 10%左右。中国环境保护部发布的《2013 中国环境状况公报》中也显示，2013 年中国 4 778 个地下水环境质量监测点之中，水质较差和极差的比例合计 59.6%，水质优良的比例仅为 10.4%，全国酸雨面积达到国土面积的 10.6%，而在 74 个根据空气质量新标准监测的城市之中，仅海口、舟山和拉萨 3 个城市空气质量达标，超标城市比例为 95.9%。而《华盛顿邮报》于 2014 年初的报道中比较了中国和美国空气污染最为严重的十大城市，中国排名第一的邢台市 PM2.5 排放浓度为 155.2 微克/立方米，与美国排名第一的贝克斯菲尔德市 18.2 微克/立方米的排放浓度相比相差甚远。国际环保组织绿色和平发布的一份报告显示，“牛仔之乡”增城新塘镇存在严重污染。检测数据显示，新塘的 3 个底泥样本中重金属铅、铜和镉的含量均超过国家《土壤环境质量标准》，其中一个底泥样本中的镉超标 128 倍。无论工艺怎样，作为产业链上必须的一个环节，印染、洗水对于大大小小的纺织专业镇，都必不可少，但也最容易产生对环境的污染。

（三）对国外市场的高依赖和低附加值

中国在全球价值链分工中仍然位于附加值比较低的环节。中国社会科学院城市发展与环境研究中心研究员蒋建业认为，全球产业分工，站在产业的顶端，就基本拥有了产业 92%以上的利润。要想真正解决新塘这类纺织专业镇的困境，在全球产业链的过程中，只能是转移现有的产业，实现产业的高质化。从原材料到产品设计、人才的培训，整个产业链条都要走高质化。加工贸易在中国贸易中占有重要地位，在全球价值链分工中中国地位比较低，获得的附加值就比较低。如图 1-4 所示，2000—2014 年，中国在全球价值链中的位置演变呈现"V"形轨迹，2000—2011 年的价值链位置向下游延伸，2012—2014 年的价值链位置开始向上游反转。制造业的价值链位置变动轨迹与国家层面很相似，只不过所处位置更偏向下游。这是因为前一阶段中国通过低层次的组装生产和加工贸易参与全球价值链，引起制造业乃至国家层面的价值链位置向下游倾斜。近年来，在一系列加工贸易转型升级的政策引导下，国内制造业及相关服务业部门开始向全球价值链的上游位置攀升，但制造业全球价值链地位提升不是很明显。

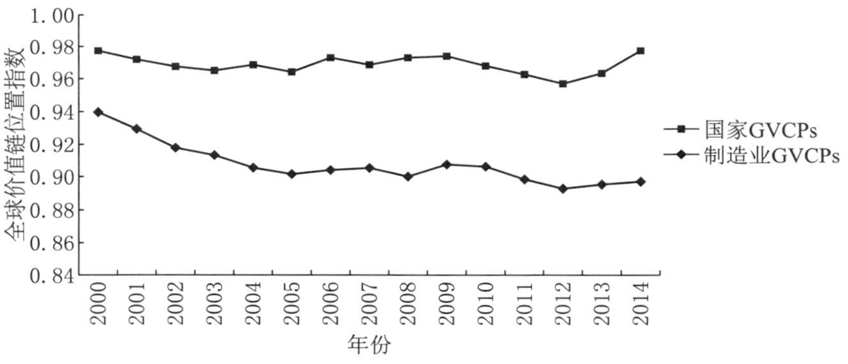

图 1-4　中国全球价值链位置指数变化

资料来源：张会清，翟孝强，《中国参与全球价值链的特征与启示——基于生产分解模型的研究》，《数量经济技术经济研究》，2018 年第 35 期。

此外，外资企业仍在中国出口份额中占有重要地位。虽然私营企业在中国出口中的地位不断上升，但外资企业在中国出口中占的份额仍然在 40%左右。就中国高新技术产品出口中大部分是靠外资企业实现的。也就说明大部分出口利润被外国企业拿走了。

近些年，随着中国劳动力低成本优势的逐渐丧失，原有的出口增长模式更加难以支撑后续的高速增长。最早耐克的工厂设在日本，随着日本劳动力成本的提高，以及日元的升值，生产基地移到了韩国和中国台湾。后来韩国和中国台湾的成本上升了，耐克开始把生产基地迁至菲律宾、泰国和马来西亚。1981 年，耐克开始在中国生产运动鞋。在接下来的近 30 年里，中国很快成为耐克运动鞋的最大生产国，直到 2010 年被越南超过。因此，要想实现后续出口的持续增长，中国需要将旧的贸易模式转变为新的贸易模式。

第四节　当前中国对外贸易发展的主要政策

中国过去的对外开放模式无论追求外商直接投资还是追求出口顺差，都可看成是将外部需求因素作为拉动本国经济增长的动力。中国过去的对外开放模式是与中国过去所处的发展阶段和比较优势相适应的，那么，经过四十多年的改革开放，中国原有的比较优势在弱化，于是，一个不得不思考的问题是：中国的对外开放模式将做何调整？

我们可将发展中国家脱离贫困陷阱后向发达国家迈进的发展过程分为两个阶段：第一阶段是剩余劳动力的消化过程；第二阶段是技术的追赶过程。就中国而言，经过四十多年的高速增长，大规模的剩余劳动力在中国已不复存在。现实中，“招工难”的情况已在东部沿海地区不时出现。但在经济发展的第二阶段，由于剩余劳动力已不复存在，因而经济增长的动力只能来自由技术进步带来的劳动生产力的提高。

当前中国对外贸易发展的主要政策包括：“一带一路”倡议、主动扩大进口战略，以及创新驱动发展战略。

一、“一带一路”倡议

“一带一路”倡议是中国经济社会进入新的发展阶段之后对经济发展战略的调整。“一带一路”倡议是新常态下中国新的对外开放。关于“一带一路”倡议，不仅要从当今世界经济秩序去理解，更要从中国经济的新常态去认识。当今世界的基本经济秩序可理解为以美国等发达国家为中心的中心-外围体系。过去中国始终是这一体系中最为主要的外围国家，因此中美之间更多的是经济上的合作和共赢。然而，该合作和共赢是建立在中美间比较优势的基础上的：就美国而言，其最大的比较优势无疑是先进的技术，尽管长期以来美国对一些最为先进、最为敏感的技术实行封锁，但中美之间在技术上的差距实在太大，美国在技术上的比较优势仍十分明显；而中国的比较优势则是剩余劳动力的大规模存在而导致的劳动力的廉价。随着中国经济进入发展的新阶段，大规模的剩余劳动力已不复存在，劳动力成本快速上升。与此同时，经过引进、消化和自主研发，中国的技术水平得到迅速提高。这意味着中美之间的差距已缩小，趋同则在增加，比较优势已不再明显，中国将不再适合继续扮演外围国家的角色。

二、主动扩大进口战略

2018 年 4 月，习近平在博鳌亚洲论坛上提出，在扩大开放方面将采取的重大举措之一是扩大进口。为扩大开放，2018 年 6 月 28 日，发改委、商务部发布 2018 年版外商投资准入负面清单，在 22 个领域推出新一轮开放措施。为扩大进口，商务部、外交部、发改委等 20 个部门联合发布《关于扩大进口促进对外贸易平衡发展的意见》，并于 2018 年 11 月在上海举办首届中国国际进口博览会。

中国对外贸易战略放弃追求出口和贸易顺差是大势所趋。出口和贸易顺差通常是输出本国资源和物化劳动为他国服务。当然，若本国的资源本来就是过剩的，则出口和贸易顺差不仅能调动本国的剩余资源（如劳动力）并促进经济增长，同时也能积累国际货币，防范国际金融和能源市场的风险。但在大量剩余劳动力已不复存在的新常态下，出口和贸易顺差必然意味着使用本已紧缺的资源（如劳动力）服务于他国，不仅无助于经济增长，也损害本国居民的福利。而扩大进口不仅可以缓解贸易摩擦，还可以通过输入他国资源和物化劳动缓解本国资源的紧缺，增加本国的投资，进而促进经济增长。例如，如果进口的是消费品，则原本用于生产消费品的资源可得到缓解，用于增加本国的投资。

二、创新驱动发展战略

中国的工业生产总值在世界工业生产总值中的占比超过 20%，居世界第一，但中国的制造业与发达国家相比，总体上大而不强。世界银行数据显示，中国制造业的劳动生产率仅为美国的 9.2%。以汽车产业为例，2015 年中国的轿车出口平均单价仅为美国的 19.7%、德国的 15.1%；而进口平均单价分别为美、德的1.85 倍和2.22 倍。与此同时，中国的服务业生产率仅为美国的 8%，中国的服务贸易进出口额仅为美国的 57.5%，且逆差较大。根据世界银行的数据，2014 年中国贸易条件指数为 85，美国为 100.3，德国为 99.7，日本为 88.3。因此必须夯实贸易的产业基础，加快建设制造强国，加快发展现代服务业，促进中国产业迈向全球价值链中高端①。

贸易强国一般指贸易规模位居世界前列，对外贸易竞争力强，贸易质量效益好，在国际市场上拥有重要产品定价和经贸规则制定的话语权乃至主导权的国家。根据对美、日、德等贸易强国发展模式的研究，贸易强国一般具备 8 个基本特征：①实行市场经济体制，拥有良好的营商环境，市场在资源配置中起决定性作用；②在贸易总量上居于世界前列，关税处于较低水平；③在出口结构上，资本密集型、技术密集型制成品居主导地位；④出口产品处于产业价值链高端，科技水平整体上居于世界技术前沿；⑤从对外贸易中的获益程度较高，单位产品增值率高于世界平均水平；⑥对国际贸易规则制定具有重要影响力，特别是在与自身有重大利益相关的规则、标准、大宗商品定价的决定等方面享有充分的话语权和参与决策权；⑦拥有一批世界级跨国公司和国际知名品牌企业；⑧贸易和投资融合化发展，通过对外投资驱动贸易发展、获得更大贸易利益。此外，美国、日本、德国在成为贸易强国的同时，凭借经贸等综合实力，其货币也成为国际上普遍接受的“硬通货”。

中国实现贸易模式的成功转型，成为贸易强国需要通过创新发展来实现。外贸

---

① 李钢，《中国迈向贸易强国的战略路径》，《国际贸易问题》，2018 年第 2 期。

创新发展需要实现商品服务结构高端化和拥有规则标准主导权。着力提高在全球范围内配置资源能力，加快向全球价值链高端迈进。做强货物贸易的基础——制造业，实现制造强国，抢占智能制造的制高点。推动传统制造业出口转型升级，积极扩大装备制造业出口，提升战略性新兴产业国际化能力。做强服务贸易的基础——服务业，加强服务贸易与科技、产业政策协调，实现服务贸易与知识产权战略、标准化战略、品牌战略和服务与营销网络战略的无缝对接。大力推动跨境电子商务、跨境市场采购、外贸综合服务企业发展，大力发展知识产权贸易、数字贸易以及服务外包，加快提升价值链贸易，构建自我主导的全球贸易价值链。

企业内生创新能力的提升是实现外贸创新发展的关键。当前企业的内生创新能力的提升主要靠自主研发型的技术进步来实现。具体原因包括：第一，中国转向“一带一路”组成新的中心—外围体系，本质上取决于中国的技术水平与“一带一路”沿线国家的落差。如果这种落差不能形成，则中国与“一带一路”沿线国家之间的比较优势就不存在，从而无法实现合作和共赢，难以形成新的国际产业链分工体系。第二，随着中国自身的技术水平逐渐提高，与国际前沿技术的差距日益缩小，技术模仿和引进的空间不断被压缩，加上美国（已联合日欧）对中国的技术封锁。

当前中国企业内生创新能力不足。2014 年中国研发投入占 GDP 比重为 2.01%，分别比美国、日本、德国低 0.8、1.5 和 0.8 个百分点。中国知识产权使用费出口额占全球比重仅为 0.03%，而美国、日本、德国的比重分别为 6.13%、1.73%和 0.65%。中国许多出口产品的核心技术掌握在外方手中。2015 年中国出口机电产品的 57.7%由外资企业生产，47.5%是加工贸易出口；出口高新技术产品的 70.5%由外资企业生产，63.1%是加工贸易出口。

此外，贸易强国的实现还需要体制和政策的创新来实现。①外贸法律体系的创新。充分把握国际法、国际协议、区域性贸易协议的内涵与外延，增强国内对外贸易法律体系与之衔接的主动性、及时性和可预见性。②外贸政策的创新构建与贸易强国相适应的战略性贸易政策，其目的就是要创造、培育和强化贸易优势，从而提高本国的国际竞争力。应进一步发挥关税与非关税政策的战略调节作用。进一步降低进口关税总水平，通过税率结构调整，提高进口关税的有效保护程度。优化设计出口关税品种，尽量减少出口限制的产品类别；能以国内税和数量管理措施代替的商品尽量不再设置出口关税。制定总体的、积极的、长期的应对非关税措施的战略规划，为中国进出口贸易创造更便利、更宽松的环境，灵活运用许可证、配额、原产地规则、海关估价、国际认证认可、技术性贸易措施（TBT）、动植物检验检疫（SPS）等非关税措施，研究竞争政策、国有企业、数据流动等新兴贸易政策工具的运用，使对外贸易政策最终服务于国内经济发展和提升国际竞争力的需要。③财税金融政策的创新。改革出口退税制度，对出口产品征多少、退多少，完善出口退税分担机制。完善金融支持外贸发展的政策，降低融资门槛，拓宽融资渠道。汇率调整既要考虑宏观经济形势的需要，也要充分考虑对进出口的影响，尽量稳定企业预期。扩大经常项目跨境使用，拓宽人民币跨境融资渠道，稳步开展双边货币互换，推动增加人民币作为储备货币的规模。力争与贸易强国同步实现人民币资本项下的可自由兑换。④营商环境的创新。营造优胜劣汰、公平竞争的环境，提升贸易便利化水平。进一步推进贸易便利化。⑤对外贸易保障与安全机制创新。健全贸易摩擦应对机制，加强产业政策与贸易政策的衔接。建立符合国际惯例的贸易救济体系。紧密关注基础性产业、战略性新兴产业以及有竞争优势产业的发展动态，完善相关领域的贸易救济措施。⑥规则治理创新。中国要成为贸易强国必须拥有国际经贸规则的制度性话语权。要主动顺应新一轮国际经贸规则演变与重构的趋势，全面提升多边经贸治理参与度，积极参与信息技术、环境产品、政府采购等领域谈判。推进区域一体化进程和自贸区建设，加快形成立足周边、辐射“一带一路”、面向全球的高标准自由贸易区网络。不断提升与大国双边经贸规则博弈能力，全力支持企业参与国际标准和规范制定。推动中国由国际经贸规则制定的旁观者、跟随者转变为参与者和引领者，以期通过制度性安排最大限度地实现国家利益。

本章小结

1. 对外贸易是一国参与国际分工、对外经济联系的重要形式。

2. 改革开放后中国对外贸易的快速崛起不但促进了自身发展，也对世界经济发展作出了巨大贡献。

3. 中国对外贸易崛起背后存在一系列潜在问题，这些问题迫使中国必须实现经济和贸易转型，由贸易大国转向贸易强国。中国采取了“一带一路”倡议、主动扩大进口战略和创新驱动发展战略等政策。

复习思考题

1. 请谈一谈对中国对外贸易快速发展的认识。

2. 中国对外贸易为什么必须转型？

3. 实现中国对外贸易转型升级的路径有哪些？

案例分析

离开"中国制造"的一年

萨拉·邦焦尔尼是美国财经记者出身，曾经主跑国际贸易，长期观察中美贸易与中国的崛起，她忧心于中国制造的影响力，决定做一个试验，在一年的时间里抵制所有"中国制造"的产品。2005 年 12 月她发表了一篇文章《离开"中国制造"的一年》，描述了一个美国家庭抵制"中国制造"近一年后的经历。

2004 年圣诞节萨拉·邦焦尔尼发现自己家里的 39 件圣诞礼物中，"中国制造"的有 25 件。与此同时，家里的鞋、袜子、玩具、台灯也统统来自中国，于是带领全家开始尝试一年不买中国产品的日子。该书讲述了这场有趣却又充满挫折的真实经历。

萨拉·邦焦尔尼碰到的第一个问题就是儿子的网球鞋已经小得无法再穿了。最后，她不得不放弃购买 10 美元一双的中国产运动鞋，购买了一双价值 68 美元的意大利产运动鞋；厨房的抽屉坏了，找不到修理的工具，购买生日蜡烛成为让人头疼的事情。近一年后终于发现，"没有中国产品的生活一团糟"。并表示，以后 10 年都没有勇气再尝试这种日子。

从这篇文章人们看到了一个普通美国家庭排斥"中国制造"遭遇到的尴尬与不便。的确，在经济全球化正不可逆转地向前演进，并日益深入每一个家庭、影响每一个人的今天，"中国制造"无疑就是"世界制造"的一个重要组成部分，而且越来越大地影响着地球村公民生活的方方面面。正如萨拉·邦焦尔尼得出的结论一样："经过一年没有"中国制造"的日子，我可以告诉你：没有中国商品你也照样可以生活下去，但你的生活会越来越麻烦，而且家庭开支也会大大增加。

萨拉·邦焦尔尼记录了一个美国家庭在经济全球化的真实经历。由此说明了全球化已经渗透到每个家庭生活的各个方面。从中也可以看出中国对外贸易的崛起和对世界的贡献，同时也可以看出中国出口面临的潜在问题。

分析题：

1. 结合案例，分析中国制造对世界的贡献。
2. 结合案例，分析中国出口面临的潜在问题。

第二章　对外贸易与经济增长

学习要点

1. 对外贸易与经济增长的关系；
2. 进口对中国经济高质量增长的作用。

对外贸易是国民经济的重要组成部分，并对经济增长产生价值增值、资本积累、促进技术进步与产业升级和调节国际收支等多方面的积极贡献。本章着重从理论和实践两方面论述对外贸易与经济增长的关系，并对欧美、日本和东亚国家的经验进行实证分析，根据理论和经验分析并结合中国当前实际总结了进口对中国经济高质量增长的作用。

第一节　对外贸易与经济增长相互关系的理论分析

从 15 世纪到 18 世纪的重商主义学说开始，对外贸易与经济增长之间的关系就一直是理论研究的一个焦点问题。纵观这些研究，在对外贸易与经济增长之间的关系上，存在三种不同的观点：第一种是自由贸易主义，即认为对外贸易将会增进一国的经济福利。第二种是贸易保护主义，即认为开放贸易将导致一国福利降低。第三种是折中的观点，即认为对外贸易与经济增长的关系不大。鉴于当今全球经济一体化、贸易自由化的时代趋势，贸易自由主义者的观点更符合实际，对中国更具指导意义，当然这并不否定贸易保护主义观点对目前中国的警示意义。因此，本部分仅探讨贸易与经济增长关系的自由贸易主义观点。

一、贸易的静态利益与经济增长

人们通常将古典经济学看作是现代经济增长理论的先驱，在古典经济学中，传统的国际分工理论主要是就贸易对经济增长的静态利益进行了阐述，从而为对外贸易建立了较好的理论基础。贸易带来的静态利益，直接或间接地体现在以下各类经济理论中：

（一）古典经济理论中分工和贸易促进经济增长的观点

（1）亚当·斯密的“绝对优势论”。斯密认为，“趋利避害”是经济人的天性，这种理性会促使经济人各自按照自身或别人不具备的优势选择生产产品，并通过相互间的交换来达到不同的消费需求。对外贸易的扩大乃基于一国对比其他国家在特定产品生产条件和生产成本上的绝对优势，若各国均按照各自的优势进行专业化生产并开展产品交换，必然能够促进分工的深化和生产率的提高，加速各自的经济增长。

同时，亚当·斯密还提出了“剩余产品出口说”，直接表达了对外贸易对经济增长的带动作用。它假定一国在开展国际贸易之前存在着闲置的土地和劳动力，这些多余的资源可以用来生产剩余产品以供出口。这样，对外贸易为一国提供了利用过去没有充分利用的要素为本国的剩余产品找到了“出路”，因而出口所带来的收益以及换回本国需要的产品就没有机会成本。这样，出口减少了国内的浪费和闲置，提高了该国的储蓄和投资，从而促进了经济增长。

（2）大卫·李嘉图的“比较成本说”。李嘉图在1817年提出了建立在劳动生产率相对差异基础上的“比较成本说”。李嘉图认为，葡萄牙在酒和棉布的生产上都具有较高的生产率，拥有绝对优势，但在酒的生产上具有更大的比较优势；即使英国在两种产品上都处于绝对劣势，但在棉布的生产上具有比较优势。英、葡在技术上的差距导致了劳动生产率的差别，进行贸易对双方都有益，葡萄牙出口酒、进口棉布，英国出口棉布、进口酒。李嘉图指出，通过对外贸易两国居民都能从国外获得比自给自足生产更便宜的食品等生活必需品以及原材料，就能稳定物价，阻止工资上涨和利润下降的趋势，保证资本积累，促进经济增长。

（3）约翰·穆勒认为，贸易的直接利益是通过贸易一国可以得到本国不能生产的原材料和机器设备等该国经济获得持续运行所必须或不可缺少的物质资料；间接利益则表现在通过贸易分工推动国内生产过程的创新和改良，提高劳动生产率，通过产品进口造成新的需求，刺激和引导新产业的成长，通过开展对外贸易引进竞争，刺激储蓄的增加，加速资本积累。

（二）凯恩斯的对外贸易乘数论

凯恩斯认为，国际贸易通过调节国际收支，对国民收入和就业产生影响，他从国民收入恒等式 $Y=C+I+G+(X-M)$ 出发，认为净出口 $(X-M)$ 的增长有利于国民收入 Y 的增长，而且，他还从投资乘数出发，推导出外贸乘数。其主要理论观点是：出口和投资一样，会增加国民收入；进口则相反，是国民收入漏出。出口时从国外获得的货币收入会使出口产业部门的收入增加、消费增加，从而引起与出口相关产业的收入增加，如此循环往复，国民收入的增加量将是出口的数倍。进口的作用正好相反。只有当贸易收支顺差时，贸易才能增加一国的就业，从而促使国民收入成倍增加。

在当今世界贸易和多边贸易关系中，由于关税减让和非关税壁垒的拆除会增大贸易创立的效果，对外贸易乘数作用也会相应扩大。与此同时，各国之间的对外贸易还存在回应的对外贸易乘数关系。回应的对外贸易乘数，是指由它国对外贸易收入而增加的各部门收入和消费对本国产生的“溢出”效应，或称拉动本国出口需求和增加本国出口额的作用过程。因此，对外贸易能够从内、外两方面拉动一国经济增长。

（三）对外贸易是经济增长的“发动机”学说

该学说是罗伯特逊在1937年提出的，其主要着眼点在于阐述后进国家可以通过对外贸易尤其是出口增长来带动本国经济的增长。后来美籍爱沙尼亚学者纳克斯通过分析19世纪英国与新殖民地区国家如美国、加拿大、澳大利亚、新西兰等国家经济发展的原因后，在20世纪50年代对这一学说进行了补充和发展。他认为，19世纪的英国（中心国家）的经济增长，通过外贸带动了加拿大、澳大利亚、新西兰（外围国家）的经济增长，外贸是经济增长的关键因素，是中心国家经济增长使得对初级产品需求的扩大。这样，初级产品的生产国即外围国家就成为国际分工格局的受益者，其初级产品的出口迅速增加，而高度的出口增长率会通过一系列的动态转换过程，把出口部门的经济增长传递到国内其他各个经济部门，从而带动国民经济的全面增长。20世纪60年代后，随着日本、亚洲“四小龙”等亚洲以出口为导向的新兴工业化国家的崛起，该学说进一步盛行。

（四）马克斯·科登的贸易对经济增长率影响的理论

马克斯·科登认为，如果大量进口投资品，会使国内投资品对消费品相对价格降低，投资成本下降，促使人们更多地将收入用于投资，而投资率的提高无疑会带动经济增长率的上升。

人们对贸易带来的静态好处存有争论，如发展中国家的贫困出口增长理论。发展中国家由于长期经济发展的落后和技术差距（technology gap），存在出口贸易量随生产提高而增大，但却进而造成贸易条件（trade terms）相对恶化的状况，抑制了本国经济增长。贸易条件是指一国或地区在一定时期内出口贸易商品价格指数与进口贸易商品价格指数之间的比率，它反映了一国或地区进出口商品的需求状况和价格水平。即：

$$贸易条件=（出口商品价格指数/进口商品价格指数）\times 100\%$$

发展中国家贸易条件的恶化由来已久。根据劳尔·普雷维什（Raul Prebisch）等人所做的统计研究，近两百年来发展中国家出口初级产品为主的贸易格局，导致了贸易条件持续恶化的现状和长期趋势。撇开战前帝国主义国家的长期殖民主义统治和当前不合理的国际经济秩序等政治因素，发展中国家贸易条件恶化的经济根源在于对外贸易商品结构的落后、技术条件的差距，以及整体生产力水平在某些时期存在的停滞不前，这些原因直接造成发展中国家对外贸易与国际需求结构之间的脱节，造成对外贸易商品供给的相对过剩及成本居高不下，进而恶化了贸易条件。于是，不少学者把贸易带来的利益转到动态效果上。

二、贸易的动态利益与经济增长

现代经济增长理论认为，对外贸易对经济增长的影响不仅仅局限于贸易各方从国际贸易中得到的直接贸易利益，对外贸易更重要和更实质的影响表现在它对经济增长潜在的影响，即通过影响技术进步、产业结构的变化和制度创新等一系列经济结构中的深层次因素来促进经济增长的可持续发展，而经济增长又会反过来促进对外贸易的进一步发展。

(一) 对外贸易对技术进步的作用

以罗默、卢卡斯等人为代表的内生增长理论认为，一国的经济增长不但与资本和劳动力的投入有关，也与技术进步有密切的联系。经济增长来源于技术的创新，来源于新思想(或新配方)的发现和事物由低价值组合向高价值组合的转型。同时，国际贸易有利于新技术、新思想的扩散，从而使贸易的总产出水平提高，促进经济增长加速，即贸易开放在长期经济增长中发挥着积极作用。这一理论认为，出口部门增长的动态生产率效果可以成为部门间现代技术及技术诀窍扩散的催化剂。“与选择了保护贸易立场的国家相比较，那些采取了外向型发展战略的国家都获得了更快的增长并实现了更高水平的经济福利”。而进口一方面可以提供运用新知识的各种资源，另一方面通过资本品的进口特别是高新技术产业的引进，在不断的技术改进和知识积累的基础上，形成动态效益，促进生产率的进一步提高，进而通过模仿和扩散，生产率的提高得以在全社会实现，推动一国经济长期稳定增长。

科和赫尔普曼首次实证考察了进口对国际技术溢出和全要素生产率增长的影响。通过采用 21 个国家的面板数据来检验工业化国家间的进口的技术溢出效应，分析发现贸易伙伴国的研发投入能够显著提升本国全要素生产率。科、赫尔普曼和霍夫曼斯特采用 77 个欠发达国家的面板数据，进一步检验了进口的技术外溢对发展中国家全要素生产率的影响。结果表明，人力资本较充裕的发展中国家通过进口也可以分享发达国家的研发成果。康诺利也从进口高技术商品可以直接增加国内产出、促进国内模仿和技术革新的角度分析了进口对经济增长的促进作用。

内生增长理论把技术内生于长期的增长模型之中，这不仅使增长理论及其贸易促进增长机制动态化，而且在国际贸易促进经济增长微观机制研究上开了先河。

(二) 对外贸易对产业结构的影响

经济总量增长和产业结构优化是经济发展不可分割的两个方面，且产业结构优化是经济持续增长最重要的推动力。产业结构优化是推动产业结构合理化和高级化发展的过程，是实现产业结构与资源供给结构、技术结构、需求结构相适应的过程。而扩大对外贸易对产业结构优化起到了积极的作用：一方面，一国需求结构的状况和变化趋势对产业结构有着最为直接和重要的影响，对外贸易通过改变最终需求总量和结构，改变社会总需求，从而起到推动产业结构演进、影响经济增长的作用；另一方面，扩大对外贸易，积极参与国际分工，引入竞争机制，就必然要发展本国具有现实或潜在比较优势的产业，淘汰和放弃某些不合理的产业，围绕优势进行专业化生产和资源的优化配置。随着经济的发展，比较优势发生变化，产业结构也就不断趋于高级化。

(三) 对外贸易对制度创新的影响

对外贸易促进制度的调整和创新，改变激励机制及信息传递的条件，从而推动经

济增长。一般说来,对外贸易对制度创新的作用主要表现在以下几个方面:

(1) 对外贸易是引发制度创新的动力和源泉。在许多发展中国家还普遍存在“贫困的制度均衡陷阱”,即尽管贫困,人们仍然满足于既定的制度安排,无意或无力改变现行制度。在这种情况下,外部因素的引入和冲击对于制度创新显得至关重要。一方面,对外贸易导致市场和经济规模扩大,迫切需要制度创新以降低交易费用;另一方面,对外贸易带来制度变革的示范作用以及国际竞争压力,迫使国内经济主体积极进行制度创新,以提高组织运行效率和技术创新效率,不断提高自身的竞争力。

(2) 发展中国家通过对外贸易引进新制度,节约了制度创新成本;同时,对外贸易部门往往是新制度的最先采用者,这对于制度创新具有重要的示范作用,并通过“传递”效应,可以把新制度“外溢”至其他部门,促使整个国家的制度创新。

(3) 对外贸易加强了国内外信息交流,开阔了人们的视野,转变了人们的观念,有助于形成制度创新所需的意识形态基础。

第二节 对外贸易与经济增长相互关系的经验分析

欧美国家曾经创造过对外贸易促进产业革命的重要历史经验。从 15 世纪到 18 世纪,重商主义造就了荷兰、西班牙、葡萄牙等历史强国,对外贸易与“地理大发现”、新航路的开辟也陆续成就了英国、法国和其他欧洲国家的产业革命,美国的工业革命与贸易繁荣更有着密不可分的关系。

日本经济的崛起和亚洲“四小龙”的经济腾飞曾经备受瞩目,被称为“东亚奇迹”。这一历史现象再次证明了对外贸易对现代经济发展的巨大贡献。

《世界发展报告》指出,诠释发展进程是困难的,各国发展成败所处的环境极为不同,以至于有时难以确定哪些经验应该被吸取,它们是否可以被应用到其他国家。不同国家或地区的对外贸易经验有以下几个方面。

一、亚洲“四小龙”的对外贸易与产业发展经验

亚洲“四小龙”均为典型的外向型经济,经济发展高度依赖对外贸易,外贸依存度(degree of dependence upon foreign trade)长期处于 50%～209%之间。所谓外贸依存度,是指一国或地区经济发展依赖对外贸易的程度,或者说,是外贸进出口活动对一国或地区经济增长的贡献。用公式表示为:

$$外贸依存度=(对外贸易总额/国内生产总值)\times 100\%$$

以中国香港为例,20 世纪 80 年代末,外贸依存度高达 209%,而同期美国仅为 15%,日本为 25%,德国为 50%,中国大陆为 20%多。到 2001 年,中国大陆的外贸依存度达到 44.17%。由此可见,对外贸易是亚洲“四小龙”的立身之本。

纵观亚洲“四小龙”的经济发展,其外贸发展与经济增长具有很强的同步性。具

体表现为：

(一) 外贸转型与经济转型的相互促进

亚洲“四小龙”的对外贸易可以区分为“转口贸易”与“加工贸易”两类，中国台湾与韩国无转口贸易史。

1. 转口贸易向加工贸易转型

中国香港是完全的自由港，新加坡是经济自由与政府干预较为完美结合的典范——有限自由港和本地工业发展的有效保护。20 世纪 50 年代初，香港的外贸转型开始起步，从单纯的转口贸易开始，经历了较不稳定、起伏波动和期间一度的“戏剧性回归”现象，最后终于在加工贸易方面渐有成效；新加坡的外贸转型起步较迟，约于 60 年代末 70 年代初开始转型，但由于发展较快且步伐坚定，1975 年便第一次出现国内产品出口占本国总出口总额的 59.1%，加工贸易的地位超出转口贸易，建立了自身的工业基础。毋庸置疑，中国香港与新加坡经济规模的增长是贸易转型的结果。

2. 进口替代型贸易及其向出口替代型贸易的转化

中国台湾、韩国的对外贸易纯属本地产品的出口贸易和加工贸易型的出口，而进口则是境内的生产、消费需求，或为加工出口所需的原材料、辅助材料、半成品和资本货物。这种结构决定了中国台湾、韩国率先进入进口替代型贸易的经济形态。

(1) 进口替代(import substitution)。中国台湾在 1950—1962 年，完成了这一转化。主要做法是：重视农产品的生产与出口，试图以农养工，为工业化奠定基础；通过关税及非关税壁垒，保护境内市场；进行非耐用消费品的生产，步入进口替代。

韩国的这一进程发生于 20 世纪 60 年代。出口商品以农、矿产品为主，在实行贸易保护主义政策的同时，重视纺织、制糖等国内消费必需品的生产，以代替部分消费品的进口。

(2) 进口替代向出口替代(export substitution)转化。中国台湾与韩国在进口替代向出口替代转化方面的经验是：通过官方、半官方的调节，应用货币与财政的宏观经济政策，实行市场经济扶持性的干预；创建一系列的工业园区与出口加工基地；全力吸引外资入境；降低关税税率，开放局部市场，提高本国(地区)商品的国际竞争力；并借助普遍优惠制等国际对等优惠待遇积极拓展海外市场。

(二) 经济规模的增长与对国际市场的依赖

亚洲“四小龙”的贸易与产业发展相互依赖、相互促进，使其经济规模在较短的时间内得以实现较快增长，形成了外向型经济下的工业化经济结构、不断优化的出口商品结构，以及国际收支相对平衡的良性局面。

当然，由于亚洲“四小龙”地域狭小、经济腹地不够，工业化的空间极为有限，贸易与产业的转型注定是不成熟的。它具体表现为：产业结构属于加工型，通常是进口原材料、半成品及资本货物，深度加工后返销国际市场，主要靠劳动力成本低的优势取胜；出口商品结构欠多样化，出口商品地区主要系于几个发达国家，产品内需不足，对国际市场的高依存度使其经济增长与世界经济周期息息相关。

二、日本、美国的平衡发展战略与产业发展经验

(一) 日本对外贸易与产业发展经验

第二次世界大战后日本经济成长在很大程度上得益于良好的国际环境,也得益于美国政治、经济技术上的大力扶持,但是最根本的是日本政府抓住历史机遇,选择了一条符合实际的发展道路。归纳这一时期日本的发展经验,主要有以下方面:

1. “重点生产方式”适应了旺盛的国际市场需求

综观日本理论界,最能反映日本这一时期“重点生产方式”政策特征的理论当数筱原三代平的“三基准”原理。其主要论点是:第一,需求的收入弹性最大化原则,即一国经济发展和重点扶持产业对象的选择,应当坚持需求特别是国际需求导向,以便于最大限度地增加本国外贸收入;第二,生产率上升率最大化原则,也就是说,一国在坚持需求导向的同时,也要兼顾本国的资源和技术条件,被选择作为重点扶持对象的产业应当能够在最短的时间内最大限度地提高劳动生产率;第三,产业关联度最大化原则,即要求所选定的产业具有较强的国民经济连带效应,通过扶持其发展能够达到带动国民经济全局发展的目的。根据这一理论,日本选择钢铁、造船、煤炭、汽车等一批产业作为重点发展对象,一边提高本国的积累率,一边大力拓展国际市场,在旺盛的国际市场需求带动下实现连续的循环发展,奠定了日本经济大国地位的基础。可见,对外贸易或国际市场需求导向是这一时期日本经济成功的首要经验。

2. 贸易与产业转型的“雁形理论”

对外贸易形态与产业结构转型升级是一国培植、实现动态比较优势的基础。二战后日本通过简单、初级的商品出口换汇,逐步扩大关键技术和设备的进口,进而实现国内产业物质技术基础的提高和逐步的进口替代,最后改善和优化出口商品结构并完成出口替代,走出了一条成功的贸易与产业转型路线。这一模式的理论总结被称为“雁行理论”(catching-up product cycle theory)。据统计,日本在 1950 年至 1975 年间,从欧美引进技术达 23 800 多项,并在国际市场的激烈竞争环境中完成了技术消化、改造和提高,使原有的引进技术的商业价值得到充分发挥并提高升华。这种模式的成功,促使日本的贸易和产业结构在 25 年间走完了欧美国家半个多世纪走过的路程,走到世界经济大国的前列,提供了贸易与产业转型相互结合、相互促进的国际经验。

(二) 美国对外贸易与产业发展经验

美国是世界上进出口规模最大的国家,一直以来,美国对外贸易表现为大进大出,增加进口与扩大出口是辩证的统一,一方面全力扩大出口,另一方面大力增加进口,调整产业结构,增强综合国力和国际竞争力,以促进本国经济的健康发展。

美国对外贸易政策促进出口贸易迅速增长,1992—1996 年美国商品与服务出口额由 7 367 亿美元大幅度增加至 10 324 亿美元,增幅高达 40%。巨大的出口额推动

了世界和美国经济的发展，也使美国成为经济强国。

然而作为世界最大经济体，也是20世纪70年代以来发展最迅速的经济体之一，美国却长期保持着巨额贸易逆差。1978—2018年美国对外贸易额如图2-1所示。

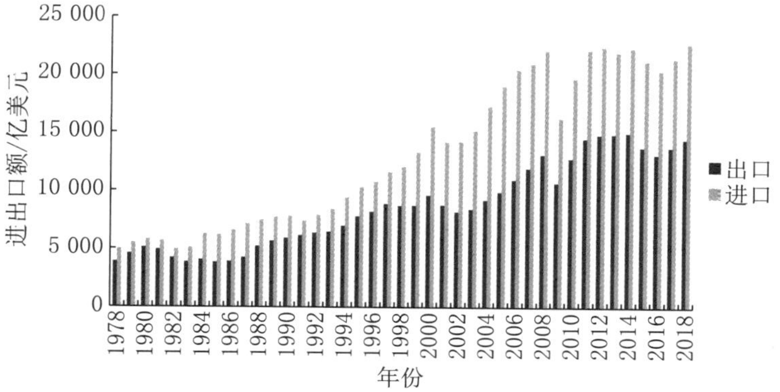

图 2-1 1978—2018 年美国对外贸易额

资料来源：世界银行数据库。

美国通过对外国商品的进口来带动商品的出口。美国是高技术产业发达的国家，控制着关键技术和产品关键部件的生产。美国往往不生产最终的、完整的产品，而是靠大量进口，把附加值低或者比较优势不明显的产品生产部分转移到国外，这样可以发挥本国比较优势，即美国利用生产要素中高素质的人力资源优势生产高附加值的中间品，加工、组装等低附加值部分的生产则在低工资的外国进行。如在计算机行业，美国大量进口计算机整机和主板、机箱、鼠标、键盘、电源等散件，同时大量出口计算机微处理器、硬盘、操作系统、数据库及其他软件等。美国是世界上最大的计算机市场，计算机的进口推动计算机零部件和软件的出口。

美国的消费物价指数增长率在整个20世纪90年代只有两年在3%以上，而在这两年中，其中一年是因为医疗保健价格指数上涨近9%，另一年是因为能源价格指数大幅上涨了近17%。20世纪90年代美国的物价保持较低水平与大量进口国外廉价的商品和服务密切相关，它使长期以来面临的通货膨胀压力得到缓解，有利于资本的积累，进而促进美国的经济增长，同时还提高了居民的福利水平。

三、对外贸易与经济增长相互关系的启示

一直以来，在分析与评价对外贸易对经济增长的贡献时，关注的焦点主要聚集在出口和贸易顺差上，进口贸易对经济增长的贡献往往被忽略。随着国际经济环境的不断变化，以及不同国家的实践都证明了一点：进口贸易也是完全可以促进经济快速高效增长的。进口在实现经济赶超、增强出口竞争力和抵御金融风险等方面都有不可替代的作用。这些都需要我们转变观念，对进口给予足够的重视，重新审视进口对经济增长的作用。

第三节　扩大进口与中国经济高质量发展

经过改革开放 40 多年的不懈努力，中国经济规模快速增长，已进入由大向强转变的历史新阶段。转向高质量发展阶段是中国经济发展进入新时代的客观要求。2018 年中国国际进口博览会在世界经济形势复杂多变，经济全球化面临一系列新挑战的背景下举办，这是中国主动扩大进口的重要活动。

一、扩大进口对经济高质量增长的影响

从国际经济学理论出发，一国出口贸易的目的是实现更好的进口，达成内外平衡、协同发展的经济循环，并逐步提升自身商品与服务的结构、质量和水平。因此，通过进博会，主动扩大进口可以推进中国贸易强国建设，建设国内现代化经济体系，充分发挥进博会的溢出和辐射效应。在推动中国经济高质量发展的背景下，以国际进口博览会为契机扩大进口能影响中国要素供给、技术进步、产业结构和制度创新[①]，进而促进中国经济高质量增长。

（一）有助于增加要素供给

对大部分国家而言，由于在资源禀赋方面存在差异，都不可能完全拥有生产所需的全部生产要素，这时生产要素的进口对经济增长就显得十分重要。对大部分发达国家来说，在其经济起飞的过程中无一例外都曾从欠发达国家进口获得稳定而便宜的原料和燃料。这些生产要素的大量进口，一方面弥补了国内相关要素的供给不足，另一方面也大大提高了生产企业的利润率，这对维持国内的投资水平进而促进经济发展起到了明显的推动作用。中国扩大进口的首先是中国生产成本过高或不具备生产条件的产品，不管是高技术还是能源类产品，扩大进口不仅会提升国内出口产业生产要素的生产福利，还会倒逼国内进口替代产业转型升级。

（二）有助于促进技术进步

进口贸易是一国获得技术的重要渠道，任何一国哪怕是最发达的国家都不可能完全依靠自身发明来满足本国技术进步所需的大量技术。技术和设备的进口将直接促进国内生产的发展和生产率的提高，其作用类似于创新对增长的刺激，而且还节约创新的成本。进口贸易还可产生技术外溢效应和边干边学效应。一方面，技术通过进口贸易活动渗透到国内的其他行业；另一方面，通过进口贸易可获得从产品设计到生产工艺乃至成本核算方面的建议和技术援助。

“进博会”增加专利技术、电子信息产品和资本品的展示交易，有助于增加中国产业升级所需的技术、设备产品供给，夯实提高国民经济的物质技术基础；“进博会”提供了更多环境友好型原材料、中间品的选择进口机会，降低了中国内部资源的消耗和环境破坏，以及可能造成的水、气、渣污染；此外，“进博会”为服务类产品和民生消费

---

① 胡大龙：《进口在中国贸易强国战略中的作用研究》，上海社会科学院研究生学位论文 2015 年 3 月。

品提供了大比例的展示交易空间，充分考虑了国内产业与消费升级的急迫需求，既为中国产业结构转型升级提供了目标方向，也为消费品生产和服务提供确立了更高的质量、安全标准示范。

（三）有助于优化国民经济及贸易结构

一国需求结构的状况和变化趋势，对其产业结构有着最为直接和重要的影响。新产品的输入对本国的生产和消费活动可能产生“示范”效应，因而可加速本国的新产品开发和进口替代型生产，并因此促进一个产业的快速形成，同时可实现一国的产业结构的调整和升级，促进经济增长。持续的进口产品的激烈竞争，必将加速低效率企业退出市场的过程，并促使高效率的企业达到合理的规模，从而优化本国的市场结构，改善本国企业的实绩。

（四）有助于减少贸易摩擦

扩大进口是改变长期以来中国出口大于进口和对外贸易不平衡的需要，有助于在一定程度上缓解贸易摩擦与纠纷，向世界说明中国反对贸易保护主义。虽然中国从未刻意追求贸易顺差，但在产业分工的作用下，中国贸易却长期保持顺差的地位，居高不下的贸易顺差是贸易摩擦频繁发生的重要诱因。目前，中国已成为许多国家推行贸易保护主义的主要对象。以中美两国为例，2012—2018 年，中国连续 7 年成为遭遇美国反倾销、反补贴调查和双反合并调查最多的国家。仅 2017 年一年，美国就对中国发起 22 起贸易救济调查，涉案金额 45 亿美元，2018 年美国又成为对中国产品进行立案调查数量最多、涉案金额最高的国家。因此，主动扩大进口，促进进出口贸易平衡，是减少贸易摩擦、保持汇率稳定的需要。

二、扩大进口推动经济高质量发展的对策

（一）逐步形成“奖出便入”的体制和政策

多年来中国一直是“进口替代战略”“出口导向战略”，总之是“奖出限入”战略。今后应实施“进出口平衡战略”和“消费主导战略”，即“奖出便入”战略。首先，要改变中国外贸战略的指导思想，调整过去“奖出限入”“宽出严进”的工作思路和政策体系，将“出口导向型”发展思路转变为“进出口平衡”思路，坚持出口和进口并重，实行贸易平衡发展战略。其次，国内用户部门和相关产业部门要加强沟通，相互协调，商务部门与产业部门要就重点敏感产品建立更加完善的预警与贸易救济机制；同时，要不断开拓进口商品进入国内市场的流通和分销渠道。最后，我们的扩大进口战略不能一概而论，要研究落实国别进口政策。对于最不发达国家及广大发展中国家，我们要实行进口优惠政策；对于以美国为首的发达国家，我们要加强谈判，争取尽快解除其对华出口管制等限制措施；积极与有关国家展开贸易合作谈判，组织各种形式的贸促活动。

（二）优化进口结构，合理分配中间品、资本品与消费品的进口

扩大进口的关键是优化进口结构，自 2001 年以来中国的进口结构一直是中间品进口总额最高，资本品次之，进口总额最低的是消费品。中间品进口占比高这一现象

说明中国仍存在大量的加工工厂，大多数加工工厂的贸易模式仍是从国外进口原材料及零部件，在国内组装、加工后再出口到国外，这就决定了中国在全球价值链中仍处于“微笑曲线”中低端的位置，研发、设计环节等相对落后。因此，优化中间品进口结构就尤为重要。

(1) 在进口中间品种类方面，一方面，应重点进口国内所匮乏的能源类初级产品，为国家能源安全提供保障，同时解决因能源不足对国内经济生产的限制；另一方面，对高新技术中间品也要加强引入，重点是获取技术，促进国内产业结构优化升级。

(2) 在进口中间品质量方面，要尽量将中间品来源国定位于发达国家，同时注重辨别产品的生命周期，尽量避开进口已经处于衰退期的中间品。此外，资本品进口不足会导致企业对进口投入品的技术溢出效应吸收程度不高，企业缺乏技术进口，对技术的引进、吸收与再创新能力不足，其产品的附加值较低，因此竞争力较弱；消费品进口不足会导致国内需求不足，高端消费品进口缺乏，不能满足人民日益增长的消费需要，必然会对经济高质量发展带来一定的不良影响。在资本品方面，政府应对企业给予一定的奖励措施，鼓励企业扩大进口先进的机械设备、国际领先的专利技术，为企业搭建专业的展会平台，进口博览会就是很好的典范。同时，鼓励跨境电商等进口新平台、新业态的发展；而在消费品方面，应在政策上坚持引导，扩大消费品尤其是高档消费品的进口，降低消费品进口关税，同时与之相对应的服务进口也不能忽略，这在以往的政策上少有提到。

此外，引入新型、高质量的服务模式对于挖掘国内市场新需求，促进新业态的产生与发展具有重要意义，下一步，政府应加强引进服务的政策引导，通过补贴等措施，对国内幼稚产业给予一定的保护，同时通过引入竞争的环境，刺激国内企业改革服务方式与质量，为新业态的产生提供保障。

(三) 提升进口消费品质量，推动消费升级

数据显示，2013—2018 年，中国居民人均服务型消费支出年均增长 10.2%，超过了同期 GDP 和消费支出的增长速度。中国居民服务型消费的增加，预示着中国逐步进入“消费新时代”，即人们对消费品的质量与服务追求不断提升，消费逐步成为中国经济高质量发展阶段的“新引擎”。因此，提升进口消费品的质量，优化消费品进口结构十分关键。第一，通过进一步实施进口便利化措施，降低消费品尤其是一些高档消费品的进口关税，扩大消费品进口，以此破解服务领域“需求大、供给少”的结构性矛盾，尽可能地满足国内需求；第二，进一步开放服务业市场，通过扩大进口优质的服务类消费品，给国内服务业市场引入竞争，倒逼企业改革，以扩大服务的有效供给；第三，通过引入竞争进一步优化消费环境，引进国内稀缺或由于技术水平无法生产的消费品，刺激国内需求，促进新的产业业态形成与发展，进而带动国内生产的发展。

(四) 对私营企业扩大进口提供“一站式”平台帮助

中国加入 WTO 以来，从事进口业务的私营企业数量日益增多，自 2006 年后，私营企业的进口增速加强，势头渐长，所占比重也由2001年的2.54%提高到了2018年的26.1%，展现出巨大的发展潜力。作为中国经济发展非常重要的企业形式，私营企业对中国GDP贡献达到70%以上，因此，加强对中小微私营企业的进口管理，为其提供专业的平台与便捷服务，对促进中国经济高质量发展有重大的意义。义乌专业市场针对私营企业的进口模式给我们提供了典范。我们应大力扶持私营企业扩大进口，减少这些企业的融资成本，这就需要推进中央监管结算仓（G2G模式）在全国范围的布局。该平台是由政府牵头、以国家信誉做担保搭建而成的全球采购中心平台，采取“集采分销”的模式，形成一种可以为上游供应商与下游采购商、分销商提供完整供应链的闭环服务业态。这可以很好的解决目前很多中小微私营企业存在的融资难、资金短缺问题，为私营企业扩大进口打造“商流、物流、资金流、信息流”等一站式服务，极大地保障了扩大进口的顺利进行，以鼓励这些企业扩大进口先进的设备、领先的专利技术，用于企业的研发与再创新，从而提升企业产品的技术水平和生产创新能力，为中国经济高质量发展献力。

（五）帮助企业提升吸收高质量产品和技术外溢的能力

扩大进口的真正目的是吸收高质量进口产品技术外溢，这就要求中国进口政策在倾向进口高质量产品的同时，要帮助企业提升吸收高质量进口产品技术外溢的能力。具体措施包括：通过公共财政专门为科研院所的技术研究设置专用资金，大力支持科研院所发展基础创新，为企业吸收创新成果提供良好的支撑平台；以国家自主创新示范区和高新区为区域创新平台，打破单个企业自己摸索的局面，将企业间的创新资源与成果进行整合，促进企业的共同提升。同时，为防止企业出现进口依赖，要引导企业进行自主创新，可设置一系列鼓励措施。例如，提升专利保护力度，降低专利交易成本，提升交易效率，完善科技创新的体制机制和收益分配政策，提升创新成果的市场转化效率等。

实施扩大进口战略是推进中国经济高质量发展的内在要求，但扩大进口并不一定能推进经济高质量增长。从扩大进口到经济高质量发展是有条件的，不仅需要对外开放的措施，还需要更基础性的对内改革措施。比如，国内的知识产权和专利保护可能会影响企业对先进设备与关键零部件等高新技术产品的进口，知识产权和专利保护制度越完善，越能减少外国企业出口高新技术产品的顾虑，越能减少发达国家政府对中国高新技术产品进口的限制。这与国内的法治及制度建设密切相关。再比如，从进口先进产品和技术到企业自主创新，一方面需要外部的产权保护提供激励，另一方面需要企业内部的人力资本积累提供支持。否则，扩大中间品进口可能非但不会促进企业的自主研发创新，反而会导致进口中间品对国内中间品的替代，造成国内生产的“加工贸易化”，与经济高质量增长的目标背道而驰。无论是企业进口高技术含量、高质量的中间品和资本品，还是在此基础上开展研发创新，都需要巨大的资金投入，因此，外部融资环境和金融制度至关重要。在以进口促进经济高质量增长的过程中，对外开放和对内改革缺一不可，只开放不改革会导致南辕北辙、事与愿违。只有不断以开放促改革，对外开放与对内改革相互配合，才能最终实现经济高质量增长。

本章小结

1. 对外贸易是国民经济的重要组成部分，并对经济增长产生价值增值、资本积累、促进技术进步与产业升级和调节国际收支等多方面的积极贡献。

2. 从亚洲“四小龙”、印度、日本和美国的发展经验，可以看出一个国家或地区可以通过对外贸易推动其经济增长。

3. 中国应该重视进口对中国经济高质量增长的作用，通过扩大进口促进经济高质量增长。

复习思考题

1. 对外贸易与经济增长相互关系的理论基础。
2. 日本、美国的平衡发展战略与产业发展对中国的启示。
3. 进口对经济增长的作用。

案例分析

国际进口博览会

习近平主席于 2017 年 5 月在“一带一路”国际合作论坛上宣布提出，2018 年 11 月 5 日至 10 日，首届中国国际进口博览会于国际会展中心(上海)举行。

进口博览会的召开具有很强的时代意义。2018 年首届中国国际进口博览会，是世界上首个以进口为主题的国家型博览会，在世界上也是独一无二的创举。美国等其他一些国家对中国的迅速崛起产生了不满情绪，声称中国市场的开放程度不高，更不承认中国市场在全球的重要地位，再加上中美的贸易顺差过大，为美国挑起“中美贸易战”提供了一个堂而皇之的借口。实际上，这种做法不仅损害了中美双方的利益，也不利于经济全球化的发展。中国国际进口博览会的举办，彰显了中国对外开放的坚定态度，并进一步扩大了对外开放的规模，加快了对外开放的步伐。这是对美国贸易保护主义，对美国挑起的中美贸易战的有力回击。对帮助发展中国家参与经济全球化，推动开放型世界经济发展，促进对外贸易平衡，改善供给结构，倒逼国内企业发展等诸多方面均起到了十分重要的作用，成为一个推动开放合作、实现共同发展的平台。

首届中国进博会交易成果十分丰硕，交易额达到了578.3亿美元。其中，智能及高端装备展区成交额最高，为164.6亿美元，农食品及农产品次之，为26.8亿美元。

进博会对中国经济发展将会起到一定的推动作用。会促进中国经济结构转型，提高居民消费质量。有利于中国当前供给侧结构性改革中的产能、库存和杠杆调整，有助于降成本、补短板目标的加快实现。有助于从国际合作中发掘低成本的替代品，为发现产业结构中的“短板”和打破“瓶颈”约束创造了良好的机会。

进博会不但有利于中国经济的发展，也体现了大国责任的担当。2020第三届进博会主题：共天地，同风雨，聚进博，享机遇。主题展现了进博会作为国际公共产品，通过搭建“买全球、卖全球、惠全球”的全球共享平台，在帮助参展商和采购商企业抓住机遇、化危为机，帮助各国扩大出口、提振经济、解决就业，通过分享中国市场机遇，实现共同发展，从而满足人民美好生活需要等方面的重要意义。

资料来源：魏晋，《试论中国国际进口博览会的时代意义及对中国经济的促进作用》，《中国国际财经（中英文）》，2019年第3期。

分析题：

1. 结合案例，分析中国举办国际进口博览会的时代意义。

2. 结合案例，分析国际进口博览会对中国经济的作用。

第三章　对外贸易理论依据

学习要点

1. 有中国特色的对外经济贸易理论的发展；
2. 李嘉图"比较成本学说"及马克思的国际价值理论的贡献和不足；
3. 新贸易理论与新新贸易理论在中国对外贸易发展中的应用；
4. 贸易保护理论在中国对外贸易发展中的应用；
5. 区域一体化理论在中国对外贸易发展中的应用。

对外贸易理论是对外贸易实践的总结，并对当代对外贸易的政策与战略产生重要的指导作用。本章着重分析有中国特色的对外经济贸易理论的建设发展，以及各种国际贸易理论在中国对外贸易发展中的作用。

第一节　对外贸易理论在中国的发展

一、20 世纪 70 年代前对外贸易理论在中国的发展

1978 年以前，理论界基本否定社会主义条件下存在商品关系的合理性。因此，中国基本上不存在规范的对外贸易理论，甚至也无经济学可言。在特殊的历史条件下，唯有党和国家领导人的有关论述是指导中国对外经济关系的依据，而这些论述本身的时代局限性和片面性是显而易见的。

20 世纪 50、60 年代，毛泽东和斯大林都曾有过一些关于社会主义国家发展对外贸易的论述，如斯大林著名的"两个平行市场理论"。斯大林认为，在社会主义各国工业高速发展条件下，"很快就会使得这些国家不仅不需要从资本主义国家输入商品，而且它们自己还会感到必须把自己生产的多余商品输往他国"。毛泽东同志也说过，"我们必须尽可能地首先同社会主义国家和人民民主国家做生意，同时也要与资本主义国家做生意"。显然，这些论述带有很浓厚的"左倾"色彩，并严重脱离了当时世界

贸易已经“起飞”的实际和社会主义国家生产力普遍较为落后的现实。

20 世纪 70 年代到“文革”结束前，中国社会政治经历了巨大的劫难，对外关系进一步走入极端，对外贸易几乎被外援取代，外贸“无关紧要论”“洋奴哲学论”和“爬行主义论”等一度盛行。20 世纪直到 70 年代末，中国对外贸易理论研究才逐步走上一条相对健康的道路。

二、20 世纪 70 年代后对外贸易理论在中国的发展

（一）重新认识和评价国际分工及“比较成本优势”原理

20 世纪 70 年代末 80 年代初，理论界开展关于国际分工问题的热烈讨论。其中，最具代表性的观点是王林生、袁文祺等发表的《国际分工与中国对外经济关系》一文，提出了三个富有价值的论点：①从社会生产力发展的角度论述了国际分工存在和发展的必然性；②认为斯密的绝对优势说和李嘉图的比较优势说含有“合理的内核”，论述了国际分工对节约社会劳动的意义和作用；③分析了中国利用国际分工的可能性和必要性，批驳了把对外贸易仅仅看作“互通有无、调剂余缺”的手段的传统思想。在某种程度上，这可看作对外贸易理论界对传统错误倾向的拨乱反正。

通过讨论，这一时期理论界的大多数人明确赞成参与国际分工加快对外经济贸易的发展，有条件地肯定“比较优势说”，认为应当在批判其方法论和实践局限性的基础上积极借鉴利用它。另有一些观点认为我们应当参与国际分工，但不能以“比较优势说”为指导。而少部分人坚决反对以比较优势理论作为经济贸易工作的指导。

（二）探讨马克思的国际价值理论及其在社会主义对外贸易实践中的作用

在对“比较优势说”进行客观研究过程中，有些学者已经提出关于马克思国际价值论与李嘉图比较优势论的相互关系问题，并试图从理论上予以说明。关于这一问题，20 世纪 80 年代中期的论坛也有三种意见：①认为发展中国对外贸易的理论依据只能是马克思的国际价值论，反对将其与比较优势论相联系；②认为马克思的国际价值论虽然是一个科学理论，但它不够完备，应当以建立在国际价值论基础上的比较优势原则作为发展中国对外贸易的理论指导；③认为正如马克思的辩证法源于黑格尔辩证法而又不同于后者一样，马克思的国际价值论也同样可以被看作源于比较优势论而又不同于比较优势理论。因此，两者间既有联系、又有区别，不可对立亦不能等同。

（三）探讨西方国际贸易理论及其方法论

关于西方国际贸易理论与方法论的探讨，达到了如下效果：①系统借鉴了西方国际贸易理论的成果，缩短了理论差距，从而在理论上为中国对外贸易研究建立了相对同步的“参照系”；②通过接触了解西方国际贸易理论，进一步把握当代世界贸易发展的轨迹和动态，为实践中的政策和理论方案研究找到了不同背景条件和不同角度的分析依据，在理论上提供了进行比较研究的丰富素材；③通过学习和借鉴西方国际贸易理论中的具体概念、方法，为分析研究中国对外贸易理论及实践问题提供了新的范畴和方法，为建立有中国特色、又能与世界对话的对外贸易经济理论奠定了基础；④逐步认识到西方国际贸易理论的本质缺陷和内在矛盾。由此，中国对外贸易理论研究的发展步伐大大加快。

三、中国对外贸易理论研究的发展

20世纪80年代后，中国对外贸易经济理论的研究迅速发展，在一些方面取得较大突破。

(1) 研究范围大大拓宽。中国对外贸易理论界由基本理论研究到实践问题探讨，由本国问题扩展到国际贸易一般理论和典型经验研究，从国际贸易惯例与经验扩展到本国对外贸易体制、政策的比较分析，理论触角不断延伸，使对外贸易理论的体系初步趋于成形。

(2) 研究深度和理论联系实际方面有所突破。关于“国际大循环理论”、“出口导向”与“进口替代”相结合战略的讨论，关于“外向型经济发展战略”的讨论，关于区域贸易、贸易方式和某些特定商品贸易的研究等，都表明对外贸易理论研究成果对实践与政策的影响作用明显增大。外向型经济与开放型经济是两个不同的经济范畴，外向型经济是一种依靠外部市场和资源尤其是依靠出口引导国民经济增长的经济发展战略或模式，而开放型经济更多地体现为一种政策取向和制度安排，使资源配置突破本国区域性的限制，实现在世界范围内的最优配置。实行开放的经济贸易政策是外向型经济发展到一定阶段的必然要求，而经济开放程度的提高，更有利于释放外向型经济发展的潜力。实行外向型经济发展模式的国家其经济和贸易政策不一定是开放的，如中国，而实行开放型经济政策的国家其国民经济也不一定是外向型的发展模式，比如美国。

(3) 与此同时，中国对外贸易经济理论研究的态度和方法也逐渐成熟。

四、中国对外贸易理论发展中的若干问题

诚然，从总体上看，中国对外贸易经济理论的发展还面临许多问题。例如，中国发展对外贸易的基本理论依据，或者说如何将马克思的国际价值论具体应用于指导实践的问题并未解决；对于对外贸易中国际分工和比较优势的发展转移问题尚缺乏科学的回答；理论界对西方国际贸易理论的批判和借鉴运用能力尚在形成之中；对传统经济贸易理论的认识、批判尚未彻底等等。

因此，严格地说，中国学术界至今并未在理论上确立起任何一种对国际贸易比较优势规律的系统认识，为实践提供全面有效的理论指导。从这个意义上说，中国还没有形成独立的——有中国特色的对外贸易经济理论。

第二节 比较优势理论与马克思对外贸易理论

对外贸易的理论可以分为两大分支，一是西方资产阶级国际贸易理论，二是马克思的对外贸易理论。西方资产阶级国际贸易理论大致经历了三个发展阶段，第一个阶段是从亚当·斯密1776年提出的“绝对成本理论”到1817年大卫·李嘉图建立的“比较优势理论”为基础的国际贸易学说总体系。这是国际贸易分工理论的创立阶

段。第二个阶段是从比较成本理论的创立到1933年瑞典经济学家伯尔蒂尔·俄林提出生产要素禀赋理论。这一理论被视为现代国际贸易理论的最重要的基石。第三个阶段是战后西方经济学界对传统国际贸易分工理论的检验、修补和扩展,以及为解释诸如产业内贸易、公司内贸易等国际贸易新现象而产生的种种"新"的贸易分工理论。传统贸易理论主要包括重商主义对外贸易说、绝对优势论、比较优势理论、相互需求理论、要素禀赋论和马克思的对外贸易理论等。

一、比较优势理论的基本考察

比较优势理论是古典国际贸易理论的核心,也是现代国际贸易理论的基础。自创立以来,它一直被认为是西方国际经济学界的经典,并成为资产阶级国际贸易分工理论发展的主线。

关于理论目标的历史特殊性。历史上,李嘉图是英国新兴的资产阶级经济利益的代言人,他是在与代表地主阶级利益的马尔萨斯等的激烈论战中论述比较优势原理的,其目的在于揭示贸易产生的利益源于生产过程,而贸易是实现利益增长必由之路的基本道理。相对而言,他忽视了国际贸易利益分配以及与此相关的关税、价格、技术进步、要素转移、人口变迁和规模经济等问题,因此,比较优势理论难免存在理论上的静态性。

关于理论前提的狭隘性。李嘉图的2×2×1(两个国家、两种产品、一种要素)的理论模型,加上技术与人口不变、生产要素的非流动性、充分自由竞争的市场条件等假定前提,自然难以解释劳动价值论与国际不等价交换的矛盾,也无从产生"国际社会必要劳动时间"的思想及概念。

关于理论效能的局限性。李嘉图的比较优势理论存在理论效能上的局限性,它表现为:①前提与现实的深刻矛盾;②静止与发展的深刻矛盾;③眼前与长远的深刻矛盾;④局部与整体的深刻矛盾。这样,比较优势理论的应用遇到了较大的局限性。

二、马克思对外贸易理论

(一)马克思对外贸易理论的内涵

学习马克思的对外贸易理论,可以使国际贸易更加贴近建设中国特色社会主义的需要。马克思运用历史唯物主义和辩证唯物主义的研究方法考察国际贸易,认为社会生产和社会分工的发展是国际贸易产生的历史前提,而国际贸易反过来又会促进(或者阻碍)社会生产和社会分工的发展,决定一个民族的生产力处在什么水平。

马克思主义认为,国际分工、国际贸易是客观的历史范畴,它的产生是社会生产力发展到一定阶段的结果。一方面,资本主义商品经济向国际范围的扩张,形成了国际经济贸易关系,它体现了资本家对剩余价值的无限度追求,反映了资本主义生产方式本质上是世界性的剥削关系;另一方面,国际经济贸易的发展,反映了社会生产化和商品经济发展的客观要求,这是社会大生产和现代商品经济发展的普遍规律。

马克思考察了对外贸易发展的一般条件,他指出,"创造交换的物质条件——交通运输工具,对资本家来说是极其必要的,用时间消灭空间"。马克思不仅非常强调交通运输在对外贸易中的一般基础条件地位。并且他在当时的时代条件下,也已经注意到现代商品经济中的一个重要要素——“信息”的作用。此外,马克思还十分强调货币因素在国际贸易中的作用,即所谓“贵金属贸易”。因贵金属的介入,只要一个国家直接需要另一国家的使用价值,便很容易发生贸易。

对外贸易对现代商品生产方式具有两重作用:

第一,对外贸易是现代商品生产方式发生、发展的一般条件。对外贸易在现代商品经济发展的早期阶段,具有关键的启动作用。这种作用表现为:

(1) 对外贸易为现代商品生产全面彻底地确立了价值前提。马克思说,只有“在世界贸易中,商品普遍地展开自己的价值”;与此同时,“只有对外贸易、只有市场发展为世界市场,才使货币发展为世界货币”①。因此,只有在世界贸易中,商品的价值形态和货币的一般等价物性质才得以充分地展现。

(2) 对外贸易为现代商品生产创造了不断扩大的流通范围。“以资本为基础的生产,其条件是创造一个不断扩大的流通范围”。这个不断扩大的流通范围,只能通过对外贸易来完成。因为对外贸易扩大了市场,才确保了资本主义生产既定规模的正常进行和不断促使这个规模的继续扩大。

(3) 对外贸易是强行传播和贯彻现代商品生产方式的武器。“资本主义的商品生产越发展,它对主要是直接满足自己需要而把多余产品转化为商品的任何一种旧生产形式,就越发生破坏和解体的作用”。这就是说,“资本按照自己的这种趋势……摧毁一切阻碍发展生产力、扩大需要、使生产多样化、利用和交换自然力量和精神力量的限制”。

(4) 对外贸易是现代商品生产方式刺激积累的动力源泉。对外贸易在提高利润率方面具有显著的作用:从外贸出口看,“比较发达国家的劳动在这里作为比重较高的劳动来实现,利润率就会提高”;从外贸进口看,“对外贸易一方面使不变资本的要素变得便宜,一方面使可变资本转化成的必要生活资料变得便宜,它具有提高利润率的作用”②。

第二,对外贸易是现代商品生产方式得以维持发展的重要基础。这是因为:

(1) 对外贸易是暂时平衡已被破坏的再生产比例的一种手段。众所周知,企业的有计划行为和社会生产的无政府状态是现代商品经济的固有矛盾,生产过剩(发达国家)或供给不足(发展中国家)引起的经济周期常常导致社会的,甚至是国际社会的矛盾复杂化。此时,对外贸易是不可或缺的调节手段,可帮助平衡不同国家间的供求关系。

(2) 对外贸易是现代商品经济中再生产货币来源正常供给的必要条件。马克思通过分析得出一个结论:对外贸易对那些非贵金属出产国的资本主义再生产货币来源的足够供给起着非常重要的作用。这一结论的现代引申就是——对外贸易在今天,依然是那些硬通货(外汇)缺乏的国家满足再生产货币供给需要的主要途径

---

① 马克思,《剩余价值理论》第 3 册,人民出版社 1975 年版,第 278 页。

② 马克思,《资本论》第 3 卷,人民出版社 1975 年版,第 264 页。

之一。

(3) 对外贸易既是实现再生产价值和物质补偿的一般手段，更是实现技术更新补偿的重要手段。马克思已经认识到，在商品经济条件下，不断扩大的再生产过程需要国际贸易充当商品价值实现的外在必要条件，也需要对外贸易作为不变资本物质补偿的手段。结合现实情况，更重要的是，对外贸易在对不变资本进行物质补偿时所发生的技术更新性质上的资产置换功能，具有很强的维持与发展现有生产方式的作用。

(4) 对外贸易是减少工人必要劳动，扩大剩余劳动的特殊方法。对外贸易是资本家远离生产过程之外的减少工人必要劳动，扩大剩余劳动的一种特殊方法，它可使资本家廉价输入必要生活资料，劳动力价值因生活资料价值下降而下降。这一结果最终表现为剩余价值的扩大，它使现代商品生产方式得以保存和发展。

对外贸易是加速资本主义生产方式解体的重要力量。对外贸易可以在短期内缓和一国内在的生产与消费矛盾，但同时也造成这种矛盾的积累扩大，从而在世界范围内造成矛盾的积累。一旦这种积累达到一定限度，就会酿成全球性的过剩危机。由于资本主义生产方式是建立在信用基础之上的，买和卖即进口与出口之间会出现不平衡。单个国家是这样，所有资本主义国家同样如此。因为一国进口过多，在另一国就是出口过多，这种现象会在所有资本主义国家不断重演。到了一定的时候，信用会由于过度膨胀而突然停止，所有国家就会同时陷入商业危机之中。对此，马克思认为，对外贸易对国外来说，它引起生产过剩，因而以后又会起反作用；并认为，出现贸易逆差的市场和出现贸易顺差的市场会同时发生危机。所以，对外贸易会引发各国资本家之间、资本家与工人之间等的深刻矛盾。对外贸易中的出口过多和进口过多是危机发生的基础，而危机不过是资本主义生产方式迅速解体的历史证明。

(二) 国际贸易中的经济规律

1. 国际贸易中的价值规律

马克思是根据一般价值原理的判断得出国际价值规律作用原理的。价值规律的基本内容：社会必要劳动量，或生产使用价值的社会必要劳动时间，决定该使用价值的价值量。在世界市场上，商品价值不是取决于不同国家的国民劳动而是取决于“世界劳动的平均单位”。马克思还特别说明了存在生产率差异的国家之间的劳动换算方法，即生产率较高的国家的国别劳动虽然低于世界劳动的平均单位，在世界市场上却可以作为世界劳动的平均单位得到承认；生产率较低国家的国别劳动虽然高于世界劳动的平均单位，但在世界市场仅按世界劳动的平均单位来实现。换言之，生产率较高国家的国别劳动作为质量较高的劳动来实现，表现为较多的世界平均劳动，而生产率较低国家的国别劳动作为质量较低的劳动来实现，表现为较少的世界平均劳动。这两种情况都没有违背价值规律。因此，在国际贸易中，价值规律的内容以世界劳动的平均单位决定国际商品价值的形式体现出来。价值规律在国际贸易中得到了进一步的发展和运用。

2. 国际贸易中的剩余价值剥削和价值转移规律

马克思认为，在对外贸易中，比较富有的国家会发生双重的剥削行为。一方面，比较富有国家的资本家的商品在完成生产过程的同时便已含有本国工人的剩余劳动；另一方面，比较富有国家的资本家的商品在国际贸易中以较高质量的国别价值面目出现，造成“它以较少的劳动换回较多的劳动”①的效果，因而获得了一部分“超额剩余价值”。这种“超额剩余价值”既是对他国工人的剥削，也是对他国资本家所获得的剩余价值的瓜分和转移。

3. 国际贸易中的货币运动规律

(1) 马克思指出，贵金属运动只是商品运动的结果和表现，即“货币的出现不是为了交换余额，而是为了在国际交换的总过程中结算余额”，因此，贵金属是平衡国际贸易差额的支付手段。

(2) 商品运动和贵金属运动的方向相反。马克思生动地刻画这一经常发生的现象，指出“商品作为支付手段等从商品最贱的国家被运往商品最贵的国家”，“货币则相反……金银总是从金银最贵的国家，也就是从一切商品价格相对说来最低的国家，输往金银最贱的国家，也就是输往商品价格相对说来较高的国家”。

(3) 贵金属的流进或流出与货币流通没有任何关系。马克思认为：“即使在实行纯金属流通的情况下，金属货币的数量和它们的增减，也同贵金属的流进或流出，同贸易的顺差或逆差，同汇率的有利或不利，没有任何关系。”在一般情况下，贸易的顺差会引起贵金属的流进，流进的贵金属作为游资使存款增加。“为了使存款投入周转，银行就要降低它的利率，这就造成国内业务扩大。只有在业务迅速发展，需要更多的流通手段来进行这些业务的情况下，货币流通才会增加。”可见，货币流通增加的原因不是贵金属的流进，而是投资增长。贵金属流进只能直接影响存款的增加而不引起货币流通的增加。在一般情况下，贸易的逆差会引起贵金属流出。这首先要影响的就是银行的金属储备。“输出这些黄金无疑使(银行的)储备减少，但是丝毫不影响货币流通。”所以，贵金属的流进或流出与货币流通没有任何关系。

(三) 国际贸易中的政策

马克思还考察了国际贸易中的自由贸易制度和保护贸易制度，阐述了两种政策与现代资本主义生产方式之间的内在联系。马克思在分析保护贸易制度时指出，实行保护关税，不过是为了用机器挤掉手工劳动，用现代的生产代替宗法式的生产。所以，保护关税为产业资本支配社会生产开辟了道路。在考察自由贸易制度时，马克思明确地指出自由贸易制度是现代资本主义生产的正常条件。这主要表现为：①只有实行自由贸易，蒸汽、电力、机器的巨大生产力才能获得充分的发展；②只有实行自由贸易才能使已充分发展起来的生产力变为资本价值增值的强有力的手段；③自由贸易会不断强化资本价值增值的手段，不断提高资本价值增值程度，与此相适应的是劳动商品规律和利润规律能够充分实现。由此可见，无论是保护贸易制度还是自由贸易制度，都是现代资本生产方式下维护一国产业资本利益的相互对立、相互联系、相互依存和相互转化的经济政策。

---

① 马克思：《资本论》第3卷，人民出版社1975年版，第265页。

(四) 国际价值

马克思的国际价值概念出自《资本论》第1卷第20章。马克思指出,当资本主义生产在一国按照特定比率发展时,其国民的劳动强度和生产率也按同一比率高出国际(平均)水准。因此,在同一劳动时间内由不同国家生产的同一商品的数量,包含有不等量的国际价值,它们会被表述为不同的价格和不等量的货币。所以,资本主义生产方式更发达的国家商品的相对货币价值(即价格,引者注)将低于欠发达国家商品的相对货币价值。马克思在此十分明确地表达了三层含义:①较高的生产力发展水平,可以表述为较高的国民劳动强度和劳动生产率;②由于对比之下,同样的劳动时间在不同国家包含着不同的劳动强度,因而根据复杂劳动是倍加的简单劳动这一原理,发达程度较高的国家的商品价值超过欠发达国家同类商品的价值,并被表现为不等量的货币价格;③又由于对比之下,同样的劳动时间在不同国家使用了不同的劳动生产率,因而在国际市场上,发达国家单个具体商品的相对货币价值可以低于欠发达国家的同一商品。因此,对马克思国际价值概念的准确理解,必须以其一般价值原理为基础,进而科学地把握现代经济发展过程中不同国家劳动强度,劳动生产率水平在整体和个体商品价值变化中的反映及国际差异。

根据以上所作分析,马克思的国际价值(international value)概念为:国际价值是指国际必要劳动时间决定国际贸易商品的价值,国际价值的计量取决于参与同类商品国际贸易的国家该商品国别价值(value of export by country of destination)的加权平均数。具体地说,国际商品的价值,即国际价值是由国际平均的劳动条件和劳动强度条件下,生产该国际商品的必要劳动时间决定的。国际价值量等于国际必要劳动时间量。这里特别需要指出,国别价值不同于国民价值,国别价值是国际价值的基础,而国民价值则是商品国内价值的基础。

(五) 国际价值理论的局限性

不言而喻,马克思处于他的历史时代和特殊使命要求之下,不能对国际价值理论进行深入研究,他甚至无暇完成对国际贸易的一般性考察。因此,马克思的国际价值理论存在局限性。

1. 马克思国际价值理论分析的假定前提基本上未摆脱李嘉图比较成本原理的局限

马克思是在考察资本主义生产过程中谈到国际价值问题的,在此之前他已经比较充分地阐述了机器大工业引起的生产力革命与生产条件变化,因此他比李嘉图更多地注意到社会生产中技术进步的现实。在考量国际价值问题时,马克思突出强调了劳动生产率的作用。但是很明显,马克思并未分析生产要素的差异及其在国际的转移;马克思在他的著作中论述了资本主义现代机器大生产造成大量农业人口向工业城市迁移的原始积累过程,但他没有也不可能预见到同一现象在国际发生并发展的趋势;马克思在他的晚年已经看到了资本要素在国际转移,尤其是在殖民地贸易经济控制中的作用,但未及时结合这一事实重新补证国际价值理论;特别关键的是,马克思是在假定没有对外贸易的前提下分析得出其价值理论,进而将一般价值原理推广应用到国际经济现象研究,并提出了国际价值概念,因而对国际贸易与国际经济领域的诸多特殊现象未能予以足够的注意。

与此同时，马克思是在一国内部众多的生产者交换关系中阐述价值规律的。与李嘉图在 2×2×2 的模型中分析比较优势原理的方法相比，马克思由一般价值规律原理引申出来的国际价值规律原理的直观性则较为逊色。这也是导致后世经济学家怀疑国际价值原理实用意义的重要原因之一。归根到底，这反映出马克思国际价值原理在分析前提方面的某种局限性，即未根本突破李嘉图已有的假设条件。

2. 马克思国际价值原理缺乏对对外贸易的完整论述

马克思是在论述“工资的国民差异”时谈到国际价值原理的，其本来用意在于论述工资在各国间差异的判断与比较依据，而不在于国际贸易。我们不能由此否定马克思对外贸易理论的存在。但显而易见的事实是，马克思对外贸易的论述散见于其浩瀚的经济学、政治学、历史学、社会学著作海洋中，未经马克思本人及其后继马克思主义经济学家的全面整理，其系统性、完整性不足及其由此而来的叙述连续性、逻辑性都不尽如人意，这就难以形成对国际价值理论的有力论证。

3. 国际价值原理应用于说明国际交换过程时不如比较成本学说直观易解

马克思虽然精辟地叙述了国际价值的原理，但对于它在国际交换过程中的应用则仅限于劳动生产率、劳动强度的比较计量关系，这显然是不够的。

相对于李嘉图的古典比较优势学说而言，应用马克思的国际价值理论说明国际贸易中的相互交换现象能够更科学、更透彻地贯彻劳动价值论原理，也能够更清晰地阐明国际不等价交换引起的国际价值转移等现象。然而，其理论的高度抽象造成直观易解性不足。李嘉图使用他的贸易互利性模型，应用“毛呢”和“葡萄酒”的例子轻而易举地解决了比较优势的产生、互利交换及其边界问题。虽然李嘉图比较优势学说的理论基础、叙述方法、前提的科学性均显不足，但其整体的直观性则是显而易见的。

4. 马克思没有展开对国际价值规律作用特点的分析

马克思已经注意到提高劳动生产率在国际价值形成方面的重要意义，并且得出了国际较高的劳动生产率也被算作较大劳动强度，反映为更多的国际价值的初步结论。但是，马克思对国际价值规律的作用未能展开论述，甚至也没有对一国劳动生产率为什么能被算作较高劳动强度与更多的国际价值量做出解释，这给后人理解国际价值理论及其适用意义造成了极大的不便。

5. 马克思未解决当比较成本或国别价值相等时，国际是否存在相互贸易的问题

应当说，在实际国际经济活动中，两个贸易国或贸易方在两种商品上的比较优势或国别价值完全等同现象是极为罕见的，但我们在理论上却不能随意排除其可能性。对此，马克思和李嘉图都存在疏忽，其结果是，以马克思和李嘉图理论的现有成果，难以解释这一现象。

三、比较优势理论和马克思对外贸易理论在中国的适用性

(一) 比较优势理论在中国的适用性问题

关于西方比较优势理论在中国的适用性有两个问题需要解决①：其一是西方的

① 郭万清，《论比较优势理论在不同条件下的适用性》，《中国工业经济研究》，1990 年第 3 期。

比较优势理论是以市场经济为背景的，因此能否用于社会主义市场经济条件下的区际分工分析？其二是比较优势理论作为西方经济学的分支，所使用的大量概念、方法能否原封不动搬过来为中国所用？

就第一个问题来说，经济制度的不同并不成为比较优势理论适用性的障碍。市场经济和社会主义市场经济有着共同的基本经济规律——价值规律，商品价值确定都必须依据社会必要劳动。在这个条件下，比较优势的形成有着共同的基础。其实，即便放松这一条件，对这一理论的适用性也不产生实质影响。这一理论的核心内容不是研究国内活动，而是研究两国之间的交往关系，在这里各国本身实行什么经济制度并不在比较优势理论的研究范围以内。李嘉图认为，支配一个国家商品相对价值的法则不能支配两个或更多国家间互相交换的商品的相对价值。不论你的商品价格以什么为基础，也不论是市场自发形成的，还是计划确定的。只要按我的价值法则衡量是有利的，就可以进行交换，并且作为参加分工的基础。可见，制度背景的不同对比较优势理论的适用性并不产生影响。但这并不是说制度因素对国际分工和区际分工本身不产生影响。比较优势只是影响分工的经济因素之一。在现实世界中，分工的形成除了受经济因素影响，还受政治的、社会的、甚至军事因素的制约。现代社会的任何一个国家都不会把经济完全建立在市场自发作用的基础之上，而必须依据一定的政策目标实行不同类型的干预。

上述第二个问题的解决要困难得多，西方经济学和马克思主义经济学是性质根本不同的两种思维模式，有着不同的价值判断标准和逻辑体系。这就决定了原封不动地照抄照搬比较优势理论是不可取的。西方比较优势理论重视生产力因素的研究和经济现象的描述，因而不能科学地揭示国际经济关系的本质和支配国际经济运动的内在规律，客观上歪曲和掩盖了国际经济不平等的真正根源，为发达资本主义国家对发展中国家的经济剥削和掠夺，为维护不合理的国际经济秩序提供了理论根据。此外，由于西方比较优势理论在一定程度上或完全背离了劳动价值论，因而不能科学地说明实行国际分工所得到利益的来源。李嘉图虽然认为劳动成本的相对差异是比较优势根源所在，但他没有分析价值规律在世界范围内的作用形式，看不到商品国际价值和国内价值的差额是分工利益的来源，相反却认为支配一国内部相对价值的法则不能支配两国之间交换商品的相对价值，这就在一定程度上背离了他的劳动价值论。然而，比较优势理论在研究分工的基础、比较优势的类型、比较优势的确定等方面积累了丰富的成果。从总体上看，西方比较优势理论认为国际分工和国际贸易的基础是比较优势，通过实行国际分工和贸易，交易双方可取得使用价值的收益，这一核心内容是科学的。

（二）比较优势理论和马克思对外贸易理论在中国的应用

我们应当从以下三个方面将比较优势学说、马克思对外贸易理论应用到中国对外贸易发展中去。

1. 社会主义对外贸易的基本目的

李嘉图的比较优势理论对中国社会主义对外贸易的发展具有直接指导意义。由于社会主义经济本质上是以商品关系为核心的市场经济，对外贸易必然是一种追求经济利益的市场行为。因此,中国传统对外贸易理论中所提出的"实现价值"的目标,不足以概括社会主义对外贸易的基本性质。相应地,"互通有无"离社会主义对外贸易的根本目的和任务更是相去甚远。借鉴比较优势理论揭示的基本原则,社会主义对外贸易的根本目的是实现社会劳动的节约,即价值的增值。

由此推论,在社会主义商品经济条件下,凡若通过国际交换可达到节约劳动效果的商品,即具有相对节约劳动成本意义的产品,都可以进入对外贸易。换言之,并非一定是社会剩余产品,才能用于对外贸易。

2. 社会主义对外贸易应当树立动态的比较优势观

在社会主义商品经济条件下,要深刻认识比较优势的源泉在于节约社会劳动成本的道理,注重于从社会生产力的发展和商品流通的全过程考察提高国际竞争力的一切途径。这也就是说,要从静态比较优势基础出发,树立起动态的比较优势观念,要打破比较优势的既定性,提高其变动性。在动态的发展过程中改变现有不利的对外比较优势格局,推进比较优势的成长和上升。

3. 关于国际价值理论与比较优势理论的科学结合

马克思国际价值理论与李嘉图的古典比较优势理论应当成为中国对外贸易理论的两大基石。李嘉图的古典比较优势理论在解释对外贸易的产生、阐述贸易互利性和不等价交换关系、判断比较优势等方面具有卓越的贡献。特别是贸易互利性原理和将劳动价值论运用于衡量比较优势的方法,为马克思科学论述国际价值原理提供了重要的前提。马克思正是在古典比较优势理论的基础上,通过改造发展劳动价值论,才得以提出国际价值原理并依靠该原理解释对外贸易中的一些复杂现象,如国别价值与国际价值的关系、国际价值与国际价格的关系、国际价值规律及其作用效果、国际价值转移等问题,提出了一个更为科学深刻的对外贸易理论体系。一句话,马克思国际价值理论与李嘉图古典比较优势理论的结合是"灵魂"与"躯体"的结合,内容与形式的结合。将两者相互结合起来观察国际贸易现实,才能收到"神形兼备"的效果。

第三节　新贸易理论

新贸易理论(new trade theory)是 20 世纪 80 年代后才出现的贸易新理论。其主要人物为美国经济学家迪克希特、诺尔曼、克鲁格曼与以色列经济学家赫普曼等人。

一、新贸易理论的内涵

在不完全竞争的市场状况下,新贸易理论针对多种要素、多个国家、多种商品的贸易模式进行研究。

新贸易理论对国际贸易中的规模经济和市场结构进行研究的结论是,规模经济是专业化分工产生国民福利和效益的基础。这一论点与马克思在《资本论》中对分工与专业化生产效果所作的判断如出一辙,是科学有力的。"新贸易理论"从动态比较中探讨市场结构问题,得出了不完全竞争与增长性收益原理,从而把生产要素的传统性数量特征分析引导到现代生产要素质量特征的研究,隐约提示了企业组织及其制度发生的微妙变化。对比古典比较优势理论和原有的赫-俄理论的判断,这是一个显著的进步。尽管在要素秉赋理论发展的各个阶段上,并不存在明确的组织、制度概念,但它对规模经济产生、成长和成熟三阶段分析得出的"内部规模经济""动态规模经济""外部效应"等结论,以及对跨国公司这一具体企业组织制度形态的研究,却直接启发了经济学界对组织和制度两个新要素的认知能力。所以,"新贸易理论"对这一问题的研究是富有借鉴意义的。

当今世界市场及其在可以预见的将来,乃处于两种相互矛盾的力量交互作用之下,即全球贸易自由化和地区市场分割的同步发展。这种形式当然不可能改变规模经济在国民经济成长和国际竞争中的积极意义,但是对于规模经济的具体组织形态和制度设计,却提出了新的要求。例如,怎样通过推动公司和产业改进技术以进一步争取"动态的规模经济"?如何在国际市场上跨国公司的"外部效应"之间寻找有利的衔接环节?中国大量存在的中小型外贸企业怎样才能实现"内部规模经济"?等等诸多问题。这都有待于我们从理论和实践上做出回答。"新贸易理论"提供的概念、原理和方法将有助于我们的进一步研究讨论。

二、产业内贸易理论的适用性①

产业内贸易理论是新贸易理论的代表性理论。产业内贸易是一国对某一类产品进出口同时并存的贸易现象的概括。在研究产业内贸易时必须区分不同类别产业内贸易,即同质产品产业内贸易和差异产品产业内贸易。同质商品是指完全可替代的商品,即这类商品具有很高的需求交叉弹性,消费者对这些商品的偏好完全相同。对同质产品产业内贸易产生的解释,可以建立在 H-O 比较优势差异基础上,与完全竞争的市场结构相兼容。差异商品是指相似但不完全相同、也不能完全相互替代的商品。差异产品产业内贸易分为两种类型:一是水平型差异产品产业内贸易。产品是各种特征属性的集合体,同一类产品具有一些相同的属性,但这些属性的不同组合会使产品产生差异。当不同国家消费者对彼此的品种产生相互需求时,就出现了水平型产业内贸易。二是垂直型差异产品产业内贸易。产品垂直差异是指产品质量上的差异,消费者对商品档次的需求是差异的,这种差异主要是取决于个人收入的差异,收入高的消费者偏好高档产品,而收入低的消费者偏好中低档产品。为了满足不同层次的需求,就可能出现高收入国家进口中低档产品以满足其低收入层次的需求,而中低收入国家进口高档产品以满足其高中层次的需求,这就出现了垂直型产业内贸易。垂直型产业内贸易可以构建在完全竞争市场结构基础上,这种贸易模式与要素禀赋差异、外部规模经济相联系,会导致发展中国家处于不利分工地位和大量的顺差。发展中国家对水平型产业内贸易的追求变得十分重要。对于发展中国家而言,

① 孙荃,《产业内贸易分工理论在新兴工业化国家的应用展望》,《当代石油石化》,2010 年第 9 期。

若要与发达国家开展水平型产业内贸易，根本在于发展规模经济，拓展产品差异空间，促进垄断竞争有效市场结构的形成。

进行产业内贸易能够为像中国这样的发展中国家进一步展开对外贸易①营造良好的国际环境。中美、中欧的纺织、鞋类等产品的贸易摩擦日趋激烈，然而却较少存在机械产品的贸易摩擦。部分原因在于机械产业的产业内贸易消除了大量的贸易顺差，平衡了贸易收支。产业间贸易的基础是不同生产要素和资源之间的垂直分工，这种贸易的结果会引起国际生产要素比例的改变，因此容易招致贸保护主义的反应。相比之下，产业内贸易的内容是相同类型产品之间的交换，它产生于相同产业内部的专业化分工协作，并不直接改变贸易国生产要素的比例，也就较少受到贸易保护主义的压力。随着贸易自由化的推进，厂商可以获得更大的市场空间，发展中国家因而也逐渐形成了与进行产业内贸易相匹配的市场环境。一方面是不完全竞争市场的大量存在，另一方面生产能力和技术创新的发展使消费者在同类产品之间对不同品牌、不同功能、不同质量方面有了更多的选择，这些都是展开产业内贸易的基本环境。

三、产业内贸易理论在中国的应用

随着中国对外贸易规模的扩大，中国对美国在制造业方面的贸易顺差增加，随之中美之间贸易摩擦加剧。根据产业内贸易理论，大力发展中美之间的产业内贸易可以增强中美贸易互补性，缓解中美贸易摩擦。随着中国经济的发展和贸易自由化的推进，中国具备了发展产业内贸易的条件。

（一）中美制造业产业内贸易现状②

学术界普遍使用格鲁贝尔-劳埃德指数（Grubel-Lloyd）指数测算产业内贸易发展的程度。

$$\mathrm{GL}_i = 1 - \frac{|X_i - M_i|}{X_i + M_i}$$

其中，X_i 和 M_i 分别为行业 i 的出口额和进口额。GL 指数的取值范围是[0，1]，指数越大说明产业内贸易水平越高。当 $0 \leqslant \mathrm{GL} < 0.25$ 时，表示产业内贸易水平很低；当 $0.25 \leqslant \mathrm{GL} < 0.5$ 时，表示产业内水平较低；当 $0.5 \leqslant \mathrm{GL} < 0.75$ 时，表示产业内贸易水平较高；当 $0.75 \leqslant \mathrm{GL} \leqslant 1$ 时，表示产业内贸易水平很高。

图 3-1 说明了 2001—2017 年中美全行业（按行业加权）及制造业（按细分行业加权）产业内贸易指数变动情况，可见两者数值接近且变化基本一致。中国入世后产业内贸易指数先经历明显下降，而随后则表现出波动上涨趋势，全行业产业内贸易指数基本保持在 0.25 左右，制造业产业内贸易指数则为 0.24 左右。当前发达工业化国家间产业内贸易指数可达 0.7 左右，因此中美制造业产业内贸易仍有较大发展空间。

① 马征，《从产业间贸易到产业内贸易：演进机制分析与中国实证研究》，浙江大学，2007 年。

② 施竞澄，《中美制造业产业内贸易的实证研究》，《中国商论》，2019 年第 7 期。

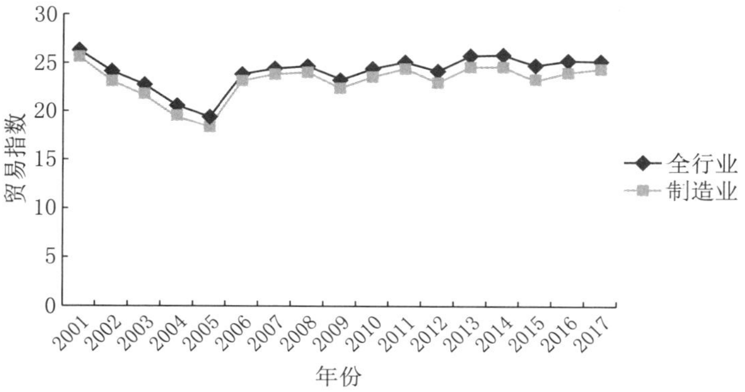

图 3-1 2001—2017 年中美产业内贸易指数

资料来源：施竞澄，《中美制造业产业内贸易的实证研究》，《中国商论》2019 年第 7 期。

（二）中美服务业产业内贸易现状

随着全球经济结构的不断调整，服务贸易变得越来越重要。近些年来，中国服务贸易发展迅速，中国对外贸易的重点也会逐步由商品贸易转向服务贸易。因此，服务贸易也将成为中美贸易的重点。

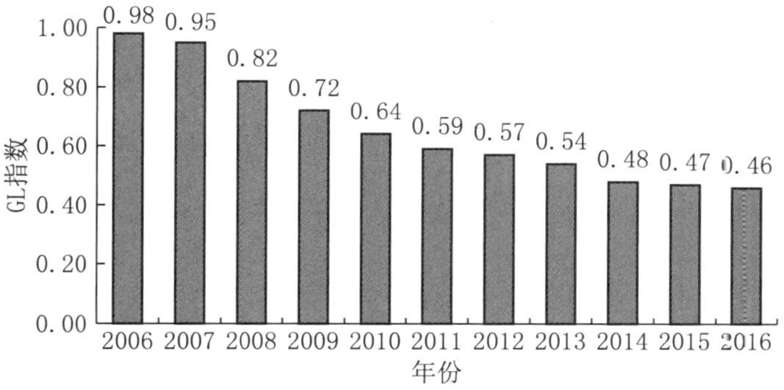

图 3-2 2006—2016 年中美服务业产业内贸易 GL 指数

资料来源：王绍媛、陈杨，《中美服务业产业内贸易及其影响因素分析》，《江汉论坛》2019 年第 5 期。

从图 3-2 中可以看出，中美服务业产业内贸易 GL 指数呈现递减趋势，中美服务业整体的产业内贸易水平在逐渐减弱。2006—2008 年，中美服务业的产业内贸易水平很高。2009 年全球经济受到美国金融危机的影响，中美服务业的产业内贸易也受到影响，GL 指数下降到 0.75 以下，2009—2013 年，中美服务业的产业内贸易水平较高。到 2014 年以后，GL 指数进一步下降到 0.5 以下，中美服务业的产业内贸易水平较低。

由此可以看出，中美制造业产业内贸易水平比较低，服务业产业内贸易水平比较高，但呈下降趋势，而且由于中国的服务业相较于美国发展水平比较落后，中美服务业产业内贸易主要是垂直型产业内贸易。为了减少对外贸易摩擦的同时提升中国在国际分工中的地位，一方面中国应在提高制造业技术水平的同时，提升特别是技术、知识和资本密集型的现代性服务行业的竞争力水平。另一方面，应采取措施促进中国与其他国家产业内贸易的发展。

第四节　新新贸易理论

新新贸易理论的概念最先是由美国经济学家鲍德温（Baldwin）于 2004 年提出的。该理论以微观的企业为研究视角，研究企业的贸易、投资行为和全球生产组织行为。其最显著的特征在于假设企业是异质的，也就是企业是存在差别的，而不是像先前贸易理论那样假设企业的同质性，只是外在的市场结构差异影响到企业行为。故此，新新贸易理论又被称为异质性企业贸易理论（heterogeneous firms trade theory，HFTT）。

一、传统贸易理论和新贸易理论面临的挑战

传统贸易理论包括古典贸易理论（绝对优势理论和比较优势理论）和新古典贸易理论（H-O 理论），它们分别以技术差异和要素禀赋作为贸易基础，解释了产业间贸易。20 世纪 80 年代以来，以克鲁格曼为代表的新贸易理论以不完全竞争、规模报酬递增、产品差异化和偏好多样化为前提，以内部规模经济作为贸易基础，解释了第二次世界大战之后兴起的发达国家之间的产业内贸易。

不论传统贸易理论还是新贸易理论，都以代表性厂商作为前提假设，该假设保证了所有厂商具有对称性，便于求解国际贸易的一般均衡。然而大量的贸易现象对这一假设提出了挑战，这些现象可以概括如下：

第一，从事出口的企业很少，少数出口企业创造了一国绝大部分的出口额，而且出口企业的出口额占其生产总额的比重很低，其生产的大部分产品却用于国内销售。

第二，相对于非出口企业而言，出口企业生产率更高、规模更大（不论是产出还是雇佣工人的数量），支付的工资也高。许多文献检验了企业生产率与出口行为之间的因果关系，结果表明：一方面，制造业企业存在一种“事前的自选择效应”（ex-ante self-selection effect），即只有那些生产率足够高的企业才会选择出口（并且兼顾内销），生产率低的企业只从事内销；另一方面，少数针对发展中国家制造业的经验研究表明出口可以提高企业的生产率，其作用机制可能是“出口的干中学效应”（learning by exporting）。此外，企业从事生产和出口都须付出进入成本，这对企业的出口选择也具有重要的影响。

第三，贸易会造成“再分配效应”（reallocation effect）。随着贸易壁垒的降低和贸易自由化的推进，高生产率的出口企业能更好地在行业中生存和发展，而非出口企业特别是那些生产率很低的企业则容易停产倒闭或退出行业，全行业的平均生产率会随之提高。这种现象与达尔文主义“物竞天择、适者生存”的优胜劣汰机制十分相似。

总之，上述现象表明在同一个行业内，企业在生产率和规模上存在异质性，而且

不同企业的生产、销售和出口决策不同，这是此前的贸易理论所无法解释的企业层面的贸易现象，新新贸易理论（new new trade theory）正是在这种现实背景下应运而生的贸易创新理论。

二、新新贸易理论的主要观点

梅里兹在克鲁格曼的垄断竞争贸易模型的基础上，引入了企业生产率的异质性。梅里兹模型具有两个核心假设：第一，异质性假设。企业的生产率具有异质性（heterogeneity），企业的边际成本由一个外生的概率分布随机决定。第二，沉没成本假设。企业进入一个行业首先必须付出进入成本（entry cost）或者说沉没成本（sunk cost），进入行业之后才得知自己的生产率水平，如果企业选择出口，还需进一步支付出口的固定成本，以及“冰山”运输成本①（iceberg transportation cost）。第三，企业在每一期都有可能受到随机的、负面的技术冲击，使其出现亏损而退出行业。

梅里兹模型的主要结论是：由封闭经济到开放经济，更多企业对未来利润预期提升的驱动下进入某一行业，导致要素市场价格上升或产品市场的加成率下降，于是市场竞争加剧。行业内优胜劣汰的过程体现为“自选择效应”与“再分配效应”：生产率最低的企业入不敷出、退出行业；生产率居中的企业只从事内销；生产率最高的企业既从事内销又从事出口，而且资源会从生产率低的企业流向生产率高的企业，实现优化配置，但一国企业总数减少。因此，只有生产率足够高的企业才会从事出口，只有这样的企业才能支付高额的进入成本，并实现盈利，而且利润的高低与企业的生产率水平成正比。

此外，贸易使一国总体福利提高，有两个来源：一是，外国厂商的进入使消费者满足了偏好多样化。二是，上述优胜劣汰的过程使行业的进入门槛提高，一国总体生产率提高。

三、新新贸易理论在中国外贸战略调整中的应用

新新贸易理论的诞生打破了新贸易理论的主导地位，该理论的主要结论是：企业的贸易和投资行为越来越表现为一体化的趋向，它们自主地决定出口和 FDI 的国际化路径选择，并且在全球范围内组织生产。这里起关键作用的是企业的异质性，选择出口的企业生产率高于只供应国内市场的企业，而选择 FDI 方式的企业生产率又高于出口的企业。同时，在出口贸易的经济效应上，出口对于企业生产率的作用方向不确定，对于那些生产率较高的企业是有利的，但对于生产率较低的企业并不利。同时，出口贸易能够提高全社会企业的平均生产率，迫使一部分生产率低的企业退出市场而增加生产率高的企业的市场份额。

新新贸易理论的结论对于中国外贸战略调整和选择有以下几点启示：

① 一般运输成本被看作“冰山”，类似于冰山从极地冰川漂往目的地时会在海洋气流和风的作用下逐渐融化。“冰山”运输成本这一概念是萨缪尔森于 1952 年提出的，并被克鲁格曼引入到国际贸易研究中，即产品从产地运往消费地过程中，其中一部分在运输过程中“融化”了，这部分损失就是“冰山”运输成本。

第一，出口贸易能够提高一国企业的平均生产率水平，所以中国应该继续重视对外贸易的发展，不断开放国内市场和开拓国际市场，逐步实现贸易自由化。

第二，出口贸易具有贸易转移效应，对生产率高的企业有利，增加其市场份额，但不利于生产率低的企业，会迫使它们退出市场。所以，中国在对外开放的过程中需遵循渐进原则，对于一些弱势产业和领域，应逐步开放，同时给予适当的保护，从而免受贸易自由化的伤害。

第三，对外贸易是企业的行为选择，政府不宜过多干预，应该努力为企业创造公平、自由的市场环境，由企业根据自身的生产率情况选择是否出口以及是否对外直接投资。

第四，生产率高低是决定企业出口及其效益的关键因素，所以政府应该鼓励企业创新和提高生产率，优化出口贸易结构，更多地注重质量和效益。

第五，在发展对外贸易的同时，政府应鼓励和帮助生产效率高的企业积极走出去，开展对外直接投资，因为生产率高的企业能够从对外直接投资中获得更多的好处。

第六，要摒弃简单的出口至上战略，不要对企业出口给予不恰当的补贴，因为不是所有的企业都能够从出口中获益。

第五节　贸易保护理论与区域经济一体化理论

一、幼稚工业保护理论与新贸易保护理论的主要观点

（一）幼稚工业保护理论的主要观点

幼稚工业保护理论渊源可以追溯到 18 世纪美国经济学家亚历山大·汉密尔顿，他在 1791 年的《制造业的报告》中就提出了这一论点。但真正全面阐述和发展这一理论的是 19 世纪德国经济学家弗里德里希·李斯特。李斯特综合考察了从意大利、汉莎同盟到荷兰、西班牙、葡萄牙，再到英国、法国和美国等国家经济的兴衰史，严厉抨击了传统的自由贸易学说，建立起一整套以保护关税制度为核心、为经济落后国家服务的国际贸易学说。其观点如下：

（1）强调从生产力的角度看待国际自由贸易问题。李斯特认为，“财富的生产力比财富本身，不晓得要重要多少倍”。据此，李斯特把国家生产力发展划分为五个阶段，即原始未开发时期、畜牧时期、农业时期、农工业时期、农工商业时期。李斯特主张在一国经济发展的前三个初级阶段，应当同先进国家进行自由贸易以利于为其猎场、牧场或森林及农产品和其他原料产品谋求出路，并交换回“更好的东西”，如衣物、用具、机器和贵金属；在一国经济发展进入农工商业时期以后，也应当实行自由贸易，“在国内外市场进行无所限制的竞争，使从事于农工商业的人们在精神上不至于松懈，并且可以鼓励他们不断努力保持既得的优势地位”，由此可见，李斯特着重强调一国应当在工业发展初期成长阶段实施必要的保护。

(2) 强调保护关税制度的作用。李斯特认为，从统计和历史资料来看，经济越发展，国家的干预越必不可少。在现实世界，有的国家经济发展已经达到较高程度，有的国家则还比较落后，后者如果不实行保护关税制度，其国民经济就会在前者的优势竞争下被摧垮，从而沦为被奴役的地位。只有实行保护关税制度，落后国家的工业、航海业和国际贸易才能获得大规模的发展，“从这一点看起来，保护贸易制度可以认为是促进各国实行最后联合，也就是促进真正自由贸易的最有效方法”。

(3) 主张保护那些现在没有比较优势，但将来有希望成长起来成为具有国际竞争力的那些产业，或主张保护那些有利于国民经济发展的重要工业或部门。李斯特也曾明确提出保护是为了不保护，把保护贸易政策作为走向国际自由竞争的手段。幼稚工业保护论的最大合理之处在于，该理论实行贸易保护着眼于资源的动态优化配置，是将比较优势原理进行动态运用的现代国际贸易政策的出发点或依据，考虑的是经济增长的长远利益。

(二) 新贸易保护理论的主要观点

在新贸易保护理论中，最为典型的贸易保护依据就是战略贸易政策理论(theory of strategic trade policy)。从静态分析，战略贸易政策理论认为，假定对手国政府不对本国政府的政策做出报复性反应，或假定对手国政府的政策为既定不变的情况下，政府的干预可以把寡头垄断的垄断利润从外国企业手中夺过来转移到本国企业，从而提高本国福利水平。战略贸易政策是以不完全竞争为前提条件的，在这一条件下，一些特殊产业中贸易参加者数量不多，短期内无法消除由于稀缺要素产生的超额利润，所以，一国政府可以通过某种战略性行为来保证本国的参与者获得比对手国更多的利润份额。斯彭斯(Spenser)和布朗德(Brander)是战略贸易政策理论的主要代表，他们证明，在某些情况下鼓励出口确实可以增进本国的福利。市场失灵在于缺乏自由竞争，并由此产生了超额垄断利润，于是导致各国在贸易中对超额垄断利润的争夺，一国政府可以通过变更博弈规则将这些超额收益从国外企业转移到国内企业。

从动态分析，战略贸易政策理论认为，对手国政府与本国政府行为是在两阶段政策博弈中展开的。两阶段博弈的一个重要结论是：最优政策并非出口补贴。出口补贴对一个国家福利的影响总的来说是模棱两可的，它只有在极少数的情况下才会有利于本国福利的增加。

(三) 两种保护贸易理论之异同①

1. 不同点

(1) 两者的贸易理论基础不同。幼稚工业保护理论是以新古典贸易理论为基础的，即假设经济框架是完全竞争的，且企业面对的是规模不变的生产条件，而在进行国际贸易时，还是以比较成本优势为基础。新贸易理论是以战略性贸易政策为基础的，即它是建立在“规模经济贸易学说”上的。与传统贸易理论相比，规模经济学说有两点不同。第一，工业产品的世界市场是不完全竞争的，产品的差异性使得各国企业

---

① 王荣艳，《传统幼稚工业保护论与新贸易保护论之异同》，《现代财经》，2003 年第 3 期。

都有可能在某些工业产品上有一定的垄断或垄断性竞争力量，占领部分市场取得利润。第二，许多工业产品的生产有规模经济递增的现象，即生产越多产品的单位成本越低。

(2) 两者的保护动机不同。传统的幼稚工业保护论者明确指出对本国工业保护不是最终目的，而是一种增强本国工业竞争力、促进本国生产力发展的手段，保护的最终结果是为了不保护。当本国被保护的工业具有与国外企业竞争的实力时，本国政府就应撤销关税保护，让本国工业参与国际市场的自由竞争。战略性贸易政策采取的是一种以邻为壑的战略，即在一定的市场利润条件下，本国政府运用各种战略手段将他国的市场利润最大限度地转移到本国企业的身上。

(3) 两者的扶植对象不同。幼稚工业保护的扶植对象是一国的幼稚产业或新兴产业。一般来讲，该国被保护的产业在其他国家都已有了较大的规模和实力，而该国的相同产业要想参与国际竞争就必须给予其一定的发展时间，等到其实力能与其他国家的同类产业竞争时，就可撤销保护。战略性贸易政策所扶植的产业主要是规模经济潜力较大、外溢效应较广的高附加值产业（如高科技产业）。一国保护这种产业是为了让其在国际市场中占据垄断优势，从而独占市场利润。

(4) 两者的政府作用不同。在幼稚工业保护论中，一国政府始终是以“防御型”手段来对相关产业实施保护，政府的最终目的是使本国的幼稚产业经过保护，能够与实力强大的他国相关产业竞争，从这个角度来看，保护不是持久的。在实施战略贸易政策的国家中，该国政府采用了“进攻型”手段来扶植本国的战略产业，该政策的理论核心就是主张政府要主动干预外贸，因为哪个国家鼓励出口，哪个国家就会在国际竞争中占据有利地位，所以，在两国同类产业势均力敌的条件下，获得外力或得到政府资助的企业占据优势地位。

2. 共同点

虽然幼稚工业保护理论与新贸易保护理论有所不同，但两者却都具有战略性意义的共同特点。实际上，新贸易保护理论是幼稚工业保护理论在新形势下的演变和延伸，这就决定了两者在选择战略方法时有着共同的问题。

(1) 选择被保护产业问题。无论是哪种保护贸易理论，都要遇到保护哪种产业的问题。就幼稚工业保护理论来讲，许多发展中国家政府选择保护的目的并不是从经济利益出发，而是从政治或其他利益出发，从而所选的工业不能满足该理论的条件。然而即使从经济利益出发，也会出现技术上的错误判断，结果不能达到预期目标。

(2) 保护手段问题。在很多情况下，即使选对被保护的产业，但手段用错，其结果仍然达不到保护的目的。一般来讲，采用产业政策及关税等限制进口的贸易政策。因为产业政策不仅对社会造成的损失较小，还起到监督企业，加速企业成长的作用。在产业政策下，企业的补贴来自政府，政府有权控制和调节，政府为减少开支会促进企业提高效率。而在关税等限制进口的贸易政策下，企业的收益来自市场，来自无数个消费者，对此企业自然无所顾忌，没有提高效率的压力。然而事实上，当政府选择保护手段时，并不完全考虑哪种手段损失最小，在很多情况下，政府更倾向于利用关税,因为这样可以增加财政收入。而使用产业政策,政府不但失去税收还要增加支出。因此,在选择保护手段时,选错手段常常是不可避免的事。

(3) 保护招致的报复问题。一国对本国的产业实行保护,是为了从保护中使产业得到发展,或是从保护中获得利润。而从世界的角度来看,既然保护贸易确实能使该国的产业受益,那么各个国家都可能对自己国家的产业实行保护。在这种情况下,不实行保护贸易政策的国家肯定会损失得更多,这就必然导致"囚徒困境"的出现。同时,实行保护贸易的国家很可能会招致其他国家的报复行为。

在研究贸易保护理论与政策时,我们应当注意将贸易保护和贸易保护主义严格地区分开来。贸易保护主义(trade protectionism)又称为"超保护贸易政策",其特征是将保护的对象扩大到所有产业甚至衰落的传统产业,保护的目的是巩固和加强对国内外市场的垄断利益,保护手段也大大超出了正常的贸易保护规则,并时常将这种保护作为进攻的工具要挟其他国家。所以,贸易保护主义是一种人为地阻碍正常贸易的做法,是不利于本国长期经济发展利益的短期行为,是违背全球资源优化配置原则和福利最大化要求的不经济行为,因而是人类社会经济发展的后退。

二、贸易保护理论在中国对外贸易发展中的应用

助动车是最早在美国进行商业化生产的。自 1901 年以来,有 150 家生产厂家,但由于进口产品的大量涌入,到 1978 年,美国国内只剩下一家国内厂家,即 Harley-Davidson 公司。该公司主要生产汽缸量在 1 000 cc 以上的助动车,而小缸量的助动车则主要是进口产品,占据了国内市场大量份额。1982 年,该公司向美国国际贸易协会申请予以进口限制。经调查后,发现进口品已对该公司造成了实质性损害,因此在 1983 年决定实施关税配额,对超过配额以上的进口品实施较高的关税,其实施的前题是该公司将提高其生产效率,并开发生产排量在 800～1 000 cc 的小型助动车。也就是在这一产品范围内,可以被称为幼稚产业。保护的效果是明显的。美国市场进口品的占有率从 80 年代早期的 60%～70%下降到 1984 年的 31%。Harley-Davidson 公司改变了经营战略,降低了成本并提高了质量。与此同时,出口量也增加了。因此可以看出,这种暂时性的保护措施是卓有成效的①。

20 世纪 90 年代,中国也借鉴美国和其他国家的经验,对中国的汽车产业进行保护。中国的汽车工业始于 50 年代初,经过多年的发展,已有相当规模,年产量已有百万辆。但由于各方面的原因,如生产技术落后,布局相对分散,没有实现规模经济,生产效率低下等,其发展缓慢。在没有进口品的时候,足可以维持下去,但是由于面临迫切的进口车的威胁与冲击,将对中国的汽车工业造成相当大的损害。若不实施保护,由于国产车竞争能力较弱,国内市场将会被进口车所占领。于是,中国在 1994 年颁布了《汽车工业产业政策》。政策目标如下:

(1) 坚持发挥市场配置资源的基础性作用与政府宏观调控相结合的原则,创造

① 沈建荣,《从美国的助动车案例看中国的幼稚工业保护》,《理论界》,1997 年第 5 期。

公平竞争和统一的市场环境，健全汽车产业的法制化管理体系。政府职能部门依据行政法规和技术规范的强制性要求，对汽车、农用运输车(低速载货车及三轮汽车，下同)、摩托车和零部件生产企业及其产品实施管理，规范各类经济主体在汽车产业领域的市场行为。

(2) 促进汽车产业与关联产业、城市交通基础设施和环境保护协调发展。创造良好的汽车使用环境，培育健康的汽车消费市场，保护消费者权益，推动汽车私人消费。在2010年前使中国成为世界主要汽车制造国，汽车产品满足国内市场大部分需求并批量进入国际市场。

(3) 激励汽车生产企业提高研发能力和技术创新能力，积极开发具有自主知识产权的产品，实施品牌经营战略。2010年汽车生产企业要形成若干驰名的汽车、摩托车和零部件产品品牌。

(4) 推动汽车产业结构调整和重组，扩大企业规模效益，提高产业集中度，避免散、乱、低水平重复建设。

通过市场竞争形成几家具有国际竞争力的大型汽车企业集团，力争到2010年跨入世界500强企业之列。鼓励汽车生产企业按照市场规律组成企业联盟，实现优势互补和资源共享，扩大经营规模。培育一批有比较优势的零部件企业实现规模生产并进入国际汽车零部件采购体系，积极参与国际竞争。

此外，为了适应WTO贸易自由化，2001年11月26日国务院颁布了《中华人民共和国保障措施条例》。

因此，中国应该充分发挥大国规模经济优势，选择若干关系国计民生和国家经济安全、具有战略性影响、仍然处于弱势地位、不具有国际市场竞争优势的弱势产业，通过提供必要的有限贸易保护创造新的比较优势，形成具有国内与国际市场竞争优势的战略性产业，进而带动相关产业与宏观国民经济的发展。

三、区域经济一体化理论的内涵

(一) 区域经济一体化的概念和形式①

区域经济一体化和经济全球化是当今世界经济发展的两大趋势，从20世纪90年代以来，经济全球化中的区域经济合作呈现加速发展之势。这是由于地区性安排较之多边协商范围较小，更易实践，也更易成功。在一定程度上规避了经济全球化所面临的种种障碍。

区域经济一体化，是指一国与地理位置相邻、或经济发展阶段相近、产业或产品结构相同或互补、经济制度相似的其他国家和地区之间，形成的产业、价格、关税及财政、货币政策等方面的协作关系。按其一体化水平来分，有特惠贸易协定、自由贸易区、关税同盟、共同市场、经济同盟、完全经济一体化等。在这些区域性经济一体化组织中，自由贸易区是最基本的形式。自由贸易区是指签订自由贸易协定的成员国相

---

① 花文苍，《自由贸易区：中国参与区域经济一体化的基本形式》，《北方经贸》，2006年第3期。

互取消关税和数量限定，实行区域内商品自由流通，但各成员国仍保留独立的对非成员国的关税和其他贸易壁垒，以及保持其内外经济政策的独立性。与关税同盟等其他高级区域经济一体化的形式相比，自由贸易区具有以下两个特征：①自由贸易区实行内部自由贸易的同时，成员国对外不实行统一的关税和贸易政策。②实行严格的原产地规则，以防止由于区域不实行统一共同关税，导致域外国家利用区域内各国的对外税差躲避较高的关税。

(二）区域经济一体化理论的主要观点

20世纪50年代美国经济学家维纳指出关税同盟的两种基本效应，“贸易创造(trade creation)”和“贸易转移(trade diversion)”。只有贸易创造效应对经济一体化成员国和非成员国都有利，贸易转移效应不利于非成员国和成员国的经济发展。因此，关税同盟的最终作用取决于两种基本力量的对比。维纳从静态角度分析了区域经济一体化的福利效应。

经济学家金德尔伯格、林德特、肯普和沃纳克等指出了区域经济一体化的动态效应。他们把动态效应归结为：规模经济效应、竞争刺激效应和投资刺激效应。他们认为，动态效应有利于提高成员国的福利，对非成员国的福利影响不一定是负面的，因为区域集团形成后，对内消除贸易壁垒导致经济规模扩大和激烈竞争，经济增长加速，进而扩大对第三国的进口。西托夫斯基和德纽为代表的经济学家提出的大市场理论指出，通过扩大市场获得规模经济，并促进市场竞争，以提高经济与资源的利用效率。日本经济学家小岛清提出的协议分工原理指出，单纯依据比较优势原理不可能完全实现规模经济的福利，反而可能导致各国企业的集中与垄断，影响经济的和谐与稳定。因此，应当在经济共同体内实行协议性的国际分工。

鲍里斯·塞泽尔基和保罗·克鲁格曼等从发展中国家的角度指出，一体化是发展中国家的一种发展战略，发展中国家应该选择适合自身发展需要的一体化模式，两极分化是伴随世界经济的必然现象，只能用有利于发挥不发达国际优势的系统性政策来加以避免。经济一体化可能会在事实上阻碍外围非成员国产业的发展，因为经济一体化实际存在扩大而非均衡一体化区域与非一体化区域长期增长差异的可能性。

由此可以看出，中国应当积极调适、调整战略与政策，从一体化的区域化、集团化组织形态上入手追求贸易环境变迁，尤其是通过调适性“南北对话”型的一体化安排打破中心—外围结构屏障，加强技术进步、制度创新与对外贸易的协同发展。

四、区域一体化理论在中国对外贸易发展中的应用

自由贸易区适应了其内部发达国家成员和发展中国家成员之间经济和政策状况差别悬殊的特点，可以避免成员国在贸易和经济政策协调方面的困难，也避免了区域经济一体化对发展中国家成员方造成严重冲击。正是由于自由贸易区具有上述优越性，现有的区域经济一体化一般都采用自由贸易区的组织形式，如北美自由贸易区等。进入21世纪以来，自由贸易区呈现加速发展态势，中国也把自由贸易区作为现阶段参与区域经济一体化的组织形式。截至2021年1月份，中国已签署自贸协定

19 个，涉及 26 个国家或地区。中国自贸区发展现状，如表 3-1 所示。

表 3-1 中国自贸区发展现状

已签协议的自贸区	正在谈判的自贸区	正在研究的自贸区
《区域全面经济伙伴关系协定》(RCEP) 中国-柬埔寨 中国-毛里求斯 中国-马尔代夫 中国-格鲁吉亚 中国-澳大利亚 中国-韩国 中国-瑞士 中国-冰岛 中国-哥斯达黎加 中国-秘鲁 中国-新西兰 中国-新加坡 中国-新加坡升级 中国-智利 中国-智利升级 中国-巴基斯坦 中国-巴基斯坦第二阶段 中国-东盟 中国-东盟(“10+1”升级) 内地与港澳更紧密经贸安排	中国-海合会 中日韩 中国-斯里兰卡 中国-以色列 中国-挪威 中国-新西兰自贸协定升级谈判 中国-摩尔多瓦 中国-巴拿马 中国-韩国自贸协定第二阶段谈判 中国-巴勒斯坦 中国-秘鲁自贸协定升级谈判	中国-哥伦比亚 中国-斐济 中国-尼泊尔 中国-巴新 中国-加拿大 中国-孟加拉国 中国-蒙古国 中国-瑞士自贸协定升级联合研究

资料来源：中国自由贸易区服务网，http://fta.mofcom.gov.cn/。

从中国泉州海关获悉，2020 年上半年，泉州海关共签发自贸协定优惠原产地证书0.97 万份、签证金额 4.6 亿美元，其中签证金额同比增长 9.2%。据统计可为关区企业争取进口方关税减免 3 132.9 万美元。但其中特别突出的是中国-东盟自贸原产地签发 0.5 万份、金额 2.9 亿美元，签证货值同比增长 20.8%，可争取进口方关税减免达 2 369.3 万美元。自贸协定原产地证，正成为“泉州制造”掘金“东盟”的利器。

自贸协定原产地证书是证明货物原产地或制造地的一种证明文件，是国际贸易货物享受进口方差别关税待遇的主要凭证，也被称为国际货物的“经济护照”。持有海关签发的自贸区优惠原产地证就可以享受到相应进口国的关税优惠。截至 2020 年 7 月份，在中国已经签署的 17 个自由贸易协定中，签证量最大的是中国—东盟自贸原产地证，其 2020 年上半年占自贸协定优惠原产地证的 52.0%。

新冠肺炎疫情发生以来，特别是 2020 年 3 月份境外加速蔓延后，国际贸易形势愈发严峻，作为中国“民营经济大市”的泉州，出口企业面临着较大的冲击，而自贸协定原产地证书在助力企业复工复产、开拓东盟市场中发挥的作用越发重要，出口产品的“经济护照”成为企业稳订单、拓市场的重要手段之一。从签证国家看，泉州关区出口东盟国家自贸协定原产地证涉及金额最为突出的是中国-菲律宾、中国-泰国 2 种原产地证，签证金额分别为 8 649.5 万美元、5 433.0 万美元，同比分别增长 33.3%、31.0%；签证金额增幅最大的缅甸同比增长 136.3%。从签证产品情况看，泉州关区出口东盟国家涉及纺织制品、鞋帽与工艺品、工程机械、水产加工、石材行业、电子产品等 455 家企业，有力提高“泉州制造”国际竞争力。而 2020 年 5 月 11 日起海关总署扩大自助打印原产地证书范围的新政策，带动更多企业使用原产地证书自助打印功能，助力企业复工复产。

据泉州天地星电子公司有限公司业务员介绍:"原来由于印尼官方不接受出运前签发的原产地证,此前出口货物只能在发运后再申请纸质产地证并邮递至印尼,中间稍一耽误,就可能因通关受阻造成货物滞港等费用。而在5月11日起,海关将输印尼和新加坡自贸原产地证书纳入自助打印范围,大大提高了对印尼出口的通关效率"其中,泉州关区已自助打印证书占可打印证书比例,从2019年5—12月的65.7%提高到2020年1—6月的86.0%。

为帮助外贸企业在新冠疫情防控期间,充分利用自贸区优惠原产地政策开拓国际市场,泉州海关积极落实厦门海关推出的"防疫情、稳外贸"十四条举措,主动靠前服务,通过公告栏、微信、业务电话等方式持续加强政策宣传,引导出口企业用好用活原产地政策;依托国际贸易"单一窗口"深入推行对外贸易经营者备案和原产地企业备案"两证合一",实现原产地签证从备案、申请、调查全流程的无纸化办理,采取精准办、网上办、快速办等多种方式,不断提升原产地证自助打印利用率;积极向企业提供原产地政策指导,不断优化细化签证流程,着力在改革创新、精细管理、优化服务上下功夫,有效释放中国-东盟自贸协定关税减让红利,最大限度促进"泉州制造"优进优出①。

以上所叙述的理论基本上可以归结为管理贸易理论。世界经济贸易发展至今,纯粹的自由贸易和极端的保护主义都不可能适应于现实而存在,大多数国家和经济集团所奉行的都是自由贸易与保护贸易相互结合的管理贸易。对外开放是中国的长期国策,自由贸易是世界贸易的主流,因此我们应当通过积极开放,换取重点保护的主动权,对一些重点产业进行限期有效的保护。

本章小结

1. 国际贸易理论是国际贸易实践的总结,对中国对外贸易的政策和战略产生重要的指导作用。

2. 全面地认识各种国际贸易理论的贡献和不足,并结合世界贸易及中国对外贸易的现实正确地应用国际贸易理论指导中国对外贸易的实践。

3. 对外开放是中国的长期国策,自由贸易是世界贸易的主流,因此我们应当通过积极开放,换取重点保护的主动权,对一些重点产业进行限期有效的保护。

① 《自贸原产地证助力"泉州制造"掘金东盟》,《中国日报网》,2020-07-10。

复习思考题

1. 李嘉图“比较成本学说”及马克思的国际价值理论的贡献和不足有哪些？
2. 新贸易理论与新新贸易理论对中国对外贸易发展的启示？
3. 贸易保护理论和区域经济一体化理论对中国对外贸易发展的启示？

案例分析

案例一：比亚迪将机器变成人

起步晚、资金少并未成为比亚迪的劣势。一条生产线就要几千万元。比亚迪作为一家现金只有350万、既缺资金亦无技术的企业，自创生产线，通过独创性的流程改造，把电池制造这一资本密集的产业变成了劳动密集型产业，最大限度地将技术与中国的比较优势——劳动力结合，将机器变成人获得了成本优势。同时，半自动、半人工的生产流程在柔性化生产方面具有巨大的优势：可以比较快速地、低成本地做到品种的多样化。如果完全标准化的流程，像日系的电池厂，上一个新品种可能需要几个星期，但是比亚迪把人调一调，加一两个小流程，可能几天时间就能上一个新品种。

在自己研发设备，降低成本的同时，比亚迪还通过工艺、原料和质量控制降低成本。一项重大的工艺变化可以带来10倍的成本变化。王传福举例指出，生产镍镉电池需要大量耐腐蚀的镍片。镍的价格高达14万元/吨，如果用镀镍片就可降至1万元/吨，但会影响品质。比亚迪研发中心专门改造电池溶液的化学成分，使镀镍片也不易被腐蚀，仅这一项改进就使镍原料的月花费从500万～600万元降至仅需几十万元。此外，比亚迪电池生产工艺流程在业内据说最为简短有效并容易操控。比如正极的制造，比亚迪所拥有的发泡镍工艺可以实现当天制作，当天投入应用。相当于国外厂商采取烧结工艺制造正极时间的1/3～1/4，极大地提高了生产效率。

案例二：江苏阳光集团的国际化成长

江苏阳光集团是中国最大的精毛纺及其面料的生产基地。公司先后投资12

亿元，从德国、法国等数十个国家引进了目前世界最先进的设备，形成年产阳光牌高档精纺呢绒及羊绒2 200万米、高档服装60万套的生产能力，生产规模列世界第三。

阳光集团重视研究与开发，集团拥有一个国家级技术中心、一所毛纺研究所和中国毛纺企业中唯一一家企业博士后科研工作站，在国内外设立了信息机构，同时和高校紧密联合，形成了“国内领先、国际同步”的新产品开发机制和产、学、研一体化的技术创新体系。阳光集团利用了集团的规模效益和不完全竞争。由于企业内规模效益的发展，导致不完全竞争。阳光集团一方面生产高档面料，另一方面引进国际先进生产技术生产成衣，并达到相当的规模，在国际市场上处于垄断竞争的优势地位。

阳光集团运用产业内贸易理论与规模经济理论，发挥中国在原材料质地、人力资源及其本身在技术、管理上的优势，立足于世界纺织品市场。

案例三：一张“纸”换来2 600美元关税减免

2020年7月，天津海关所属塘沽海关为诺维信(中国)生物技术有限公司签发了一份东盟原产地证书，有了这份证书，该公司此前出口越南的一批1.2万千克、货值近9万美元的酶制剂，就可以享受进口国关税减免超2 600美元。

2020年上半年，天津海关已经为这家企业签发了393份原产地证书，共计可以享受进口国关税减免约83.9万美元。目前，证书的审核时长不超过0.5个工作日，同时，随着原产地证书自助打印便利化措施的推广，许多出口企业可以足不出户直接打印带有海关签证印章和签证人员签字的原产地证书，节省了时间和人力成本。据统计，2020年6月，天津海关原产地证书自助打印比达到了81%。2020年上半年，天津市企业自贸协定(FTA)关税优惠利用水平持续上升，累计享受FTA项下关税优惠超过10亿元。

在各项便利化措施的推动下，2020年上半年天津市出口企业通过向天津海关申请原产地证书，享受到FTA项下关税优惠约4.7亿元；外贸企业用好原产地证书这一“纸黄金”，降低了企业交易成本，促进了企业的出口。

分析题：

1. 结合案例一，分析如何利用比较优势论实现中国对外贸易的发展。
2. 结合案例二，分析如何利用产业内贸易论实现中国对外贸易的发展。
3. 结合案例三，分析如何利用区域经济一体化理论实现中国对外贸易的发展。

第四章　加入 WTO 与对外贸易体制改革

学习要点

1. 组织、制度的生产要素性质与“黑箱”原理；
2. “入世”对中国外贸体制的影响；
3. “入世”对中国双边和区域经贸合作的影响；
4. 转型经济体加入世界贸易组织的国际经验借鉴。

本章的考察对象是对外贸易组织、制度的要素性质及其作用，探讨中国加入世界贸易组织对外贸体制产生的深刻影响，明确中国外贸体制存在的主要问题与改革发展的方向。

第一节　外贸体制与比较优势

一、组织、制度与外贸体制

组织（organization），根据新制度经济学和产业组织经济学等各种理论的定义综合，是指经济活动中的主体，即能够使某项经济商业活动的“交易费用”达到最小化的个体或结合体。组织规模的大小取决于组织扩张的边际交易成本，当组织扩张的边际收益等于边际成本时，组织规模便达到最大。

制度（institution），是指经济商业活动中的机制或功能设计，即能够使经济商业活动的“转型费用”达到最小化的行为准则。制度成本是一项效率成本，当制度效率达到最佳时，便是“转型费用”最小化的状态。

依照上述逻辑，外贸组织即是促使外贸经济活动成本最小化、效益最大化的原理组成的外贸经济个体及其结合体。外贸制度即是指外贸经济商业活动中的机制或功能设计，即能够使经济商业活动的“转型费用”达到最小化的行为准则。外贸组织和外贸制度都可分作直接生产性、非直接生产性两种。外贸直接生产性组织是指与外贸生产有关的符合“规模成本”最小化标准的主体，如外贸生产企业、外贸加工企业，包装、运输和仓储等生产性流通企业以及国家财政、金融部门中直接向外贸企业提供资金及物质投入要素的部门。外贸非直接生产性组织则指外贸流通企业、相关的政府管理和服务部门。外贸非直接生产性组织是外贸直接生产性组织发挥资源性作用的必要条件。

外贸直接生产性制度是指外贸生产性领域中扣除要素成本后将各种投入品转型为产品的成本；外贸非直接生产性制度则是指外贸流通领域中扣除其他成本后将商品转型为货币收入的成本。

外贸体制(foreign trade system)，就是外贸直接生产性与非直接生产性组织、制度的总和。具体地说，外贸组织是外贸体制的构成框架，而外贸制度则是框架各部分内部及其相互之间的运行机制。科学合理的外贸体制是外贸经济商业活动效益最大化的基础，而外贸直接生产性组织及制度是外贸体制的深刻基础或核心。西方学者对完善的组织提出了四条设计标准：①相当明确界定的目标；②对角色和岗位的规范性结构网络安排，其中每个部分都有一套规则用以监管其行为；③组织的成员之间依靠信息渠道而不是依赖血缘、地理或纯感情纽带来建立联系；④组织的成员之间只承担部分的义务而不负全部责任。可见，组织是市场经济中的契约行为或方式，制度则是组织赖以运行的机制或规则。外贸体制则是外贸组织和制度的结合体。

二、组织、制度的生产要素特性

西方经济学家传统上将组织和制度看作经济流程中的“黑箱”(black box)。基于自由主义经济哲学思想，以往许多经济学家认为没有必要去探究“黑箱”内部的隐秘部分。他们主张，只要投入得当，“黑箱”会自动创造出高效益的产出。美国斯坦福大学的经济学教授约瑟夫·斯蒂格利茨(Joseph E.Stiglitz)严厉批评了这一传统，指出这一错误思想恰是今天的人们对经济流程这一特定部分所知甚少的原因，并断言组织和制度在资源配置方面起着重要的作用。他认为，“经济学家们若想理解现代经济的资源是如何配置，就必须明白组织内部发生了什么变化”。事实上，伴随着经济发展和人类认知能力的提高，“黑箱”正在逐步变得透明化，而这已知部分就已经对经济活动产生了很大的影响。

组织、制度的生产要素性质，在于其具有一般生产要素的共同特性。具体地说：①投入性。也就是说，它们能够直接用于生产活动或商品生产的投入产出过程。②效用性。即能够产生直接的经济效益。客观事实表明，相同的一般要素禀赋条件在不同国家，或同一国家的不同地区，或同一地区的不同组织与制度条件下，其产出效益却大不一样。应当承认，这是组织、制度效用发挥不同作用的结果。③成本性。相对于无限的竞争需求而言，组织及制度是稀缺的资源，其取得和应用须付出代价。④可控性。即数量上可以分割，区位上可以转移，流向上可以控制。这典型地表现为跨国公司的各种网络体系。⑤结合性。组织和制度与任何生产要素一样，不可能以单一的要素形式产生价值创造效益，它们必须通过投入结合到生产过程之中，才可能与其他生产要素相互作用，共同执行价值形成和价值增值的功能。事实上，组织和制度的最大功能是在外贸生产、经营过程中创造出合作的、集体的生产力。

三、外贸体制在决定国际比较优势过程中的作用

组织和制度要素是商品生产过程的基础性资源。因此，它们与一般生产要素一样，共同参与了比较优势的创造。组织和制度要素对一国比较优势的作用是通过两个渠道发生的：一方面它们作为新要素对生产过程所具有的投入—产出效应；另一方面，与过往经济发展史的经验现象一样，新要素对一般要素必然产生改造作用，进而影响比较优势的构成和具体特征。

组织和制度要素对生产过程的投入—产出效应，具体反映在三个层次上：①合作效应。组织和制度是生产者和生产资料赖以结合的基础，是商品国别价值形成的基本环节。②规模经济效应。在商品生产过程中，组织和制度是依据企业与市场之间“交易费用最小化”的原则和企业内部“转型费用最小化”的原则确定的。随着制度要素的变革和“转型费用”的降低，组织要素也会逐步成长并导致“市场内部化效应”，此两者作用的结果即会产生规模经济效应。③动力效应。由于组织要素提供了企业或经济活动的明确目标和合理边界，而制度要素则在生产过程中大量地体现为契约责任和配套功能，它们对于比较优势形成过程中的劳动生产率具有直接的促进效应。所以，组织和制度要素投入是构成一国对外贸易比较优势的重要组成部分。

组织和制度对一般生产要素的改造性作用也影响到一国比较优势的形成，这种改造作用及其产生的影响表现为：

（一）计划和决策作用

组织要素明确界定了企业与市场之间的界限，使市场的不规则波动对企业内部的冲击大大减少，又因为制度要素建立了一整套稳定的内部运行机制而基本上消灭了企业内部可能存在的不确定性，这就使企业的计划性大大增强。这对于控制和调整商品生产的决策意义至关重大。

（二）信息取得和应用作用

由于组织、制度要素是决定商品生产效率的最高层次，组织与制度要素能量的大小同时决定了信息资源的取得及应用能力。很显然，若商品生产与流通主体拥有的组织和制度资源丰富、效率超众，则其所具有的信息要素摄取能力将随之增大，信息应用也相应地更为及时得当，从而使劳动生产率得以提高。

（三）技术发展和创新作用

组织与制度要素的增长及其对信息资源的摄取应用能力的提高，必然促进企业技术发展与创新。众所周知，技术发展的途径主要是技术的积累挖掘、技术吸收和消化以及技术开发与创新，而这三条途径都离不开企业对信息资源的掌握应用，从而离不开组织和制度资源的培植。

（四）资本积累和投入作用

组织、制度资源的现代化是当代经济发展中资本积累的前提，特别是企业资本积累的基础。传统社会主义国家的资本积累往往受到组织、制度资源的自然经济或传统经济性质的制约，表现为社会各经济主体之间分配上的平均主义。这种组织、制度

的落后性传导到企业组织内部，形成了所谓的“大锅饭”、“铁饭碗”之类的制度弊端，由此便削弱了资本积累的生产性基础和资本积累本身。所以，现代市场经济条件下规范的组织、制度资源对于社会与企业内部的资本积累十分必要。与此同时，由于组织、制度资源变革对信息、技术要素的改造作用，也必然会促进社会和企业内部的资本赋存及其资本效率的提高。

（五）劳动力要素充分就业和素质改造效应

劳动力要素是企业经济活动的关键性因素，组织与制度要素的动力效应和合作效应首先反映在劳动力要素的“活性作用”状态上，而组织、制度要素对其他生产要素的改造也主要依靠劳动力要素的活力去完成及实现。因此，组织与制度要素变革对劳动力要素产生的影响值得注意。一般来说，组织与制度要素的合理化作用应当反映为企业劳动力要素在数量上的充分利用和质量上的效率增长。同时，由于组织与制度要素对信息、技术、资本等要素的改造作用会导致增加劳动力的技能，劳动力的质量效率也相应地得到提高。

（六）自然资源要素利用率提高作用

组织与制度的完善对于自然资源要素如土地、矿产品、原材料和能源等要素的消耗节约或利用率提高具有决定性作用。

总而言之，组织与制度在外贸比较优势形成过程中起着最高层次的决定性作用。它们对于诸要素的改造会引起要素之间的良性互动，促进整体劳动生产率的提高，最终对一国的比较优势产生积极影响。

第二节 入世前中国对外贸易体制演变

一、改革开放前中国外贸体制的建立与发展

（一）改革开放前中国外贸体制的发展阶段

从中华人民共和国成立到改革开放前的近30年，中国的外贸体制基本上照搬苏联外贸体制的框架和模式。这种外贸体制的建立与形成主要经历了两个阶段：

第一阶段（1950—1957年），国家统制，外贸集中。这一阶段，国家通过废除帝国主义在华的各种特权，没收国民党政府和官僚资本的外贸企业，建立了国营的外贸企业，并逐步改造私营外贸企业。对外贸易由分散向集中、由私营向国家统制的方向转变。1957年，国营对外贸易在整个对外贸易的比重已上升到99.9%，基本形成了对外贸易国家统制的体制。

第二阶段（1958—1978年），单一公有，统一经营。这一阶段是国家对对外贸易实行统一管理和经营体制的进一步加强和完善的阶段。国家所有对外贸易均由对外贸易部所属专业总公司和各口岸对外贸易行政机构统一经营，财务上实行国家统收统支、统负盈亏，国有外贸企业所创收的外汇统一上缴国家。这种高度集中的对外贸易体制一直延续到1978年。

(二)改革开放前中国外贸体制的主要特征

1. 单一的社会主义公有制

1956年,中国在完成生产资料社会主义改造后,就确立了由政府职能部门统一领导,国营外贸公司集中经营的对外贸易经营体制,在对外贸易领域的生产资料所有制是单一的公有制。对此,中共中央1958年8月发布的《关于对外贸易必须统一对外的决定》中有明确规定:“除对外贸易部所属外贸总公司和口岸分公司外,任何地方、任何机构不允许做进出口买卖”。在生产资料所有制方面,对外贸易体制与社会主义计划经济体制保持了高度统一。

2. 对外贸易的国家统制

1949年9月通过的《中国人民政治协商会议共同纲领》正式确立了对外贸易统制为中国对外贸易的基本体制。对外贸易统制集中表现在对外贸易的国家垄断经营以及全面的计划控制。

第一,对外贸易国家垄断经营。全国的进出口贸易活动,完全由十几家国营专业进出口公司分商品大类垄断经营,其他任何机构不得从事进出口经营活动。这十几家国营外贸专业公司实际上是对外贸易管理部门的附属机构,从而造成了政企不分的体制基础。在对内经营体制方面,实行严格的出口收购制和进口拨交制。即外贸公司以买断的方式购进国内产品,然后向国际市场出口,并按照国家计划委员会、对外贸易部下达的进口货单组织进口,将进口货物调拨转交给用户单位。

第二,高度集中的计划管理。计划管理是传统外贸体制的核心,对外贸易活动的所有环节包括收购、出口、进口、调拨、外汇收支等纳入指令性计划管理范围并被严格执行。对外贸易经营的国家垄断使得计划的执行畅通无阻,没有独立经济利益和经营自主权的国营外贸公司必须无条件执行国家外贸计划。计划是调度对外贸易活动的唯一手段,价格、汇率仅作为事后核算的工具,并不反映也不能调节进出口供求,人民币汇率长期被以官方汇率形式固定在低水平上,严重高估。

3. 统负盈亏的财务管理

在财务体制方面,各外贸专业公司将本公司系统的进出口盈亏一律上报对外贸易部,由对外贸易部统一核算和综合平衡后上报给国家财政部,盈利统一上缴国家财政,亏损也有国家财政进行补贴,外贸公司和生产供货单位不负责进出口盈亏,无资金留存,其流动资金也由财政部统一核拨。在外汇处理方面,外贸公司的出口收汇统一上缴国家,所有与进出口有关的外汇业务均由国家指定的外汇专业银行——中国银行统一办理;进口所需外汇,由各级政府层层上报国家计划委员会平衡后,下达进口用汇计划统一拨付。

4. 贸易保护政策

《中国人民政治协商会议共同纲领》明确规定,中国“实行对对外贸易管制,并采用贸易保护政策”。中国实行贸易保护政策,一方面是受当时生产力水平低的限制,如果实行自由贸易政策,中国民族工业体系难以建立;另一方面,贸易保护政策与计划经济体制存在天然的内在统一性。因为自由贸易的基本要求是平等竞争,要依靠市场机制调节,这和计划经济体制是南辕北辙的。而计划经济体制的核心就是国家行政指令最大限度取代市场机制，因此，计划经济体制下在外贸领域实行贸易保护政策是一种必然。

这一时期中国采取的贸易保护政策措施主要有：制订保护性的高关税水平；对进出口商品实行许可证制度（1956 年前）；编制和执行对外贸易计划；对进出口商品实行分类经营管理；实行外汇管制；统一制定商检政策，管理全国进出口商品检验工作；设立海关，实行进出口货运监管等。

（三）对改革开放前中国外贸体制的评价

在当时的历史条件下，对这种高度集中统一的外贸体制，应作一分为二的分析。

（1）积极作用：①有利于集中调度资源，扩大出口；在物资供应短缺的情况下，这种外贸体制能从国内消费中“挤”出一部分货源，以满足出口创汇之需，并可集中组织面向国际市场的生产，保证出口创汇。②有利于统一安排进口，保证国家重点建设需要。在外汇短缺而国内建设又急需进口大量技术、设备和原材料情况下，这种外贸体制有利于统筹安排进口用汇，保证重点建设之需，使有限的外汇发挥更大效益。③有利于集中统一对外，捍卫国家的政治经济独立。在当时特殊的国际环境下，这种外贸体制有利于加强与友好国家的经济合作，配合外交斗争，捍卫国家的政治和经济独立。

（2）严重弊端：①垄断经营，产销脱节。国营外贸专业公司垄断经营对外贸易，贸易渠道和经营方式单一，阻断了各地方、各生产部门和企业与国际市场的联系，造成工贸（农贸）隔离、产销脱节、不利于企业生产适销对路的出口产品，不利于出口竞争力的提高。②高度集中，统得过死。国家通过指令性计划和行政干预，对企业限制太多，造成政企职责不分，企业缺乏经营自主权，难以积极主动地参与国际竞争。③统负盈亏，缺乏利益激励。国家统负盈亏，没有兼顾国家、企业、个人三者的利益，不利于调动各方面的积极性，不利于提高经济效益。

二、对外贸易体制改革的进程

1978 年中国共产党十一届三中全会召开，中国进入改革开放的发展时期。经济体制逐步从高度集中统一的计划经济转向有计划的商品经济。随后，1994 年党的十四届三中全会正式确立了走中国特色的市场经济道路的基本方针。作为经济体制改革的重要组成部分，外贸体制改革经历了以下几个阶段：

（一）外贸体制改革的探索阶段：1979—1987 年

1. 下放对外贸易经营权

为了打破专业外贸公司独家垄断经营的局面，国务院批准有关部委新成立了一批进出口公司，如中国机械设备进出口公司、中国航空技术进出口公司等，将原来由外贸部所属专业公司经营的进出口商品，分散到部委所属进出口公司经营。同时，成立了一些综合性贸易公司，如中国国际信托投资公司、光大实业公司等。此外，为扩大地方外贸公司的自营权，国务院对广东省和福建省实施特殊政策，允许两省扩大外贸经营权，除个别品种外，其他商品均有两省自营出口；北京、天津、上海、辽宁等省市也分别成立省市外贸总公司，经营本地区生产的商品出口业务与本地区生产生活所需的物资和技术的引进业务。还批准成立了一批经济技术开发公司，从事本地区的技术引进和新产品、新技术的出口业务；陆续批准了一些大中型生产企业经营本企业产品的出口业务和生产所需的进口业务；打破外贸领域单一所有制壁垒，允许“三资”企业获得产品出口和原材料进口的经营权。

据统计，自1979年至1987年，全国共批准设立各类外贸公司2 200家，比1979年增加了11倍多，完全打破了外贸部所属外贸专业公司独家经营的垄断局面。

2. 下放出口商品经营权

为适应外贸发展的需要，扩大地方外贸经营权，确定对出口商品实行分级管理、分类经营。中央管理的一类出口商品，由外贸部所属各专业外贸公司经营；对各地区、各部门交叉经营的，以及国外对中国产品有配额或限额的二类出口商品，在外贸专业总公司的组织协调下分别由各省区市自行对外成交，出口任务归各地区；尚不能自营出口的省市区仍维持原来的调拨办法；地方管理的三类出口商品，凡是有条件的地区，由省区市经营出口。

3. 开展工贸结合的试点

工贸结合就是工业企业和外贸企业的结合，由双方共同投资，共同派人，联合组建，共同经营；双方在进出口方面密切配合，相互协作，合理分工，各有侧重，充分发挥工贸各自的优势。针对长期以来工贸隔离、产销脱节造成的一系列问题，开展了多种形式的工贸结合试点。

外贸公司与工业公司专业对口，实行“四联合、两公开”，这是工贸结合的初级形式，即联合办公、联合安排生产、联合对外洽谈、联合派小组出国考察，外贸出口商品价格对工业部门公开、工业生产成本对外贸部门公开。还成立了一些工贸联合公司，其中既有全国性的，如1982年5月成立的中国船舶工业公司等，也有地方性的，如1982年4月成立的青岛纺织品联合进出口公司等。

4. 简化外贸计划的内容

改变外贸计划全部由外贸专业总公司承担的局面。随着外贸经营权的下放，凡经批准经营进出口业务的单位和企业，都要承担国家出口计划任务。从1984年起，对部分中心城市的外贸计划在国家计划中实行单列，视同省一级计划单位，并享有省级外贸管理权限。自1985年起，对外经济贸易部开始注重发挥市场调节的作用，不再编制、下达外贸收购计划和调拨计划，缩小指令性计划的范围并扩大指导性计划的范围。

5. 改革外贸财务管理体制

改革传统的外贸财务管理体制，使企业在财务上与其主管部门脱钩。国务院批转财政部关于试行企业基金的规定，把企业提取基金与企业对国家的贡献大小、经营好坏直接挂钩，促进企业提高经济效益。1984—1986年实行了核定出口成本、增盈分成、减盈自理的办法，增盈基金60%用于企业，40%用于职工福利和奖金。自1987年起改为试行出口奖励金的办法。出口奖励金的提取、对企业扩大出口、提高经济效益起到了积极的作用。

为进一步改变传统外贸财务体制，1987年对外经济贸易部所属外贸专业总公司实行出口承包经营责任制。承包的内容包括出口总额、出口商品换汇成本、出口盈亏总额三项指标。实行超亏不补、减亏留用、增盈对半分成，并按照三项指标的完成情况兑现出口奖励。

整体来看，这一时期的改革对改变前期高度集中统一的外贸体制做了不少有益的探索，取得了一些效果，但是，中国外贸体制原有的一些弊端还没有从根本上得到解决，例如，尚未彻底改变统收统支财务体制，外贸公司尚未真正实行企业化管理，造成盲目竞争，国家宏观经济调控体系还很薄弱等。因此，中国的外贸体制还需深化改革。

（二）外贸体制改革的深化阶段：1988—1990 年

1988 年 2 月，国务院发布了《关于加快和深化对外贸易体制改革若干问题的规定》，对加快和深化外贸体制改革作出了部署，推动了外贸体制的进一步改革。其基本内容和主要措施如下：

1. 全面推行外贸承包经营责任制

这一阶段的中心工作就是全面推行外贸承包经营责任制。外贸承包经营责任制是指各省、自治区、直辖市、计划单列的人民政府、各外贸专业总公司、各工贸总公司三个渠道，分别向中央承包出口创汇、上缴外汇额度和经济效益指标，承包指标一经确定 3 年不变；各外贸专业总公司和部分工贸总公司的地方分支机构与总公司财务脱钩，同时与所在地方财政挂钩，把承包落实到外贸经营企业和出口生产企业，盈亏由各承包单位自负；完成承包指标以内的外汇收入，大部分上缴国家，小部分留给地方和企业，其留成比例根据地区不同而有所差别；超过承包指标的外汇收入，一般商品的外汇小部分上缴国家，大部分留给地方和企业，留成比例基本上等同，以利于外贸企业间的平等竞争，机电产品的外汇则实行全额留成。

为落实外贸承包经营责任制，使地方和企业有能力承包经济效益指标，国家还推出了一系列的配套措施，包括放宽外汇管制、允许地方、部门和企业按国家规定自主支配和使用分得的留成外汇，建立一批外汇调剂市场；实行彻底的出口退税政策，增强出口产品的竞争能力和企业的盈利能力；中央政府下放部分权力，并加强宏观调控机制，为出口企业自主经营创造条件等。

2. 实行自负盈亏改革试点

由于国内国外两个价格体系的差异以及汇率问题，出口企业当时尚不能做到完全自负盈亏。由于轻工、工艺、服装三个行业出口国际市场竞争力较强，国家决定作为试点，给予优惠政策，三大行业的外汇出口收汇大部分留成给外贸企业、生产企业和地方，小部分上缴国家，实行完全的自负盈亏。

3. 深化改革进出口经营体制

（1）深化改革进口经营体制。对于少数关系国计民生的、大宗的、敏感性重要进口商品，由国家指定的外贸总公司及其直属的分公司统一经营；对于少数国际市场集中、价格敏感的大宗进口商品，由有该类商品进口经营权的各类外贸公司联合成交；其他绝大部分进口商品，放开由各类外贸公司经营。无论哪一类进口商品，凡实行进口许可证管理的，均按进口许可证管理制度执行。加速推进进口代理制，由外贸企业提供各种服务，代订货部门办理进口业务，收取一定的代理费，盈亏由进口货主自负。实行进口代理制后，除指定的外贸专业公司统一订货的进口商品外，对其他绝大多数商品，用户都可以根据该外贸公司经营范围进行选择，自由委托。这样，价格同国际市场挂钩，可以促进经济核算，鼓励用户使用国内产品，有利于节约外汇和保护国内生产。

(2) 深化改革出口经营体制。对于少数关系国计民生的、大宗的、资源性的重要出口商品，实行指令性计划，由国家指定的一家或几家外贸公司统一经营；对于少数国际市场上容量有限、有配额限制、市场竞争激烈的重要出口商品，实行指导性计划，由部分有该类商品经营权的各类外贸公司联合统一经营。其他大部分出口商品，放开由各类外贸公司经营。无论哪一类出口商品，凡实行出口配额和出口许可证管理的，均按出口配额和出口许可证管理制度执行。同时，进一步加强工贸结合，推行出口代理制，由外贸企业提供各种服务，代生产企业办理出口业务，收取一定的费用，盈亏由出口生产企业自负。实行出口代理制，除指定的外贸专业统一经营的重要出口商品外，其余商品可由地方分公司、有外贸经营权的公司，或者由其组成的联营公司代理出口，外贸专业总公司也可以代理出口。这不仅有利于组织适销对路的产品出口，提高出口商品在国际市场的竞争力，还有利于调动外贸企业经营的积极性。

(3) 深化改革对外贸易机构。按照转变职能、下放权力、调整机构、精简人员的原则，对外经济贸易部对所属机构进行了调整，加强宏观管理机构，减少微观管理机构。各外贸专业总公司逐步转变职能，由管理型转变为经营型，实行企业化经营。在各地方的分支公司、地方外贸公司和所属生产企业，除保留统一经营的分支机构外，都在计划、财务、机构、编制和劳动工资等方面与总公司脱钩，下放到地方作为独立的经济法人，按照国家统一政策进行管理。

(4) 深化改革对外贸易管理体制。对外贸易行政管理实行归口管理和分级管理的原则。对外经济贸易部根据国务院授权，行使全国外贸行政归口管理的职能，各地方外经贸厅(委、局)行使本地方的外贸行政归口管理的职能。对外经济贸易部逐步转变职能，在对外贸易管理方面由直接控制为主转向间接控制为主，综合运用法律手段、经济手段及必要的行政手段，调节市场关系，引导企业行为，以集中更多的精力对对外贸易实行宏观管理。

这一阶段以外贸承包经营责任制为主要特征的改革，初步改变了长期以来完全由中央财政统负盈亏，地方只对扩大出口有积极性而对盈亏不承担责任的状况，责权利逐步趋向统一；明确了中央和地方的外汇分配关系，调动了各方扩大出口的积极性；初步改变了长期形成的外贸企业“大锅饭”财务体制和平均主义分配体制，强化了外贸企业的财务约束机制，激发了企业加强内部管理、提高经济效益的内在动力。

然而，外贸承包经营责任制只是一种过渡性制度安排，仍然存在一些不尽完善甚至缺陷之处。比如，除轻工、工艺、服装三个行业的企业外，外贸企业还没有建立完全的自负盈亏机制；同时，各地方、各外贸企业在不同程度上出现了外贸经营秩序混乱等问题,"国内竞价收购,对外低价竞销";由于在外汇留成比例等政策上的区域差异,特区企业也对内地企业构成了不平等竞争。此外,承包期一经确定3年不变,承包企业在遇到重大环境变化时,往往难以完成承包任务。这些问题都要求中国外贸体制进一步改革。

(三) 外贸体制改革的完善阶段:1991—1993年

1990年12月9日,国务院发布《关于进一步改革和完善对外贸易体制若干问题的决定》,进一步深化外贸体制改革,以加快改革开放的进程。这次改革的中心是建立外贸企业自负盈亏的机制,使外贸企业逐步走上统一政策、平等竞争、自主机构应、自负盈亏、工贸结合、推行代理制、联合统一对外的轨道。其具体内容如下:

1. 全面取消国家对外贸企业的亏损补贴,正式建立外贸自负盈亏机制

在调整汇率的基础上,国家取消对外贸出口的财政补贴。取消国家对个省市自治区及计划单列市人民政府和各外贸、工贸进出口总公司及其他外贸企业等向国家承包出口总额、出口收汇和上缴中央外汇额度的任务。外贸企业正式实行没有财政补贴的自负盈亏机制,这是朝着建立社会主义市场经济体制的重要步骤。

2. 改革外汇留成办法,加强出口收汇管理

改变原有的外汇留成办法,将以往按地区实行不同比例留成,改为按大类商品实行同一比例留成,目的在于消除地区间的不平等竞争,推动市场秩序向良性化方向发展。同时,为保证国家收汇和防止逃汇、套汇,加强了对出口收汇的管理。

3. 进一步改革出口管理体制

1992年底,中国加快了出口管理体制改革,制定了《出口商品管理暂行办法》,并于1993年1月1日开始实施。该规定将国家实行出口配额许可证管理的出口商品品种减少为138种,比过去减少了52%。实行配额许可证管理的出口商品主要有:关系国计民生的大宗资源性出口商品,在中国出口中占有重要地位的大宗传统出口商品,中国在国际市场或某一市场上占主导地位的重要出口商品,外国要求中国主动限制的出口商品,出口金额大且经营秩序易于混乱的商品,重要的名、优、特出口商品及少数确需管理的商品。其他的出口商品企业均可自主经营。

4. 进一步改革进口管理体制

首先,在1991—1993年,中国多次降低进口关税税率,涉及多个税号的商品。其次,减少进口许可证管理的商品范围。1991年,中国实行进口许可证管理的商品有53种,根据1992年10月10日达成的《中美市场准入谅解备忘录》,中国到1997年将取消大部分进口许可证,仅保留7类需要保护的幼稚工业产品的进口许可证管理。此外,增加进口管理的透明度,进口方面的商品检验、动植物检疫等要按国际惯例进行。

(四) "入世"前中国外贸体制改革的新进展:1994—2001年

1994年,党的十四大确立了"建立社会主义市场经济体制"的整体改革方向,明确在外贸领域的改革为"坚持统一政策、放开经营、平等竞争、自负盈亏、工贸结合、推行代理制",旨在逐步建立起符合社会主义市场经济运行要求与国际经济通行规则的新型外贸体制。从此,以实行汇率并轨为标志,中国开始了外贸体制领域的新一轮改

革，直至“入世”前，这一轮外贸体制改革的主要内容与措施如下：

1. 深化外贸管理体制改革

转变政府职能，精简机构，进一步改革对外贸易行政管理职能，做到主要运用经济、法律手段，同时辅之以必要的行政手段，进行对外贸易宏观管理。

(1) 强化经济调控手段。

第一，改革汇率制度，实行汇率并轨。自 1994 年 1 月 1 日起，中国实现双重汇率并轨，实行以市场供求为基础的、单一的、有管理的人民币浮动汇率制度，建立银行间外汇市场（中国外汇交易中心），改进汇率形成机制，保持合理的、相对稳定的人民币汇率。取消各类外汇留成，出口企业外汇上缴和额度管理制度，实行外汇收入结汇制。实行银行售汇制，实现人民币在经常项目下的有条件可兑换。外汇管理体制改革有效发挥了汇率作为经济杠杆调节对外贸易的功能，为各类出口企业创造了平等竞争的良好环境，有助于提高中国出口商品的竞争力。1996 年 12 月 1 日，中国又宣布接受《国际货币基金组织协定》第 8 条的义务，实现了人民币在经常项目下的完全可兑换。

第二，进一步降低进口关税水平，取消部分进口减免税。1996 年 4 月 1 日，在调低关税总水平至 23%的同时，取消了对部分商品的减免税，即对新批准设立的外商投资企业总额内进口的设备和原材料、新批准的技术改造项目进口的设备、国务院新批准的重大建设项目进口设备等，一律按法定税率征收关税及进口环节税，取消对周边国家易货贸易和经济技术合作项下进口货物的减免关税及进口环节税。这使得中国的名义关税水平与实际关税水平差距缩小，有利于外贸体制与国际通行规则（主要是 WTO 规则）的接轨。

第三，改革所得税制，进一步完善出口退税制度。1994 年，中国税收体制实行全面改革，由包干制改为分税制，对国有外贸企业征收统一 33%的企业所得税。对出口商品实行退税，是国际贸易中的通行做法。中国自 1985 年开始实行出口退税政策，中央财政承担 80%，地方财政承担 20%。在执行中，地方财政承担部分不易落实。1994 年实行分税制后，出口退税全部由中央财政承担，以保证全面贯彻出口退税制度，促进出口贸易的发展。

第四，实行有利于出口的信贷政策。出口信贷是一种国际信贷方式，是一国为了支持和鼓励本国大型机械设备、工程项目的出口，以向本国出口商或国外进口商提供利息补贴和信贷担保的方式，鼓励本国银行对本国出口商或国外进口商提供利率较低的优惠贷款，以解决本国出口商资金周转困难，或满足国外进口商支付本国商品货款需要。1994 年国家继续执行有利于出口的信贷政策，银行对各类外贸企业的贷款优先安排，贷款规模与出口增长保持同步。1994 年 7 月，中国进出口银行正式开业，对出口贸易办理信用担保业务，对资本货物出口提供信贷支持，这不仅有利于企业调整和优化出口商品结构，而且在开拓新市场方面也发挥了积极的推动作用。

(2) 加强立法手段，健全完善外贸立法。

1994 年 7 月 1 日开始实施的《中华人民共和国对外贸易法》，标志着中国对外贸易发展步入法制化轨道，保证了对外贸易在社会主义市场经济体制下有序运行。此后，中国陆续颁布了《中华人民共和国反倾销条例》《中华人民共和国反补贴条例》《中华人民共和国保障措施条例》《中华人民共和国货物进出口管理条例》等配套法规，使中国对外贸易活动在法制化轨道上，按照国际贸易通行规则顺利开展。

（3）改革外贸管理行政手段。

第一，放宽企业经营外贸业务审批标准。在此期间，国家对国有大中型生产企业、商业企业与科研院所开始实行进出口经营权的注册登记制。凡国家划定的大一类、大二类企业，只要申请，就可以赋予进出口自营权。机电产品基地企业，只要申请，也可以给予进出口自营权。其他企业年出口供货额达到 100 万美元就可以给予进出口自营权。生产高新技术产品的企业标准可以降至 50 万美元。同时，允许非公有制成分进入外贸领域，实现外贸经营主体的多元化。1998 年 10 月，对外贸易经济合作部发布《关于赋予私营生产企业和科研院所自营进出口权的暂行规定》，决定从 1999 年 1 月 1 日起，允许具备条件的民营企业申请获得进出口经营权。

第二，改革进出口商品管理体制，逐步放开商品经营范围。减少了行政审批和数量限制措施，实行配额许可证管理和统一经营管理的出口商品，由 1995 年的 200 多种减少到 2002 年的 44 种。逐步放开进出口商品经营的范围，如两纱两布（棉纱、棉涤纶纱、棉坯布、棉涤纶坯布）、蚕丝、坯绸、茶叶等商品，可由更多企业经营。在放开经营的同时，加强了对部分大宗重要敏感商品的出口管理，如大米、玉米、钨产品、石蜡。

2. 深化外贸企业经营体制改革

国有企业改革是中国经济体制改革的中心环节，建立现代企业制度是中国国有企业改革的方向。现代企业制度要求“产权清晰、权责明确、政企分开、管理科学”，使企业成为自主经营、自负盈亏、自我发展、自我约束的法人实体和市场竞争主体。就外贸企业经营体制而言，要从单纯追求创汇数额转向重视经济效益，从单纯从事商品经营转向资产经营，从单一经营转向一业为主、多种经营，从传统的收购制度转向服务型的代理制，从分散经营转向规模经营。

3. 深化外贸协调服务体制改革

充分发挥进出口商会在对外贸易经营活动中的协调、咨询、指导的服务功能。进出口商会是经政府部门批准，同行业的企业根据行业发展需要，自己组织起来的自我管理、自我服务的组织。在社会主义市场经济条件下，进出口商会是对外贸易主管部门调控市场的中间层和衔接点。同时，进出口商会作为行业自律组织，也必须加强自身改革与建设，及时为会员企业提供信息与咨询服务，充分维护行业经营秩序和会员企业的权益。此外，这一时期，外贸行业相关的专业服务市场也逐步建立，为外贸企业提供法律、会计、审计等专业服务。

至此，经过多年的改革，中国的外贸体制发生了根本性的变化，高度集中的外贸垄断经营体制被打破，国家对外贸的宏观调控体系开始确立，一个既遵循社会主义市场经济发展要求，又与国际通行惯例相适应的外贸体制的初步框架已初步形成。国有专业外贸公司由原来的行政附属机构转变为独立经营的经济实体，经营模式也由单一的计划收购转变为进口代理，并逐步面向国际市场，走上国际化集团化经营之路。到 2001 年，中国外贸出口额从 1978 年的 97.5 亿美元发展到 2 661 亿美元。在全球贸易排名上，从原来的第 32 位上升到第 6 位，占世界贸易的比重也从原来的不足 1%上升到 4%左右，成为世界贸易大国之一。

第三节　入世后中国对外贸易体制改革

中国对外贸易体制改革的根本目标是建设一个既符合社会主义市场经济体制要求又符合国际通行规则的贸易体制。世界贸易组织（WTO）是当前世界重要的全球多边贸易体制平台，它和国际货币基金组织（IMF）、世界银行（IBRD）并称世界经济治理的三大支柱，因此，加入 WTO 是使中国外贸体制实现与国际规则真正全面接轨的必由之路。2001 年 9 月 17 日，WTO 中国工作组第 18 次会议通过了中国加入 WTO 法律文件，标志着中国入世谈判的正式结束。2001 年 11 月 10 日，在卡塔尔首都多哈召开 WTO 第四届部长级会议（WTO 最高权力机构），一致通过了中国加入 WTO 的决议。2001 年 12 月 11 日，中国正式成为 WTO 的第 143 个成员方。

一、中国加入 WTO 面临的机遇与挑战

（一）中国加入 WTO 可以享受的权利

1. 享受 WTO 多边无条件最惠国待遇和国民待遇

WTO 的基本原则之一就是非歧视原则，主要通过最惠国待遇和国民待遇体现出来。根据 WTO 的有关规则，这些待遇应该是多边的、无条件的。中国加入 WTO 后，各成员方都应该向中国的产品、企业和个人提供这种待遇，这将是中国的产品和服务可以在最大范围内享受 WTO 成员现有市场开放条件，从而促进中国对外经济贸易的稳定发展。

2. 享受各成员方对中国出口产品的进一步开放政策

根据 WTO 的自由贸易原则，中国入世以后起出口产品进入各成员方市场的贸易壁垒会不断减少，主要产品的进口关税越来越低，各种非关税壁垒也逐步减少和取消。特别是中国具有传统比较优势的产品如纺织品和服装，由于长期实行的配额制度的全部取消，会极大促进在这些产品的生产增长、出口增长和就业增长。

3. 享受发展中国家的特殊和优惠待遇

中国加入 WTO 的一个重要的前提条件就是以发展中国家地位进入 WTO 多边贸易体系。根据 WTO 对于发展中国家特殊优惠原则，中国可以享受在许多优惠待遇和例外安排，如可以适度保护本国幼稚工业、可以较发达国家做出较少的市场开放承诺，并在本国市场开放进程中获得一定的适应过渡期，在国际收支恶化时可以实行临时数量，在服务贸易开放中可以采取“循序渐进和适度保护”政策。在贸易救济政策中可以实施对本国更有利的贸易措施等。

4. 充分利用 WTO 争端解决机制

随着中国进出口贸易迅速发展，中国和主要贸易对象的贸易争端和贸易纠纷也越来越多。在没有加入 WTO 的时候，许多国家对中国实行较为歧视性的贸易政策，中国只能采取与有关国家进行双边谈判的方式，往往处于被动不利地位。中国入世后，可以通过 WTO 争端解决机制和程序解决贸易争端，维护自身贸易权益。如 2002 年美国政府根据国内法“201 条款”提高关税限制外国钢铁产品进口，中国和其他钢铁出口国就此诉诸 WTO 争端解决机构，最后 WTO 裁定美国败诉，迫使美国撤销了先前的贸易保护做法，维护了中国贸易利益。

5. 参与国际贸易规则的制订和修改

在中国加入 WTO 之前，中国在国际经济贸易活动中只能被动地遵守国际通行规则，而不能参与国际经贸规则的制订和修改。中国加入 WTO 以后，就可以以成员方，特别是发展中成员方的身份积极参与国际经贸规则的制订和修改，充分表达中国的合理要求和关切，有利于维护中国在国际贸易中的地位和合法权益，并在建立和维护国际经济新秩序方面发挥更大的作用。此外，中国还可以充分利用 WTO 的政策透明度原则，及时获取主要贸易伙伴的贸易政策和变化情况以及经济运行数据等，为中国外贸活动发展提供保障政策信息保障。

（二）中国加入 WTO 后要承担的义务

1. 削减进口关税，逐步取消非关税壁垒

WTO 的自由贸易原则要求成员方开放国内市场，提高市场准入水平，具体来说就是要削减进口关税和降低各种非关税壁垒。为了适应 WTO 的规则要求，中国加入 WTO 后，承诺将中国的进口关税降低到发展中国家的平均水平。在 1986 年中国申请“复关”前，中国的进口关税总水平为 44%，至 2000 年中国的平均关税水平已经降低到 15.3%，入世后则要降低到 10%左右。入世前，中国的非关税措施种类繁多，很多是计划经济时期为保护国内产业而制订的行政管制措施。在加入 WTO 以后，中国的大多数非关税措施要逐步取消，有一些得到允许保留的措施也受到严格的纪律约束。2005 以后，除少数敏感大宗商品外，中国各类进口配额要全部取消，进口许可证则要以自动许可证为主，保护性的进口许可证也将要取消。关税的削减和非关税措施的取消，将会使中国的许多国内产业直接面对进口产品的激烈竞争，但有利于本国产业通过优胜劣汰提高竞争力，也可以使国内消费者最终受益。

2. 逐步开放国内服务市场

中国加入 WTO 以后，根据“乌拉圭回合”有关协议，要逐步开放国内服务市场，允许各成员方进入中国的银行、保险、运输、建筑、旅游、通讯、法律、咨询、商业批发、零售等领域，并给予和国内同类行业同等的国民待遇。对各服务行业市场准入的投资方式、投资比例、区域限制和数量限制，也将采取循序渐进的方式逐步开放。如对外资银行的地域限制逐步减少直到最后完全取消，人民币业务入世 5 年后完全放开。对于超市等零售业，外国零售商的地域限制和数量限制在 2005 年后取消，外商所占股权比例不得超过 65%的规定也将取消。

3. 增加贸易政策的透明度

根据 WTO 的贸易政策透明度原则,各成员方应及时公开和通报本国的贸易政策措施及其变化情况。例如《GATT1994》第 10 条规定:“成员方有效实施的关于海关对产品的分类或估价,关于捐税或其他费用的征收率,关于对进出口货物及其支付转账的规定、限制和禁止,以及关于影响进出口货物的销售、分配、运输、保险、存仓、检验、加工、混合或使用的法令、条例与一般援用的司法判决及行政决定,都应迅速公布,以使各国政府及贸易商对它们熟悉”。中国以往除公开一些重要的法律、条例外,一般习惯于制订若干内部规定和操作细则,因此中国往往被认为在贸易政策上缺乏透明度,入世后,中国将公布或者废除众多以往的内部规定,及时公布和通报中央和地方层面制订的各类贸易法规、条例和细则,以适应 WTO 规则的要求。

4. 增强对知识产权的保护

WTO“乌拉圭回合”谈判的一个新成果就是达成了《与贸易有关的知识产权协议》,要求各成员方扩大对知识产权的保护范围,增强对知识产权的保护力度。中国作为发展中国家,在知识产权保护方面相对滞后,和发达国家相比尚有相当大的差距,因此在国际贸易中的知识产权争端时有发生。中国加入 WTO 后,要严格遵守 WTO 有关知识产权保护方面的多边协议,中国的有关企业必须支付专利许可费用,来合法地购买他国的知识产权,中国政府也要积极立法、严格执法,打击任何对国外知识产权的侵权行为。

5. 积极改善投资环境,扩大利用外资

WTO“乌拉圭回合”谈判的另一个新成果,就是达成了《与贸易有关的投资措施协议》。中国自实行对外开放政策以来,通过颁布一系列法规和条例,通过鼓励外商举办合资、合作以及独资企业,积极有效地利用外资。在税收、用工、土地等方面还可以享有优于中国企业的税收减免的优惠待遇。但是,在招商引资过程中,也存在对外资企的诸如本地成分要求、股权比例限制、进出口平衡要求等限制性措施,有违 WTO 规则的国民待遇原则,此外,有些优惠措施只针对特定国家和区域的投资者,也有违 WTO 规则的最惠国待遇原则。中国加入 WTO 后,会依据 WTO 非歧视性原则,完善引进外资的国内法律法规,改变原有的不规范做法,从而进一步改善国内投资环境,扩大利用外资。

二、中国外贸体制与 WTO 规则的全面接轨

自 2001 年 12 月正式加入 WTO 后至今,中国积极履行入世承诺,不断完善社会主义市场经济体制,在外贸体制上全面加强同 WTO 多边贸易规则的对接,切实履行货物和服务开放承诺,强化知识产权保护,对外贸易体制和政策的稳定性、透明度、可预见性显著提高,标志着中国的改革开放进入了新的历史阶段。

(一) 加快外贸体制法制化进程

加入 WTO 后,中国开展了大规模的法律法规清理修订工作。中央政府清理法律法规和部门规章 2 300 件,地方政府清理地方性政策法规 19 万多件,覆盖贸易、投资、知识产权保护等各个方面。2014 年,指定进一步加强贸易体制政策合规工作的

政策文件,要求各级政府在拟定贸易政策措施过程中,对照 WTO 多边协定及中国入世承诺进行合规性评估。2016 年,国家建立规范性文件合法性审查机制,进一步清理规范性文件,增强公共政策制定透明度和公众参与度。

例如,1994 年 7 月 1 日,中国公布了第一个《中华人民共和国对外贸易法》,作为中国对外贸易法律框架的基础和核心。在中国入世后,为了全面使中国外贸法律与 WTO 多边贸易体制对接,2004 年 7 月 1 又公布了第二个《中华人民共和国对外贸易法》,新的对外贸易确立了中国发展国际贸易的基本原则,即自由贸易、公平贸易和统一的对外贸易政策。又如,中国过去在商品检验检疫上实行的是内外贸分开的办法,但是入世后于 2002 年重新修订了《中华人民共和国进出口商品检验法》,成立了统一的国家质量监督检验检疫机构,将内检和外检合一。再如,改革开放初期,中国先后制定了《中外合资经营企业法》《中外合作经营企业法》和《外资企业法》。加入 WTO 后,为了和 WTO《与贸易有关的投资措施协议》对接,中国又修订了上述三部法律。2019 年又制定通过《中华人民共和国外商投资法》,以取代上述三部法律,成为中国在利用外资领域新的基础性法律。

(二) 全面放开外贸经营权

在改革开放前,中国实行国家垄断对外贸易。1979 年改革开放后,通过外贸体制改革,改为外贸经营权国家审批制,即企业应提交申请和各类资料,由国家有关部门审批后方可经营外贸业务。入世后,根据新的《中华人民共和国对外贸易法》,自 2004 年 7 月起,中国政府对企业的外贸经营权由审批制改为备案登记制,所有企业均可以依法从事对外贸易活动。外贸经营权的备案登记制度,激发了各类企业开展外贸的积极性,促进了国有企业、外商投资企业和民营企业多元化外贸经营格局的形成。特别是民营企业对外贸易在中国入世后发展迅速,进出口市场份额持续扩大,成为对外贸易的重要经营主体。民营企业和外商投资企业进出口占全国进出口总额的比重由 2001 年的 57.5%上升到 2017 年的 83.7%。2017 年,作为第一大出口经营主体的民营企业出口占比高达 46.6%。

(三) 进一步降低关税,削减非关税措施

降低进口关税方面,截至 2010 年,中国货物贸易降税承诺全部履行完毕,关税总水平已有 2001 年的 15.3%降至 9.8%。其中,工业品平均税率由 14.8%降至 8.9%;农产品平均税率由 23.2%降至 15.2%,约为世界农产品平均关税水平的 1/4,远低于发展中成员 56%和发达成员 39%的平均关税水平。农产品的最高约束关税为 65%,而美国、欧盟、日本分别为 440%、408%和 1 706%。削减非关税壁垒方面,截至 2005 年 1 月,中国已按加入承诺全部取消了进口配额、进口许可证和特定招标等非关税措施,涉及汽车、机电产品、天然橡胶等 424 个税号产品;对小麦、玉米、大米、食糖、棉花、羊毛、毛条和化肥等关系国计民生的大宗商品实行关税配额管理。

(四) 履行服务贸易领域开放承诺

中国认真履行入世承诺,为境外服务上提供了包括金融、电信、建筑、分销、旅游、教育等在内的市场准入机会。在世贸组织分类的 12 大类服务部门的 160 个分部门中,中国承诺年开放9大类的100个分部门,接近发达成员平均承诺开放108个分部门的水平。截至2007年,中国服务贸易领域开放承诺已全部履行完毕。与此同时,中国逐步降低领域外资准入门槛,按期取消服务贸易领域对外资的地域和数量限制,不断扩大允许外资从事服务领域的业务范围。其中,在快递、银行、财产保险等54个服务分部门允许设立外商独资企业,在计算机、环境等23个分部门允许外资控股,在电信、铁路运输、旅游等80个分部门给予外资国民待遇。2010年,中国服务业吸引外商直接投资额首次超过制造业,2017年吸引外商直接投资额占比达到73%。

(五) 全面加强知识产权的保护

加强知识产权保护,不仅是为了履行入世承诺,更是中国政府的主动作为。入世后,中国建立健全知识产权法律法规,积极吸收借鉴国际先进立法经验,构建起符合WTO规则和中国国情的知识产权法律体系。例如,修订了《商标法》,增加了惩罚性赔偿制度,修订了《反不正当竞争法》,进一步完善了商业秘密的保护,同时明确市场混淆行为,引入标识的概念,拓宽对标识的保护范围。同时,加快推进《专利法》《著作权法》等法律的修订。从2001年起,中国对外支付知识产权费年均增长17%,2017年达到286亿美元。2017年,中国发明专利申请量达到138.2万件,连续7年居世界首位,申请者中近10%为外国机构和个人;国外来华发明专利申请量达到13.6万件,较2001年3.3万件的申请量增长了3倍。据世界知识产权组织统计,2017年,中国通过《专利合作条约》途径提交的专利申请受理量达5.1万件,仅次于美国,居世界第二位。

(六) 建立完善对外贸易救济制度

WTO允许成员采取反倾销、反补贴以及保障措施等贸易救济手段,以维护公平贸易和产业安全。伴随着外贸体制改革的进程,中国的贸易救济制度经历了从无到有、从起步到较为成熟、自成体系的逐步发展过程。1997年3月25日,国务院颁布了《中华人民共和国反倾销和反补贴条例》,1997年12月10日中国首次对原产于加拿大、韩国、美国的进口新闻纸产品发起的反倾销调查,成为中国第一次运用的贸易救济措施。入世后,中国加快了建立符合WTO规则的贸易救济体制的步伐。2004年修订并正式实施了新的《中华人民共和国反倾销条例》《中华人民共和国反补贴条例》以及《中华人民共和国保障措施条例》。商务部负责中国贸易救济案件的调查和裁决工作,国务院关税税则委员会根据商务部建议作出征收关税的决定,海关负责执行。商务部下设产业损害调查局和进出口公平贸易局,分别负责倾销(补贴)进口产品对国内产业损害、倾销和损害之间因果关系的调查认定和国外生产商(出口商)的倾销(补贴)的调查认定工作。

中国历经15年多的艰苦谈判达成的入世目标,不仅巩固了此前中国通过经济体制改革与对外开放所取得的一系列成果,全面改善了中国发展对外贸易经济的外部环境和条件,而且有效地推进了外贸宏观管理体制与微观企业基础的改造。

本章小结

1. 组织、制度具有生产要素的性质。

2. 中国外贸体制不断演变,“入世”对中国外贸体制产生了重大影响。

3. 中国应通过完善外贸体制促进自身对外贸易发展,同时积极参与 WTO 改革,推动全球贸易的发展。

复习思考题

1. 外贸体制的生产要素性质是什么?

2. 外贸体制在决定国际比较优势过程中的作用有哪些?

3. 加入 WTO 对中国外贸体制改革有哪些影响?

案例分析

美欧日和中国关于 WTO 改革主张的比较

当前,对 WTO 进行必要改革已经是主要 WTO 成员的共识。中国、美国、欧盟、日本、加拿大和澳大利亚等诸多 WTO 成员均以不同方式提出自己的改革设想和方案。2018 年 9 月 18 日,欧盟发布了《关于 WTO 现代化的概念文件》,详细阐述了欧盟关于 WTO 改革的主张。2019 年,美国开始着手推动 WTO 改革,在《2019 年贸易政策议程和 2018 年年度报告》中提出对 WTO 改革的总体意见,同时也向 WTO 理事会提交立场文件,包括提交关于“特殊与差别待遇”的改革方案,引发中国、印度等发展中成员国的反对。日本与美国和欧盟举行了多次对话,并发表 WTO 改革的共同声明。中国于 2018 年 11 月发布《中国关于世贸组织改革的立场文件》,阐述了中国对世贸组织改革的基本原则和立场。在WTO的改革问题上,各方特别是大国间的博弈正日趋白热化。各国主张既有相同点,也有分歧。

一、相同点

(一)提高世贸组织的运行效率

美国认为争端解决机制不公平、不合理,亟待改革。协商一致是WTO的核心原则,旨在确保WTO所采取的行动符合所有成员方利益。协商一致经常导致谈判僵局,阻碍了多哈谈判进程。WTO的透明原则没有得到严格执行。主张对"不合规"、政策缺乏透明度的国家进行惩罚。

欧盟主张挽救争端解决机制,化解其停摆危机。以"灵活的多边主义"推进诸边谈判(plurilateral negotiations)。"欧盟方案"指出,WTO谈判功能受阻,主要原因在于协商一致原则限制了谈判成果的达成。"欧盟方案"对争端解决机制的改革建议主要是回应美国对WTO上诉机构的不满。

日本表示支持WTO发起的、以快速恢复争端解决机制机能为目标的改革进程,以全面提升其效率和公平性。呼吁商定新的协议、义务和规则,惩罚部分成员不遵守透明度义务的行为,以激活WTO的谈判功能。提议所有感兴趣的成员每年进行两次行政级别的磋商,以使各参与方能联合提出提高WTO监督能力和透明度的提案。

中国主张打破上诉机构成员遴选僵局。为维护以规则为基础的多边贸易体制,保障争端解决机制的有效运行,需要尽早启动上诉机构遴选程序并填补空缺。加强成员通报义务的履行,加强成员贸易政策透明度。建议成员积极探索提升世贸组织效率的方式方法。

(二)制定数字贸易和电子商务新规则

数字贸易规则与诸多议题相关,因此日美欧主张把跨境数据自由流动作为解决诸多问题的重要突破口:制定统一的跨境流通规则,构筑数字经济的统一大市场等,以促进世界数字经济的大发展。

中国主张推动新议题的多边讨论。例如,就与贸易有关的电子商务制定面向多边的规则,应坚持开放、透明、包容原则,推动相关议题的多边讨论进入新阶段。

二、分歧

(一)发展中国家的规则设计问题

欧美日认为有关发展中国家的规则设计"不合理",主张重新制定"发展中国家"的标准和待遇方案。WTO框架下,对于最不发达国家的认定采用的是联合国标准,但是没有对发展中国家的明确定义和标准。许多国家可以"自我认定"是发展中国家。

中国主张尊重发展中成员享受特殊与差别待遇的权利。发展是世贸组织工作的核心,个别成员没有考虑发展中成员与发达成员之间的全方位差距,质疑发展中成员享受特殊与差别待遇的权利,甚至要求一些发展中成员承担与发达成员相同的义务。

（二）解决农业领域纪律的不公平问题

中国指出现行农业纪律存在严重不公平、不平衡、不合理，主要体现在“综合支持量”（AMS）方面。部分发达成员享受承诺水平较高的AMS，可以提供远高于微量允许水平的黄箱补贴，对农业生产和农产品贸易造成严重扭曲。大多数发展中成员没有AMS，甚至保障粮食安全所必需的收储政策也无法有效实施。建议应逐步削减并最终取消AMS，并达成关于粮食安全公共储备的永久解决方案。

分析题

1. 根据案例，分析中国如何参与WTO改革。

2. 根据案例，分析WTO改革背景下中国外贸体制改革的方向和思路。

第五章　对外服务贸易

学习要点

1. 国际服务贸易趋势与中国服务贸易的发展；
2. GATS 与世界服务贸易的基本规则；
3. 国际服务贸易主要方式与克服服务贸易壁垒的办法；
4. 发展中国对外服务贸易的途径。

本章以介绍国际服务贸易的发展为背景，讲解世界服务贸易的基本准则和中国对外服务贸易的现状，阐述对外服务贸易的壁垒和发展中国对外服务贸易的思路。

第一节　服务贸易的发展现状

一、服务贸易与服务贸易方式

(一) 服务贸易

服务贸易(trade in service)，是指一国与世界其他国家或地区之间的服务交换，是一国服务提供者向另一国或多国消费者提供服务并获得外汇收益的交易过程。服务贸易又称无形贸易(invisible trade)，一般说来包括两个方面内容：一是与商品贸易有关的运输、保险、银行和劳务工程合作等传统的劳务输出输入；二是与商品贸易无直接关系的旅游、技术、设计咨询、租赁、信息、教育、卫生和移民等新兴的劳务交换。在世界服务贸易统计上，国际货币基金组织(IMF)把服务贸易分为 4 类，即货运、其他运输服务、旅游、其他服务。在世界贸易组织“服务贸易总协定(GATS)”中，服务贸易被细分为商务服务，通信服务，建筑与相关工程服务，销售(批发零售与配送)服务，教育服务，环境服务，金融服务，健康与社会服务，旅游服务，休闲、文化与体育服务，运输服务，其他服务共计 12 大类。

(二) 服务贸易方式

服务贸易的方式多种多样，包括跨境交付、境外消费、商业存在和自然人流动四个方面。具体地说，服务贸易方式包括：

(1) 跨境交付(cross border supply)，或称跨境提供。它主要指服务的提供者在本国的国境内向另一国的消费者提供服务。围绕货物或商品越境转移产生的服务贸易包括维修、租赁、运输、广告、信息整理与传递等项。

(2) 境外消费或消费者转移(consumption abroad)。它指服务的提供者在本国国境内向来自他国的消费者提供服务，即由于旅游、教育、移民、境外就医等引起的服务贸易。

(3) 商业存在(commercial presence)。主要是指本国服务提供商在他国国境内设立专业或商业服务机构，提供服务。因为跨境的营业行为而导致的劳务交换，包括国外的银行、保险、商业、电信、咨询(含会计、法律专业服务)、技术服务、劳务与建筑工程承包等；商业存在下服务贸易的收益表现为利润、利息和股息等。

(4) 自然人流动(movement of natural persons)。它是指服务提供者以自然人的身份进入其他国家并向当地的消费者提供服务。

(5) 服务贸易还包括其他的官方(如外交及其他官方相关机构)和民间服务等。有关资料表明，技术贸易、数字贸易金融、电信、建筑和旅游在国际服务贸易中占主要地位。

此外，服务的提供有时不是一种方式能够完成的，而是由几种方式联合完成。服务贸易总协定(GATS)指出，服务贸易的判别标准一般要符合以下四个方面：服务和交付的过境移动性(cross-border movement of services and payments)、目的具体性(specificity of purpose)、交易连续性(discreteness of transactions)、时间有限性(limited duration)。

商业存在是全球服务贸易的主要模式。2017 年，商业存在占服务贸易的 58.9%，其次是跨境服务贸易，接近 30%。

二、国际服务贸易的发展

(一) 国际服务贸易的发展现状

20 世纪 70 年代以前，服务贸易在世界经济中还不是一个引人注目的领域。随着经济全球化的深入和全球产业结构的调整，世界服务贸易实现了跨越式发展。1970 年，各国服务出口只有 710 亿美元，在这之后的 10 年间服务出口与货物出口均保持快速增长且大体持平。20 世纪 80 年代，服务贸易依然保持较快的增长势头，年均增长率 5%，开始超过货物贸易，是其同期增长率的两倍。20 世纪 90 年代，服务贸易年均增速呈波动下降趋势，回到与货物贸易基本持平的状态。1993 年，世界服务贸易额达到 1.03 万亿美元，占国际贸易总额的 1/4。1994 年《服务贸易总协定》的签署标志着各国进一步开放服务业市场和服务贸易自由化，使得 21 世纪以来全球服务出口实现稳定增长，增幅逐渐回升，2004 年首次突破 2 万亿美元。1970—2017 年，世界服务出口从 710 亿美元提升到 5.318 9 万亿美元。年均增长速度超过了同期货物贸易,成为各国获取外汇收入、改善国际收支的重要手段,很大程度上决定了一国对外贸易发展和国际竞争力。1980—2017 年世界服务贸易发展状况如表 5-1 所示。

表 5-1 1980—2017 年世界服务贸易发展状况 单位:亿美元

年份	进出口总额	出口额	进口额
1980	7 675	3 650	4 025
1985	7 827	3 816	4 011
1990	16 011	7 805	8 206
1995	23 864	11 849	12 015
2000	29 718	14 922	14 796
2005	47 760	24 147	23 613
2010	72 037	36 925	35 112
2015	93 657	47 540	46 117
2016	98 047	49 498	48 549
2017	104 679	53 189	51 490

资料来源:国际贸易统计数据库(International Trade Statistics Datebase),WTO。

在发达国家,特别是主要发达国家,服务业创造的国内生产总值占 GDP 总量的 70%～80%,能够提供约 80%的就业岗位。目前,发达国家在世界服务贸易中占据绝对重要的地位。2019 年世界贸易组织公布的国际服务贸易排行榜显示了服务出口和进口前 10 位的国家和地区,如表 5-2 所示。

表 5-2 2018 年世界服务出口和进口前十的国家(地区)

位次	出口国(地区)	金额/亿美元	比重/(%)	位次	进口国(地区)	金额/亿美元	比重/(%)
1	美国	8 080	14.0	1	美国	5 360	9.8
2	英国	3 730	6.5	2	中国	5 210	9.5
3	德国	3 260	5.6	3	德国	3 500	6.4
4	法国	2 910	5.0	4	法国	2 570	4.7
5	中国	2 650	4.6	5	英国	2 300	4.2
6	荷兰	2 410	4.2	6	荷兰	2 290	4.2
7	爱尔兰	2 050	3.6	7	爱尔兰	2 180	4.0
8	印度	2 040	3.5	8	日本	1 980	3.6
9	日本	1 870	3.2	9	新加坡	1 870	3.4
10	新加坡	1 840	3.2	10	印度	1 750	3.2

资料来源:World Trade Statistical Review 2019。

2018 年世界服务出口排名前五位的分别是美国、英国、德国、法国和中国,其中美国占比 14.0%,遥遥领先。服务进口排名前五位的分别是美国、中国、德国、法国、日本。很明显,当前国际服务贸易主要集中在欧洲、北美和东亚,其中欧盟服务贸易总额占比最大。根据世界贸易组织统计,2018 年欧盟 28 国服务进出口占世界的比重为 47.5%。虽然新兴经济体的服务贸易规模也在不断扩大,但现阶段发达国家主导的服务贸易发展格局短期内很难改变。目前,全球 200 多个经济体中,有 135 个属于发展中国家和地区。总体来看,二十多年来发展中国家服务业产值和就业人数占国内生产总值和总就业的比重现在已分别达到或接近 50%,对外服务贸易也得到了迅速发展。虽然发展中国家服务贸易在规模上与发达国家相比仍然较小,且其资本、技术密集型服务业较发达国家明显落后,但纵向来看发展中国家的服务经济在国民经济中的地位不断上升,服务出口占世界服务出口总额的比重逐渐提高。据世界贸易组织统计,2018 年服务出口前 30 位的国家和地区中,作为发展中国家的中国、印度、韩国、泰国、波兰、土耳其分别占世界服务出口额的 4.6%、3.5%、1.7%、1.5%、1.2%、0.8%;中国、印度、韩国、巴西、泰国分别占世界服务进口额的 9.5%、3.2%、2.2%、1.2%、1.0%。

在国际服务贸易发展中,贸易结构呈现出由传统服务贸易逐渐向现代服务贸易倾斜的趋势。这表现为运输、旅游等传统服务贸易所占比重下降,而以商业服务(主要包括通信、建筑、保险、金融、计算机和信息服务、专有权利使用和特许、咨询、广告宣传、电影音像和其他商业服务)为代表的现代服务贸易发展迅速,增长强劲,所占比重提升。

(二) 国际服务贸易的发展领域

国际服务贸易的发展主要集中于以下领域:

1. 国际技术贸易

国际技术贸易(international technology trade)即国际技术的有偿转让,是指不同国家政府机构或企业之间,按照商业条件签订技术协议或合同进行的有偿技术转让。国际技术贸易的标的物是专利(patent)、商标(trade mark)和专有技术(know-how);国际技术贸易主要通过许可证贸易(licensing),包括独占、排他、普通、交叉许可证贸易和咨询服务、合作生产等方式进行。有关资料表明,国际技术贸易是国际服务贸易增长最快的组成部分。

通讯、计算机和信息服务是新兴的国际技术贸易的主要内容。由于信息技术革命、互联网平台的创建,知识经济在经济全球化过程中产生了巨大的效益,全球服务市场迅速扩张。通讯、计算机和信息等软性服务如通讯增值业务、计算机软件开发、信息加工和传递等不仅自身构成服务贸易的核心部分,而且大大改变、扩展了与传统货物贸易相伴随的一系列“追加的服务贸易”内容,并使原先诸多不可贸易的服务进入了贸易领域。

2. 国际银行、保险、证券和其他金融服务

由于经济全球化浪潮的影响,国际贸易和投资,尤其是跨国公司业务在全球的广泛分布,促进了银行、保险、证券和其他金融服务的跨国经营。跨国的银行信贷、汇兑和结算业务大量增加,保险、投融资、理财,外汇买卖、期货交易、融资租赁等众多业务

出现巨幅增长。

3. 国际商业物流

近年来，国际物流(international logistics)业的发展正在引起各国重视。随着国际服务贸易的自由化，商业物流成为跨国投资、经营的热点领域。大规模、大批量的配送速递服务，全球采购系统和质量维护，管理标准化和成本的规模摊低，价格与服务优势等，产生了巨大的竞争力。

4. 国际旅游

国际旅游(international tourism)是各国或地区依靠旅游资源、建立旅游设施和提供各种旅游便利和服务，向外国旅游者收取报酬的一种经营活动。近年来，旅游业逐渐成为各国经济增长和对外合作的一个重要领域，国际旅游服务向大型化、常年化和综合化等方向发展，同时也兼顾生态化、个性化需要，使国际旅游越来越成为各国关注的经济热点。

5. 国际劳务合作

国际劳务合作(international service cooperation)是指一国的企业通过签订合同，以对外承包工程或派出劳务人员的方式，向其他国家企业提供劳务服务并获取盈利的经济合作活动。

国际劳务合作有两种主要方式：

(1) 国际承包工程，即一国具有法人地位的从事国际建设工程项目的公司或联合体，在国际市场上通过投标或接受委托与国外业主签订合同，并根据合同要求承建某项工程，获取经济利益的劳务合作。国际承包工程通常采取独家承包、分包、联合承包等具体方式进行。

(2) 劳务输出输入，即向国外提供劳动力或从国外接受劳动力，收取或支付劳务费的劳务合作。劳务输出输入包括生产性、非生产性两种类型：前者如设计人员、工程技术人员、施工队和司机等；后者如饮食业、旅馆和医院等非生产性的服务人员等。

6. 数字贸易

(1) 数字贸易的定义。

美国是最早的正式界定数字贸易的国家。2013 年 7 月，USITC 首次提出数字贸易是指“通过互联网传输货物或服务的商业活动”，主要包括数字内容、社交媒介、搜索引擎、其他产品和服务等四大类。同时，它们指出数字贸易作为极具挑战的新议题，其内涵与外延仍处于演变之中。2017 年 8 月，USITC 对“数字贸易”作出最新界定，数字贸易是指通过互联网及智能手机、网络连接传感器等相关设备交付的产品和服务，涉及互联网基础设施及网络、云计算服务、数字内容、电子商务、工业应用及通信服务等六种类型的数字产品和服务。与 2013 年版的定义相比，新定义回应了数字技术的最新发展，印证了数字贸易边界的动态变化。特别值得注意的是，该定义属于“狭义”的数字贸易定义，强调贸易的交付模式应为“数字交付”，因此剔除了大多数实物商品贸易，例如在线订购的实物商品以及通过 CD 或 DVD 出售的书籍、软件、音乐、电影等数字化的实体商品。

总体看来，现阶段的跨境电子商务处于数字贸易的初级阶段，数字贸易是跨境电子商务未来发展的高级形态。数字贸易在简单的货物和服务交易活动的基础上，进一步强调大数据、云计算等新型数字技术与传统产业的融合发展，不断拓展跨境电子商务的业务内涵，致力于提高跨境电子商务的运营能力和运营效率，将传统产业的数字化、智能化升级作为最终目标①。

(2) 数字贸易的发展特征。

与传统贸易相比，数字贸易比较优势的来源、国际贸易的模式、贸易标的物的构成、国际贸易的主体、国际分工的组织形态、贸易监管要求等方面均存在新型的特征。

第一，从国际贸易的驱动因素看，数据和数字技术是数字贸易时代的新型比较优势来源。在传统国际贸易中，劳动力、资本、技术以及地理位置、基础设施和制度因素均是一国比较优势的来源。然而，随着移动互联网、人工智能等数字技术可逐渐替代不同技术水平的劳动力投入，劳动力禀赋在国际贸易中的作用将逐渐降低，物理基础设施、跨境手续和空间距离对国际贸易的制约作用也相对降低，而与数字技术相关的知识密集型资本与无形资产的重要性却在显著提升。数据和信息构成现代数字时代中个人、社会和商业活动的基础，数字技术以及收集、使用和分析数据的能力是数字密集型产品出口的比较优势来源，成为数字经济快速发展的驱动因素。此外，随着基于数据收集、数据存储、数据分析和建模的“数据价值链”的形成，与之相关的数字基础设施、数据流动监管、知识产权、隐私和个人数据保护制度也成为影响一国数字贸易比较优势的重要来源。

第二，从国际贸易的模式看，线上互联网平台成为数字经济协调和配置资源的基本经济组织。传统贸易在固定经营场所和常设机构发生，依靠代理商、批发商、零售商等中间环节，通过纸质单据和书证材料完成交易。在数字贸易中，数字平台代替了传统的贸易中间商连接供给和需求，一方面为供应商提供互联网平台接入、商品展示、接收订单的渠道，另一方面为消费者提供快速搜索，并匹配需求的服务，同时提供包括在线支付、进出口、物流、营销、保险和消费者保护的服务，最终集成数字贸易的商品流、资金流和信息流。数字平台通过为供应商和消费者提供设施和服务，收取佣金和服务费，并通过不断优化用户界面和用户体验，为供应商和消费者提供便捷访问与对接，降低了信息的非对称性和碎片化，削弱地理距离对国际贸易的制约作用。

第三，从国际贸易的构成来看，服务贸易在数字贸易时代的重要性显著提高。根据 WTO 的研究显示，服务贸易占国际贸易的比重从 1995 年的 18%提高为目前的 23%，以增加值计算的服务贸易占增加值贸易的比重更高达 50%左右。服务贸易的快速增长与互联网普及率和使用率的提高显著相关。一方面，数字技术的发展提高了数字网络的效率，形成了快速发展的数字基础设施，电信服务、计算机和信息服务、其他商业服务和金融服务等“可数字化服务”获得巨大发展，其增长速度远超旅游、运输等传统服务。另一方面，数字技术的发展大大降低了通信和交易成本，减少空间距离对国际贸易的制约作用，将部分传统线下服务转变为线上服务，创造了提供服务贸易的新方式，扩大了跨境交易的服务范围种类。例如，在教育领域，数字技术可以创

① 盛斌等，《超越传统贸易：数字贸易的内涵、特征与影响》，《国外社会科学》，2020 年第 4 期。

建虚拟教室，通过视频录制讲座、数字幻灯片、数字问题集和在线论坛，为全世界的学生提供开放在线课程。据统计，目前参加哈佛大学和麻省理工大学在线课程的学生，有 71%来自美国以外的地区。

第四，从国际贸易的对象看，数字贸易改变了传统货物贸易的结构。数字技术的变革直接带动信息技术部门的跨越式发展，信息技术产品出口成为世界贸易增长最快的部门之一。2016 年信息技术产品贸易额是 1996 年的三倍，占全球商品出口的约 15%。从贸易成本的角度看，数字技术对贸易成本的削减作用取决于贸易成本的结构和数字化成本的比例，其对通讯成本、运输成本、监管合规成本和交易成本的影响最为显著。因此，数字技术的应用将大幅提高时间敏感型商品（time-sensitive goods）、认证密集型商品（certification-intensive goods）、合同密集型商品（contract-intensive goods）在传统货物贸易中的比重。另外，数字技术也大大降低了复制、创建、访问和传播创造性工作的成本，电子书、新闻应用软件（news apps）、内容流媒体（media content streaming）或下载服务逐渐取代实体书籍、报纸、录像、DVD 和音乐唱片，这使得可数字化有形商品的国际贸易比例不断下降。据 WTO 统计，可数字化有形商品占全球进口总额的比重已由 2000 年的 2.86%下降为 2016 年的 0.8%左右。

第五，从国际贸易的主体看，数字贸易主体由大型跨国公司向中小企业和个人消费者扩大。在传统贸易中，受规模经济的制约，固定成本是阻碍中小企业和数字密集型产品生产企业参与国际贸易的重要阻力。然而，距离成本对数字贸易效率的影响程度仅为传统线下贸易的 35%。数字贸易削弱了市场的物理距离，剥离了固定成本（表现为在线搜索成本）与距离的相关关系，帮助中小企业实现规模经济，降低出口成本。此外，数字平台一方面可以为中小企业提供与大型跨国公司完全相同的捕获信息的渠道，促进竞争性贸易环境，使市场机制更大限度地发挥作用；另一方面，还可以将为消费者提供及时、快速、深入了解中小企业的途径，提高消费者对中小企业出口商的认知程度。从存活率来看，在全球互联网平台上进行贸易的中小企业的存活率为 54%，比离线企业高出 30%。

第六，从国际分工的组织形态看，数字贸易可能会加速全球价值链生产布局的碎片化。一方面，信息通信技术、射频技术、区块链技术等新型数字技术通过降低价值链贸易的通信成本、运输和物流成本、匹配和核查成本提高了全球价值链的透明度，进而拓展了价值链贸易的长度与复杂度，进一步实现国际贸易生产制造、物流、研发、设计、销售、消费环节的空间布局的分散性。另一方面，3D 打印等新型技术创新了未来货物运输和交付的形态，实现了直接将从互联网下载的数据文件在本地生成物理对象，“数字传输、本地生产”成为数字经济时代货物贸易的新业态。从长期来看，3D 打印技术将减少生产步骤，降低对中间生产环节以及库存、仓储、分销、包装的需求，最终改变零部件和中间品全球价值链的布局和运作模式，进而引发制造业回流发达经济体，从而加大劳动力密集型国家与资本和知识密集型国家之间的差距。

第七，从国际贸易的监管体系看，数字贸易对“边界后措施”一体化程度的要求更高。20 世纪传统国际贸易的主要形式为“一国生产、一国销售”的最终品贸易，国际经贸治理以互惠关税削减、扩大市场准入为核心内容；21 世纪国际贸易的主要形式演变为"世界生产、全球销售"的价值链贸易,而服务、投资、知识产权保护、竞争政策等"边界后措施"的规制协调成为贸易谈判与协定的主要内容。在数字贸易时代,数字产品订购和交付的数字化在一定程度上缓解了距离、基础设施建设、物流等传统贸易壁垒对贸易的制约程度,但是与此同时,数字产品的市场准入、数据的跨境自由流动、网络安全等数字贸易所特有的新型贸易壁垒对贸易的制约程度却在不断凸显,它们已经成为当前制订国际贸易新规则的焦点性议题。

(3) 全球数字贸易发展现状。

数字贸易更突出数字化产品和服务贸易,但国际上对于数字贸易的讨论和谈判大多仍在电子商务框架的基础上展开。2008—2018 年全球数字服务贸易发展及演变,如图 5-1 所示。自 2008 年以来,全球数字贸易出口规模呈现较大幅度的上升趋势,从 2008 年的 18 379.9 亿美元,增长到 2018 年的 29 314.0 亿美元,增长率接近 60%,年平均增长率约为5.83%(同期服务贸易出口为 3.80%,货物贸易出口为 1.87%),在服务贸易出口中的占比从 45.66%增长到 50.15%,可见近年来全球数字贸易得到了进一步发展。

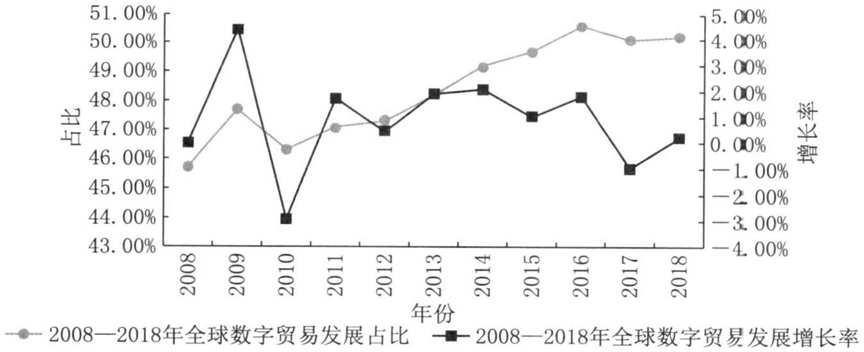

图 5-1 2008—2018 年全球数字服务贸易发展及演变

三、中国对外服务贸易发展现状

(一) 总体发展现状

中国服务贸易起步于 20 世纪 80 年代,虽然起步较晚但发展速度较快。如表 5-3 和图 5-2 所示,从服务贸易绝对额看,中国对外服务贸易的总体规模持续扩大。1982 年中国服务进出口总额仅为 44 亿美元(占世界比重 0.6%),其中出口 25 亿美元(占世界比重 0.7%),进口 19 亿美元(占世界比重 0.5%),2008 年这一数字已达 3 045 亿美元,其中出口 1 465 亿美元(占世界比重 3.9%),进口 1 580 亿美元(占世界比重 4.6%)。2009 年服务进出口总额共 2 868 亿美元,较上年有所减少,但占世界的比重提高了 0.2 个百分点,这主要是 2008 年全球金融危机的影响所致。2018 年服务进出口总额达到 7 569 亿美元,相当于 2008 年服务进出口总额的 2 倍左右,占世界比重 6.7%。与此同时,中国服务业开放领域得到进一步拓宽,现阶段基本覆盖了《服务贸易总协定》160 多个服务部门中的 100 多个。当然,由于中国服务业发展起步晚、底子薄，国内服务业水平相对滞后于其他产业，尤其与发达国家相比还有很大差距，因此中国对外服务贸易也尚处于初级阶段，规模、质量和结构等方面存在的问题十分突出，提升服务贸易发展水平仍然有相当广阔的空间。

表 5-3 中国历年服务进出口状况 金额单位：亿美元

年份	中国出口额	世界出口额	中国出口占世界比重/(%)	中国进口额	世界进口额	中国进口占世界比重/(%)	中国进出口总额	世界进出口总额	中国进出口占世界比重/(%)
1982	25	3 646	0.7	19	4 028	0.5	44	7 674	0.6
1983	25	3 543	0.7	18	3 829	0.5	43	7 372	0.6
1984	28	3 656	0.8	26	3 963	0.7	54	7 619	0.7
1985	29	3 816	0.8	23	4 011	0.6	52	7 827	0.7
1986	36	4 478	0.8	20	4 580	0.4	56	9 058	0.6
1987	42	5 314	0.8	23	5 439	0.4	65	10 753	0.6
1988	47	6 003	0.8	33	6 257	0.5	80	12 260	0.7
1989	45	6 566	0.7	36	6 855	0.5	81	13 421	0.6
1990	57	7 805	0.7	41	8 206	0.5	98	16 011	0.6
1991	69	8 244	0.8	39	8 510	0.5	108	16 754	0.6
1992	91	9 238	1.0	92	9 471	1.0	183	18 709	1.0
1993	110	9 413	1.2	116	9 596	1.2	226	19 009	1.2
1994	164	10 332	1.6	158	10 438	1.5	322	20 770	1.6
1995	184	11 849	1.6	246	12 015	2.0	430	23 864	1.8
1996	206	12 710	1.6	224	12 697	1.8	430	25 407	1.7
1997	245	13 203	1.9	277	13 056	2.1	522	26 259	2.0
1998	239	13 503	1.8	265	13 350	2.0	504	26 853	1.9
1999	262	14 056	1.9	310	13 883	2.2	572	27 939	2.0
2000	301	14 922	2.0	359	14 796	2.4	660	29 718	2.2
2001	329	14 945	2.2	390	14 941	2.6	719	29 886	2.4
2002	394	16 014	2.5	461	15 793	2.9	855	31 807	2.7
2003	464	18 340	2.5	549	18 023	3.0	1 013	36 363	2.8
2004	621	21 795	2.8	716	21 328	3.4	1 337	43 123	3.1
2005	739	24 147	3.1	832	23 613	3.5	1 571	47 760	3.3
2006	914	27 108	3.4	1 003	26 196	3.8	1 917	53 304	3.6
2007	1 216	32 572	3.7	1 293	30 591	4.2	2 509	63 163	4.0
2008	1 465	37 313	3.9	1 580	34 690	4.6	3 045	72 003	4.2
2009	1 286	33 500	3.8	1 582	31 450	5.0	2 868	64 950	4.4

续　表

年份	中国出口额	世界出口额	中国出口占世界比重/(%)	中国进口额	世界进口额	中国进口占世界比重/(%)	中国进出口总额	世界进出口总额	中国进出口占世界比重/(%)
2010	1 702	38 197	4.6	1 922	36 133	5.5	3 624	74 330	5.1
2011	1 821	42 583	4.4	2 370	40 422	6.1	4 191	83 005	5.2
2012	1 904	43 499	4.4	2 801	41 523	6.8	4 706	85 022	5.6
2013	2 106	46 250	4.6	3 291	43 400	7.6	5 396	89 650	6.0
2014	2 222	48 615	4.6	3 821	47 405	8.1	6 043	96 020	6.3
2015	2 299	47 627	4.8	4 364	48 906	8.9	6 663	96 532	6.9
2016	2 080	48 059	4.3	4 535	49 615	9.1	6 615	97 674	6.8
2017	2 122	51 083	4.2	4 677	53 577	8.7	6 799	104 660	6.5
2018	2 327	54 852	4.2	5 242	57 697	9.1	7 569	112 549	6.7

资料来源:中国服务贸易指南网,《世界贸易统计年鉴 2019》。

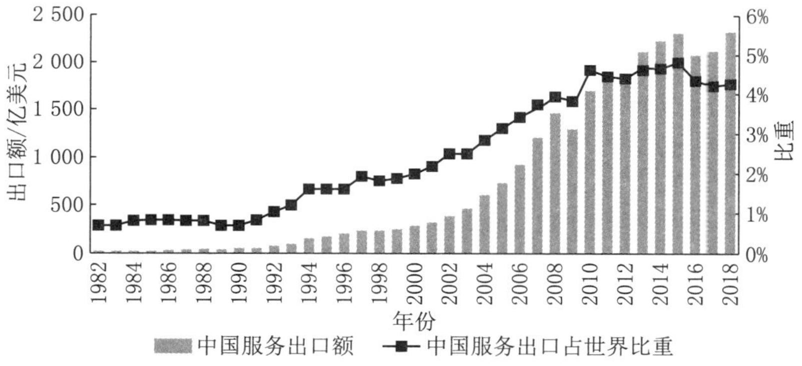

图 5-2　1982—2018 年中国服务出口状况

从服务贸易绝对额的增速看,中国服务贸易发展尤其迅速。20 世纪 80 年代以来,除个别年份外,中国服务出口增速一直高于同期世界平均增速和世界服务贸易主要出口国家(地区)增速,同时中国服务出口增速变化与全球变化趋势基本一致。20 世纪 80—90 年代,中国服务贸易总额年均增长速度分别为 10.8%和 20.9%,服务出口增速分别为 11.1%和 18%。进入 21 世纪后,2001—2018 年中国服务出口年均增速为 12.79%,而同期世界平均水平仅为 7.77%,中国是世界平均水平的两倍左右,具体如图 5-3 所示。

中国服务贸易世界排名也逐步提升。出口由 1982 年的第 28 位上升到 2018 年的第 5 位,进口世界排名由第 40 位上升到第 2 位,其实无论从进出口的绝对额、增速和占比来看,中国对外服务贸易的确获得了极大的提升,但不容回避的是由发达国家主导的世界服务贸易发展格局仍未改变。

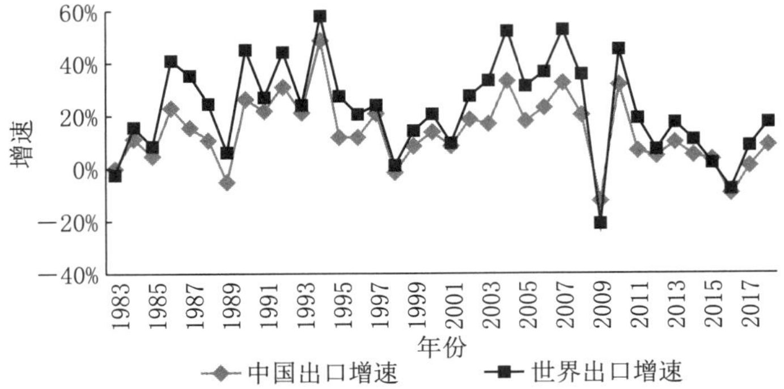

图 5-3 1983—2018 年中国服务出口与全球增速对比

(二) 对外服务贸易的行业结构

如表 5-4 所示，传统服务业部门占中国对外服务贸易的比重仍较大，现代服务贸易比重较小。传统服务贸易中旅行、运输服务贸易一直居于主导地位，2011—2017 年占比均超 50%。现代服务贸易中，金融服务，保险和养老金服务，电信、计算机和信息服务等所占比重较低，其中金融服务贸易占比在 2008 年前后有所下降，知识产权使用费，计算机和信息服务以及个人、文化和娱乐服务比重逐渐上升。

表 5-4 2011—2017 年中国服务贸易分部门状况 单位：%

年 份	2011	2012	2013	2014	2015	2016	2017
加工服务	5.9	5.4	4.3	3.3	3.1	2.8	2.6
维护和维修服务	0.0	0.0	0.0	0.0	0.8	1.1	1.2
运 输	25.8	25.8	24.5	20.6	18.9	17.3	18.7
旅 行	27.0	31.5	33.5	41.6	45.1	46.2	42.2
建 筑	4.1	3.3	2.7	3.1	4.1	3.2	4.7
保险和养老金服务	5.1	5.0	4.9	4.1	2.1	2.6	2.1
金融服务	0.4	0.8	1.3	1.5	0.8	0.8	0.8
知识产权使用费	3.4	3.9	4.1	3.6	3.5	3.8	4.8
电信、计算机和信息服务	4.2	4.5	4.6	4.7	5.7	5.9	6.7
其他商业服务	23.6	19.3	19.5	16.8	14.9	15.3	15.0
个人、文化和娱乐服务	0.1	0.1	0.2	0.2	0.4	0.4	0.5
别处未提及的政府服务	0.4	0.4	0.4	0.5	0.6	0.6	0.7

资料来源：《世界与中国数字贸易发展蓝皮书 2018》。

(三) 数字贸易的发展现状

伴随着改革开放和中国经济实力的进一步提升，中国数字服务贸易得到了充分而全面的发展，并且正在经历高速增长的阶段，未来发展拥有巨大的潜力。一方面，中国电子商务发展势头迅猛，显示出巨大的发展潜力。2011—2017 年中国电子商务交易总额及其同比增长率如图 5-4 所示。据海关统计，2015—2017 年，通过海关跨境电子商务管理平台零售进出口总额年均增长50%以上;2017年达到902.4亿元人民币,同比增长80.6%。另一方面,以大数据为代表的数字化知识与信息贸易方兴未艾。截至2018年,贵阳大数据交易所已发展会员数目突破2 000家,接入225家优质数据源,可交易的数据量超150 PB,可交易数据产品4 000余个。

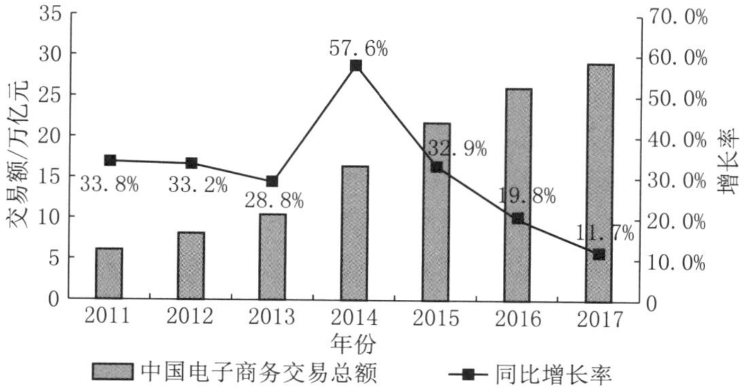

图5-4 2011—2017年中国电子商务交易总额及其同比增长率

资料来源:《中国电子商务报告2017》。

此外随着信息网络技术的不断发展,作为现代服务贸易的数字贸易也在不断发展。2014—2018年中国数字经济规模及其发展趋势,如图5-5所示。2018年中国数字经济规模已达31.3万亿元人民币,是2014年数字经济规模14.0万亿元的2.2倍,年均增长22.4%,且数字经济规模在逐年增加;可见其发展势头稳定,在未来一段时间内,数字贸易将会随着大数据、云计算和物联网的发展而得到不断提升,同样能够促进中国对外服务贸易的发展,给现代服务贸易的发展增添了动力和活力。

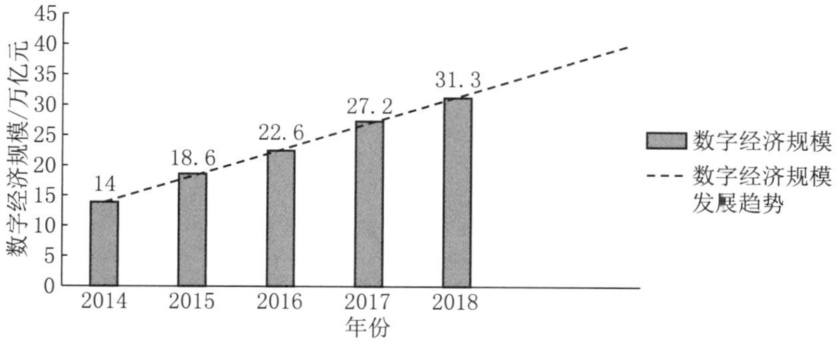

图5-5 2014—2018年中国数字经济规模及其发展趋势

资料来源:《2019—2025年中国数字经济行业发展态势与前景展望研究报告》。

2018年中国数字经济结构状况如图5-6所示。2018年中国数字产业化规模达到6.4万亿元,在GDP中占比达到7.1%,在数字经济中占比为20.49%。产业数字化在数字经济中继续占据主导位置,2018年产业数字化部分规模为24.9万亿元,同比名义增长23.1%,在数字经济中占比为79.51%。在数字经济中,产业数字化部分占比高于数字产业化部分占比，表明中国数字技术、产品、服务正在加速向各行各业融合渗透，对其他产业产出增长和效率提升的拉动作用不断增强。

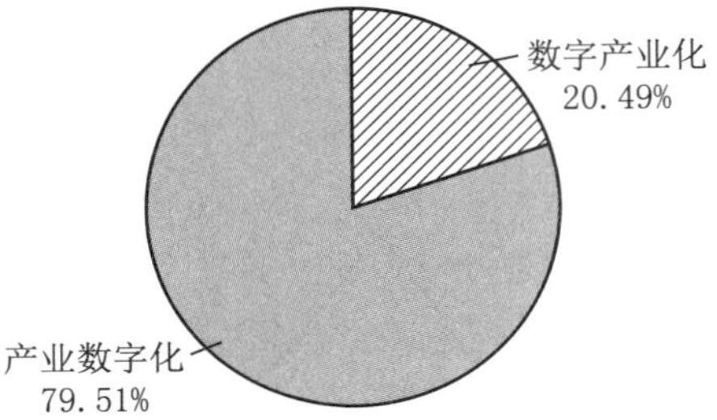

图 5-6　2018 年中国数字经济结构状况

资料来源：《2019—2025 年中国数字经济行业发展态势与前景展望研究报告》。

当然不可否认的是，中国的数字贸易发展还存在一些不足，如数字贸易区域发展失衡严重。结合各省市的数字贸易发展排行，从数字贸易发展环境以及市场潜力两个角度，不难发现中国的数字贸易发展存在显著的沿海和内陆地区的差异以及南方地区和北方地区的差异，而这一差异与地区经济发展水平密切相关，数字贸易的发展需要良好的互联网、物流等基础设施作为后盾。由表 5-5 可以看出，北京(3.203)、上海(2.379)、浙江(1.949)、广东(1.062)、福建(0.963)等省市数字贸易发展环境得分较高，主要由于这些省市拥有更好的互联网基础设施、物流服务设施、政策支持等数字贸易配套服务。广东(3.315)、江苏(1.807)、山东(1.731)、浙江(1.157)、河南(0.904)等省市的数字贸易市场潜力得分较高；这些省市在国内商务、国际贸易等方面具有更大的市场规模，在传统贸易向数字贸易转型中具有相当大的发展潜力。综合来看，广东(2.323)、浙江(1.506)和江苏(1.209)分列中国数字贸易发展综合得分前三甲，北京(0.898)、上海(0.782)、山东(0.716)等省市紧随其后。这些省市在发展环境方面和市场潜力方面表现优异，是中国数字贸易发展的重点区域。而西藏(−0.716)、青海(−0.670)、宁夏(−0.622)、甘肃(−0.593)、内蒙古(−0.548)等省市数字贸易发展得分较低，数字贸易发展相对滞后。

表 5-5　2018 年中国各地区数字贸易发展排行榜

地区	发展环境得分	发展环境排名	市场潜力得分	市场潜力排名	综合得分	综合排名
广东	1.062	4	3.315	1	2.323	1
浙江	1.949	3	1.157	4	1.506	2
江苏	0.447	6	1.807	2	1.209	3
北京	3.203	1	−0.913	27	0.898	4
上海	2.379	2	−0.472	20	0.782	5
山东	−0.575	21	1.731	3	0.716	6
福建	0.963	5	−0.218	15	0.302	7

续　表

地区	发展环境得分	发展环境排名	市场潜力得分	市场潜力排名	综合得分	综合排名
辽宁	0.223	8	0.087	11	0.147	8
河北	−0.372	18	0.471	9	0.1	9
河南	−0.936	30	0.904	5	0.095	10
湖北	−0.751	27	0.516	7	−0.041	11
四川	−0.934	29	0.618	6	−0.065	12
天津	0.401	7	−0.511	22	−0.11	13
安徽	−0.706	26	0.302	10	−0.141	14
湖南	−1.03	31	0.48	8	−0.184	15
重庆	−0.112	14	−0.361	17	−0.252	16
山西	−0.031	11	−0.493	21	−0.289	17
陕西	−0.139	15	−0.42	19	−0.296	18
黑龙江	−0.474	19	−0.207	14	−0.325	19
江西	−0.695	25	−0.047	12	−0.332	20
广西	−0.667	24	−0.144	13	−0.374	21
吉林	−0.353	17	−0.416	18	−0.388	22
云南	−0.846	28	−0.259	16	−0.517	23
贵州	−0.54	20	−0.519	23	−0.528	24
新疆	−0.085	13	−0.894	26	−0.538	25
海南	0.092	9	−1.05	29	−0.547	26
内蒙古	−0.581	23	−0.522	24	−0.548	27
甘肃	−0.577	22	−0.605	25	−0.593	28
宁夏	0.062	10	−1.16	31	−0.622	29
青海	−0.057	12	−1.152	30	−0.67	30
西藏	−0.322	16	−1.025	28	−0.716	31

资料来源:《世界与中国数字贸易发展蓝皮书2018》。

第二节　国际服务贸易的主要规则

随着各国服务贸易的发展,世界服务贸易自由化的问题日益受到关注。经过旷日持久的关贸总协定“乌拉圭回合”(Uraguay round)谈判和世界贸易组织的努力,《服务贸易总协定》终于成为国际服务贸易的一项基本准则。根据《服务贸易总协定》规则,服务贸易自由化的基本方向大致体现为以下若干方面:

一、最惠国待遇与国民待遇

《服务贸易总协定》中的最惠国待遇(most favoured nation treatment)规定,一成员方给予任何其他国家(不论成员方或非成员方)的服务或服务提供者的待遇,必须立即和无条件地给予其他成员方类似的服务或服务提供者。

由上述规定看,《服务贸易总协定》似乎对于最惠国待遇的要求比一般货物贸易的同一要求更为宽泛,但是,《服务贸易总协定》对于最惠国待遇规定了一些例外。例如,成员方可以在谈判确定本国第一份服务贸易减让表的同时,一次性列出最惠国待遇的例外清单,从而有权继续在特定的服务部门给予特定国家以更优惠的待遇;《服务贸易总协定》还允许区域贸易集团成员之间的安排背离最惠国待遇规定,即允许任何成员与其他国家达成仅在参加方之间适用的、进一步实现服务贸易自由化的协议。

《服务贸易总协定》对于国民待遇(national treatment)的定义接近于《1994 年关税与贸易总协定》中的定义,即要求成员方在实施影响服务提供的各种措施时,对满足服务贸易减让表所列条件要求的其他成员的服务或服务提供者,给予其不低于本国服务或服务提供者的待遇。但是必须指出:"《服务贸易总协定》的国民待遇只适用于成员方已经作出承诺的服务部门,这是服务贸易的特性决定的。在货物贸易领域,尽管外国货物可在本国市场享受国民待遇,但在进入本国市场时,仍要受到进口关税、数量限制及其他边境措施的限制;而在服务贸易领域,绝大多数服务的外国提供者如果获得了国民待遇,特别是当这些服务是以在进口方市场的商业存在和自然人流动方式提供时,就意味着在实际中享有了完全的市场准入。"

二、透明度与国内法

《服务贸易总协定》的透明度原则(principle of transparency)要求,成员方应当及时公布影响服务贸易自由化规则的所有措施。若成员方新制定或修改后的法律、法规和行政措施对该成员在《服务贸易总协定》具体承诺产生影响,则应当及时通知服务贸易理事会。

在各国的国内法方面,《服务贸易总协定》要求成员方以合理、客观、公正的方式实施影响服务贸易的所有措施;在合理的期限内答复外国服务商提供某种服务的申请;提供司法或其他程序,便利服务商就影响其贸易利益的行政决定提出复议申请;成员方对服务商的资格要求、服务技术标准及许可的发放等不应构成不必要的贸易限制,应当确保不削弱或损害各成员已作出的具体承诺。

三、垄断、专营者及限制性商业惯例

《服务贸易总协定》规定,成员方任何一种服务的垄断提供者或专营者,均不得滥用垄断地位,其行为不能违背该成员的最惠国待遇义务和已做出的具体承诺。若违背或损害承诺,应通过谈判做出相应的补偿。

《服务贸易总协定》认为服务提供者的某些商业惯例可能抑制竞争,限制服务贸易,要求成员方就此进行磋商以最终取消这些限制性商业惯例。

四、市场准入

《服务贸易总协定》对六种影响市场准入(market access)的限制措施作出规定,要求除了已在减让表中明确列明的,成员方不得对其他成员的服务或服务提供者实施这些限制措施。这六种限制性措施包括:限制服务提供者的数量;限制服务交易或资产总值;限制服务网点总数或服务产出总量;限制特定服务部门或服务提供者可以雇用的人数;限制或要求通过特定类型的法律实体提供服务;限制外国资本参与的比例或外国资本的投资总额。

五、减让表(具体承诺)的修改或撤回

《服务贸易总协定》规定了成员方修改或撤回减让表(schedule of concessions)的具体承诺应当遵循的规则。成员方在做出通知,并给予相关成员方一定补偿后,可以修改或撤回某项具体承诺。改变具体承诺的要求至少应提前三个月提出。

补偿问题通常是通过与相关成员方谈判获得解决的。若谈判能够就新的承诺达成协议,弥补了撤回承诺所造成的影响,有关成员间服务贸易承诺的整体水平不至于降低,且补偿性调整贯彻了最惠国待遇原则,改变具体承诺将被认为可行;当谈判无法达成协议时,有权获得补偿的成员可将问题提交服务贸易理事会仲裁,如果仲裁认定应予以补偿,则有关成员方在补偿之前不能改变原有承诺。若成员方强行对原有承诺作了不符合仲裁结果的改变,受影响方有权采取报复措施,撤回对等的承诺。

六、特定领域的规则

《服务贸易总协定》通过八个附件,对自然人流动、空运服务、金融服务、电信服务等特定领域的服务贸易进行规范。由于此类附件的规定极为具体,对国际服务贸易具有特别重要的指导意义。

《关于本协定中提供服务的自然人流动的附件》规定,自然人流动是指作为服务提供者的自然人和受雇于一服务提供者的自然人,不适用于到其他成员方领土内服务业市场寻找就业机会的自然人,也不适用于各成员有关公民权、永久居留权和永久就业权的措施。各成员方有权对于提供服务的自然人流动及入境居留采取必要管理措施。

《关于空运服务的附件》主要说明了《服务贸易总协定》在空运领域的管辖范围,即规定《服务贸易总协定》仅适用于飞机的维修和保养、空运服务的销售和营销(不含空运服务的定价及其条件)以及计算机预订系统等三项服务。

《关于金融服务的附件》和《关于金融服务的第二附件》声明保护金融服务的客户,反对缺乏足够资金支持、管理混乱或不诚实的服务提供者。该附件的核心条款是“谨慎例外”,即规定成员方可以采取谨慎措施确保投资者、存款人、投保人等的利益,保证其金融体系的完整和稳定;该附件还规定“行使政府权力时提供的服务”,即中央银行及其他执行货币或汇率政策的政府机构的活动,不属于《服务贸易总协定》的管辖范围;同时规定,作为法定社会保障或公共退休金计划组成部分的服务活动,以及其他由公共实体代表政府或利用政府资金进行的服务活动,也不对外国服务提供者

开放。本国非政府的金融服务提供者也不允许参与此类活动。

《关于电信服务的附件》和《关于基础电信谈判的附件》重点在于确定使用公共电信网络和服务的权利。该附件规定,成员方应保证允许所有的服务提供者在根据减让表中的有关承诺提供服务时,以合理的、非歧视的条件接入和使用公共基础电信网络。这一规则适用于电话、电报、电传和数据传输等公共电信服务,但不适用于广播和电视节目的传输服务。成员方应当公布有关接入、使用公共网络和服务的条件。为加强发展中国家电信服务能力,该附件允许发展中国家对电信网络及服务的接入、使用采取一些限制措施,但此类措施须在减让表中详尽列明。

七、例外规定

与世界贸易组织在其他方面达成的协定一样,《服务贸易总协定》对于服务贸易自由化也规定了一些例外。

(一) 国际收支平衡例外

服务贸易规则允许处于严重国际收支困难的成员,或受国际收支困难威胁的成员,对其具体承诺所涉及的服务贸易采取限制措施。发展中国家和转型经济成员也可以在必要的限度内采取限制措施,以保持一定的国际储备水平,满足其发展及经济转型计划的需要。

这些限制措施应是暂时性的,一旦情况好转即应逐步取消。采取限制措施的成员应与其他成员进行定期磋商,磋商在国际收支委员会中进行。此外,若非因国际收支平衡原因获得世界贸易组织允许,任何成员不得对与其具体承诺有关的经常交易实施国际支付和转移方面的限制。

(二) 有关政府采购的例外

各成员方政府购买自用的服务,可以不受最惠国待遇原则、市场准入和国民待遇承诺的限制。

(三) 一般例外

《服务贸易总协定》列举了一系列与货物贸易相同的一般例外情况,如维护公共道德,保护人类、动植物的生命或健康等;同时列举了一些特别适用于服务贸易的一般例外情况,包括防止欺诈做法,在处理个人资料时保护个人隐私,平等有效地课征税收等。

(四) 安全例外

《服务贸易总协定》不要求成员披露违背其根本安全利益的信息,也不阻止成员为保护其根本安全利益而采取任何行动。

八、数字贸易规则

在数字经济逐渐发展的趋势下,全球数字贸易发展日新月异,在全球贸易中的比重得到了快速的发展和提升,全球数字服务贸易规则将成为 21 世纪最核心的贸易规则。在这一背景下,世界主要经济体都高度关注数字贸易议题,围绕全球数字贸易规则展开了激烈的竞争和博弈,以求把握数字贸易的规则和方向,掌握未来全球贸易发展的主动权。当前国际数字贸易规则的发展面临的新趋势如下。

（一）WTO现有框架面临数字贸易规则挑战

从目前的全球治理实践以及规则制定现状来看，WTO框架下传统货物和服务贸易规则均与数字贸易存在阻碍和冲突，未能够适应数字贸易快速发展的需求。随着数字贸易在全球贸易的比重攀升，近年来数字贸易摩擦不断升级，贸易规则的空白严重制约了数字贸易的良好发展，直接影响全球经济发展和地区稳定。

如何建立全面统一的数字贸易规则已成为WTO面临的一大挑战，目前陷入僵局的原因十分复杂，其中主要有以下两个方面：一方面，各参与方主张对立，在WTO"协商一致"的原则要求下难达统一。美日欧等国家地区，拥有全球领先的信息技术，普遍主张自由宽松的跨境数字流通规则。中国、俄罗斯等发展中国家，考虑到自身数字贸易发展水平尚不成熟，主张建立以货物贸易为主的跨境电商规则。非洲等地区考虑到其国内基建薄弱，于是反对将数字贸易纳入多边框架内讨论。另一方面，传统贸易规则落后于数字贸易发展现状。由于数字贸易的虚拟性和开放性，其本身对于WTO的传统贸易规则就是一项挑战。目前各成员国尚无法确定将其归属于某一特定规则类别中，由于不同的协议所对应的贸易待遇截然不同，所以数字贸易的定性分类是亟待解决的基础性问题。此外考虑到多哈谈判的效率，未来数字贸易变革发展很可能对当下已有规则的适用性带来挑战。

（二）TPP为全球数字贸易规则树标杆

受制于多哈谈判的缓慢进程，各国开始在WTO之外寻求谈判空间。其中讨论最为活跃的是TTP、TTIP和TISA。谈判进程中的TTIP和TISA在TPP的基础上尝试更加细化的数字贸易规则，但因触及美欧之间在隐私保护等方面的分歧，进程受阻。而TPP于2016年已正式签署，虽然"领头羊"美国已经退出，但这并不能推翻TPP所取得的重要突破。作为目前最为详尽、标准最高的多边贸易协定，TPP也可为WTO电子商务谈判提供参考思路。

一方面，TPP在降低贸易壁垒方面制定了更高标准，相对于WTO电子传输免征关税延期宣言前进一大步。一是明确禁止了对电子传输征收关税，但未禁止征收国内税费，为参与国国内政策制定预留出空间；二是触及了跨境电子商务壁垒的根本——歧视性待遇，因为在"不对电子传输征税"标准下，并没有要求成员国做出市场准入和国民待遇的承诺，各国仍可以对跨境电子商务施加歧视待遇。

另一方面，TPP解决了分类问题。其将电子商务列为单独章节，既不划分为货物贸易，也未不划分为服务贸易，巧妙回避了分类争议。同时结合负面清单模式对新型电子商务开放也做出规范，即对未列明禁止项目的新型电子商务方式直接承担开放义务，负面清单模式直接跳过了新型电子商务的分类问题，有效淡化争议。

（三）美式模板占领全球数字贸易规则高地

美国的数字贸易技术在全球范围内处于绝对领先地位，先进的互联网技术直接推动美国数字经济和数字贸易的快速发展，在2011年美国数字服务的出口规模就已达到4 000亿美元，成为全球数字贸易绝对领先者。数字贸易对美国的就业、经济复苏至关重要，面对传统贸易规则对数字产业全球扩张带来的限制和阻碍，美国遭受到的利益损失因此也是最大的。为推动数字贸易发展,美国在推行数字贸易规则构建中付出了诸多努力。

在国内方面,美国是最早开始关注数字贸易的国家,在20世纪90年代就认识到数字经济、数字技术的重要性。在2013年开始重点聚焦数字贸易,积极开展对数字贸易领域的基础性研究,为全球数字贸易规则制定提供丰富的理论支持。此外也在不断完善数字贸易立法。通过建立法律制度保障国内数字产品的知识产权,推动电子商务的发展以及确立美国在数字贸易中的优先度。

在国际方面,美国积极主动地在WTO以外的区域自由贸易协议中不断推动数字贸易规则构建。雄厚的数字贸易实力为美国在制定、推行符合其自身利益诉求的数字贸易规则时带来便利,逐渐主导形成了数字贸易"美式模板"。"美式模板"的理念有效继承了美国《数字贸易法案2013》精神:以实现自由开放的全球数字贸易,推行数字贸易规则的形成。"美式模板"的发展可分为3个阶段:在TPP以前,以美国-韩国FTA为典型,有关数字贸易规则的条款大多为软性条款,还处于界定基础概念的阶段;在TPP阶段,开始提出更能维护美国利益的进攻性条款,在降低数字贸易壁垒和促进信息通讯国际协调合作两方面同时发力,制定了"数字产品的非歧视待遇""电子方式跨境传输数据"和"源代码"等反映美国互联网企业实际利益诉求的条款。在TPP之后,2018年达成《美墨加协议》,在完全继承TPP的基础上再做进一步深入,例如在"数据存储非强制本地化"条款方面,剔除了TPP阶段的例外情况——"监管例外"和"公共安全例外",在"源代码"条款方面加大了对源代码的保护,将源代码算法也纳入保护范畴。

第三节 中国服务贸易发展趋势与存在的问题

一、中国服务贸易发展特点

(一)服务贸易进出口结构不断优化

1. *服务贸易出口结构优化*

如表5-6所示,中国服务出口额近些年来有较大幅度的增长,其中所占比重逐渐提升的有维护和维修服务,保险和养老服务,金融服务,电信、计算机和信息服务以及知识产权使用费等;加工服务、运输、旅行、其他商业服务出口占比有所下降,比如旅行出口从2011年的24.1%下降到2017年的17.0%,减少约7个百分点;建筑、别处未提及的政府服务出口占比基本不变。

(1)服务出口仍以传统服务部门为主。2017年,传统服务业如运输、旅行的对外服务贸易仍然占据中国服务贸易的最大比重。运输、旅行服务出口分别为371亿元和387亿美元,分别是2001年的8倍和2倍。2011年,运输服务出口占比下降至17.7%,比2008年下降了8.5个百分点,但2012年该数值上升到19.3%;2017年旅游服务出口占比17.0%,相比于2011年下降了7.1个百分点。但是运输和旅游服务仍然在服务出口中占据主导地位。

表 5-6 2011—2017 年中国服务贸易出口结构 单位:%

年 份	2011	2012	2013	2014	2015	2016	2017
加工服务	13.2	12.8	11.2	9.8	9.3	8.9	7.9
维护和维修服务	0.0	0.0	0.0	0.0	1.7	2.4	2.6
运 输	17.7	19.3	18.2	17.5	17.7	16.1	16.3
旅 行	24.1	24.8	25.0	20.1	20.6	21.2	17.0
建 筑	7.3	6.1	5.2	7.0	7.6	6.1	10.5
保险和养老金服务	1.5	1.7	1.9	2.1	2.3	2.0	1.8
金融服务	0.4	0.9	1.5	2.1	1.1	1.5	1.6
知识产权使用费	0.3	0.5	0.4	0.3	0.5	0.6	2.1
电信、计算机和信息服务	6.9	8.1	8.3	9.2	11.8	12.7	12.2
其他商业服务	28.1	25.3	27.6	31.4	26.7	27.6	27.0
个人、文化和娱乐服务	0.0	0.1	0.1	0.1	0.3	0.4	0.3
别处未提及的政府服务	0.4	0.5	0.6	0.5	0.5	0.6	0.7

资料来源:《世界与中国数字贸易发展蓝皮书 2018》。

(2) 部分现代服务贸易部门增长较快。2011—2017 年,中国服务出口总额年均增长 2.2%。其中,其他商业服务出口年均增长 27.7%,旅行服务出口年均增长 21.8%,运输服务出口年均增长 17.5%,这些成为增长最快的服务业部门。另外,加工服务出口年均增长 10.4%,电信、计算机和信息服务出口年均增长 9.9%,建筑服务出口年均增长 7.1%,这些服务业部门表现为中等增速状态。保险和养老金服务出口年均增长 1.9%,金融服务出口年均增长 1.3%,维护和维修服务出口年均增长 1.0%,知识产权使用费出口年均增长 0.7%,别处未提及的政府服务以及个人、文化和娱乐服务出口分别增长 0.5%和 0.2%,属于缓慢增长的服务业部门。

2. 服务贸易进口结构优化

如表 5-7 所示,中国服务进口额近些年来也有较大幅度的增长,其中所占比重逐渐上升的有维护和维修服务,旅行,电信、计算机和信息服务等;运输,保险和养老金服务,其他商业服务进口占比有所下降,比如运输服务进口从 2011 年的 32.4%下降到 2017 年的 19.9%,下降近 13 个百分点;加工服务、金融服务和知识产权使用费服务进口占比基本不变。

(1) 传统服务业部门进口规模仍然较大。旅行、运输、其他商业服务进口占服务总进口的近 80%。主要是因为,目前中国服务业市场对外开放程度较低,不过近些年来服务贸易开放水平也在不断提高。如果以服务进出口占国内生产总值的比重来衡量服务贸易开放度(open degree in services),1985 年该数值为 1.7%,2001 年入世时为 5.4%,2014 年为 5.8%,2017 年为 5.7%。与同期发达国家服务贸易开放度相比,中国这一数值依然偏小。

表 5-7　2011—2017 年中国服务贸易进口结构　　单位:%

年　份	2011	2012	2013	2014	2015	2016	2017
加工服务	0.1	0.0	0.0	0.0	0.0	0.0	0.0
维护和维修服务	0.0	0.0	0.0	0.0	0.3	0.4	0.5
运　输	32.4	30.5	28.5	22.2	19.6	17.8	19.9
旅　行	29.3	36.3	38.9	52.5	57.4	57.8	54.5
建　筑	1.5	1.3	1.2	1.1	2.3	1.8	1.8
保险和养老金服务	7.9	7.3	6.7	5.2	2.0	2.9	2.2
金融服务	0.3	0.7	1.1	1.1	0.6	0.4	0.3
知识产权使用费	5.9	6.3	6.4	5.2	5.1	5.3	6.1
电信、计算机和信息服务	2.0	2.0	2.3	2.5	2.6	2.8	4.1
其他商业服务	19.9	15.1	14.3	9.4	9.1	9.6	9.2
个人、文化和娱乐服务	0.2	0.2	0.2	0.2	0.4	0.5	0.6
别处未提及的政府服务	0.4	0.4	0.4	0.5	0.6	0.6	0.7

资料来源:《世界与中国数字贸易发展蓝皮书 2018》。

(2) 部分现代服务业部门进口比重出现小幅下降。运输、保险和养老金服务、其他商业服务进口比重分别较 2011 年下降了 12.5、5.7、10.7 个百分点。但是,总的来说,这些服务部门进口额仍然有较大的增长,比如 2017 年保险和养老金服务以及其他商业服务进口额分别为 104 亿美元和 429 亿美元,分别是 2006 年的 1.2 倍和 5 倍。高附加值服务进出口的快速增长为资本技术密集型企业发展提供了助力,推动了中国经济转型升级,随着中国服务业进一步开放,金融、知识产权使用费服务等目前处于劣势的现代服务业进口将持续扩大。

(二) 服务贸易发展不平衡

1. 服务贸易市场结构不平衡

服务贸易市场结构是指服务贸易的国别构成,即一定时期其他国家或地区在本国对外服务贸易中的地位,通常以各自进口额、出口额、进出口总额在该国进口额、出口额、进出口总额中的比重加以衡量。中国服务进出口主要集中于中国香港、欧盟、美国、东盟和日本。由此看出,中国服务进出口市场主要集中在发达国家和地区。

2. 服务贸易地区结构不平衡

地区结构不平衡主要表现在中国服务进出口集中于沿海发达地区,地区分布很不平衡。根据商务部统计,2017 年上海、北京和广东服务贸易总额分别以 10 200.5 亿元、9 677.5 亿元和 8 316 亿元位居全国前三位,共实现服务进出口占服务贸易总额的 60.1%。由于这些地区具有优越的地理条件和较发达的现代服务业,其在运输,保险和养老金服务,电信、计算机和信息服务等领域具有明显的竞争优势。

（三）数字贸易发展结构性失衡

近几年来，中国数字贸易的发展取得了突出成绩，但是与美国相比还存在着一定的差距，并且存在一定的结构性失衡。中国数字贸易的主要模式是依托互联网平台的跨境电子商务，伴随阿里、京东等国内互联网巨头迅速成长，在全球范围内占据了较高的市场份额。然而中国在数字化产品（数字音乐、数字文学等）贸易和数字服务（云计算、软件服务等）贸易领域的发展较为落后。出现这种情况的原因，一方面是由于中国数字领域知识产权保护力度较为薄弱，猖獗的盗版打击了创新者的热情，进而影响了行业发展；另一方面是由于中国数字技术创新主要集中在面向用户的应用层面，在基础层面的创新相对较为落后，再加上较高的数字贸易保护壁垒，导致真正立足于数字技术的数字服务领域竞争力低下，进而制约了国内数字产业的良性发展。

二、中国服务贸易发展趋势

（一）服务贸易的进出口规模继续扩大

随着服务贸易在世界经济中的地位不断提升，各国积极推进多边服务贸易自由化进程，特别是发达经济体利用服务业发展的领先优势，通过谈判开放服务业市场和促进服务进出口。另外，区域贸易自由化的蓬勃发展使其服务贸易自由化水平超过了 GATS。多边和区域贸易自由化背景下，中国服务贸易必将进入快速发展的通道。由图 5-7 可以看出，1983—2018 年，除个别年份服务进出口下降外，服务贸易规模基本保持持续增长态势，且绝大多数年份增长率为正，最高达到接近 70%。

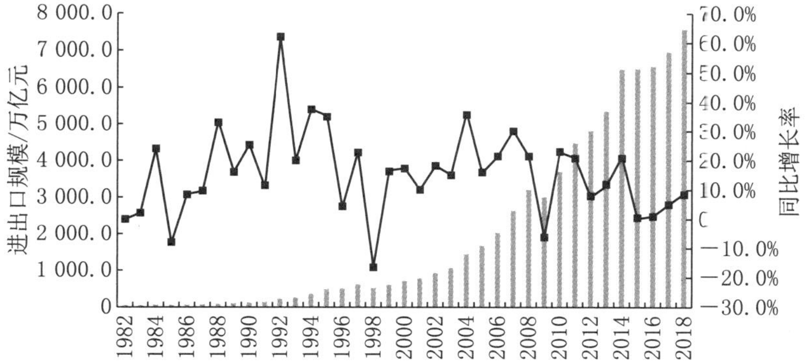

图 5-7 1983—2018 年中国服务贸易进出口规模及其变动

资料来源：《世界与中国数字贸易发展蓝皮书 2018》。

（二）商业存在形式的服务贸易稳定增长

如表 5-8 所示，2019 年，非金融领域新批准外商直接投资企业 40 888 家，比上年下降 32.5%；实际利用外商直接投资金额 9 415 亿美元，同比增长 5.8%。同时，外商直接投资加速流向服务业：信息传输、软件和信息技术服务业的外商直接投资金额增长 29.4%；居民服务、修理和其他服务行业的外商直接投资金额下降 0.4%；租赁和商务服务业的外商直接投资金额增长20.6%。

表5-8　2019年中国外商直接投资(不含银行、证券、保险等领域)分行业状况

行　　业	企业数/家	比上年增长/(%)	实际使用金额/亿元	比上年增长/(%)
总计	40 888	-32.5	9 415	5.8
其中:农、林、牧、渔业	495	-33.2	38	-27.9
制造业	5 396	-12.3	2 416	-11
电力、热力、燃气及水生产和供应业	295	3.9	239	-17.6
交通运输、仓储和邮政业	591	-21.6	309	-1.6
信息传输、软件和信息技术服务业	4 295	-40.5	999	29.4
批发和零售业	13 837	-39.5	614	-4.5
房地产业	1 050	-0.3	1 608	8
租赁和商务服务业	5 777	-36.5	1 499	20.6
居民服务、修理和其他服务业	361	-25.6	37	-0.4

资料来源:国家统计局《2019年国民经济和社会发展统计公报》。

(三)服务外包成为服务贸易新一轮增长点

在生产国际化、服务流程数字化和模块化以及国际竞争日趋激烈等因素的共同推动下,国际服务外包迅速发展。跨国服务转移的内容十分丰富,包括后台服务、信息技术、人力资源管理和培训、采购、客户服务、物流、研究开发等。美国*CIO Insight*杂志公布的《2010年全球外包发展报告》综合考虑外包东道国的成本和风险后指出,2010年全球外包指数(GOI)印度名列第一、中国位列第二。印度作为世界上较受欢迎的外包目标国,具有语言文化上的相容性优势,拥有大量的、受过良好的教育且经验丰富的劳动力,不断提高的管理经验,并且熟悉全球客户的需要。但是,不断增长的成本将限制其未来的竞争力。中国外包业务虽然还处于发展阶段,但在工作经验及项目管理能力与印度的差距越来越小,而且发展速度很快,具有绝对规模上的优势。2015年全球外包指数中国名列榜首,成为世界上最具吸引力的外包业务提供商。

(四)数字服务贸易快速发展

中国在新一轮技术革命引领的数字经济转型中具备先行者优势。首先,中国数字化程度位居世界前列,这得益于中国政府在政策监管方面给予数字企业足够的空间实践自己的创新模式。宽监管的环境使得中国数字企业近几年来呈指数级增长,虽然监管滞后伴随着一定的副作用,但是数字企业的蓬勃发展和中国数字化程度的不断提高,使中国在本轮技术革命中具备了先行者优势。其次,中国拥有足够的风险投资和数字科技创新氛围支撑数字经济的发展，特别是在金融科技、人工智能、虚拟现实等领域，风险投资接近甚至超过了美国。截至 2019 年，全球 331 家独角兽企业中，中国占 91 家，仅次于美国的 161 家，占全球总数的 27.5%。第三，中国市场体量庞大，拥有世界最大的电子商务市场。2017 年中国电子商务交易额占世界总额 40% 以上，超过了英、美、日、法、德五国的总和。中国庞大的市场和数量可观的年轻互联网用户是中国数字创新企业茁壮成长的土壤，这些企业相比国外同类企业更易获得市场占有率，能更快实现规模经济。

“21 世纪数字丝绸之路”是中国推动数字贸易高质量发展的契机。2017 年 5 月 14 日，习近平在“一带一路”国际合作高峰论坛上提出“21 世纪数字丝绸之路”的构想，中国数字贸易的发展迎来新机遇。一方面，与发达国家相比，“一带一路”沿线国家与中国发展轨迹相似，在数字贸易规则制定方面存在着更多的共性，因此在谈判中容易协商达成一致，中国可以在沿线国家推广数字贸易规则的“中式模版”。另一方面，中国数字贸易经过多年的发展，形成了以跨境电子商务为代表的发展模式，并且积累了大量的实践经验。中国的经验可以帮助“一带一路”沿线国家更快地找准数字经济发展模式，并且通过世界电子商务平台（eWTP）等跨境电商平台，为沿线国家中小企业打开更加广阔的市场，从而带动其国内数字贸易发展。同时，中国也可以在与沿线国家数字贸易往来中，积累更多的数字贸易经验，有利于中国不断调整自身的发展路径，修订相关贸易规则，提升中国数字贸易在全球的影响力和竞争力。

依托数字技术的数字贸易成为中国服务贸易发展的新趋势。大数据、云计算和人工智能等数字技术与传统服务业的深度融合，能够显著降低成本、提高效率，提高传统服务业的可贸易性。以往服务贸易主要凭借从业人员的经验来判断客户需求，现在可以凭借大数据、云计算和人工智能等新兴数字技术分析客户行为，实现精准营销。随着服务业数字化程度的提高，数字贸易已成为中国服务贸易发展的新特色、新趋势。根据商务部研究院发布的《全球服务贸易发展指数报告（2018）》，随着中国网络游戏行业的崛起，越来越多企业开始走出国门，或与脸书、谷歌等海外机构建立了稳定的国际合作框架，或通过自建平台、收购等方式开展海外布局。可以预见，受技术进步推动，未来数字服务贸易发展空间将更加广阔。

三、中国服务贸易存在的问题

在全球服务贸易自由化进程加快的背景下，中国服务贸易无论是发展速度还是发展规模都取得了不小成绩，然而目前对外服务贸易依然存在整体水平不高、贸易逆差较大，国际竞争力较弱、管理体制滞后等诸多问题。

（一）服务贸易发展落后于货物贸易

目前，中国服务贸易规模继续扩大，但总体发展水平落后于货物贸易，这一情况与世界多数国家基本一致。如表 5-9 所示，2017 年世界主要国家（地区）服务贸易占比最小的是中国（14.49%），低于世界平均水平 8.28 个百分点；占比最大是英国，其服务贸易占贸易总额 32.95%，高于世界平均水平 10.18 个百分点。

表 5-9　2017 年世界主要国家(地区)服务贸易与货物贸易状况

国家(地区)	对外贸易总额/亿美元	服务贸易		货物贸易	
		金额/亿美元	占比/(%)	金额/亿美元	占比/(%)
美国	52 750	13 190	25.00	39 560	75.00
中国	48 007	6 957	14.49	41 050	85.51
德国	32 427	6 277	19.36	26 150	80.64
英国	16 241	5 351	32.95	10 890	67.05
法国	16 702	5 102	30.55	11 600	69.45
荷兰	16 298	4 038	24.78	12 260	75.22
日本	17 457	3 757	21.52	13 700	78.48
印度	10 830	3 380	31.21	7 450	68.79
新加坡	10 655	3 205	30.08	7 450	69.92
世界	462 949	105 409	22.77	357 540	77.23

资料来源:世界贸易组织《国际贸易统计 2019》。

虽然中国服务贸易总体发展水平落后于货物贸易,但在增速上却要快于货物贸易。图 5-8 显示了 2010—2017 年服务贸易和货物贸易的增速比较,整体上服务贸易增速高于货物贸易,而且即使受到金融危机的影响,货物贸易的下降幅度也要显著高于服务贸易,货物贸易受到的负面影响明显大于服务贸易。

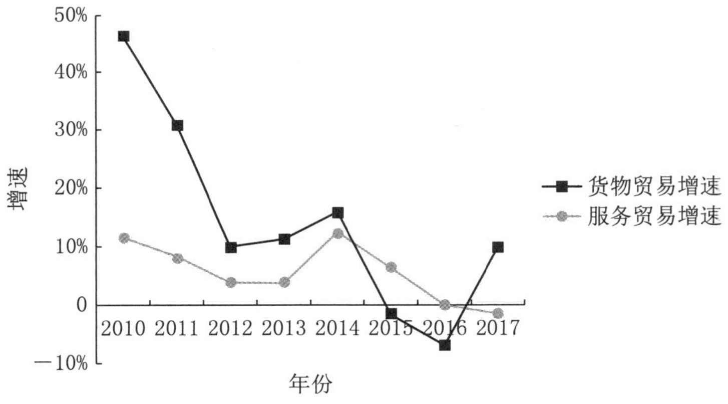

图 5-8　2010—2017 年中国服务贸易和货物贸易的增速比较

资料来源:根据历年世界贸易组织《国际贸易统计》计算。

(二) 服务贸易整体竞争力不强,部门竞争力差异较大

2005—2017 年中国服务贸易 TC 指数均较小。2008 年以前服务贸易总体竞争力处于上升态势,然而受到金融危机的影响,服务净出口差额有所扩大,导致 2009 年该指数进一步下降到最低点−0.10,而近年来服务贸易逆差不断扩大,2014 年达到−0.26。这反映出中国服务贸易虽然保持了较高的增长速度,但总体竞争力不强。

表 5-10 2005—2017 年中国服务贸易各部门 TC 指数

年 份	2005	2008	2011	2012	2013	2014	2015	2016	2017
运输	−0.30	−0.13	−0.39	−0.38	−0.43	−0.43	−0.33	−0.41	−0.43
旅行	0.15	0.07	−0.19	−0.34	−0.43	−0.68	−0.69	−0.71	−0.74
建筑	0.23	0.41	0.60	0.54	0.47	0.52	0.24	0.20	0.47
保险和养老金服务	−0.86	−0.80	−0.73	−0.72	−0.69	−0.66	−0.23	−0.52	−0.44
金融服务	−0.05	−0.26	0.06	−0.01	−0.07	−0.04	−0.05	0.22	0.39
知识产权使用费	−0.94	−0.90	−0.90	−0.89	−0.92	−0.91	−0.91	−0.91	−0.71
电信、计算机和信息服务	0.02	0.25	0.47	0.49	0.38	0.30	0.37	0.33	0.18
其他商业服务	−0.08	−0.26	0.07	0.09	0.09	0.26	0.19	0.15	0.18
个人、文化和娱乐服务	−0.07	0.24	−0.53	−0.64	−0.68	−0.67	−0.44	−0.48	−0.57
别处未提及的政府服务	−0.11	−0.16	−0.18	−0.02	0.02	−0.32	−0.41	−0.45	−0.34

资料来源：世界贸易组织《国际贸易统计 2019》。

由表 5-10 可知，从中国服务贸易各部门看，2017 年 TC 指数大于零的有建筑，金融服务、电信、计算机和信息服务、其他商业服务；从数值上看，建筑服务的 TC 指数平均值最高，达到 0.41，其次是计算机和信息服务，达到 0.31；TC 指数值较高的部门有其他商业服务；TC 指数值较小的部门有运输，旅行，保险和养老金服务，金融服务，知识产权使用费。运输服务是传统的劳动密集型行业，近年来其贸易竞争力呈下降态势，2005—2008 年间，从 −0.30 增至 −0.13，而 2009 年以后则不断下降至 2014 年的 −0.43，相比发达国家运输服务的技术、资本密集型发展势头，中国运输服务的贸易竞争力还有待进一步提高。旅行服务一直是中国服务贸易中所占比重最大的行业，平均值为 −0.40。在保险和养老金服务，金融服务等传统的技术、资本密集型服务业中，中国都处于比较劣势，尤其是知识产权使用费，2011—2017 年 TC 指数平均值为 −0.88。这表明近些年来该服务部门几乎只有进口没有出口。因此，现代服务业的出口规模虽然有所提高，但相对其他国家贸易竞争力仍然较弱。

（三）服务贸易长期逆差，并有进一步扩大的趋势

图 5-9 显示，2018 年中国服务贸易逆差 2 915 亿美元，达到历史最高点。1982—1991 年，中国服务进出口基本平衡，并有少量顺差。自 1992 年中国服务贸易首现逆差后，除个别年份（1994 年）外，逆差一直存在。

近些年来，中国服务贸易逆差出现不断扩大的态势。2000 年逆差达到 58 亿美元，2007 年逆差为 77 亿美元，然而 2009 年逆差较 2007 年增加了近 3 倍，2014 年较

2007 年更是增加了近 21 倍，2018 年较 2007 年增加了近 38 倍。

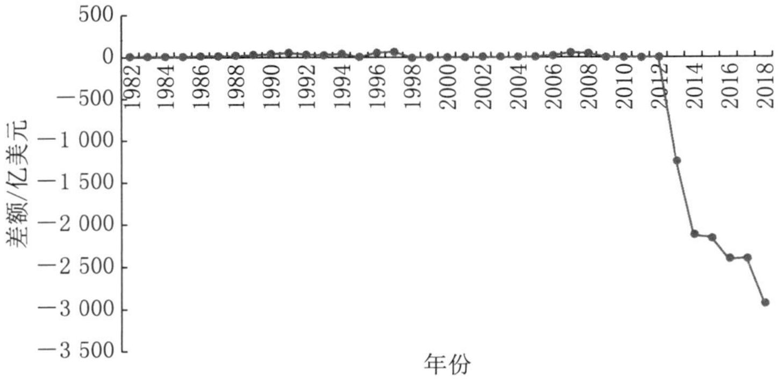

图 5-9　1982—2018 年中国服务贸易差额变化

资料来源：世界贸易组织《国际贸易统计 2019》。

(四) 服务贸易管理体制滞后，法律法规不健全

目前，中国服务贸易管理方面存在许多缺陷，宏观管理机构、部门协调机制、政策环境、法律体系、统计制度等仍有很大改革空间。此外，中央和地方政府在服务业和服务贸易的政策制定上存在差异，缺乏统一的促进服务贸易发展的协调管理机制和部门。

在服务贸易法律法规方面，虽然已陆续颁布了一批涉及国际服务贸易的重要文件，比如《海商法》《保险法》《中央银行法》《商业银行法》《广告法》《建筑法》《律师法》，但同服务贸易发展所需要的法律法规相比仍存在较大差距。中国至今尚未形成有关服务业的一般性规章，较多领域仍处于法律空白状态，从而影响中国服务贸易管理的统一性和透明度。

(五) 数字经济基础设施相对落后，在数字贸易国际治理中话语权不足

目前中国数字经济的发展如火如荼，但数字经济基础设施建设相对滞后，通信基础设施供给能力不足，而且城市和乡镇之间、东部和西部之间的发展存在不平衡现象。从固定宽带普及率看，2016 年中国大陆地区固定宽带普及率约为 23 户/百人，低于美国(33 户/百人)、欧盟(33 户/百人)和日本(31 户/百人)，每百人宽带普及率低于发达国家约 10 个百分点。从互联网使用比例看，2016 年中国大陆地区的互联网使用者比例为 53.2%，远低于日本的 93%、欧盟的 81%和美国的 76%，尤其是农村地区，宽带网络的普及率有待进一步提升。即使是在城市，移动互联网的速度、稳定性及信号覆盖程度相对于发达国家仍然较低。从东西部发展平衡角度看，截至 2018 年第四季度，中国东部地区固定宽带普及率和平均下载速率分别达到 98.8%和 29.12 Mbit/s，西部地区则分别为 80.2%和 25.74 Mbit/s，东西部存在较大差异，对于数字经济的发展形成了障碍。

目前，全球尚未形成被世界各国广泛认可的多边数字贸易规则。美国数字经济起步较早，对于数字贸易的诠释以及国内数字贸易规则的制定领先于世界其他国家和地区。美国在将其国内规则国际化的过程中，以“3T”(TPP、TTIP、TISA)协议

为主要抓手，辅以区域和双边贸易协议，多位一体推动数字贸易美式规则体系在全球范围内的构建，其试图掌控数字贸易国际治理话语权的意图十分明显。中国虽然积极在 WTO 提交了关于数字贸易规则的中国议案，并且努力推动多边数字贸易规则的协商和讨论，由于国内数字贸易法律法规制定相对于实践仍显滞后，并且在将国内标准上升为国际规则方面的经验较为欠缺，导致了在数字贸易国际治理中话语权较弱的局面。

第四节　中国服务贸易的发展策略

对外服务贸易发展是服务业进步的标志，扩大服务出口，不仅有利于改善贸易收支，优化中国外贸出口的整体结构，而且对于提升中国的国际分工地位，促进中国产业结构调整，都具有重要的现实意义。中国政府十分重视服务业和服务贸易发展，其已经上升为国家层面的政策选择和战略。习近平总书记在“十八届五中全会”报告中提出“加快发展现代服务业”，李克强总理也明确指出要“增加服务外包示范城市数量，提高服务贸易比重”。商务部、国家统计局、海关总署相继出台了旨在促进服务业发展的一系列政策措施。例如，《关于加快发展服务贸易的若干意见》提出要促进服务领域相互投资，完善服务贸易政策支持体系，加快服务贸易自由化和便利化，推动扩大服务贸易规模，优化服务贸易结构，增强服务出口能力，培育“中国服务”的国际竞争力。

一、研究制定高水平发展规划，提高服务贸易竞争力

《服务贸易发展“十二五”规划纲要》提出了“十二五”期间中国发展服务贸易的总体目标、发展重点和政策措施，为了适应加快服务贸易发展的迫切要求。2015 年，商务部启动了服务贸易“十三五”规划编制工作。2016 年，国务院决定开展服务贸易创新发展试点，用 2 年时间在天津、上海、海南、深圳、杭州、武汉、广州、成都、苏州、威海 10 个省市和哈尔滨、江北、两江、贵安、西咸 5 个国家级新区开展服务贸易创新发展试点，重点对服务贸易管理体制、发展模式、便利化等 8 个方面的制度建设进行探索，有序扩大服务业开放准入，推进外贸转型增强服务业竞争力。

二、对外服务贸易渐进开放，对内服务业适度保护

加入世界贸易组织至今，中国已经主动或被动地加快了服务业开放的步伐，开放领域延伸至当今各个服务行业。但是，结合中国实际国情，在对外服务贸易渐进开放的同时，对对内服务业采取适度保护措施是十分必要的。

首先，开放中的适度保护是维护国家经济利益和安全的必要举措。按照世界贸易组织和《服务贸易总协定》的灵活性原则采取适度保护是合法的，而为提高服务经济市场化程度，维护中国服务业的初期发展采取适度保护是合理且可取的。

其次，根据服务贸易自由化理论，中国并无现行的可参照的开放模式。中国服务

贸易自由化进程应把握好基本步骤和顺序:①货物贸易与服务贸易相配合,只要逐步实现本国货物贸易自由化,便更容易推动服务贸易自由化;②放松本国服务业管制应该适度,由于国内服务业市场化水平不如制造业,应渐进推动服务贸易自由化;③部分实现服务要素自由流动,逐步开放本国运输、建筑和旅游等服务部门,最终完全开放国内服务业市场。

最后,适度保护只是保证本国服务业健康发展的手段,提高本国服务业的国际竞争力才是根本目的。一方面,中国应尽快研究与实际情况相适应,最有利于国民经济发展的服务业开放路径及合理的限制措施,使现阶段因扩大服务业开放造成的损害减少到最低;另一方面,中国应打破不合理的服务业和服务贸易管理体制,提高服务经济竞争力,壮大服务经济规模,实现中国服务贸易平稳、健康和可持续发展。

三、推动数字贸易发展

数字贸易将带来巨大收益,例如降低贸易成本和实现产品多样化、提升效率与福利、化解中小企业和发展中国家在传统贸易中的竞争劣势和区位劣势、促进就业、深化多边贸易体制等。当前,数字贸易已成为国际贸易的重要组成部分并受到国际社会高度关注,已有 26 个国家和地区出台了针对数字贸易发展的战略规划,旨在推动本国数字产品和服务出口的同时,谋求建立数字贸易规则体系,掌握未来发展的主动权。中国应抓住机遇,夯实基础,推动创新,打造数字贸易出口优势,使之成为中国经济发展新动能;利用数字技术能够促进产业交叉融合的特性,促进工业互联网、人工智能等新兴技术赋能传统产业,加速产业转型升级;积极参与多双边谈判,提出中国的数字贸易发展主张,引领国际数字贸易规则制定。

一是扩大数字产业基础设施投资。加快推进城市网络升级提速和农村宽带普及,实现宽带无缝覆盖;加速 5G 技术的应用以及"云—网—端"数字化基础设施的建设,为数字贸易发展提供硬件支撑;促进人工智能、物联网、虚拟现实等新技术的市场化应用,夯实发展数字贸易的软件基础;强化信息技术领域的研发,推动通信网络向智能化、智慧化发展。

二是促进产业数字化转型。加快农业领域数字技术的应用,促进农业生产精细化、数字化、智能化,实现农副产品数字溯源与跟踪,鼓励数字平台向农业领域下沉;加快制造业数字化转型升级,促进制造业与人工智能、虚拟现实、信息材料、生物传感等数字技术加速融合;加快服务业数字化进程,利用数字技术加快数字传媒、在线教育、数字精准医疗、网络零售批发、智能物流、数字普惠金融、数字化公共服务等领域的发展和潜能释放。

三是优化营商和制度环境。建立政府与企业网络信息共享机制,提高信息透明度,提升行政办事效率;加大对数字企业研发投入的支持力度,提供专项拨款,实行税收优惠及奖励政策,鼓励中小微企业的数字技术创新;借鉴发达国家数字产业征税经验,加快数字税基础研究,为征收数字税做好基本保障;加强载体建设,创设数字产业园、数字服务出口基地等数字产业发展载体,推动产业上下游企业集群化发展。

四、完善相关法律法规，积极参与国际规则制定

为推动服务贸易的发展，中国需要完善国内的相关法律法规。例如，加快《数据保护条例》《互联网信息服务办法》《电子商务法》《网络安全法》《数字技术标准规则》等法律法规的修订及完善，从法律层面明确规定个人和企业数据跨境流动的方式、范围、相应主体合法权益以及相关领域的技术标准制定；完善数据监管体系，数据信息安全评估机制以及关键信息基础设施管理机制，成立数据保护监管机构，分类管理跨境数据流动；在自贸区（港）试点开放跨境数据流动，在安全可控前提下，探索制定跨境数据流动规则。

另外，中国应积极参与多边服务贸易国际规则谈判，争取服务贸易规则制定的话语权，减少因贸易壁垒带来的数字贸易发展阻碍，实现全球数字价值链的包容性增长；例如，积极开展双边及诸边数字贸易规则的谈判，制定中国规则，进一步对"一带一路"沿线国家（地区）的数字市场进行服务、规划与布局，输出中国数字技术、品牌、服务、标准，深入推进"数字丝绸之路"的发展。数字贸易低成本、普惠性，对"一带一路"沿线国家具有很强吸引力。目前，沿线国跨境出口 B2B 的交易额已经达到了全球跨境出口交易额的 13%，并且沿线国家数字贸易合作呈现良好的发展趋势。例如，中国和马来西亚已经建成了首个数字自由贸易区，将帮助两国实现无缝衔接的跨境贸易便利，有利于两国中小企业出口产品。然而，数字贸易会比传统贸易面临更高的信用风险，各国之间缺乏统一的数字贸易信用标准无疑会使交易双方无法了解真实的交易信息，加大数字贸易的难度和成本。因此，利用大数据、区块链以及人工智能技术，构建统一的数字贸易信用标准，能够推动沿线国家高效融入"一带一路数字贸易生态圈"，提升中国数字贸易影响力。

本章小结

1. 中国服务贸易快速发展，尤其是数字贸易发展迅速。

2. 中国对外服务贸易依然存在整体水平不高、贸易逆差较大，国际竞争力较弱、管理体制滞后等诸多问题。

3. 中国应该研究制定高水平发展规划，提高服务贸易竞争力，推动数字贸易发展；结合中国实际国情，在对外服务贸易渐进开放的同时，适度保护对内服务业十分必要；在完善国内相关法规的同时，积极参与国际规则的制定。

复习思考题

1. 国际服务贸易与中国服务贸易发展现状？
2. 中国服务贸易发展的趋势和存在的问题？
3. 发展中国对外服务贸易的途径？

案例分析

数字贸易

近年来，数字贸易引发全球广泛关注，围绕数字贸易议题的讨论不断深入，自美国提出数字贸易概念以来，澳大利亚、韩国、中国的政策文件中都出现了数字贸易。2019 年年初，瑞士达沃斯举行的电子商务非正式部长级会议上，中国、美国、欧盟等 76 个 WTO 成员签署《关于电子商务的联合声明》，确认有意在 WTO 协定和框架基础上启动与贸易有关的电子商务议题谈判，涉及大量数字贸易议题。2019 年 G20 大阪峰会期间，中国、美国、日本等国领导人共同见证了《大阪数字经济宣言》的发布，强调各国将进一步推动数字经济发展，尤其是数据流动和电子商务国际规则制定。

2020 中国信通院 ICT 深度观察大会上，中国信通院政策与经济研究所数字经济研究部工程师岳云嵩在接受《人民邮电》报记者采访时指出，由于信息通信技术的发展，在原有物理世界基础上衍生出一个数字世界，并且不同国家的数字世界正通过信息通信网络广泛链接。这将导致数字贸易的兴起，以及全球贸易开始从物理世界转向数字世界，国际分工、分配模式将会发生巨大改变。

《中国数字贸易发展报告 2020》显示，2019 年中国数字贸易顺差为 1 873.9 亿元，同比增长 46.1%。其中，电信、计算机和信息服务贸易顺差最大，达 1 904.8 亿元，成为中国最具海外优势的数字服务产业。中国一些企业开始从跨境电商到数字贸易。敦煌网平台上假发产品店铺 Gagaqueen，其老板此前在广东美妆批发市场美博城经营线下档口长达 15 年，客户主要是来中国采购的非洲客户。但近年来，随着美博城客流量的减少，线下租金、人力各项成本的增高以及跨境电商对传统外贸的冲击，他们意识到，要维持业务的体量，必须转型数字贸易。Gagaqueen便是他们在敦煌网开设的第一个店铺。从2016年3月开始的半年中，因为没有经验，销量提升很慢。在敦煌网大数据模块服务下，Gagaqueen了解到国外买家的需求，并发现发帘、发套等假发产品非常受国外消费者的欢迎，于是便在这两款产品上下了大力气。转机很快就出现，Gagaqueen通过大数据模块的服务，调整了热搜关键词和产品定价等方面策略，并参加2016年敦煌网营销模块的双十一、黑色星期五①、网络星期一②等推广服务，每月销量从原来的5 000美元提升到了2万多美元，同时积累了丰富的运营经验。2017年2月敦煌网行业经理去许昌招募王牌卖家，Gagaqueen是第一批入选的假发王牌卖家。在敦煌网营销模块的助力下，其店铺的促销推广活动迅速步入正轨，通过产品加权，店铺迅速成长、销量一路攀升，2017年8月当月销量突破了11万美元。有了稳定的销量，Gagaqueen便开始在品牌的推广上发力。在敦煌网品牌模块的服务下，Gagaqueen积极参与了亚特兰大美发展等海外展会，获得了更多的B类客户，品牌知名度也越来越大。2017年全年销量超过80万美元。Gagaqueen在敦煌网从零到80万美元的成长，只用了不到一年的光景，这也充分说明了，在TaaS(Trade as a Service)的帮助之下，数字贸易的门槛降低，未来，将有更多的中小企业通过数字贸易走出国门，跨境贸易将变得更便捷、更高效。

资料来源：杨赞，《数字贸易正成为全球关注的焦点》，《人民邮电报》，2020-01-09。

分析题：

1. 结合案例，分析发展数字贸易的现实意义。
2. 结合案例，分析发展数字贸易的过程中会遇到哪些问题。

---

① 美国圣诞节大采购一般是从感恩节之后开始的。感恩节是每年11月的第四个星期四，因此它的第二天，也是美国人大采购的第一天。在这一天，美国的商场都会推出大量的打折和优惠活动，以在年底进行最后一次大规模的促销。因为美国的商场一般以红笔记录赤字，以黑笔记录盈利，而感恩节后的这个星期五人们疯狂的抢购使得商场利润大增，因此被商家们称作"黑色星期五"。商家期望通过以这一天开始的圣诞大采购为这一年获得最多的盈利。

② 美国"网络星期一"(Cyber Monday)是指每年感恩节后的第一个星期一，大约从2000年开始，美国亚马逊、eBay等电商企业会在这一天推出大规模促销活动，成为"黑色星期五"的电商版本。

第六章　对外贸易与利用外资

学习要点

1. 中国利用外资的基本特点；
2. 利用外资对中国外贸的影响；
3. 利用外资促进对外贸易转型升级。

通过利用外资特别是外商直接投资带动对外贸易的发展，这往往是发展中国家开放市场、外资准入的最大期望值所在。本章主要对中国利用外资的主要方式、特点以及“引进来”战略进行考察。

第一节　中国利用外资的历程与现状

一、中国吸收外商直接投资的历程

自中华人民共和国成立至改革开放以来的近三十年时间里，由于当时复杂的历史条件，中国利用外国直接投资基本是空白。自 1979 年以来，积极利用外资成为中国改革开放的重要组成部分，外国对华直接投资从无到有，规模不断扩大。自 1992 年，外国直接投资首次超过对外借款而成为中国利用外资最重要的方式。

概括而言，改革开放以来，中国吸收外国直接投资的发展大致经历了以下几个发展阶段：

（一）起步阶段：1979—1986 年

以 1979 年 7 月中国颁布《中华人民共和国中外合资经营企业法》为开端，以 1980 年中央先后批准广东、福建两省在对外经济活动中实行特殊政策和灵活措施，以及以在深圳、珠海、汕头和厦门四城市设立经济特区为契机，外商对华直接投资正式起步。1984 年以后，国家又先后开放了沿海 14 个港口城市和 13 个沿海经济开发区，对其利用外资实行优惠政策，同时采取了扩大地方外商投资审批权限等一系列有力措施，外商对华直接投资逐步发展起来。但由于20世纪70年代末80年代初正值中国实行改革开放的初期，投资环境不是很理想，外商直接投资不仅数量不多、规模较小、主要来自港澳台地区和集中分布在四个经济特区，而且外商的投资项目追求短期回报的特征十分明显。中国外商直接投资项目及规模，具体见表6-1。

表6-1　中国外商直接投资项目及规模

时　间	外商投资项目累计/个	年均项目数/个	协议金额/亿美元	年均协议规模/亿美元	实际金额/亿美元	年均实际规模/亿美元
1979—1986年	7 819	977.38	191.59	23.95	65.95	8.24
1987—1991年	34 208	6 841.60	331.79	66.36	167.53	33.51
1992—1996年	241 317	48 263.40	416.98	83.36	1 515.36	303.07
1997—2001年	106 497	21 299.40	2 756.30	551.26	2 846.52	569.30
2002—2006年	204 390	40 878.00	7 405.40	1 481.08	3 089.04	617.81
2007—2011年	143 938	28 787.60			4 919.15	983.83
2012—2016年	125 951	25 190.20			6 039.88	1 207.98

资料来源：各年度《中国统计年鉴》。

（二）稳步发展阶段：1987—1991年

1987年以后，外商对华直接投资的环境进一步改善。1986年10月，国务院颁布了《关于鼓励外商投资的规定》及若干实施办法，改善了外商投资企业的生产经营条件，并对外商投资企业中的产品出口企业和先进技术企业给予更多优惠政策；1988年，辽东半岛、山东半岛及其他沿海地区的一些市、县相继被辟为沿海经济开放区，国家批准海南建省及设立海南经济特区；1990年，国家又决定开发和开放上海浦东新区。上述规定和一些重大政策与措施的出台，旨在框定一个适当的外资企业、地区投资范围和构筑一个较为宽松的外国直接投资环境，从而带来了外国对华直接投资的持续稳步增长。

（三）持续快速发展阶段：1992—1996年

自1992年邓小平南方讲话以来，外商对华直接投资的发展步入快车道。由于国务院进一步开放了6个沿江港口城市、13个内陆边境城市和18个内陆省会城市，中国出现了多层次、全方位、有重点的对外开放的新格局，利用外国直接投资出现了突飞猛进的发展，不仅投资额大幅度增长，一些跨国公司开始向中国投资，平均项目规模扩大，而且投资领域不断扩展，中西部地区利用外资步伐也逐渐加快。利用外资总体格局出现了历史性的转变，即吸引外商直接投资超过对外借款，成为中国利用外资最主要的方式。

（四）调整阶段：1997—2001年

1997—2001年，中国的引资工作遭遇极为严峻的挑战。一方面，亚洲金融危机爆发后，美欧资本向投资收益相对更高、更保险的发达国家及亚洲以外的区域转移；另一方面，中国不少周边国家（地区），包括受金融危机冲击较为严重的国家（地区）为规避国际游资的危害，不约而同地将利用外资的重点转向吸收外国直接投资。此外，中国国有商业银行的巨额不良资产，海南发展银行金融机构相继破产的现象，以及有增无减的“资本外流”现象，对中国吸收外资产生了不容忽视的影响。在这一阶段，中国利用外商直接投资的增速明显放缓，甚至出现了负增长。

（五）吸收外商投资新阶段：2002 年至今

2001 年以后，由于国内外形势的变化，特别是 2001 年中国加入世界贸易组织，标志着中国对外开放进入新的发展阶段，2001—2018 年中国利用外商直接投资情况，具体如表 6-2 所示。这个阶段以加快提高外商投资的质量和水平为重点。外商投资鼓励类项目明显增多，投资结构持续优化，服务业成为外商新的投资热点，在华跨国公司追加投资剧增。其主要特征如下：

第一，吸收外资又好又快发展。

第二，外商投资企业成为中国高新技术产业主体。

第三，国家宏观调控积极引导外商投资。

第四，西部、中部、东北老工业基地吸收外资规模上新台阶。

第五，外资企业社会责任意识不断增强。

第六，外资法律制度进一步完善。

受入世的影响，中国利用外商直接投资恢复了快速增长的态势。

表 6-2　2001—2018 年中国利用外商直接投资情况

年份	项目数/个	实际外资金额/亿美元	实际外资金额增长率/(%)
2001	26 140	468.8	15.0
2002	34 171	527.4	12.5
2003	41 081	535.1	1.44
2004	43 664	606.3	13.3
2005	44 001	603.3	−0.005
2006	41 485	694.7	15.2
2007	37 871	835.2	20.2
2008	27 514	924.0	10.6
2009	23 435	900.3	−2.6
2010	27 406	1 057.3	17.4
2011	27 712	1 160.1	9.7
2012	24 925	1 117.2	−3.7
2013	22 773	1 178.9	5.5
2014	23 778	1 197.1	1.5
2015	26 575	1 262.7	5.5
2016	27 900	1 260.0	−0.2
2017	35 652	1 310.4	4.0
2018	60 533	1 349.7	3.0

资料来源：各年度《中国统计年鉴》和商务部统计数据。

二、中国吸收外商直接投资的世界地位

随着改革开放力度的加大，中国吸收外商直接投资在世界中的地位也日益提高。入世之后，中国吸收外商直接投资在国际直接投资流入量中的比重有所上升，具体如表 6-3 所示。2000 年，该比例为 3.2%，2001—2005 年的“十五”期间，平均比例为 8.1%；在 2006—2010 年的“十一五”期间，这个比例有所下降，平均是 7.0%。在 2011—2015 年的“十二五”期间，这个比例又进一步上升，平均为 10.1%。在 2016—2018 年的“十三五”期间，这一比例下降为 8.9%。如图 6-1 所示，2018 年中国吸引外商直接投资的流量排名世界第三位。

表 6-3　中国吸收外商直接投资在国际直接投资流入量中的比重

年份	中国吸收外资/亿美元	世界流量/亿美元	中国所占比重/(%)
2000	407.15	12 708	3.2
2001	468.78	7 350	6.4
2002	527.43	6 252	8.4
2003	535.05	5 611	9.5
2004	606.30	7 177	8.4
2005	724.06	9 587	7.6
2006	727.15	14 110	5.2
2007	835.21	19 790	4.2
2008	1 083.00	16 974	6.4
2009	918.04	10 403	8.8
2010	1 147.30	11 220	10.2
2011	1 176.98	11 601	10.1
2012	1 132.94	11 172	10.1
2013	1 187.21	11 759	10.1
2014	1 197.05	11 956	10.0
2015	1 262.67	12 627	10.0
2016	1 260.00	18 700	6.7
2017	1 360.00	14 300	9.5
2018	1 349.70	13 000	10.4

资料来源：根据联合国贸发会议各年度《世界投资报告》整理。

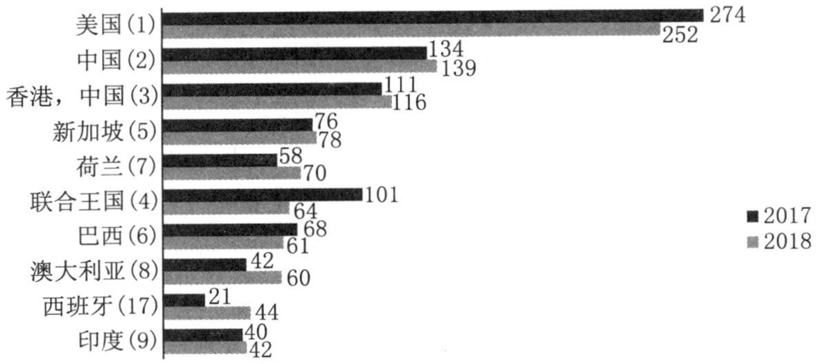

图 6-1 2017 与 2018 年吸引外商直接投资前 10 位的国家(地区) 单位:10 亿美元

资料来源:《世界投资报告》(2019)。

三、外商直接投资的地区分布特点

外商直接投资在中国的区域分布呈现出非均衡特点。东部是中国外商直接投资的主要集聚地,但随着中西部地区基础设施、投资环境的完善,外商直接投资区域布局也在不断调整。

改革开放之初,东部沿海地区凭借其突出的区位优势以及沿海经济开发区享有的各种优惠政策,其利用外资的规模和效益都远远超过了中西部地区。1984 年,东部地区吸收的外商直接投资约占全国各地区的 96%,中西部地区加总起来不到 4%。直到 1990 年以后,对中西部地区的外商直接投资才开始增加。从 2004 年开始,随着中国西部大开发、振兴东北老工业基地和中部崛起政策的实施,并受西部地区丰富资源、廉价劳动力资源和广阔市场的吸引,外商逐渐加大对中国中西部的投资,出现向中西部转移的趋势。但是这种趋势不是很强。从表 6-4 可以看出,截至 2017 年,东部地区实际利用外商直接投资 16 230.61 亿美元,占全国各地区的 85.45%;中部地区实际利用外商直接投资 1 492.37 亿美元,占全国各地区的 7.86%;西部地区实际利用外商直接投资 1 270.58 亿美元,占全国各地区的 6.69%。

表 6-4 截至 2017 年中国东部、中部、西部地区利用外资情况

区 域	实际使用外资金额/亿美元	比重/(%)
总 计	18 993.56	100
东部地区	16 230.61	85.45
中部地区	1 492.37	7.86
西部地区	1 270.58	6.69

数据来源:中国国家统计局和国家商务部。

东部地区中,仅广东、江苏、上海三个地区,外资规模就超过了五成以上。西部地区最少的省份(自治区)是西藏、青海、宁夏、新疆和贵州,五个省区占全国实际吸收外资总量的 0.25%。外资经济最为密集的是两个区域:一是广东珠江三角洲地区,二是以上海为中心的长江三角洲地区。

四、外商直接投资的产业分布特点

目前中国吸收利用外商直接投资的产业结构的基本格局是：第三产业利用外资的比例呈上升趋势，逐渐超过第二产业，占据主导地位。

1997—2016 年中国外商直接投资的产业分布如图 6-2 所示，2016 年，中国服务业利用外资的比例接近 70%。

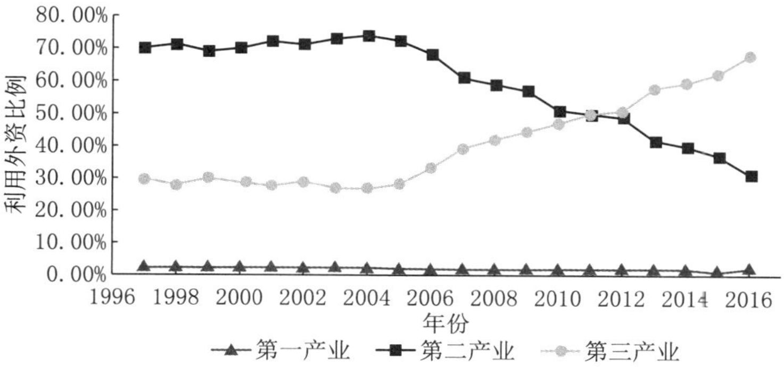

图 6-2　1997—2016 年中国外商直接投资的产业分布

数据来源：各年度《中国统计年鉴》。

由表 6-5 可以看出，2017 年实际利用 FDI 最多的服务行业为信息传输、计算机服务和软件业，占服务业 FDI 的 23.5%，而在 2008 年，这一比例仅为 7.3%，在 2016 年，这一比例也只占 10.3%。说明在 10 年间，国外从 2017 年开始，对于中国信息行业的投资才有了大幅的提升，侧面反映出中国信息行业近年来发展迅速，互联网领域已经初具规模。其次是房地产行业，房地产行业 FDI 2017 年占比为 18.9%，但在 2014 年以前，这一比例基本保持在 45%以上，2015 年和 2016 年也在 20%以上。从总体看来，中国服务业 FDI 的分布，2017 年以前投向知识型服务业的 FDI 不足 30%，2017 年占比为 42.6%，仍低于在劳务型服务业的比例。由此可以看出，中国服务业吸引外资的行业分布日趋合理，但有待进一步改善。

五、外商直接投资的来源地特点

在来源地上，中国外商直接投资主要集中在亚洲尤其是中国香港，欧美投资增幅低于平均水平。在 2018 年，东盟对华投资新设立企业 1 735 家，同比增长 34.8%，实际投入外资金额 60.7 亿美元，同比增长 16.5%。欧盟 28 国对华投资新设立企业 2 499 家，同比增长 33.4%，实际投入外资金额 118.6 亿美元，同比增长 35%。“一带一路”沿线国家对华投资新设立企业 4 479 家，同比增长 16.1%，实际投入外资金额 64.5 亿美元，同比增长 16%。长江经济带区域新设立外商投资企业 15 271 个，同比增长 21.8%；实际使用外资 651.8 亿美元，同比增长 9.5%。

中国香港是对华投资最大的地区，并且集中度进一步提升。2003 年中国从政策上进一步推动港澳企业到内地投资。通过《内地与香港关于建立更紧密经贸关系的

表 6-5 中国服务业各行业利用外资的比例

单位：%

年份	信息传输、计算机服务和软件业	房地产业	租赁和商务服务业	批发和零售业	金融业	科学研究、技术服务和地质勘查业	交通运输、仓储和邮政业	文化、体育和娱乐业	水利、环境和公共设施管理业	居民服务和其他服务业	住宿和餐饮业	卫生、社会保障和社会福利业	教育
2008	7.30	49.00	13.30	11.70	1.50	4.00	7.50	0.70	0.90	1.50	2.50	0.05	0.10
2009	5.80	43.60	15.80	14.00	1.20	4.30	6.60	0.80	1.40	4.10	2.20	0.11	0.04
2010	5.00	48.00	14.30	13.20	2.20	3.90	4.50	0.90	1.80	4.10	1.90	0.18	0.02
2011	4.60	46.10	14.40	14.50	3.30	4.20	5.50	1.10	1.50	3.20	1.40	0.13	0.01
2012	5.90	42.20	14.40	16.50	3.70	5.40	6.10	0.90	1.50	2.00	1.20	0.11	0.06
2013	4.40	43.50	15.60	17.40	3.50	4.20	6.40	1.20	1.60	1.00	1.20	0.10	0.03
2014	3.70	46.70	16.90	12.80	5.60	4.40	6.00	1.10	0.80	1.00	0.90	0.10	0.03
2015	4.70	35.70	12.40	14.80	18.40	5.60	5.20	1.00	0.50	0.90	0.50	0.18	0.04
2016	10.10	23.40	19.20	18.90	12.30	7.80	6.10	0.30	0.50	0.60	0.40	0.30	0.11
2017	23.50	18.90	18.80	12.90	8.90	7.70	6.30	0.80	0.60	0.60	0.50	0.34	0.09

数据来源：各年度《中国统计年鉴》。

安排》《内地与澳门关于建立更紧密经贸关系的安排》及其框架下的一系列政策，内地在服务贸易领域进一步放宽了对港澳投资者的市场准入条件，并在加强金融合作、贸易投资便利化、专业资格互认等方面加强合作。内地与香港的经济联系更加紧密。2018 年，香港在内地新设立企业 39 868 家，同比上升 120.68%，实际使用港资 899.2 亿美元，同比下降 4.86%。截至 2018 年 12 月底，内地累计批准港资项目 456 900 个，实际使用港资 10 992 亿美元。按实际使用外资统计，港资占内地累计吸收外商投资总额的 54.0%。以实际投入外资金额计，前十位国家（地区）实际投入外资总额 1 284.6 亿美元，占全国实际使用外资金额的 95.2%，同比增长 3.1%。如表 6-6 所示，对华投资前十位国家（地区）依次为：中国香港（960.1 亿美元）、新加坡（53.4 亿美元）、中国台湾（50.3 亿美元）、韩国（46.7 亿美元）、英国（38.9 亿美元）、日本（38.1 亿美元）、德国（36.8 亿美元）、美国（34.5 亿美元）、荷兰（12.9 亿美元）和中国澳门（12.9 亿美元）。

表 6-6　2018 年中国最大的十个 FDI 来源国(地区)

排名	国家（地区）	实际投资额/亿美元	同比/(%)	占中国实际外资比重/(%)
1	中国香港	960.1	−2.94	71.1
2	新加坡	53.4	10.56	4.0
3	中国台湾	50.3	6.34	3.7
4	韩国	46.7	26.56	3.5
5	英国	38.9	159.33	2.9
6	日本	38.1	16.51	2.8
7	德国	36.8	138.96	2.7
8	美国	34.5	10.22	2.6
9	荷兰	12.9	−40.55	1.0
10	中国澳门	12.9	57.32	1.0

资料来源：商务部外资统计。

六、外商直接投资的投资主体特点

在“贯彻落实决策层进一步扩大对外开放、推动形成全面开放新格局战略部署”的背景下，《中华人民共和国外商投资法》（以下简称《外商投资法》）由十三届全国人大第二次会议于 2019 年 3 月 15 日表决后通过，2020 年 1 月 1 日正式实施，同时原设三资企业法自 2020 年 1 月 1 日起废止，但又规定已设立外商投资企业在过渡期内可继续保留原企业组织形式等。而《外商投资法》所指的外商投资，是指外国的自然人、企业或者其他组织（以下称外国投资者）直接或者间接在中国境内进行的投资活动，包括下列情形：

（1）外国投资者单独或者与其他投资者共同在中国境内设立外商投资企业；它是由外国公司、企业和其他经济组织或个人同中国的公司、企业或其他经济组织在中国境内共同投资举办的企业。其特点是合营各方共同投资、共同经营、按各自的出资比例共担风险、共负盈亏。

(2) 外国投资者取得中国境内企业的股份、股权、财产份额或者其他类似权益；它是由外国公司、企业和其他经济组织或个人同中国的公司、企业或其他经济组织在中国境内共同投资或提供合作条件举办的企业。它与中外合资经营企业最大的不同在于，中外各方的投资一般不折算成出资比例，利润也不按出资比例分配。

(3) 外国投资者单独或者与其他投资者共同在中国境内投资新建项目；具体指外国的公司、企业、其他经济组织或者个人，按照中国法律在中国境内设立的全部资本由外国投资者投资的企业。根据《外商投资法》的规定，设立外资企业必须有利于中国国民经济的发展，并应至少符合下列一项条件，即采用国际先进技术和设备的，产品全部或者大部分出口的。

(4) 法律、行政法规或者国务院规定的其他方式的投资。

同时，《外商投资法》进一步明确了外商投资主体的范围：①外商投资必须是外国投资者进行的投资，外国投资者包括外国的自然人、企业或者其他组织，可以是自然人、法人或非法人组织，可以是经营性组织也可以是非经营性组织。②外商投资包括直接投资和间接投资两种方式，但是外商投资法并未明确间接投资的标准，留待国务院法规或部门规章进一步细化。③投资行为必须在中国境内，在中国境外的投资不受本法规制。④必须是投资行为，投资是以营利为目的行为，不以营利为目的行为则不受本法规制。⑤外商投资包括四种基本类型：新设外商投资企业（新设）；并购（取得境内企业的股权、股份或其他权益）；新设投资项目；其他投资方式（其他投资方式是什么，法律并未作明确规定，留待相关配套规制予以明确）。

第二节 利用外资对中国对外贸易的影响

一、外商直接投资对中国的贸易效应

根据相关的理论，外商直接投资对中国的贸易效应可以分解为以下三个方面。

(一) 进口替代效应

国外跨国公司将一产品的生产基地转移到中国，中国企业通过技术扩散或模仿，也开始生产该产品，从而减少该种产品的进口。

(二) 出口创造效应

国外跨国公司在中国投资办厂，促进中国生产能力提高和生产扩大。国外跨国公司利用自己遍布世界各地的销售网，将产品输送到国际市场，从而带动中国的出口增长。

(三) 进口引致效应

中国吸引外国直接投资在中国当地投资建厂，引致中国对生产该产品所需的原材料、零部件或设备等进口需求的增加。

二、利用外资对中国对外贸易的积极影响

(一) 促进中国对外贸易规模迅速扩大

(1) 外国直接投资弥补了中国生产要素不足,为进出口的增长提供了必要的物质补充。出口贸易主要受国内生产要素供给的制约和世界市场需求的影响,中国作为一个发展中国家,资本、技术短缺是长期存在的制约因素,外国直接投资的流入大大增加了中国生产要素的供给,改善了生产资源地配置,扩大了生产能力。

(2) 通过增辟销售渠道,外国直接投资对中国对外贸易市场的扩大产生积极作用。实践表明,通过与外商举办合资企业,国内企业借助外商原有的国际销售网络和先进的销售经验与技巧,能使合资企业商品较快进入国际市场,从而扩大出口规模,增强国内商品的国际竞争力。同时,越来越多的跨国公司来华进行大规模直接投资,使中国对外贸易的市场结构得到了改善,分散了风险,增强了应变能力,缓解了中国出口市场过于集中的现状,有助于出口多元化战略的实施,使中国出口的相关商品不再受过于集中的市场结构所引起的种种限制的制约。

(3) 外国直接投资增加了中国的外汇储备。从表 6-7 可以看出,外商投资企业的进出口总额从 1990 年的 201.15 亿美元上升到 2018 年的 19 676.63 亿美元,增长了 96.82 倍,其占中国对外贸易总额的比重由 1990 年的 17.43%上升到 2018 年的 42.57%。其中,外商投资企业的出口总额从 1990 年的 123.02 亿美元上升到 2018 年的 10 358.44 亿美元,增长了 84.20 倍,其占中国出口总额的比重由 1990 年的 23.06%上升到 2018 年的 41.66%;进口总额从 1990 年的 78.13 亿美元上升到 2018 年的 9 318.20 亿美元,增长了 109.27 倍,其占中国进口总额的比重由 1990 年的 12.58%上升到 2018 年的 43.63%。可见,外商投资企业积极地推动了中国对外贸易的发展,成为中国对外贸易的"半壁江山",其作用功不可没。究其原因:外商所拥有的国际销售网络能使商品很快进入国际市场,从而扩大出口规模。

表 6-7 1990—2018 年外商投资企业进出口总额 单位:亿美元

年度	进出口			出 口			进 口		
	全 国	外商投资企业	比重/(%)	全 国	外商投资企业	比重/(%)	全 国	外商投资企业	比重/(%)
1990	1 154.36	201.15	17.43	533.45	123.02	23.06	620.91	78.13	12.58
1991	1 357.01	289.56	21.34	637.91	169.08	26.51	719.10	120.47	16.75
1992	1 655.25	437.47	26.43	805.85	263.87	32.74	849.40	173.60	20.44
1993	1 957.03	670.70	34.27	1 039.59	418.33	40.24	917.44	252.37	27.51
1994	2 366.21	876.47	37.04	1 156.15	529.34	45.78	1 210.06	347.13	28.69
1995	2 808.48	1 098.19	39.10	1 320.78	629.43	47.66	1 487.70	468.76	31.51
1996	2 899.04	1 371.10	47.29	1 388.38	756.04	54.45	1 510.66	615.06	40.71
2000	3 250.60	1 526.20	46.95	1 423.60	777.20	54.59	1 827.00	749.00	41.00

续　表

年度	进出口			出　口			进　口		
	全　国	外商投资企业	比重/(%)	全　国	外商投资企业	比重/(%)	全　国	外商投资企业	比重/(%)
2001	5 097.68	2 590.98	50.83	2 436.13	1 258.63	51.67	2 611.55	1 332.36	50.06
2002	6 207.85	3 302.23	53.19	2 952.16	1 602.86	54.29	3 255.69	1 699.37	52.20
2003	8 512.10	4 722.55	55.48	4 128.36	2 319.14	56.18	4 383.74	2 403.41	54.82
2004	11 547.93	6 631.63	57.43	5 614.24	3 245.57	57.81	5 933.68	3 386.06	57.07
2005	14 221.2	8 317.26	58.48	6 601.2	3 875.16	58.70	7 620.00	4 442.10	58.30
2006	17 603.97	10 362.69	58.86	9 689.36	5 637.79	58.19	7 914.61	4 724.90	59.69
2007	21 737.26	12 551.64	57.74	12 177.76	6 953.71	57.10	9 559.50	5 597.93	58.55
2008	25 632.6	14 099.21	55.01	14 306.9	7 904.93	55.25	11 325.6	6 194.28	54.69
2009	22 075.4	12 174.78	55.15	12 016.1	6 720.74	55.93	10 059.2	5 454.04	54.22
2010	29 740.0	16 006.15	53.82	15 777.5	8 622.28	54.64	13 962.4	7 383.86	52.88
2011	36 418.6	18 598.98	51.07	18 983.8	9 952.27	52.42	17 434.8	8 646.71	49.59
2012	38 671.2	18 941.20	48.98	20 487.1	10 226.20	49.91	18 184.1	8 715.00	47.92
2013	41 589.9	19 183.14	46.12	22 090.0	10 437.20	47.24	19 499.9	8 745.90	44.85
2014	43 015.3	19 835.57	46.11	23 422.9	10 746.19	45.87	19 592.3	9 089.37	46.39
2015	39 530.3	18 334.80	46.38	22 734.7	10 046.14	44.18	16 795.6	8 288.66	49.35
2016	36 855.6	16 875.37	45.79	20 976.3	9 167.67	43.70	15 879.3	7 707.70	48.54
2017	41 071.4	18 931.35	46.09	22 633.5	9 775.59	43.19	18 437.9	8 615.76	46.73
2018	46 224.2	19 676.63	42.57	24 866.8	10 358.44	41.66	21 357.3	9 318.20	43.63

资料来源:《中国统计年鉴》。

(二) 促进中国对外贸易商品结构改善和优化

改革开放以来,中国对外贸易商品结构,尤其是出口商品结构发生了显著变化,外国直接投资的大量流入,对对外贸易商品结构的优化发挥了十分重要的作用,具体体现在以下几个方面:

1. 外国直接投资促进了中国出口商品结构优化

一般来说,出口贸易结构反映其经济发展水平。改革开放初期,中国出口商品以石油、煤炭、农产品等原材料和初级产品为主,1980 年工业制成品所占比重不足 50%。改革开放以来,特别是 20 世纪 90 年代以来,在中国对外贸易规模迅速扩大的同时,对外贸易的出口商品结构不断改善和优化,实现了从以初级产品为主向以工业制成品为主的根本性转变。2018 年,中国机电产品出口 9.65 万亿元,占总出口额的 58.8%,比上年提高 0.4 个百分点。其中,汽车出口增长 8.3%,手机出口增长 9.8%。纺织品、服装、箱包、鞋类、玩具、塑料制品等 7 大类劳动密集型产品出口 3.12 万亿元,同比增长 1.2%,占总出口额的比重为 19%。在进口额大幅下降的背景下,中国先进设备、关键零部件进口基本稳定。

中国出口贸易结构的迅速升级是伴随着外国直接投的迅猛增长而产生的，而且外商投资的产业分布与中国出口产业分布的重叠较显著，出口结构变化与外国直接投资产业流向呈跟踪性变化。通过比较 1991 年以来全国出口商品结构和外资出口商品结构，不难发现，除了个别年份，外资企业出口中工业制成品的比例均高于全国整体水平。在 1991 年，这一比例的全国水平是 77.50%，而外资企业的这一比例则为 93.40%，高出 15.90 个百分点。而随着外资企业出口在全国总出口比重的提升，当然也包括本土企业工业制成品产业的发展，中国工业制成品出口在总出口中的比重也出现了较大的提升，从 1991 年的 77.50%，提升到了 2015 年的 95.43%。这充分说明了外资企业通过保持自身比较优势的出口产品结构，加大了自身的出口数量，推动了中国出口商品结构的整体改善和优化。

2. 外国直接投资促进了中国进口商品结构优化

随着外国对华直接投资的不断发展，外商投资企业的进口规模扩大，占中国总进口的比重也呈上升趋势，对中国进口商品的构成也产生了重大影响，提高了中间产品在进口中的地位，使其成为中国进口的主要商品。

(三) 促进中国对外贸易方式多样化

国外直接投资的增加和发展，改善和优化了中国对外贸易的方式，促进了中国对外贸易的发展。中国的对外贸易方式由传统的以一般贸易方式为主演变为以加工贸易方式为主的格局。

所谓加工贸易，按照中国政府的比较严格的界定，是指从境外保税进口全部或部分原辅材料、零部件、元器件及包装物料，经境内企业加工或装配后，制成品复出口的经营活动，包括来料加工和进料加工。来料加工主要依托沿海港口城市建立的保税区，外商提供产品全部原材料，由于原材料只到达保税区内，所以进口时不用付汇，加工厂商在保税区内完成产品的组装后，再由外商进行销售，加工厂商只收取加工费，所以其又称作“两头在外”的加工生产方式。而进料加工是进口料件由经营企业付汇进口，制成品由经营企业外销出口的贸易方式，进口原材料的所有权和收益权属于经营企业。

从中国对外贸易方式的发展来看，20 世纪 80 年代，尽管在外商投资企业中加工出口贸易已占其出口总额的近 79%，但由于其间外商投资企业出口只占中国出口总额的 10%，中国对外贸易的主要方式仍然是一般贸易形式。90 年代以来，随着外国投资的快速发展，中国对外贸易中一般贸易的比例逐年下降，加工贸易比例不断上升。

外资企业从事加工贸易的比例远高于国内一般企业，因此外资企业在推动中国加工贸易的整体发展方面起到了举足轻重的作用。中国加工贸易中的大部分都是由外资企业来实现的。表 6-8 反映了从 1995 年到 2018 年间中国的出口贸易方式。1995 年是中国对外贸易史上一个重要的年份。这是人民币大幅度贬值后的第一年。从这一年开始，中国对外贸易一直保持顺差。同一时期，中国的一般贸易以每年 14%的高速度增长，但加工贸易的发展更快，年增长率达到 16%。以 2002 年为例，加工贸易出口占当年出口总额的55.3%。

表 6-8 1996—2018年中国出口贸易方式 单位:亿美元

年份	一般贸易		加工贸易	
	出口额/亿美元	比重/(%)	出口额/亿美元	比重/(%)
1995	713.66	48.0	737.0	49.5
1996	628.39	41.6	843.3	55.8
1997	780.03	42.6	996.6	54.6
1998	741.94	40.4	1 045.5	56.9
1999	791.35	40.6	1 108.8	56.9
2000	1 051.81	42.2	1 376.5	55.2
2001	1 118.81	42.0	1 474.3	55.4
2002	1 361.87	41.8	1 799.3	55.3
2003	1 820.34	41.5	2 418.5	55.2
2004	2 435.4	41.0	3 279.9	55.3
2005	3 150.9	41.3	4 164.8	54.7
2006	4 163.2	32.1	5 104.0	52.7
2007	5 385.8	44.2	6 177.0	50.7
2008	6 625.8	46.4	6 753.0	47.3
2009	5 298.3	44.1	5 870.3	48.9
2010	7 207.3	45.7	7 405.2	46.9
2011	9 171.2	48.3	8 354.2	44.0
2012	9 880.1	48.2	8 627.8	42.1
2013	10 875.3	49.2	8 608.2	38.9
2014	12 038.0	51.3	8 842.6	37.7
2015	12 144.5	53.4	7 975.5	35.1
2016	11 302.2	53.9	7 156.5	34.1
2017	12 300.6	54.3	7 584.9	33.5
2018	13 996.0	56.3	7 978.5	32.1

资料来源:海关信息网。

另外,外资企业加工贸易的增长使中国加工贸易方式更向进料加工收敛。外资企业开展加工贸易多采用进料加工的形式,进料加工比重不断上升,来料加工比重逐年下降，从而改变了中国加工贸易方式的构成，推动了中国加工贸易的转型升级。

(四) 推动中国外向型经济发展

外商投资企业的对外贸易活动还通过间接方式对中国对外贸易的总体发展产生积极的外部经济效应，如带动国内配套及相关产业产品出口，提高相关产品出口的竞争力；通过与国内出口企业的竞争来促进国内企业深化内部改革，提高经营管理水平；为国内企业提高营销经验示范效应。外国直接投资所带进的资本、技术和先进的管理方式，推动了中国对外贸易规模的扩大和进出口结构的改善，促进了中国经济与世界经济的联系与分工合作。加速了中国经济与世界经济的融合。中国经济离不开世界，世界经济更需要中国。中国已成为世界贸易大国和国际直接投资的主要目的地。

三、利用外资对中国对外贸易的消极影响

但值得注意的是，外国直接投资在对对外贸易及国民经济产生积极影响的同时，也存在着负面的影响，主要体现为以下几点：

(1) 中国出口对外资企业的依赖程度过高，若发生特殊情况(如经济危机)，大量外商投资额被抽走，则将对国民经济产生沉重的打击。

(2) 出口贸易结构单一化。目前外资在中国的投入领域主要集中在制造业部门，尤其以机电类所占比重最大，其带来的积极效应如资本积累效应、技术进步效应、国际竞争力提高效应等也主要集中在第二产业，具有强化中国经济二元结构倾向的作用，使第二产业的发展脱离第一产业、第三产业的支撑。这种贸易出口结构不利于中国经济发展和合理工业布局。

(3) 对中国同类产品出口产生替代效应。外资利用中国廉价的劳动力、资源、水电、厂房等物化生产要素在中国具有比较优势的部门进行生产，促进中国贸易总量增加的同时，也会对中国同类企业造成巨大的竞争压力。

(4) 引资过程中部分淘汰产业和污染产业的进入，也会对中国的环境保护和经济可持续发展产生不利的影响。

第三节 利用外资促进外贸转型升级的对策

“引进来”战略是指将国外的先进科技人才和领先的管理理念引进来，不是简单的招商引资，而是有选择的不破坏国内经济环境的招引科技人才和项目资金。坚持对外开放的基本国策，就是要把“引进来”和“走出去”更好地结合起来，扩大开放领域，优化开放结构，提高开放质量，完善内外联动、互利共赢、安全高效的开放型经济体系，形成经济全球化条件下参与国际经济合作和竞争的新优势。“引进来”和“走出去”战略并重是中国党中央、国务院根据经济全球化新形势和国民经济发展的内在需要做出的重大决策，是发展开放型经济、全面提高对外开放水平的重大举措，是促进

中国外贸转型升级、实现中国经济高质量发展的有效途径。

一、加大外资引进为中国企业提供物质基础

随着中国改革开放进程的深入，特别是1992年外商投资进入高速增长期以来，外资对中国经济各方面的促进作用已经十分明显。据统计，1979—2018年中国GDP的年平均增长率为9.2%，其中1991—2007年的年平均增长率更是高达10.5%，成为世界上经济增长最快的国家之一。外企对中国工业增加值的贡献从1993年的9.15%增加到2018年的33.90%。许多大型跨国公司都争先到中国来投资，2002年以前外企的投资额占固定资产投资比重每年都保持在10%以上，形成了在华投资的总体基本格局。而2002年以后依然有跨国公司在此基础之上进入中国，每年形成超过5%的国内固定资产投资，增强了中国生产资本的投资。1992年以后外企的外向型特征更加明显，其出口额逐年增加，占中国出口额的比重从1993年的27.51%，迅速增加到2006年的58.18%，2018年，外商投资企业出口总值10 360.2亿美元，占全国比重41.7%。近20年以来，外商投资企业出口总值占全国比重始终保持在40%以上。外资对中国的税收贡献也逐年扩大，1993—2017年涉外税收占全国工商税收总额的比重从5.17%提高到18.26%。从以上数据可得，外国直接投资对中国经济增长发挥了重要的推动作用。在此背景下2018年中国人均GDP已达9 780美元。根据邓宁的投资发展路径理论，对外直接投资与该指标有着很强的正相关性，而中国近年来对外直接投资的确得到极大的推动，形成一股强劲增长的势头。由此可见，“引进来”为中国“走出去”积累了物质基础。

二、加大外资引进为中国企业提供产业基础和示范效应

截至2006年，中国实际吸收外国直接投资额的67.38%投向了第二产业，尤其是以采掘业和电子及通信设备制造业为主的资本和技术密集型行业，为第二产业提升资产质量、技术含量和劳动生产率作出贡献，实现了中国第二产业的高级化发展。另外，外商对服务业的投资同样得以迅速发展。外商对第三产业直接投资项目的比重，1990年为5.7%，2000年增至22.5%，2006年已经达到37.95%，2018年已经达到了68.5%。

外资是推动中国经济从计划经济走向市场经济的重要力量。外资熟悉国际市场而且外向型程度高，在把中国纳入其全球生产体系的同时，也逐渐渗透了市场经济的运行规则和竞争机制，使中国的市场化改革越来越与世界接轨，使国内企业“走出去”时更加适应复杂的国际投资环境。与此同时，世界上许多知名的跨国公司落户中国，他们通过示范效应向国内企业展示了其战略全球性、资源共享性、技术内部化、生产本土化等跨国经营的经验，为国内企业转型升级提供了国际经验。

三、提高引进外资的质量①

提高引进外资质量有利于优化国内供给结构。中国正由价值链的中低端向中高

---

① 金爱慧.新时期提高中国利用外资质量的思考[J].宏观经济管理，2019(12).

端跃升，积极利用外资特别是利用服务业外资，将有效地弥补国内金融、营销、品牌建设、专业服务等高端服务供给不足，激发本土企业特别是服务业企业的创新活力，提高国内服务业整体发展水平，从而改善中国整体供给结构。

提高引进外资质量有利于提升本土企业创新能力。外资企业，特别是发达国家的跨国公司积极推进研发本土化进程，在中国境内设立了大量的研发中心。以大型跨国公司为代表的外资企业的研发投入规模巨大，且和国际高水平研发机构有着长期丰富的合作基础，是全球科技创新和产业化应用的重要来源地之一，因此，外资企业在未来中国创新驱动战略中仍将发挥重要作用。

提高引进外资质量有利于形成资源节约型和环境友好型生产方式。随着中国经济进入新常态，面临的资源环境约束明显趋紧，绿色发展的地位日益突出。当前，外资企业，特别是欧美大型跨国公司在资源集约利用、环保理念、环境保护技术等领域相较本土企业仍然具有明显优势，提高利用外资的综合质量，必然要求外资能够充分发挥其在形成资源节约型和环境友好型生产方式方面的独特优势，为形成有中国特色的绿色发展方式作出贡献。

本章小结

1. 随着改革开放力度的加大，中国吸收外商直接投资在世界中的地位也日益提高。但利用外资的产业结构和地区结构有待优化。

2. 外商直接投资对中国对外贸易发展带来了积极影响，但同时也带来了消极影响。

3. 中国应提高引进外资质量，使外商直接投资更好地促进中国对外贸易转型升级。

复习思考题

1. 简述中国引进外资的现状。
2. 简述外商直接投资对中国对外贸易的影响。
3. 简述利用外资促进中国对外贸易转型升级的对策。

案例分析

新版外资准入负面清单

在有效控制疫情稳定经济发展的同时，中国对外开放加快。2020年3月10日召开的国务院常务会议明确提出，抓紧进一步缩减外商投资准入负面清单。扩大鼓励外商投资产业目录，使更多领域的外商投资能够享受税收等有关优惠政策。《外商投资准入特别管理措施(负面清单)(2020年版)》已经党中央、国务院同意，现予以发布，自2020年7月23日起施行。

中国还将进一步扩大鼓励外商投资范围，推进标志性重大外资项目落地，加大中西部和东北地区引资优惠力度，加快开放制度创新步伐，系列重磅利好落地在即。

疫情发生以来，从中央到地方出台了一系列支持举措，帮助外资企业尽快复工复产。随着政策效果逐步显现，特别是进入2020年3月以后，外资企业复工复产率不断提升。商务部数据显示，截至2020年3月12日，除湖北外，中国六成制造业重点外资企业复产率达到70%以上，四成多的服务业重点外资企业复产率达到70%以上。国家发改委明确表示，将继续帮助外资企业解决复工复产的难点重点问题。同时在政策层面抓好缩减外商投资负面清单，扩大鼓励外商投资范围，加大标志性重大外资项目推进力度。

对于扩大鼓励外商投资范围的主要考量因素，外商投资要符合中国经济高质量发展基本要求，在供给端会鼓励外商流向我生产制造存在短板的领域，在需求端会鼓励外资企业更好满足国内消费升级需要。从区域看，会鼓励外资企业加大对东北地区和中西部投资，推动中国产业链梯度向纵深延伸。

另外，中国还从制度创新、法制建设等方面大力优化市场环境，加大对外商投资权益保障力度。开放制度的创新和完善，将切实帮助企业降低制度性交易成本。随着国内市场潜力不断发挥，营商环境不断优化，更多外资企业准入限制和经营隐形壁垒将被不断削减，能够和内资企业展开公平平等的市场竞争，享受中国发展红利。

分析题：

1. 结合案例，分析中国制定外资准入负面清单的意义。
2. 结合案例，分析中国引进外资时应该注意的问题。

第七章　对外贸易与对外直接投资

学习要点

1. 中国对外直接投资的基本特点；
2. 对外投资对中国对外贸易的影响；
3. 中国对外贸易转型升级的对外直接投资对策；
4. 实施“走出去”战略的意义。

对外投资特别是对外直接投资带动对外贸易的发展，这往往是发展中国家开放市场、外资准入的最大期望值所在。本章主要对中国对外投资的现状、特点以及“走出去”战略进行了考察。

第一节　中国对外直接投资的发展历程与现状

一、中国对外直接投资的发展历程

中国的对外直接投资大致经历了四个发展阶段。

第一阶段是从改革开放开始到1991年的起步阶段。在这个阶段，中国从政策上逐步放宽对企业跨国经营的限制，鼓励性新政策效果显著，但此时中国处于经济体制市场化改革的探索阶段，每年的对外直接投资流量不足10亿美元，对外投资直接决策绝大多数属于政府行为。

第二阶段是从对外直接投资进入加速改革期到入世前(1992年至2001年)。对外直接投资被正式纳入国民经济发展规划中，汇率和外汇收入改革为对外直接投资企业外汇融资提供便利。这一阶段政府和企业都开始主动对外直接投资，中国对外直接投资额有所增加。

第三阶段是入世后及“走出去”战略的实施阶段(2002年至2013年)。在此期间，对外直接投资增长显著。中国对外直接投资流量从期初的27亿美元增长至期末的 878 亿美元。

第四阶段是“一带一路”倡议下对外直接投资高速发展阶段(2013 年至今)。这个阶段的最大特点就是随着国民经济稳定增长,中国对外直接投资流量增速加快,对外投资水平进入世界领先行列。

二、中国对外投资的世界地位

自 2003 年中国有关部门权威发布年度数据以来,中国已连续 7 年位列全球对外直接投资流量前三,对世界经济的贡献日益凸显。2018 年中国对外直接投资流量是 2002 年的 53 倍,占全球比重连续 3 年超过一成。2002—2018 年中国对外直接投资流量和存量,具体如图 7-1 和图 7-2 所示。

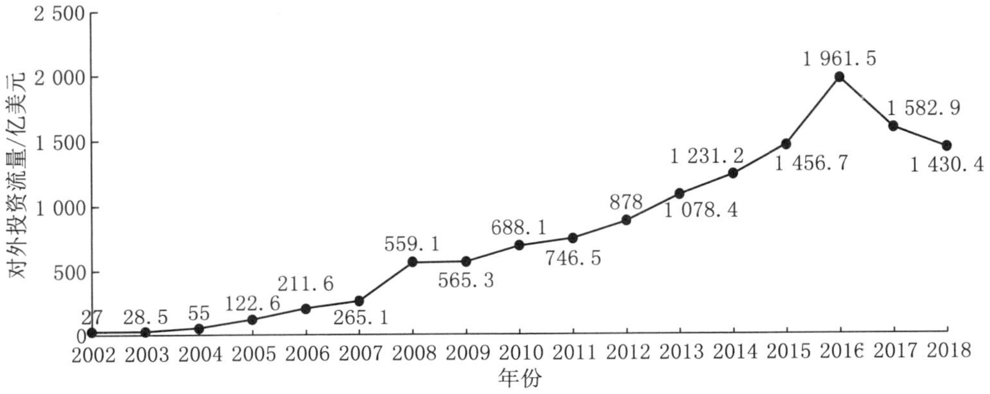

图 7-1　2002—2018 年中国对外直接投资流量

资料来源:《2018 年中国对外直接投资统计公报》。

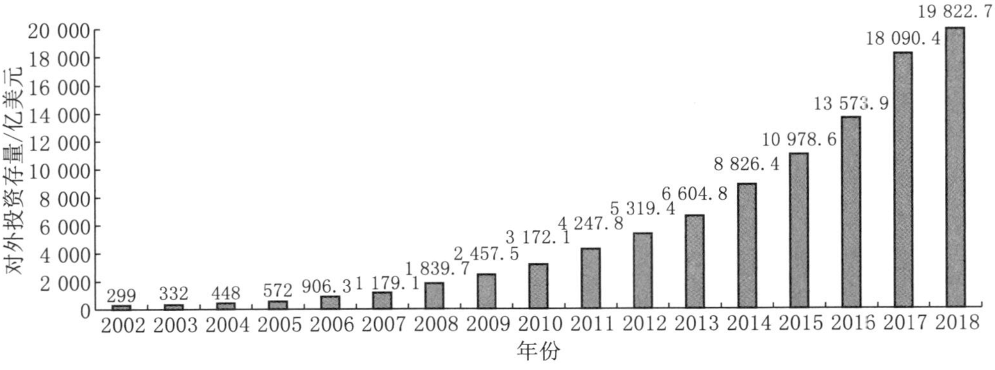

图 7-2　2002—2018 年中国对外直接投资存量

资料来源:《2018 年中国对外直接投资统计公报》。

中国对外投资在全球外国直接投资中的影响力不断扩大。从双向投资情况看,中国对外直接投资与吸引外资基本持平。2002—2018 年中国对外投资的年均增长速度高达 28.2%,2013 至 2018 年累计流量达 8 741.1 亿美元,占对外直接投资存量规模的44.1%。

联合国贸发会议(UNCTAD)《2019世界投资报告》显示,2018年全球外国直接投资流出流量1.01万亿美元,年末存量30.98万亿美元。以此为基数计算,2018年中国对外直接投资分别占全球当年流量的14.1%,如图7-3所示,占比较上年提升3个百分点。中国对外直接投资流量在全球的位次,如图7-4所示。2018年中国流量位列按全球国家(地区)排名的第二位,具体如图7-5和图7-6所示。

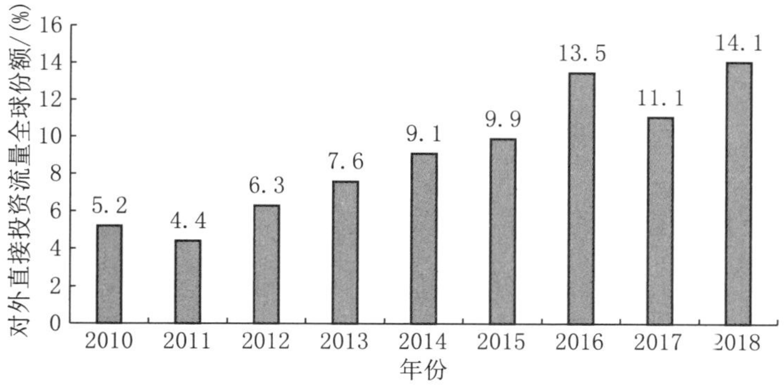

图7-3　中国对外直接投资流量占全球份额

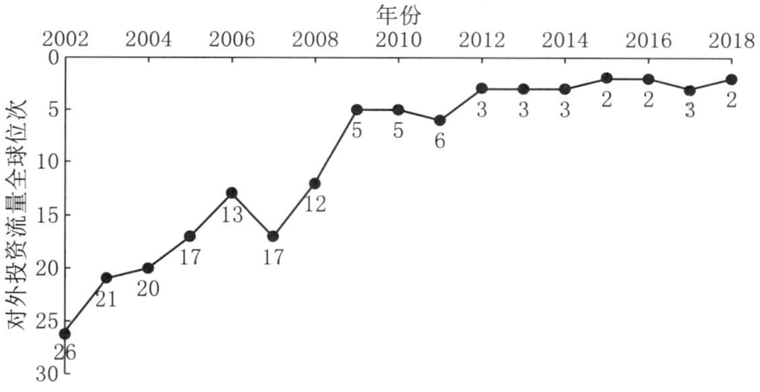

图7-4　中国对外直接投资流量在全球位次

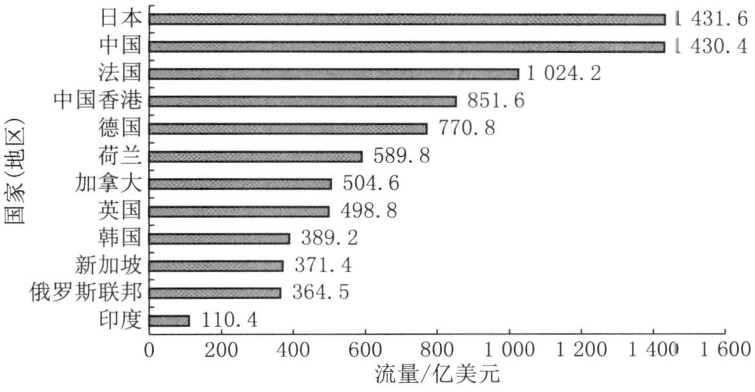

图7-5　2018年中国与全球主要国家(地区)流量对比

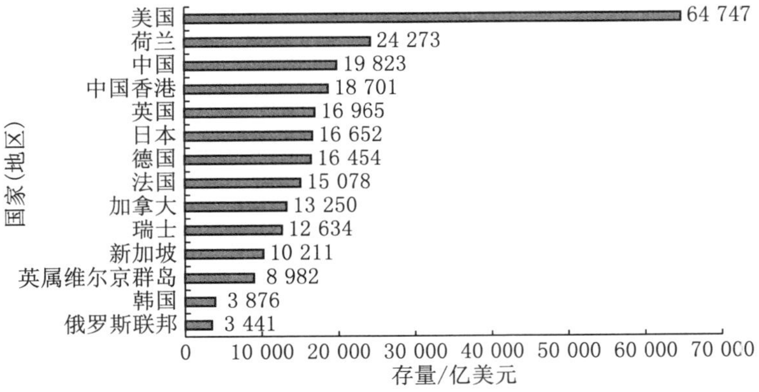

图 7-6　2018 年中国与全球主要国家(地区)存量对比

三、中国对外直接投资的投资主体和区域分布

(一) 中国对外直接投资的投资主体

中国直接对外投资的投资主体多元化,非公经济控股主体对外投资占比提升。2018 年,中国对外非金融类投资流量中,非公有经济控股的境内投资者对外投 755.7 亿美元,占 62.3%,较上年提升 13.6 个百分点,同比增长 11.2%;公有经济控股对外投资 457.5 亿美元,占 37.7%,同比下降 36.1%。2018 年中国对外直接投资流量中公有与非公有经济控股所占比例,如图 7-7 所示。

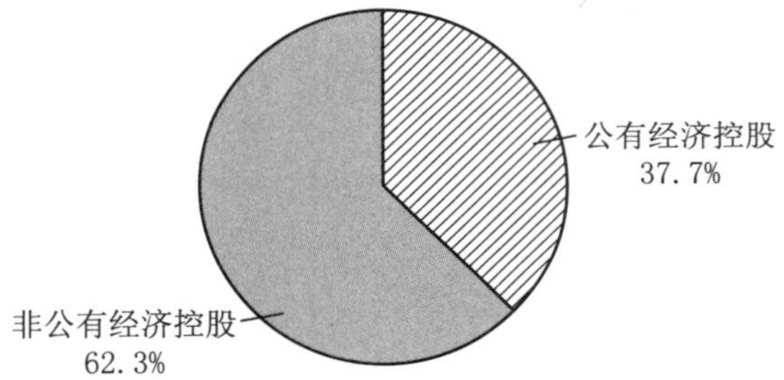

图 7-7　2018 年中国对外直接投资流量中公有与非共有经济控股所占比例

资料来源:同上。

(二) 中国对外直接投资的区域分布

近年来,中国东部地区在中国区域对外直接投资中所占比重持续降低,中部地区和西部地区的总体趋势是所占份额逐渐增多,但东部地区对外直接投资在中国区域对外直接投资中占据绝对优势地位,而中部地区和西部地区的地位依然非常薄弱。2018 年中国对外直接投资流量区域分布情况如表 7-1 所示,东部地区对外直接投资占全国对外直接投资的份额仍达 77.2%,中部地区只占 10.3%,西部地区只占 10.2%。

中国各省市的对外直接投资也表现出极大的地区差异,具体如表 7-2 所示。由表 7-2 可以看出,2018 年对外直接投资流量主要集中 10 个省市,这 10 个省市的对外直接投资流量占全国对外直接投资份额达到79.4%。这种差异有可能导致中国地区间经济差距的进一步拉大。

表7-1 2018年中国对外直接投资流量区域分布情况

地 区	流量/亿美元	比重/%	同比/%
东部地区	758.2	77.2	18.0
中部地区	101.4	10.3	−19.2
西部地区	100.6	10.2	33.2
东北三省	22.4	2.3	17.3
合 计	982.6	100.0	14.0

注:1. 东部地区包括北京、天津、河北、上海、江苏、浙江、福建、山东、广西和海南;
2. 中部地区包括山西、安徽、江西、河南、湖北、湖南;
3. 西部地区包括内蒙古、广西、四川、重庆、贵州、云南、山西、甘肃、青海、宁夏、新疆、西藏;
4. 东北三省包括黑龙江、吉林、辽宁。

表7-2 2018年对外直接投资流量前10位的省市

序 号	省市	流量/亿美元	占地方比重/%
1	广东省	160.6	16.4
2	上海市	153.3	15.6
3	浙江省	122.8	12.5
4	山东省	66.9	6.8
5	北京市	64.7	6.6
6	江苏省	61.0	6.2
7	福建省	45.4	4.6
8	河南省	38.6	3.9
9	海南省	33.8	3.4
10	天津市	33.7	3.4
合 计		780.8	79.4

四、中国对外直接投资的目的地分布

一方面,中国对外直接投资的目的地分布高度集中,资金主要流向亚洲、拉丁美洲、北美和欧洲;对非洲、北美洲的投资快速增长,对欧洲投资降幅较大。2018年中国对外直接投资流量地区构成情况及前十的国家(地区),具体如表7-3和7-4所示。

2018年,流向亚洲的投资1 055.1亿美元,同比下降4.1%,占当年对外直接投资流量的73.8%。其中,对中国香港的投资868.7亿美元,同比下降4.7%,占对亚洲投资的82.3%。流向拉丁美洲的投资146.1亿美元,同比增长3.8%,占当年对外直接投资流量的10.2%,主要流向英属维尔京群岛(71.5亿美元)等。流向北美洲的投资

87.2 亿美元，同比增长 34.2%，占当年对外直接投资流量的 6.1%。其中，对美国投资 74.8 亿美元，同比增长 16.3%；对加拿大投资 15.6 亿美元，同比增长 387.5%。2018 年，流向欧洲的投资 65.9 亿美元，同比下降 64.3%，占当年对外直接投资流量的 4.6%。此外，《2018 年中国对外直接投资统计公报》显示，2018 年中国流向欧洲的投资中，流量为负值的国家有 6 个，累计达 33.4 亿美元，主要是留存收益流出。当年流量在 10 亿美元以上的国家有 5 个，分别是卢森堡(24.9 亿美元)、德国(14.7 亿美元)、瑞典(12.9 亿美元)、英国(10.6 亿美元)、荷兰(10.4 亿美元)，对欧盟投资 88.7 亿美元，同比下降 13.6%。对中东欧 16 国投资 6.1 亿美元，同比增长 64.9%。

2018 年，流向非洲的投资 53.9 亿美元，同比增长 31.5%，占当年对外直接投资流量的 3.8%，较上年提升 1.2 个百分点，主要流向刚果(金)、南非、莫桑比克、赞比亚、埃塞俄比亚、安哥拉、肯尼亚等国家。流向大洋洲的投资 22.2 亿美元，同比下降 56.5%，占当年对外直接投资流量的 1.5%，主要流向澳大利亚、新西兰、瓦努阿图、斐济，萨摩亚等国家。

表 7-3　2018 年中国对外直接投资流量地区构成情况

地　区	金额/亿美元	同比/(%)	比重/(%)
亚　洲	1 055.1	−4.1	73.8
拉丁美洲	146.1	3.8	10.2
北美洲	87.2	34.2	6.1
欧　洲	65.9	−64.3	4.6
非　洲	53.9	31.5	3.8
大洋洲	22.2	−56.5	1.5
合　计	1 430.4	−9.6	100.0

资料来源：同上。

表 7-4　2018 年中国对外直接投资流量前十的国家(地区)

序　号	国家(地区)	流量/亿美元	占总额比重/(%)
1	中国香港	868.7	60.7
2	美　国	74.8	5.2
3	英属维尔京群岛	71.5	5.0
4	新加坡	64.1	4.5
5	开曼群岛	54.7	3.8
6	卢森堡	24.9	1.7
7	澳大利亚	19.9	1.4
8	印度尼西亚	18.6	1.3
9	马来西亚	16.6	1.2
10	加拿大	15.6	1.1

资料来源：同上。

另一方面，中国企业对外直接投资向“一带一路”沿线国家集中。随着“一带一路”建设的不断推进，中国企业开始加强与“一带一路”沿线国家的投资合作，具体情况如图7-8所示。2018年，中国企业共对“一带一路”沿线国家的63个国家开展直接投资，投资额合计178.9亿美元，占同期中国对外直接投资流量的12.5%。此外，《“一带一路”建设发展报告(2020)》显示，截至2019年，中国在“一带一路”沿线的62个国家新签对外承包工程项目合同6 944份，新签合同额1 548.9亿美元，占同期中国对外承包工程新签合同额的56.7%。

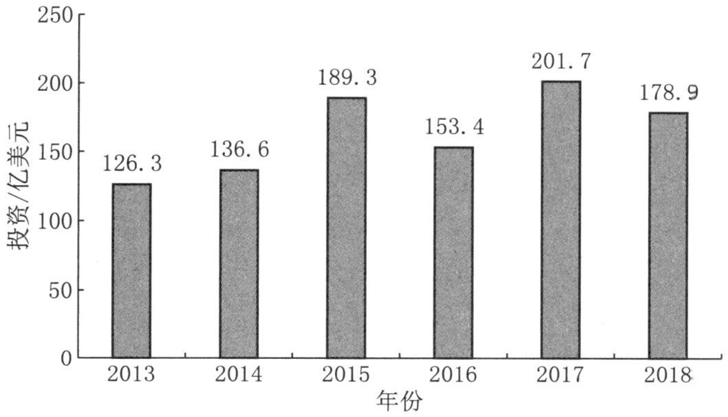

图7-8　中国对“一带一路”沿线国家投资情况

资料来源：同上。

五、中国对外直接投资的行业分布

近些年来，中国对外直接投资中第三产业占比不断上升，成为对外投资最重要的部分。2018年中国对外直接投资流量行业分布情况如表7-5所示。2018年，中国对外直接投资产业结构更加优化，在对外直接投资流量超过100亿美元的行业中，租赁和商务服务业、金融业、批发和零售业都属于第三产业，且增速较快，表现出继续大幅增加的趋势。中国对外直接投资涵盖了国民经济的18个行业大类。在经济新常态的背景下，中国企业根据国内外市场的变化，主动调整投资结构，从传统型产业、资源型产业转向服务型产业，使投资结构继续得到优化。

表7-5　2018年中国对外直接投资流量行业分布情况

行　业	流量/亿美元	同比/(%)	比重/(%)
合计	1 430.4	－9.6	100.0
租赁和商务服务业	507.8	－6.4	35.5
金融业	217.2	15.6	15.2
制造业	191.1	－35.2	13.4
批发和零售业	122.4	－53.5	8.6
信息传输、软件和信息技术服务业	56.3	27.1	3.9

续 表

行　　业	流量/亿美元	同比/(%)	比重/(%)
交通运输、仓储和邮政业	51.6	−5.6	3.6
电力/热力/燃气及水的生产和供应业	47.0	100.6	3.3
采矿业	46.3		3.2
科学研究和技术服务业	38.0	59.0	2.7
建筑业	36.2	−59.9	2.5
房地产业	30.7	−54.9	2.1
农/林/牧/渔业	25.6	2.2	1.8
居民服务/修理和其他服务业	22.3	19.5	1.6
住宿和餐饮业	13.5		0.9
文化/体育和娱乐业	11.7	341.1	0.8
教育	5.7	328.5	0.4
卫生和社会工作	5.2	48.8	0.4
水利/环境和公共设施管理业	1.8	−18.4	0.1

资料来源:同上。

六、中国对外直接投资的方式和类型

(一) 中国对外直接投资的主要方式

目前中国企业进行对外直接投资主要以“海外并购”和“绿地投资”两种方式进行。

1. 海外并购

海外并购是指一国通过一定的渠道和支付手段,将另一国企业的一定份额的股权直至资产收买下来。海外并购涉及两个或两个以上国家的企业,两个或两个以上国家的市场和两个以上政府控制下的法律制度。其中“一国跨国性企业”是并购发出企业或并购企业,“另一国企业”是他国被并购企业,也称目标企业。这里所说的渠道,包括并购的跨国性企业直接向目标企业投资,或通过目标国所在地的子公司进行并购两种形式,这里所指的支付手段,包括支付现金、从金融机构贷款、以股换股和发行债券等形式。中国对外直接投资起步较晚,在投资方式以新建为主,海外工程承包和劳务输出为投资的主要形式。进入 20 世纪 90 年代,中国对外直接投资迅速发展,而海外并购也逐渐成为中国企业对外投资的重要方式。2018 年中国企业实施的海外并购项目总共有 433 起,涉及 63 个国家和地区,实际交易金额 742.3 亿美元(剔除上年特大项目因素,规模基本持平),其中直接投资 310.9 亿美元,占 41.9%;境外融资 431.4 亿美元,占 58.1%,几乎涉及国民经济的所有行业。

2. 绿地投资

绿地投资又称创建投资或新建投资,是指跨国公司等投资主体在东道国境内依照东道国的法律设置的部分或全部资产所有权归外国投资者所有的企业。创建投资会直接导致东道国生产能力、产出和就业的增长。中国吸引的直接投资中外资一直以绿地投资为主,跨国并购较少。绿地投资这种形式在继续采用,但是外方独资和外方控股所占的比例越来越大。而中国在进行海外经营时主要采取绿地投资(新建)的方式进入,比例高达48%;战略联盟方式为39%,收购兼并为13%。对外投资的行业多为劳动密集型或自然资源密集型行业,所投资的技术多为适应性技术或已经标准化的技术,对技术进行严格保密的要求也比较低。在绿地投资的策略上,不同的企业会因为自身条件和基础的差别而千差万别。针对内部企业间的信息不畅造成资源浪费,资本和资产的流动性差,增加了运营成本,以致资源的不可移植和不可再生导致企业持续盈利能力下降等矛盾。2004年到2018年,中国对外直接投资中,并购所占金额的比重已经从54.5%下降到21.7%。这说明中国的绿地投资占对外投资的比重在提高。近年来,中国企业赴"一带一路"沿线国家、地区投资的步伐越来越快,绿地投资占比大幅提升。据亚洲开发银行(ADB)公布的数据显示,2018年中国企业在除中国外的44个亚洲发展中国家的绿地投资高达549亿美元,比2017年增长198%。

(二)中国对外直接投资的主要类型

1. 市场导向型

中国对外直接投资企业市场导向型的区位选择主要是规避贸易保护和贸易壁垒以及开辟新的市场。虽然中国加入了WTO组织进行国际经济交流,但是关税、配额以及非关税等贸易壁垒仍然限制了中国的对外贸易发展。同时,国内市场很多产品都面临着市场饱和、生产过剩等现象,其市场需求呈下降趋势,为了寻求生存之路,通过对外直接投资将产品转出到国外,不仅能够解决生产过剩的现象,而且还可以拓展市场。对于新产品而言,同时占领国内和国外市场,企业就可以在产品生产的初期获得领先优势,得到丰厚的利润回报。这类型的区域主要集中于东南亚、中东欧国家,东南亚国家与中国地理位置临近,市场规模与增长潜力大、劳动力价格低;而中东欧国家市场规模大、产品竞争力强,且对中国企业设置较多的贸易障碍。

2. 资源导向型

资源寻求型的海外直接投资主要目的是寻求国内稀缺的资源以及维护原料来源的稳定性。中国对于石油、铁、铜等自然资源需求旺盛,虽然中国的自然资源丰富,但是仍然存在缺口,投资于资源丰富的国家是中国寻求资源的主要方式。此外,一些使用进口原料的企业为了防范国际原料市场供应和价格变化带给企业的不良影响,往往考虑在原材料生产国生产该产品。这一类型的直接投资主要区域集中非洲、中亚、西亚及石油、铁、铜等资源丰富的拉美国家。

3. 技术导向型

中国现阶段的技术水平还比较落后,为了缩短与发达国家技术水平的差距,引进能够应对国内激烈竞争的技术,中国企业一般都会采取跨国并购等海外投资的方式,吸收学习国际先进技术、了解国际技术最新动态并引进。中国在进行本土化之后,推向市场,提高自己的竞争力。这一类的区域选择主要是以发达国家为主,因为他们有较为高端的技术,主要集中于经济发展、科技水平较好的北美、日本、澳大利亚、西欧国家。

第二节 对外直接投资的贸易效应及其对中国对外贸易转型的影响

一、对外直接投资的贸易效应

(一) 对外直接投资的出口效应

对外直接投资会产生出口引致效应和出口替代效应。对外直接投资的出口引致效应是指海外生产基地建设工厂所需要的生产设备以及生产所需要的原材料和零件,从投资国进口,增加投资国的出口。如作为初始投资的设备等的输出,原材料和零部件等中间投入品的输出。对外直接投资的出口替代效应是指海外分公司产品在当地销售并被出口到第三国,引起的总公司的出口减少。如将原出口型产业通过对外直接投资的方式转移到国外,替代了本国该产业的出口。出口替代效应可以从统计数据上减少中国的贸易顺差,缓解对外贸易摩擦加剧的形势。

(二) 对外直接投资的进口效应

对外直接投资会产生进口转移效应和反向进口效应。对外直接投资的进口转移效应是指随着生产设备向国外转移,对生产所需的进口中间投入品的需求减少,从而引起投资国的进口减少。例如,将需进口原材料的产品的生产基地转移到国外,减少本国原材料的进口。对外直接投资的反向进口效应是指海外分公司在当地生产的产品返销到投资国,引起投资国进口增加。例如,通过对外直接投资的方式将某产品的生产基地转移到国外,再从国外进口该产品。

二、对外直接投资对中国对外贸易转型的影响

(一) 促进中国对外贸易质量提升和产品结构优化

中国对外投资真正快速发展是在党的十八大之后,特别是推进“一带一路”倡议之后,2014 年、2015 年连续两年对外投资创纪录增长。目前的对外直接投资已不仅是简单地修公路、承包建筑,而且包括装备制造出口、开展国际产能合作等。中国的对外投资和中国的对外贸易紧密联系在一起,当把中国的资金和技术投资到海外时,也带动了中国的装备、管理、服务乃至标准“走出去”,可以和外贸协同推动,有利于推动中国从贸易大国走向贸易强国。2016 年全年,中国企业对制造业,信息传输、软件和信息技术服务业以及科学研究和技术服务业的投资分别为 310.6 亿美元、203.6 亿美元和 49.5 亿美元。其中对制造业投资占对外投资总额的比重从 2015 年的 12.1%上升为 18.3%;对信息传输、软件和信息技术服务业投资占对外投资总额的比重从 2015 年的 4.9%上升为 12.0%。

实现中国对外贸易产品结构升级的关键在于国内产业结构升级,即推动国内主体产业由劳动密集型逐渐向资本和技术密集型转变,实现生产要素由劣势产业逐渐向新型优势产业聚集。

在这一过程中,中国对外直接投资发挥的作用的路径主要有两个:一是借助对外直接投资带动相关专利技术和高新技术产品的出口,提升中国对外贸易的出口产品结构,同时通过引进战略性资产提升国内研发、制造处于价值链较高层次产品的能力,进而推动中国的产业结构升级并促进对外贸易产品结构的优化;二是将国内逐渐丧失成本优势的传统产业转移至成本更具有竞争优势的东道国,这样不仅可以延长相关产业的生命周期,增加相关企业的利润,而且有利于促进国内生产要素向更具有比较优势的传统产业和新产业聚集,提升要素配置效率,带动中国产业结构调整和贸易结构优化。

(二) 拓宽中国对外贸易领域

对外直接投资地区和行业分布广泛,遍布全球 178 个国家和地区。其中,中国香港、维尔京群岛、开曼群岛、澳大利亚、新加坡等国家和地区成为中国对外投资主要目的地,对外投资主要涉及商业服务业、批发和零售业、采矿业、交通运输业、制造业等领域。对外承包工程市场多元化发展。在巩固亚非传统市场的同时,拉美、中亚等非传统市场不断开拓,进军发达国家市场也取得积极进展,对外承包工程高端领域比重有所增加。同时,对外投资合作健康有序发展,与“一带一路”沿线国家合作成为亮点。2019 年全年,中国企业对“一带一路”沿线国家非金融类直接投资 150.4 亿美元;新签对外承包工程项目合同 6 944 份,对外承包工程新签合同额 1 548.9 亿美元,占同期中国对外承包工程新签合同额的 59.5%,完成营业额 979.8 亿美元,占同期总额的 56.7%。

(三) 促进对外贸易市场结构优化

与中国对外贸易市场主要集中于发达市场的状况不同,中国对外直接投资所在的东道国市场目前主要集中在发展中国家。因此,中国对外直接投资对中国大力开拓新兴市场、优化对外贸易市场结构有着重要的作用。

一方面,中国在发展中国家的直接对外投资多以寻求资源、市场和提升自身的经营绩效为主,这些类型的投资本身具有带动中国与发展中经济体中间品进出口贸易发展的特征,有助于提升中国与发展中经济体的贸易联系;另一方面,由于对外直接投资是一种更高层次参与国际分工、进入东道国市场的形式,它对东道国市场的嵌入更具有长期性和稳定性也更容易加深对东道国市场的熟悉程度和提升建立生产与销售网络的便利度。因此,中国对外直接投资在发展中国家市场的聚集有助于增强中国投资者对发展中东道国市场的信心,便利更多企业建立或强化自身与东道国市场的贸易联系,提升发展中国家和新兴市场在中国对外贸易市场结构中的地位。

(四) 促进对外贸易主体结构优化

对外直接投资有助于中国加快形成在全球范围内配置要素资源、布局市场网络的具有跨国经营能力的综合型贸易企业,有助于提升对外贸易企业整体竞争优势和对外贸易主体结构的优化。

对外直接投资是中国企业直接接触国际市场的重要方式,更是培育中国跨国公司的必由之路。一方面,通过对外直接投资,企业将自身置于竞争激烈的国际经营环境之中,面临更为复杂多样的产品和服务要求,这种来自国际经营环境中的竞争压力和动力有助于倒逼中国企业不断提升自身的生产效率、经营能力和国际竞争力;另一方面,在对外直接投资过程中,企业可以接触到国际先进技术、经营理念与管理方式,并在学习、模仿、吸收和消化的基础上提升技术水平和管理能力,进而增强国际竞争力。此外,通过示范效应和溢出效应,实施对外直接投资的企业在国际市场中积累的知识、技术等可以惠及相关行业内大企业和一些创新型及劳动密集型的中小微企业,从而带动更多的企业提升自身资源利用效率和产品质量,激发企业的活力和竞争力。

"走出去"有助于中国充分利用两个市场、两种资源,扩大中国与其他国家的经贸合作,使中国企业在参与国际竞争中得到锻炼和成长,有利于实现中国经济的可持续发展。

第三节 对外直接投资促进对外贸易转型升级的对策

随着中国加入 WTO,中国改革开放与现代化进程进入新的发展阶段,利用外资也正在从资本内流为主向"引进来""走出去"并举的模式转换。实施"走出去"战略发展对外投资,是对外开放向纵深发展的重要步骤。

威尔斯认为,发展中国家的竞争优势主要体现在发展中国家的跨国企业在比本国更不发达的国家进行投资的时候具有独特的优势。因为大多数发展中国家制成品市场规模比较小,如果本地企业从发达国家进口技术,可能会导致企业规模过大而与当地市场规模不匹配。在产品市场比较小的情况下,使用的技术也应该适合于小规模制造,才能增加利润,而发展中国家掌握的技术就符合这一要求。在企业"走出去"的初级阶段,中国的经济竞争力相对较弱,发展中国家是中国对外投资的最佳选择;在企业"走出去"的后期,可以瞄准发达国家市场,创造更多的财富。例如中国民族品牌"海尔"在进入美国之前,已经在菲律宾和马来西亚兴办了合资企业,积累了一定的国际化经验。对于"被动走出去"的企业,"去哪儿"则决定于哪儿有企业所需的资源,走出去的重点地域广泛分布在资源富集的地区。而前提也是该企业具有资金上或者技术上的比较优势,能够走进国际市场。中国可以通过"走出去"战略促进对外贸易的转型升级。

一、利用国外资源保证国民经济可持续发展

中国虽是世界上资源总量较丰富、品种比较齐全的国家之一,但由于人口众多,经济发展对资源的需求量很大。中国人均可耕地和人均淡水资源分别只占世界平均值的 29%和 24%。在中国已探明的 45 种矿产资源中,到 2010 年能够保证自给的才 21 种,到 2020 年大约仅有 6 种。看似平静的国际初级产品市场,即便是在世界基本稳定的和平形势下,也常受国际投机者和其他势力的干扰、破坏,现行国际经济秩序使发展中国家处于很不利的地位。因此,一个高度依赖进口原材料的国家决不能仅依靠国际市场获取所需资源,而需要一个全方位的资源战略。这一战略的主要任务就是通过对外投资,直接参与战略资源的勘探、开发和储运等。

二、打破区域贸易壁垒

中国有一些行业，近几年通过技术引进和技术开发，形成了大量有较高技术水平的生产能力，但由于国内生产能力总量大大超过需求，造成很大浪费，企业之间的竞争非常激烈。但绿色壁垒、知识产权壁垒、“反倾销”等种种贸易保护主义措施的盛行，给中国的出口贸易造成了很大的威胁。“走出去”的企业在国外设厂生产、销售，开展境外加工贸易，就可以合法地避开一些国家对工业制成品的关税和非关税壁垒，在保护原有市场的基础上开辟新的市场。同时，带动中国零部件及技术和设备的出口，实现出口的长期稳定增长。

三、培养世界名牌产品和全球知名企业

中国经济发展已经到了一个转折点，要从利用别国的著名品牌发展中国的产业，转变为着力培养中国自己的世界著名品牌。世界级名牌的形成和发展，与世界级跨国公司的发展密不可分。在今后一段时间内，中国企业能不能在对外开放中“走出去”，在全球范围内进行资源优化组合，形成一批著名跨国公司，创立和发展一些自己的世界级名牌产品，关系到中国以什么形象、什么样的长期发展潜力和国际竞争力出现在新世纪的国际经济舞台上。当中国的“华为”“三一”“格力”及更多的品牌真正成为世界级著名品牌，企业真正成为全球知名企业时，中国企业在国际市场上的竞争力就会上一个新台阶。

四、调整经济结构

中国经济正经历由卖方市场向买方市场的转变，这在宏观经济生活中表现为相对过剩经济、企业微利、一般宏观经济政策难以启动消费等。中国经济发展正步入有效需求不足的阶段，经济结构性调整势在必行。

“走出去”可以从两个方面为产业结构升级提供更大的转换空间。一方面，具有竞争优势的企业和产业，通过对外投资，整合国外资源，进一步强化自身优势，提升优势产业在经济中的地位；另一方面，通过对外投资，将已失去或正在失去优势的产业转移到要素成本具有相对优势的国家和地区，延续这部分的盈利能力，同时也为国内产业的调整、新兴产业的发展提供空间。因此，国家的对外投资政策应视为国内产业政策的延伸，根据国内产业发展的趋势和目标，有针对性地对处于不同发展阶段的产业提供对外投资的服务与扶持。

五、发展中国跨国公司

要增强中国经济的国际竞争力，就需要建立中国自己的跨国公司。跨国公司作为当前投资和贸易的主体，对母国经济快速发展起着重要的促进作用。因此，中国要大力发展自己的跨国公司，形成若干有国际影响力的大的跨国公司，就必须加快发展海外投资。“走出去”战略的实施，将有力地催生和培育中国的跨国公司，加速中国跨国公司的成长壮大。

本章小结

1. 随着“一带一路”倡议的推进，中国对外投资在全球外国直接投资中的影响力不断扩大。

2. 中国企业进行对外直接投资主要以“海外并购”和“绿地投资”两种方式进行。

3. 对外直接投资会对出口和进口分别产生替代和促进效应。中国有效利用国外资源，保证国民经济可持续发展；通过“走出去”打破区域贸易壁垒、调整经济结构、形成世界名牌产品和全球知名企业。

复习思考题

1. 中国对外直接投资的特征有哪些？

2. 对外直接投资对中国对外贸易的发展产生了怎样的影响？

3. 中国如何进一步通过对外直接投资促进对外贸易的转型升级？

案例分析

“一带一路”倡议

“一带一路”(The Belt and Road，缩写B&R)是“丝绸之路经济带”和“21世纪海上丝绸之路”的简称，由中国国家主席习近平于2013年9月和10月分别提出建设“新丝绸之路经济带”和“21世纪海上丝绸之路”的合作倡议。依靠中国与有关国家既有的双边和多边机制，借助既有的、行之有效的区域合作平台，“一带一路”旨在借用古代丝绸之路的历史符号，高举和平发展的旗帜，积极发展与沿线国家的经济合作伙伴关系，共同打造政治互信、经济融合、文化包容的利益共同体、命运共同体和责任共同体。

自提出共建“一带一路”倡议以来，引起越来越多国家热烈响应，共建“一带一路”正在成为中国参与全球开放合作、改善全球经济治理体系、促进全球共同发展繁荣、推动构建人类命运共同体的中国方案。“一带一路”已成为全球最受欢迎的全球公共产品，也是目前前景最好的国际合作平台。

中欧班列“长安号”从2017年运行194列到今年已经运行3 000多列，已成为一条高效的国际运输“黄金通道”。疫情常态化防控之下，其在国际抗疫合作、稳定全球供应链等方面发挥着关键作用。

2020年10月初，一列满载隆基绿能光伏产品的中欧班列“长安号”从西安新筑车站出发驶向欧洲。这是自今年4月隆基与西安港合作以来，近5个月内开行的第18列光伏产品专列，将“西安制造”的光伏组件直接运到欧洲市场。以前隆基绿能科技股份有限公司的光伏产品出口以海运为主。疫情发生后，为了稳定全球供应链，隆基与中欧班列“长安号”合作，班列的稳定性和高效率大大降低了物流综合成本，也坚定了隆基绿能科技股份有限公司继续合作的信心。

“十三五”期间，越来越多的国家积极响应“一带一路”倡议，加强与中国的经济合作。得益于共建“一带一路”，许多发展中国家基础设施不断完善，工业化水平提升，经济韧性增强。埃塞俄比亚位于非洲大陆东北部，是古代“丝绸之路”沿线国家。非洲总体自然资源丰富，但埃塞俄比亚的资源却比较贫乏，并且长期受到饥荒折磨，经济发展曾面临困境。“十三五”期间，埃塞俄比亚积极引进中国投资，建设产业园和基础设施，这为其经济发展增添了动力。近5年来，埃塞俄比亚GDP实现高速增长，已跻身非洲中等收入国家。中国与埃塞俄比亚合作共建的“东方工业园”，让中国一些出口加工类的制造业产业转移到了埃塞俄比亚，为两国产能合作带来了重大机遇。如今，东方工业园已成为中国企业在非洲投资的一个亮点，也成为埃塞俄比亚当地工业经济发展的一个标杆。另外，埃塞俄比亚是内陆国家，把工业制成品送到国际市场上有很大困难。在“一带一路”倡议下，中国与埃塞俄比亚合作修建亚吉铁路。这条铁路把埃塞首都亚的斯亚贝巴与吉布提港口连接起来，埃塞俄比亚生产的工业制成品就可以通过铁路运到吉布提港口，然后再通过海运运往欧美市场。亚吉铁路的建成，大大促进了埃塞俄比亚的工业化进程。

习近平总书记强调，面对生态环境挑战，人类是一荣俱荣、一损俱损的命运共同体，没有哪个国家能独善其身。随着全球生态环境挑战日益严峻，良好生态环境成为各国经济社会发展的支撑点和人民生活质量的增长点，绿色发展成为各国共同的关切和追求的目标。特别是“一带一路”沿线许多国家拥有复杂的地理条件，生态环境比较脆弱，实现可持续发展的压力很大，必须加快推动绿色发展。中国通过绿色“一带一路”倡议，将循环经济、节能减排、能源清洁利用、新能源可再生能源开发、应对全球气候变化等内容纳入“一带一路”合作。

分析题：

1. 根据案例，分析中国当前实施“一带一路”倡议的意义。
2. 根据案例，分析企业如何参与“一带一路”倡议促进自身的出口。

第八章　对外贸易与知识产权保护

学习要点

1. 国际知识产权贸易发展与国际知识产权保护的主要规则；
2. 知识产权保护对国际贸易竞争力的影响；
3. 知识产权壁垒与中国发展对外贸易的对策。

本章讲解对外贸易与知识产权保护的关系，着重阐明知识产权在当今世界贸易中的重要地位、在贸易中知识产权保护的要求和规则，分析知识产权保护构成的对外贸易成本与国际贸易中的知识产权壁垒及其影响，提出中国在知识产权保护条件下发展对外贸易的政策思路。

第一节　知识产权贸易的发展状况

一、知识产权与知识产权保护

（一）知识产权

知识产权（intellectual property），是指受所有权关系约束的技术、商标、作品等精神劳动的成果，它是公民或法人对其在工业、科学、技术、文化、艺术和商业领域由于智力劳动而产生的发明、成果和作品依法享有的专有权利。知识产权包括工业产权和著作权。

1. 工业产权

工业产权包括通常所说的专利权和商标权。具体地说，它可细分为专利（科学发现和发明）、实用新型（小发明）、外观设计；商标、服务标记、厂商名称、货源标记或原产地名称等。其中，服务标记是指为了标明企业（提供者）的服务项目或特点，并与其他企业（提供者）相区别而专用的标记，多采用于金融、邮电、保险、铁路、民航、市内公共交通、旅游、建筑等行业。

2. 著作权

著作权即通常所说的版权。著作权的对象主要包括：①文学作品；②口述作品；③音乐、戏剧、曲艺、舞蹈、杂技艺术作品；④美术、建筑作品；⑤摄影作品；⑥视听作品；⑦工程设计图、产品设计图、地图、示意图等图形作品和模型作品；⑧计算机软件。

（二）知识产权保护

知识产权保护是依据国内有关法律、法规和国际协定，对知识产权实施的保护。知识产权保护的方式通常可分为国内保护、国际保护和边境（海关）保护。任何别人或别国若要利用一项非自有的知识产权成果，必须得到所有者的许可并支付一定的报偿。若未经所有者同意而擅自使用知识产权成果，使用人必须承担侵权法律责任，所有者有权要求终止此类侵权并得到相应的赔偿。

知识产权的进步与知识产权保护是密不可分的。早在19世纪甚或更早时期，世界上就有许多国家和组织缔结了知识产权保护的条约或协定，沿用至今并发挥重要作用的包括：1883年签订的《保护工业产权巴黎公约》（Paris Convention for the Protection of Industrial Property），1886年签订的《保护文学和艺术作品伯尔尼公约》（Berne Convention for the Protection of Literary and Artistic Works），1891年签订的《商标国际注册马德里协定》（Madrid Agreement Concerning the International Registration of Marks）等，此外还有20世纪以来出现的一系列公约、协定，如1952年签订的《世界版权公约》（又称《日内瓦公约》）、1961年签订的《保护表演者、音像制品制作者和广播组织罗马公约》、1967年的《建立世界知识产权组织公约》（Convention Establishing the World Intellectual Property Organization），以及一些区域组织适用的公约如1970年的《专利合作条约》、1975年的《欧洲共同体专利公约》等。

二、国际知识产权贸易的发展

在知识产权开发日益加快、知识产权保护逐步完善的今日世界，国际知识产权及与知识产权相关的贸易得到了迅速的发展。在有些国家，涉及知识产权的产品产值已经在国民生产总值中占据了较大的比重，成为推动经济增长的主要力量。例如，美国、日本、欧洲主要国家在第二次世界大战后的经济增长中，技术进步的贡献率均达到60%以上，有些国家甚至高达80%以上。因此，世界贸易中涉及知识产权的产品与服务日益增多，为技术和知识产权大国带来了丰厚的贸易利润。

知识产权转让是当今世界贸易的重要内容。据统计，第二次世界大战后世界技术贸易发展很快，近年来技术贸易占世界服务贸易总额的比重在25%～30%之间；发达国家技术贸易占世界技术贸易的比重为65%，发达国家作为知识产权的主要输出国和输入国，是知识产权贸易的主要受益者。以日本为例，在1950—1975年间日本共计引进技术23 800项，用20多年的时间走完了欧美国家40～50年的技术发展路程，奠定了技术大国的地位。发展中国家也积极参与了全球性的技术贸易，1979年发展中国家支付的技术引进费用仅有11亿美元，而1985年该项指标便达到60亿美元，说明全球知识产权贸易正在呈高速发展的现实状态和趋势。

随着国际投资日益成为各国经济增长的“第二级火箭”，知识产权收入在国际投资收入中也占据了显著地位。仍以美国为例，1989 年美国海外直接投资收益总额为 536.2 亿美元，其中专利权费和技术许可证费净收入为 91.8 亿美元，其他技术服务净收入为 44.1 亿美元，两项合计已经占海外直接投资收入总额的25.35%。近年来，其他发达国家纷纷加入国际投资的队伍，发展中国家更是将引进先进技术作为吸引外资的主要目的加以鼓励，知识产权转让在国际投资中发挥着越来越大的作用。

知识产权保护已经成为当今世界经济贸易关系中的焦点问题，这也从一个侧面反映了知识产权的重要意义和现实地位。在 GATT/WTO 的“乌拉圭回合”谈判过程中，《与贸易有关的知识产权协定》成为最主要的谈判议题之一。该协定的最后签署不仅在贸易领域明确了知识产权保护的规则，使“冒牌货”、集成电路布图、计算机软件、药品、化工产品等贸易中新的技术产品专利、商标问题得到规范，而且将世界知识产权保护的整体水平大大提高了一截。

改革开放后，为适应经济发展和科技进步的要求，根据国民经济发展的客观需要，通过借鉴知识产权国际公约和其他国家知识产权立法，中国在知识产权保护领域相继出台了《中华人民共和国商标法》《中华人民共和国专利法》《中华人民共和国著作权法》等法律，逐步建立健全知识产权保护的立法体系。自 1985 年中国实施《中华人民共和国专利法》以来，中国专利申请和授权数量迅速增长。根据国家知识产权局统计资料显示，1985 年全年专利申请 14 372 项，到 2018 年达到 1 542 002 件，年均增长 15.22%。事实上，目前中国的专利申请量在世界已经位列前茅。从商标申请看，1982 年，中国商标申请为 18 565 件，2018 年达到 7 370 709 件，商标申请年均增长为 18.08%。

三、知识产权保护有关国际公约

(一)《保护工业产权巴黎公约》

《保护工业产权巴黎公约》(简称《巴黎公约》)缔结于 1883 年，是各种工业产权中缔约最早、成员最广泛的一个综合性公约。《巴黎公约》的调整对象即保护范围是工业产权，包括发明专利权、实用新型、工业品外观设计、商标权、服务标记、厂商名称、产地标记或原产地名称以及制止不正当竞争等。巴黎公约的基本目的是保证一成员的工业产权在所有其他成员都得到保护。条约经历过多次修订，现行的是 1980 年 2 月在日内瓦修订的文本。该公约最初的成员为 11 个，截至目前，成员已达到 177 个。

(二)《商标国际注册马德里协定》

商标所有人要在不同国家获得注册保护，就要分别在每个国家都履行一次注册手续，这意味着需要按照各国的规定申请注册。随着国际市场的扩大，许多国家的厂商都感到商标重复注册带来的不便。为减少和简化商标注册手续并减少费用，法国、比利时、西班牙、瑞士、突尼斯等国于 1891 年 4 月 14 日在西班牙马德里缔结《商标国际注册马德里协定》(简称《马德里协定》)。该协定是用于规定、规范国际商标注册的国际条约，1900 年 11 月 14 日修订于布鲁塞尔，1911 年 6 月 2 日修订于华盛顿，1925 年 11 月 6 日修订于海牙，1934 年 6 月 2 日修订于伦敦，1957 年 6 月 15 日修订于尼斯，1967 年 7 月 14 日修订于斯德哥尔摩。截至目前，共有成员 93 个。

（三）《保护文学艺术作品伯尔尼公约》

《保护文学艺术作品伯尔尼公约》（简称《伯尔尼公约》）是关于著作权保护的国际条约，于1886年缔结。该公约的产生，标志着国际版权保护体系的初步形成。公约保护的作品范围是缔约国国民的或在缔约国内首次发表的一切文学艺术作品。文学艺术作品包括文学、科学和艺术领域内的一切作品，如图书、讲课、演讲、讲道、戏剧、哑剧、舞蹈、乐曲、电影作品、图画、建筑、雕塑、摄影、实用艺术品，以及地理学、解剖学、建筑学或科学方面的图表、图示及立体作品等。该公约经历了1896、1908、1914、1928、1948、1967、1971年多次修订。截至目前，缔约方达到177个。

（四）《国际植物新品种保护公约》

为了更好的保护育种者的合法权益，激发并鼓励更多的人投入到植物新品种的培育中来，1961年在巴黎缔结，并组成了相应的“国际植物新品种保护联盟”（简称UPOV）。参加它的国家不一定是《巴黎公约》的成员国，只要UFOV的委员会认为这个国家的法律与本公约不相冲突，其总干事就可以批准参加。按照公约的规定，它的总干事由世界知识产权组织总干事担任，联盟的事务也由世界知识产权组织代管。

（五）《专利合作条约》

为进一步统一《巴黎公约》成员国发明人取得专利的程序，以及避免各国专利局的重复工作，1970年6月19日，35个国家在华盛顿共同签订《专利合作条约》。这是继《巴黎公约》之后专利领域的最重要的国际条约，是国际专利制度发展史上的又一个里程碑。条约大大简化了成员国国民在成员国范围内申请专利的手续、使原先必须在各国分别、重复履行的申请程序简化为提交一份格式相同的申请案，大大减轻了各国专利局的工作量。

（六）《保护表演者、音像制品制作者和广播组织罗马公约》

为解决邻接权（即作者以外的权利，例如表演者、音像制品制作者和广播组织的权利）的国际保护问题，由联合国国际劳工组织与管理《伯尔尼公约》的世界知识产权组织及联合国教科文组织共同发起，于1961年10月26日在罗马缔结了《保护表演者、音像制品制作者和广播组织罗马公约》，简称《罗马公约》。这是版权邻接权国际保护中的第一个世界性公约，只有参加《伯尔尼公约》的成员才能加入该公约。

四、中国参加的知识产权保护国际公约

在不断完善国内知识产权法律的同时，中国相继加入一些主要的知识产权国际公约。如表8-1所示，中国先后加入《建立知识产权组织公约》《保护工业产权巴黎公约》《关于集成电路知识产权保护公约》《商标国际注册马德里协定》《保护文学作品伯尔尼公约》《世界版权公约》《保护录音制品制作者防止未经许可复制其录音制品公约》《专利合作条约》《商标注册用商品和服务国际分类尼斯协定》《国际承认用于专利程序微生物保存布达佩斯条约》《建立工业品外观设计国际分类洛伽诺协定》《国际专利分类斯特拉斯堡协定》《国际植物新品种保护公约》等。在陆续加入知识产权保护国际公约、条约和协定的过程中，中国政府恪守原则，遵守国际公约，充分承担国际义

务，得到了广泛赞誉。

表 8-1　中国已经加入的知识产权保护国际公约

条约名称	中国加入时间
建立世界知识产权组织公约	1980 年
保护工业产权巴黎公约	1985 年
关于集成电路知识产权保护公约	1989 年
商标国际注册马德里协定	1989 年
保护文学作品伯尔尼公约	1992 年
世界版权公约	1992 年
保护录音制品制作者防止未经许可复制其录音制品公约	1993 年
专利合作条约	1994 年
商标注册用商品和服务国际分类尼斯协定	1994 年
国际承认用于专利程序微生物保存布达佩斯条约	1995 年
建立工业品外观设计国际分类洛伽诺协定	1996 年
国际专利分类斯特拉斯堡协定	1997 年
国际植物新品种保护公约	1999 年

资料来源：郑成思，《知识产权论（修订本）》，法律出版社，2001 年。

五、知识产权贸易竞争力

一般来说，一国的知识产权竞争力强、技术含量高、市场价值大，其知识产权贸易的竞争力也就强。根据知识产权的狭义定义，知识产权贸易至少应该包括专利许可贸易、商标许可贸易和著作权许可贸易。由于统计数据的限制，我们以联合国 comtrade 数据库中各国服务贸易项目下的特许权许可费（royalities and license fee）来计算知识产权贸易竞争力。特许权使用费，是指使用它国经济组织所有的专利权、商标权、版权或类似的专有权利而支付的费用。

测算贸易竞争力的指标有很多，主要使用的指标是贸易竞争力指数（TC 指数）和显示性比较优势指数（RCA 指数）。贸易竞争力指数为细分行业当年的净出口与进出口总额的比值，其值在－1 到＋1 之间。而显示性比较优势指数是由匈牙利经济学家巴拉萨（Balassa）在计算 OECD 国家贸易比较优势时提出的，计算一国或地区某种出口商品在本国或本地区出口中所占的比重与世界此类产品出口占世界出口比重之比。该指数能够较为全面地反映一国或地区某行业贸易专业化水平和贸易数量竞争优势。

本章以 RCA 指数为例进行说明。根据显示性比较优势指数定义，一国 j 的出口商品 i 的 RCA 指数由该种商品占国家总出口的比重与世界该种产品占世界总出口比重的比值来衡量。因此，RCA 指数的计算公式为：

$$\mathrm{RCA}_{ij}=\frac{X_{ij}/\sum\limits_{i}X_{ij}}{\sum\limits_{j}X_{ij}/\sum\limits_{i}\sum\limits_{j}X_{ij}}$$

式中，X_{ij} 代表 j 国 i 产品的出口额，此处代表一国特许权许可贸易额；$\sum_{i} X_{ij}$ 为 j 国总出口额，此处代表 j 国服务贸易出口额；$\sum_{j} X_{ij}$ 为 i 产品的世界出口贸易额，此处代表世界特许权许可贸易出口额；$\sum_{i}\sum_{j} X_{ij}$ 代表世界服务贸易出口额。计算出来的 RCA 指数大于 1 表示该国在特许权许可贸易具有显示性比较优势；计算出来的 RCA 指数小于 1 则表示该国特许权许可贸易不具有显示性比较优势。本章分别选择了 1987—2016 年具有代表性 8 个发达国家和 8 个发展中国家，计算的特许权许可贸易 RCA 指数如表 8-2 和表 8-3 所示。

表 8-2 显示，发达国家特许权许可贸易的 RCA 指数普遍高于表 8-3 的发展中国家。按照平均值来看，特许权许可贸易竞争力大小排序为：美国、日本、英国、德国、法国、加拿大、澳大利亚和意大利。美国特许权许可贸易的显示性比较优势最强，平均值达到 3.066，远远超过 1；日本次之，其显示性比较优势指数平均值达到 2.781 4；再次是英国，其平均值为 1.186 1；而意大利的特许权许可贸易的 RCA 指数较小，其均值只有 0.287 1，反映出与其他发达国家之间的差距。

表 8-2　发达国家特许权许可贸易 RCA 指数

年份	1987	1988	1989	1990	1991	1992	1993	1994	1995	1996
美国	3.699 3	3.681 0	3.584 5	3.502 6	3.074 0	3.227 8	3.067 3	3.137 9	3.251 8	3.062 1
日本					1.792 7	1.695 2	1.887 4	2.072 0	2.146 7	2.210 8
英国	1.328 1	1.387 3	1.420 1	1.371 0	1.397 6	1.552 4	1.485 3	1.443 0	1.432 2	1.678 6
法国	0.623 8	0.694 7	0.546 1	0.529 6	0.518 7	0.473 8	0.445 5	0.438 8	0.515 3	0.505 4
德国	0.893 0	0.888 7	0.875 9	0.977 6	0.826 4	0.824 2	0.840 8	0.852 0	0.911 6	0.899 3
意大利	0.120 5	0.125 0	0.112 9	0.645 5	0.148 4	0.111 7	0.116 4	0.140 0	0.175 0	0.130 2
加拿大	0.190 9	0.223 3	0.227 6	0.238 2	0.252 4	0.284 4	0.283 8	0.312 9	0.334 3	0.671 9
澳大利亚	0.942 6	0.646 7	0.627 2	0.490 4	0.394 3	0.359 0	0.401 8	0.384 3	0.340 0	0.319 7
年份	1997	1998	1999	2000	2001	2002	2003	2004	2005	2006
美国	2.943 7	2.925 4	2.835 6	2.805 0	2.824 0	3.005 6	3.125 0	3.101 2	3.045 4	3.048 3
日本	2.372 3	2.535 1	2.683 6	2.836 4	3.185 0	3.092 9	3.165 2	3.169 6	3.158 4	3.506 7
英国	1.528 3	1.379 7	1.387 9	1.303 1	1.341 5	1.275 9	1.273 4	1.225 2	1.291 2	1.210 9
法国	0.563 0	0.580 8	0.474 9	0.551 1	0.638 0	0.757 1	0.823 5	0.941 2	1.006 0	1.076 3
德国	0.876 8	0.847 8	0.740 2	0.671 9	0.736 1	0.732 6	0.736 5	0.752 3	0.886 2	0.696 2
意大利	0.164 8	0.151 1	0.191 6	0.191 2	0.150 9	0.173 9	0.146 4	0.179 2	0.249 7	0.231 6
加拿大	0.828 9	0.885 7	0.854 8	1.078 1	1.221 4	1.203 2	1.299 8	1.310 7	1.276 4	1.119 6
澳大利亚	0.391 8	0.358 2	0.381 7	0.359 2	0.343 1	0.322 3	0.362 5	0.357 4	0.350 8	0.384 3

续　表

年份	2007	2008	2009	2010	2011	2012	2013	2014	2015	2016
美国	3.388 4	3.227 2	2.882 1	2.944 5	2.976 3	2.966 7	3.216 0	2.878 0	2.394 9	2.159 6
日本	3.071 7	2.935 3	2.534 3	2.882 4	2.989 4	3.344 9	3.686 4	3.472 0	3.036 7	2.853 4
英国	0.960 6	0.874 3	0.799 3	0.808 6	0.722 3	0.613 0	0.868 1	0.793 1	0.779 7	0.650 3
法国	1.011 5	1.143 5	1.102 5	1.043 0	1.047 3	0.919 5	0.962 9	0.906 9	0.957 7	0.901 2
德国	0.648 9	0.730 7	1.133 1	0.924 3	0.810 5	0.782 0	0.917 5	0.893 0	0.857 9	0.863 4
意大利	0.154 8	0.587 5	0.614 7	0.568 1	0.518 1	0.553 3	0.582 8	0.476 9	0.454 4	0.445 5
加拿大	0.915 4	0.894 9	0.827 5	0.583 7	0.546 0	0.691 5	0.912 0	0.900 2	0.752 1	0.685 1
澳大利亚	0.291 2	0.264 2	0.273 6	0.301 6	0.265 7	0.247 2	0.261 1	0.253 0	0.216 0	0.193 9

注：德国的数据在1987—1989年为联邦德国的数据，其后为统一后的德国的数据。
资料来源：根据联合国comtrade数据库数据整理计算而得。

表8-3显示，在发展中国家中，按照平均值来看，特许权许可贸易竞争力大小排序为：韩国、新加坡、巴西、墨西哥、阿根廷、中国、泰国、印度。韩国的显示性比较优势最高，其平均值达到0.461 2，且呈现逐年上升趋势；其次为新加坡和巴西，其均值分别为0.203 5和0.201 7；而中国特许权许可贸易的RCA指数始终徘徊在0.05至0.08之间，均值为0.060 6。这说明中国的特许权许可贸易还不具备国际竞争优势，这似乎与中国的专利和商标的申请和授权大国地位不太匹配。

表8-3　发展中国家特许权许可贸易RCA指数

年份	1987	1988	1989	1990	1991	1992	1993	1994	1995	1996
韩国	0.053 8	0.169 6	0.084 5	0.118 7	0.169 4	0.266 1	0.260 2	0.214 6	0.305 8	0.177 0
中国										
新加坡									0.064 5	0.061 5
泰国	0.000 9	0.002 3	0.000 5		0.008 0	0.027 5	0.006 2	0.008 2	0.000 9	0.033 1
印度	0.008 2	0.009 1	0.010 2	0.008 8	0.003 5	0.004 0	0.001 5	0.001 7	0.004 8	0.021 4
阿根廷	0.277 9	0.099 3	0.104 1	0.050 4	0.046 6	0.051 9	0.059 0	0.060 2	0.075 6	0.079 1
墨西哥	0.137 5	0.076 7	0.095 0	0.278 0	0.246 7	0.249 0	0.262 4	0.044 8	0.273 1	0.254 5
巴西	0.091 2	0.087 8	0.125 0	0.098 3	0.109 8	0.079 8	0.223 1	0.090 2	0.121 7	0.375 5
年份	1997	1998	1999	2000	2001	2002	2003	2004	2005	2006
韩国	0.215 7	0.217 9	0.342 9	0.432 7	0.624 3	0.573 8	0.796 6	0.875 6	0.833 8	0.793 4
中国	0.050 4	0.056 5	0.057 1	0.050 7	0.064 8	0.065 2	0.045 8	0.074 6	0.041 7	0.045 5
新加坡	0.056 2	0.054 7	0.048 8	0.058 0	0.126 3	0.134 6	0.108 4	0.209 1	0.233 2	0.253 1
泰国	0.063 0	0.011 6	0.026 6	0.012 0	0.013 3	0.009 3	0.009 5	0.014 8	0.016 4	0.039 3
印度	0.030 7	0.035 4	0.031 5	0.095 0	0.042 1	0.020 2	0.020 2	0.027 2	0.046 3	0.030 3

续 表

年份	1997	1998	1999	2000	2001	2002	2003	2004	2005	2006
阿根廷	0.086 1	0.116 2	0.107 6	0.143 0	0.198 6	0.186 6	0.229 1	0.228 0	0.155 7	0.190 4
墨西哥	0.261 5	0.254 2	0.071 5	0.060 2	0.063 1	0.073 9	0.133 3	0.128 4	0.086 0	0.213 4
巴西	0.364 6	0.398 5	0.369 8	0.253 1	0.236 2	0.204 7	0.207 2	0.179 3	0.124 9	0.158 1
年份	2007	2008	2009	2010	2011	2012	2013	2014	2015	2016
韩国	0.405 7	0.446 6	0.652 1	0.549 9	0.681 3	0.473 6	0.645 3	0.683 0	0.844 5	0.928 5
中国	0.047 8	0.065 9	0.049 7	0.078 2	0.063 1	0.083 3	0.082 8	0.051 3	0.058 0	0.079 3
新加坡	0.245 1	0.231 8	0.167 7	0.157 8	0.225 5	0.224 5	0.415 9	0.415 3	0.513 0	0.472 4
泰国	0.030 7	0.051 8	0.072 2	0.068 1	0.063 9	0.074 3	0.065 0	0.061 3	0.035 7	0.012 9
印度	0.032 0	0.023 5	0.031 1	0.015 7	0.032 8	0.034 3	0.051 5	0.067 8	0.041 6	
阿根廷	0.174 9	0.146 5	0.139 1	0.161 8	0.167 3	0.164 5	0.170 2	0.213 6	0.172 8	0.130 3
墨西哥								0.146 7	0.191 2	0.003 5
巴西	0.227 6	0.259 8	0.234 7	0.190 5	0.231 4	0.195 8	0.166 3	0.151 4	0.245 0	0.249 3

第二节 国际知识产权壁垒及其对中国对外贸易的影响

一、国际知识产权壁垒

(一) 知识产权壁垒现状

20 世纪 70 年代以来,面对日益增长的贸易逆差,美国的贸易政策越来越倾向于推行所谓的公平贸易。美国政府认为,之所以出现这么大的贸易逆差,不是美国的贸易竞争力出现显著下降,而是因为美国产品在国际贸易中遭受了一些不公平待遇。基于此,美国不遗余力地推动相关贸易规则来保障和推动其知识产权密集型产品的贸易。这主要从两方面展开:其一,通过推动全球加强知识产权保护以保护美国知识产权密集型产品的出口贸易,防止其产品在国外被侵权。标志性的事件是在关贸总协定乌拉圭回合谈判中,美国极力推动将知识产权保护与国际贸易联系起来,在国际上建立一套高标准、严要求的知识产权国际保护体系,并最终达成《与贸易有关的知识产权协议》(简称 TRIPs 协议),该协议是世界贸易组织(WTO)的支柱性协议之一。其二,通过美国国际贸易委员会(USITC)发起知识产权调查强化本国知识产权保护,防止其国内市场遭受进口品的“不公平贸易”,确保相关产业的知识产权不受国外商品侵害。美国发起的知识产权调查是美国国际贸易委员会根据美国《1930 年关税法》对进口贸易中的不公平行为发起调查并采取制裁措施。由于其所依据的是《1930 年关税法》第 337 节的规定,所以,一般简称 337 调查。知识产权调查是指美国国际贸易委员会根据美国《1930 年关税法》第 337 节(简称“337 条款”),对不公平的进口行为进行调查，并采取制裁措施的做法。该条款经多次修订，现规定：进口行为如果存在不正当竞争，且对美国国内相关产业造成实质性损害，美国国际贸易委员会可根据美国国内企业的申请进行调查。不正当竞争行为主要包括侵犯美国国内有效的专利权、商标权、著作权等。尽管美国的知识产权调查遭到了其他大多数 WTO 成员的反对，但从实践来看，美国已经将 337 调查作为"两反一保"之外的又一有力的贸易保护措施。

实际上，由于规则的不透明，诉讼双方的信息不对称，披着"公平贸易"外衣的知识产权调查已经成为美国贸易保护主义政策的重要组成部分，受到来自美国以外的其他贸易伙伴的诸多指责①。如图 8-1 所示，美国在 1972 年至 2017 年间，共对外发起知识产权调查 1 623 件。按照常规逻辑，如果是出于公平贸易的动机，美国对外发起知识产权调查的数量应与美国进口量之间存在对称性，并呈现出正向的拟线性关系。但图 8-1 非常清楚地表明案件高峰期集中在 20 世纪 80 年代初期以及 2008 年全球金融危机以来两个时段，且这两个时段都与美国的经济周期呈现一定的关联性。即美国在经济繁荣时，对外发起知识产权调查案件的数量相对较少；而美国在经济不景气时，则加大对外知识产权调查。

尽管存在诸多质疑，但知识产权调查还是成为美国重要的贸易救济手段之一。近年来，知识产权调查甚至有超过反倾销案件之势。数据显示，2000—2017 年间，美国共对外发起反倾销诉讼案件 525 起②，而同期知识产权调查的案件已经达到 665 起③，超过其对外反倾销诉讼案件的数量。

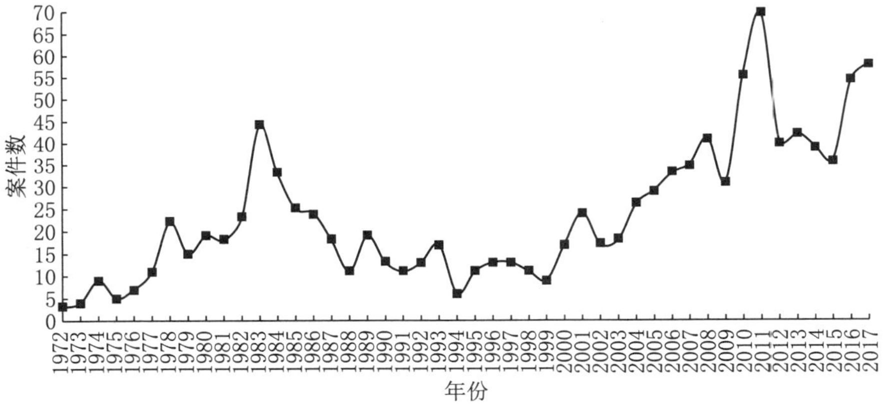

图 8-1　美国发起的"知识产权调查"案件数

资料来源：https://pubapps2.usitc.gov/337external/。

① 1983 年，加拿大政府向关税与贸易总协定（GATT）提出成立专家小组认定美国 337 调查是否违反 GATT 相关规定；1989 年，欧共体就 337 条款与 GATT 规定冲突为由提请专家小组审理；2000 年，欧盟、加拿大和日本要求美国在 WTO 框架下就 337 条款进行磋商；2005 年以来，中国商务部在每年发布的《国别贸易投资环境报告》中均指出美国 337 调查的不合理性，并实际上造成了贸易阻碍。

② 数据来源：https://www.wto.org/english/tratop_e/adp_e/adp_e.htm。

③ 数据来源：http://pubapps2.usitc.gov/337external/。

经过四十多年的改革开放，原来贫弱的中国已经成长为世界经济大国，并在21世纪世界经济与贸易格局中占有举足轻重的地位。伴随着中国经济高速增长以及对外贸易的快速增长，出于对中国经济发展和出口竞争力的担心，以美国为首的发达国家越来越多地利用知识产权压制中国产品的出口。近年来，快速发展的出口贸易使中国与主要贸易伙伴的贸易摩擦呈激增之势，并有愈演愈烈的趋势。一个明显的趋势是，中国加入世界贸易组织以来，美国不断加大对华知识产权调查的力度。从1972年发起首例知识产权调查到2017年年底，美国国际贸易委员会一共对外发起1 091起知识产权调查，其中针对中国企业的就达234起，占比21.45%；而从2002年开始，明显加大对华企业的知识产权调查力度，其间共发起219起调查，占整个对华调查案件的93.59%。2017年甚至达到24起，为2003年立案调查数量的三倍。如果被诉企业真的侵权，知识产权调查无可厚非。但余乐芬发现，在所有知识产权调查已经结案的案件中，有约75%的处理结果是和解、没有发现侵权、原告撤诉和同意令，仅有25%的案件发现侵权成立。这意味着很多诉讼企业付出高昂的诉讼费用却最终没有胜诉，但这并没有阻挡更多企业启动知识产权调查的热情。显然这部分诉讼企业打官司是假，而通过启动知识产权调查达到贸易遏制效应以及被诉方被动和解的“敲竹杠”效应是其启动知识产权调查的真正目的。而这就是实实在在的贸易壁垒，即借知识产权保护之名，行贸易保护之实。

（二）调查总量分析

从涉案的数量看，纵观美国知识产权调查的历史，经历了2个高峰时期。第一个高峰期为20世纪70年代末期至20世纪80年代中期。表8-4显示，1978—1987年间，共发起知识产权调查241件，占总调查数量的22.05%，年平均24.1件，略微高于总体年平均数23.8件。第二个高峰期为2001年以来至今，此时刻也恰逢中国①加入世界贸易组织。2001—2017年间，共发起知识产权调查649件，占总调查数量的59.4%，年平均38.2件，远远高于总体年平均数②。出现这两个高峰期并不令人奇怪，第一个时期是高油价背景下美国滞胀时期，第二个是美国新经济泡沫破灭后的经济不景气时期。从这些细节可以看出，知识产权调查并没有跟随国际知识产权保护的潮流出现线性递增或递减，而是与美国经济景气度保持高度相关，这不得不令人怀疑美国知识产权调查的公平与正义性。

根据表8-4，从涉案对象所处的地理位置来看，知识产权调查的“主角”集中在亚洲，其次是欧洲和北美洲，而南美洲、大洋洲和非洲则涉案较少。1972—2017年间，除1974年和1984年欧洲涉案数量超过亚洲外，其他年份亚洲涉案数量都位居榜首。在这期间，针对亚洲的起诉数量达到1 089起，占比64.44%；针对欧洲达到408起，占比24.14%，针对北美洲的达到159起，占比9.41%，针对大洋洲的达到15起，占比0.89%，针对南美洲的达到14起，占比0.83%，针对非洲的达到5起，占比0.3%。亚

① 本章涉及“中国”的数据不包括中国台湾省、香港特别行政区和澳门特别行政区。

② 2008年7月7日，ITC公布了337调查程序的新规则，虽然是细节性的修改，但申诉人可能需要一个适应的过程，因此可能导致了2009年申诉数量的明显减少。

洲、欧洲和北美洲是美国三个最重要的贸易伙伴，但知识产权调查的重点却唯独集中在亚洲，其调查的歧视性不言而喻。

根据表 8-4，从各大洲涉案国家和地区数目来看，亚洲、欧洲位居前列；而北美洲、南美洲、大洋洲和非洲涉案数量少，且集中在少数几个经济体。1972—2017 年间，涉案经济体数量为 637 个，这些经济体涉案总量达 1 690 次，平均每起案件2.65个经济体涉案。这期间，针对亚洲的案件达到 1 089 起，涉案经济体总数达到 272 次，平均每起案件涉案对象数量达到 4 个；针对欧洲的案件达到 408 起，涉案经济体总数达到 239 次，平均每起案件涉案对象数量达到 1.71 个；针对北美洲的案件达到 159 起，涉案经济体总数达到 75 次，平均每起案件涉案对象数量达到 2.12 个。数据表明，对欧洲调查采取的是"撒胡椒面式"的威慑打击模式，而对亚洲采取则是对重点对象（主要是日本、中国台湾和中国大陆）的精准打击模式。

表 8-4 知识产权调查情况表

年份	案件总数	涉案经济体数量	亚洲	欧洲	北美洲	南美洲	大洋洲	非洲
1972	3	3	2(2)	1(1)	0	0	0	0
1973	4	3	3(2)	1(1)	0	0	0	0
1974	9	7	4(1)	5(5)	0	0	0	1(1)
1975	5	3	2(1)	2(2)	0	0	0	0
1976	7	10	6(4)	5(5)	1(1)	0	0	0
1977	11	8	16(5)	2(2)	1(1)	0	0	0
1978	22	11	18(4)	7(3)	2(2)	0	2(2)	0
1979	15	10	10(5)	7(4)	2(1)	0	0	0
1980	19	10	10(3)	10(6)	1(1)	0	0	0
1981	18	10	19(5)	3(3)	3(1)	0	0	1(1)
1982	23	11	18(5)	6(3)	4(2)	1(1)	0	0
1983	44	17	30(6)	18(8)	4(1)	0	2(1)	1(1)
1984	33	12	18(4)	21(7)	2(1)	0	0	0
1985	25	12	17(4)	11(7)	2(1)	0	0	0
1986	24	14	27(7)	10(5)	1(1)	1(1)	0	0
1987	18	18	18(7)	10(8)	5(2)	1(1)	0	0
1988	11	6	10(3)	3(3)	0	0	0	0
1989	19	16	13(4)	13(10)	1(1)	1(1)	0	0
1990	13	11	8(3)	6(6)	1(1)	1(1)	0	0
1991	11	8	6(3)	6(2)	2(1)	2(2)	0	0
1992	13	8	8(4)	3(2)	3(1)	1(1)	0	0
1993	17	14	15(5)	9(7)	5(2)	0	0	0
1994	6	6	5(4)	2(2)	0	0	0	0

续　表

年份	案件总数	涉案经济体数量	亚洲	欧洲	北美洲	南美洲	大洋洲	非洲
1995	11	8	10(5)	3(2)	1(1)	0	0	0
1996	13	11	13(7)	2(2)	2(2)	0	0	0
1997	13	12	12(7)	3(3)	2(2)	0	0	0
1998	11	12	14(6)	6(5)	2(1)	0	0	0
1999	9	8	4(3)	4(4)	1(1)	0	0	0
2000	17	9	17(6)	2(2)	1(1)	0	0	0
2001	24	18	26(10)	10(6)	4(2)	0	0	0
2002	17	14	17(5)	7(7)	3(2)	0	0	0
2003	18	19	27(12)	6(4)	6(3)	0	0	0
2004	26	19	34(10)	8(6)	3(2)	1(1)	0	0
2005	29	22	28(8)	10(7)	11(5)	0	1(1)	1(1)
2006	33	20	34(9)	13(6)	4(3)	1(1)	1(1)	0
2007	35	18	47(10)	9(5)	3(3)	0	0	0
2008	41	28	68(11)	16(11)	8(5)	0	1(1)	0
2009	31	15	36(7)	8(6)	5(2)	0	0	0
2010	56	16	67(9)	11(4)	12(3)	0	0	0
2011	69	23	73(9)	27(11)	9(3)	0	0	0
2012	40	27	57(8)	21(11)	13(5)	2(2)	1(1)	0
2013	43	20	42(7)	15(9)	6(3)	0	2(1)	0
2014	39	24	48(10)	18(9)	7(3)	1(1)	2(1)	0
2015	36	22	24(8)	16(10)	6(2)	0	1(1)	1(1)
2016	54	23	49(13)	20(7)	6(1)	0	2(2)	0(0)
2017	58	21	59(10)	12(8)	4(2)	1(1)	0	0

注:第 3～8 列括号中数字为当年各大洲涉案经济体数量。

资料来源:根据美国国际贸易委员会不公平进口调查信息系统库整理而得。

(三) 涉案来源地分析

1972—2017 年,美国国际贸易委员会共对外发起 1 093 起知识产权调查,总共涉及 68 个国家和地区,每个贸易伙伴平均遭受调查 16 起。

从涉案的国家和地区看,中国台湾、日本和中国大陆是知识产权调查的最大受害方。表 8-5 的数据资料显示,1972—2017 期间,被调查较多的经济体有:日本、中国台湾、中国香港、中国大陆、德国等。其中,中国台湾有 18 年位居第一,日本有 13 年排在第一,中国大陆有 13 年位居第一,中国香港和德国分别有 1 年位居第一。日本位居调查榜首的时间主要是在 20 世纪 70 年代至 80 年代中期,中国台湾则是 20 世纪 80 年代末期至 20 世纪末,而中国大陆位居榜首的时间则是加入世界贸易组织以后。2002—2017 年期间，短短的 16 年间，中国大陆位居调查榜首达 13 次之多。即使我们将考察范围放松到前三来看，中国台湾、日本和中国大陆仍然是主要的被调查方。如果被诉企业真的侵权，知识产权调查无可厚非。但根据表 8-5 的信息，我们难免产生这样的疑问：为什么是在 2001 年以来针对中国大陆的知识产权调查案件急速攀升？难道 2001 年以前中国知识产权保护非常严格，而此后知识产权保护明显放松？显然这不是问题的答案，这恰恰表明美国知识产权调查具有明显的针对性和歧视性。实际上，自 20 世纪 80 年代以来，中国知识产权保护不管是从立法还是从执法层面都显现出越来越严的趋势。

此处借用产业经济学中测度市场集中度的方法来计算知识产权调查的地理集中度。其计算公式为：

$$\mathrm{HH}=s_1^2+s_2^2+\cdots+s_n^2=\sum_{i=1}^{n}s_i^2$$

式中，s_i表示针对某国或地区遭遇知识产权调查数量占当年知识产权调查总量的比例。HH 指数取值范围在 0～1 之间，越接近 1，表明知识产权调查集中度越高；越接近 0，表明市场集中度低，说明涉案对象有增加的趋势。根据本章数据的特点，我们将计算排名前三的集中度指数。从涉案国家和地区的地理集中度看，知识产权调查的集中度总体呈现下降趋势。表 8-5 测算结果显示，HH 指数从 1972 年的 0.333 3 下降至 2017 年的 0.143 0，虽然其中也有一定的起伏，但总体趋势向下。这说明美国知识产权调查增加的大背景下，涉案的国家和地区也不断在增加，知识产权调查的打击面也不断在扩展。

表 8-5　涉案来源地汇总表

年份	第一涉案对象	第二涉案对象	第三涉案对象	涉案地数量	案件总量	集中度
1972	日本	中国台湾	英国	3	3	0.333 3
1973	日本	中国香港	意大利	3	4	0.375 0
1974	日本	英国	荷兰	7	10	0.180 0
1975	日本	德国	丹麦	3	4	0.375 0
1976	中国台湾	日本	中国香港	10	12	0.062 5
1977	日本	中国台湾	韩国	8	19	0.185 6
1978	中国台湾	日本	中国香港	11	29	0.098 7
1979	中国台湾	日本	英国	10	19	0.080 3
1980	日本	中国台湾	德国	10	21	0.102 0
1981	日本	中国台湾	加拿大	10	26	0.180 5
1982	中国台湾	日本	德国	11	29	0.104 6
1983	中国台湾	日本	德国	17	55	0.073 1
1984	中国台湾	日本	德国	12	41	0.084 5
1985	中国台湾	日本	中国香港	12	30	0.100 0

续　表

年份	第一涉案对象	第二涉案对象	第三涉案对象	涉案地数量	案件总量	集中度
1986	日本	中国台湾	中国香港	14	39	0.079 6
1987	中国香港	韩国	中国台湾	18	34	0.035 5
1988	中国台湾	日本	韩国	6	13	0.390 5
1989	中国台湾	日本	意大利	16	28	0.075 3
1990	中国台湾	韩国	菲律宾	11	16	0.101 6
1991	德国	日本	中国香港	8	16	0.113 3
1992	中国台湾	加拿大	日本	8	15	0.128 9
1993	中国台湾	加拿大	日本	14	29	0.088 0
1994	中国台湾	日本	中国香港	6	7	0.122 4
1995	日本	中国香港	中国台湾	8	14	0.112 2
1996	日本	韩国	中国台湾	11	17	0.076 1
1997	中国台湾	日本	中国大陆	12	17	0.058 8
1998	中国台湾	中国大陆	中国香港	12	22	0.093 0
1999	日本	中国台湾	中国大陆	8	9	0.074 0
2000	中国台湾	日本	中国大陆	9	20	0.175 0
2001	中国台湾	日本	德国	18	40	0.083 8
2002	中国大陆	中国香港	中国台湾	14	27	0.090 5
2003	中国大陆	加拿大	中国台湾	19	39	0.058 5
2004	中国大陆	中国台湾	日本	19	46	0.078 0
2005	中国大陆	中国台湾	韩国	22	51	0.053 1
2006	中国大陆	德国	日本	20	53	0.081 9
2007	中国大陆	韩国	日本	18	59	0.117 5
2008	中国大陆	中国台湾	日本	28	93	0.060 7
2009	日本	中国台湾	中国大陆	15	49	0.095 0
2010	中国大陆	中国台湾	日本	16	90	0.088 5
2011	日本	中国大陆	中国台湾	23	109	0.074 2
2012	中国台湾	中国大陆	日本	27	94	0.055 7
2013	中国大陆	中国台湾	韩国	20	65	0.066 7
2014	中国大陆	中国台湾	中国香港	24	76	0.058 7
2015	中国大陆	加拿大	英国	22	48	0.057 3
2016	中国大陆	韩国	加拿大	23	77	0.093 7
2017	中国大陆	日本	中国台湾	21	76	0.143 0

注:第 6 列数据为当年涉案国家和地区涉案数量累加而得,其他数据计算基于 USITC 不公平进口调查信息系统库。

从原告来源地来看，虽然美国本土企业占据绝对主流地位，但由于知识产权调查对起诉对象的资格规定较松，其他国家和地区的企业也可以在美国本土起诉，以保障自己作为知识产权权利人的利益。在知识产权调查中，无论美国企业（自然人）还是非美国企业（自然人），只要其认为进口产品侵犯了其在美国登记或注册的专利权、商标权、版权或集成电路布图设计权，并能够证明美国国内已经存在或正在形成相应的国内产业，都可以依法向美国国际贸易委员会提起知识产权调查申请①。表 8-6 的统计显示，除美国外，日本、中国台湾、韩国和德国是使用知识产权调查最多的国家和地区。说明这些国家和地区的企业较其他经济体企业而言，可能更熟悉美国知识产权调查的规则。同时，这样做可以起到一定的威慑作用，其他起诉方可能会担心这些国家和地区企业的报复能力而降低起诉的概率。

表 8-6　原告来源地分布表(除美国外)

来源地	日本	中国台湾	韩国	德国	英国	加拿大	中国大陆	中国香港
起诉数量	47	23	22	11	8	7	3	1

资料来源：根据美国国际贸易委员会不公平进口调查信息系统库整理而得。

(四) 调查类型分析

在知识产权调查实践中，调查类型主要包括：专利侵权、注册商标侵权、侵犯商业秘密、商业外观侵权②、虚假原产地、版权侵权、不公平竞争、商标灰色市场③等。根据表 8-7，1972—2017 年间，知识产权调查中涉及最多的是专利侵权，占 87.81%；其次为注册商标侵权，占 9.81%。同时，通过表 8-8 的数据发现，2004 年以来，知识产权调查中涉及专利侵权案件的比重均超过 90%，这说明近年来针对专利侵权的诉讼得到进一步强化。

表 8-7　涉案调查类型汇总表

类　型	全球数量	比重/(%)	类　型	全球数量	比重/(%)
专利侵权	958	87.81	虚假原产地	29	2.66
注册商标侵权	107	9.81	版权侵权	25	2.29
侵犯商业秘密	47	4.31	不公平竞争	18	1.65
商业外观侵权	39	3.57	商标灰色市场	1	0.09

注：部分案件涉及两种调查类型，因此各类型比重相加超过 100%。
资料来源：根据美国国际贸易委员会不公平进口调查信息系统库整理而得。

在表 8-8 中，我们利用中国大陆和世界的数据进行了对比。由于针对中国大陆的知识产权调查案件主要爆发在 2002 年以后，我们选择的样本区间为 2002—

① http://gpj.mofcom.gov.cn/article/cx/cp/ea/200808/20080805741430.shtml.

② 是指经营者在进口产品中，仿效国内产品的特殊或“非功能性”特征，足以诱骗消费者相信该进口产品是国内生产商产品的行为。

③ 又称平行进口。灰色市场的商品就是有品牌的真品，只不过其销售的渠道未经该商标拥有者授权与同意，是一种“非正式”的销售渠道。

2017 年。结果显示，针对中国大陆的知识产权调查案件中，涉及专利侵权的占据绝对优势地位，除 2003、2008 年外，其他年份涉及专利侵权的比重都高达 80%以上。但与世界样本相比较，在考察样本的大部分年份，针对中国大陆的调查案件中，专利侵权诉讼的比重还是低于世界平均值。这意味着，中国大陆企业涉案的类型更为广泛，这可能会增加中国大陆企业应诉的时间和费用成本，进一步提升中国大陆企业的不应诉比率。

表 8-8　世界和中国大陆专利侵权涉案比较

年份	专利侵权涉案总数	世界当年涉案总数	世界比重/(%)	中国大陆专利侵权案件	中国大陆当年涉案数	中国大陆比重/(%)
2002	13	17	76.47	4	5	80.00
2003	14	18	77.78	5	8	62.50
2004	25	26	96.15	9	10	90.00
2005	29	29	100.00	8	8	100.00
2006	30	33	90.91	11	13	84.62
2007	35	35	100.00	20	20	100.00
2008	37	41	90.24	11	14	78.57
2009	29	31	93.55	8	8	100.00
2010	56	56	100.00	19	19	100.00
2011	67	69	97.10	16	18	88.69
2012	37	40	92.50	12	14	85.71
2013	39	43	90.70	13	13	100.00
2014	37	39	94.87	12	13	92.31
2015	35	36	97.22	9	10	90.00
2016	49	54	90.74	19	22	86.36
2017	55	58	94.83	22	24	91.67

资料来源：根据美国国际贸易委员会不公平进口调查信息系统库整理而得。

（五）涉案产业分析

世界海关组织《商品名称及编码协调制度》（简称 HS）分类编码体系将商品分为 22 大类产品①。表 8-9 为按照 HS 编码体系进行分类统计的涉案产业统计结果。

从涉案的产业覆盖度来看，除第 3 类动植物油和脂和第 21 类艺术品及古玩外，

① 根据世界海关组织《商品名称及编码协调制度》（简称 HS）分类编码体系，商品分类如下：第 1 类为活动物、动物产品；第 2 类为植物制品；第 3 类为动植物油和脂；第 4 类为食品、饮料、烟草；第 5 类为矿产品；第 6 类为化工产品；第 7 类为塑料和橡胶制品；第 8 类为皮革、箱包制品；第 9 类为木材及木制品；第 10 类为木浆及纸制品；第 11 类为纺织原料及纺织制品；第 12 类为鞋、帽、靴、伞等轻工制品；第 13 类为水泥、陶瓷及玻璃制品；第 14 类为贵金属及其制品；第 15 类为贱金属及其制品；第 16 类为机电产品；第 17 类为运输设备；第 18 类为光学、钟表和医疗设备；第 19 类为武器弹药；第 20 类为杂项制品；第 21 类为艺术品及古玩；第 22 类为其他未分类产品。

其他大类都有涉及，只是程度不同而已，产业覆盖度高达 90.9%。这样来看，知识产权调查的打击面就非常广，不管是知识产权敏感型产业还是知识产权非敏感型产业，都有可能成为涉案标的。

从涉案产业集中度来看，第 16 类——机电产品无疑是重灾区。1972—2014 年间，知识产权调查针对机电产品就达到 602 起，占 63.7%；其次是第 20 类——杂项制品，涉案次数达到 92 起，占 9.74%。另外，第 6 类——化工产品、第 18 类——光学、钟表和医疗设备及第 7 类——塑料和橡胶制品相对涉案较多。同时，利用 2009—2014 年的数据发现，这一时期知识产权调查更进一步集中在机电产品和杂项制品上。表 8-9 统计结果显示，2009—2014 年间，机电产品涉案 201 起，比重达到 72.56%；杂项制品涉案 28 起，占 10.11%，都超过 1972—2014 期间的世界平均值。与此形成强烈对比的是，这一期间美国反倾销的重点行业则是贱金属及制品①。

从针对中国大陆的案件看，和世界样本一样，机电产品和杂项制品是主要的涉案产品；而美国对华反倾销则主要集中在贱金属和化工行业，两者合计比重达到 60% 以上②。表 8-9 数据显示，2009—2014 年间，针对中国大陆的知识产权调查案件中，机电产品涉案 54 起，占 63.53%，低于同期世界样本的机电产品涉案 72.56%的比重；杂项制品涉案 9 起，占 10.59%，略高于同期世界样本的杂项制品涉案 10.11%的比重。总体上看，针对中国大陆调查的行业与世界没有出现实质性的差异，但具有贸易竞争力优势的塑料、橡胶制品和皮革、箱包制品的涉案比重却明显高于世界平均水平。

表 8-9　涉案产业的涉案件数和比重汇总表

调查产业	世界（1972—2014 年）	比重/（%）	世界（2009—2014 年）	比重/（%）	中国大陆（2009—2014 年）	比重/（%）
第 16 类	602	63.7	201	72.56	54	63.53
第 20 类	92	9.74	28	10.11	9	10.59
第 6 类	63	6.67	11	3.97	4	4.71
第 18 类	62	6.56	26	9.39	7	8.24
第 7 类	43	4.55	14	5.05	7	8.24
第 15 类	29	3.07	8	2.89	5	5.88
第 17 类	16	1.69	4	1.44	2	2.35
第 12 类	13	1.38	1	0.36	1	1.18
第 13 类	9	0.95	2	0.72	0	0
第 4 类	9	0.95	2	0.72	0	0
第 8 类	9	0.95	4	1.44	3	3.53
第 9 类	6	0.63	1	0.36	0	0

① 根据 Global Antidumping Database 中美国起诉数据整理而得。

② 根据 Global Antidumping Database 中美国数据整理而得。

续　表

调查产业	世界（1972—2014年）	比重/（%）	世界（2009—2014年）	比重/（%）	中国大陆（2009—2014年）	比重/（%）
第11类	6	0.63	2	0.72	1	1.18
第5类	3	0.32	0	0	0	0
第14类	3	0.32	0	0	0	0
第10类	3	0.32	3	1.08	0	0
第22类	3	0.32	3	1.08	3	3.53
第2类	2	0.21	0	0	0	0
第19类	2	0.21	1	0.36	0	0
第1类	2	0.21	1	0.36	0	0

注：有些案件涉及的产业种类达到2类甚至更多。例如，编号为337-TA-874的案件，涉及的产业达5类之多，分别为第4类、第6类、第10类、第16类和第20类。因此，表中的涉案产业加总将超过知识产权调查案件的总数量。

资料来源：根据美国国际贸易委员会不公平进口调查信息系统库整理而得。

（六）判决结果分析

一旦启动知识产权调查，被诉企业首先面临的选择是应诉还是不应诉？究竟选择哪一种方式，取决于其成本和收益的对比。一旦应诉，将面临支付高昂的律师费和承受可能败诉带来的风险。张平指出，知识产权调查的应诉费用一般在200万～1 000万美元，有的甚至达到2 000万美元。当然不应诉的情况可能更为糟糕，美国国际贸易委员会将根据原告提供的材料做出对被告最为不利的判决。

从未应诉比重看，表8-10的数据显示，就世界样本而言，未应诉的比重为4.32%。横向对比来看，中国大陆的未应诉比重达到12.46%，远远高于世界平均水平；同期日本的未应诉比重仅为1.48%，中国台湾的未应诉比重为2.19%，这两个经济体的未应诉比重低于世界平均水平，同时也远远低于中国大陆的未应诉比重。这说明，中国有相当多的被诉企业由于害怕高昂的应诉费用而放弃应诉，这可能会更进一步助长美国对华知识产权调查的频度。

知识产权调查后可能出现的结果是原告撤诉、和解、同意令、发现侵权和未发现侵权等。显然，未发现侵权和原告撤诉意味着被告胜诉。而败诉的主要结果是发现侵权、同意令及和解。发现侵权肯定意味着被告败诉，但和解和同意令实质也是被告败诉。之所以达成和解，主要是因为被告"被迫"签订了苛刻的不平等条约，如专利许可、贴牌生产、指定采购、退出市场，这实际上是满足了原告起诉的目的，等同于被告败诉。同意令与和解非常类似，只是美国国际贸易委员会还保留了管辖权而已。张平指出，和解和同意令对被告来说，是明和实败。

从胜败诉比重看，表8-10的数据显示，被告的世界平均胜诉率（未发现侵权比重与撤诉比重相加）为28.42%。横向对比看，中国大陆、中国台湾和日本企业作为被告方，其平均胜诉率分别为25.22%、24.6%和32.22%。数据表明中国大陆和中国台湾的平均胜诉率低于全球平均水平，而日本的平均胜诉率远远高于平均水平。这可能跟日本在20世纪70年代就卷入知识产权调查有一定关系，高居不下的调查频度使得日本的企业在应诉知识产权调查时经验更为充分。从和解和同意令比重来看，世界样本均值为54.78%。横向对比来看，中国大陆为50.68%，中国台湾为55.34%，日本达到57.41%。

表8-10　世界及主要国家和地区应诉案件数和比重汇总表(1972—2017年)

应诉情况	世界	世界比重/(%)	中国大陆	中国大陆比重/(%)	中国台湾	中国台湾比重/(%)	日本	日本比重/(%)
撤　诉	175	13.74	57	16.15	45	12.3	36	13.33
和　解	511	40.11	99	28.05	132	36.07	129	47.78
未发现侵权	187	14.68	32	9.07	45	12.3	51	18.89
未应诉	55	4.32	44	12.46	8	2.19	4	1.48
同意令	194	15.23	71	20.11	60	16.39	26	9.63
发现侵权	152	11.93	50	14.16	76	20.77	24	8.89

资料来源:根据美国国际贸易委员会不公平进口调查信息系统库整理而得。

在发现侵权的案件中，美国国际贸易委员会一般采取的救济措施包括普遍排除令、一般排除令、停止令和没收令等。普遍排除令要求海关针对侵权产品，不管来源地，只要所有人、进口商或销售商无法证明其产品没有侵权，就排除在美国海关之外。由于不分来源地，这种救济措施的杀伤力巨大。有限排除令是专门针对被裁定侵权的被诉方发出的，禁止申请书中被列名的外国侵权企业的侵权产品进入美国市场。停止令要求被诉方立即停止被指控的侵权行为，被诉方产品不得向美国出口，也不得在美国对涉案产品进行营销、分销、库存、宣传、广告等行为。而如果美国国际贸易委员会曾就某一产品发布过排除令，而有关企业试图再次将其出口到美国市场，则美国国际贸易委员会可发布没收令。表8-11中统计了这些救济措施的使用情况。从世界样本来看，有限排除令的比例最高，达到39.12%，中国大陆和日本亦如此，其有限排除令的比例分别为37.21%和35.9%;中国台湾的有限排除令比例为33.64%，略低于世界平均水平。

表8-11　世界及主要国家和地区救济措施数和比重汇总表(1972—2017年)

救济措施	世界	比重/(%)	中国大陆	比重/(%)	中国台湾	比重/(%)	日本	比重/(%)
普遍排除令	107	31.47	37	28.68	47	42.73	12	30.77
有限排除令	133	39.12	48	37.21	37	33.64	14	35.9
停止令	100	29.41	44	34.11	26	23.64	13	33.33

注:没收令在337调查案件救济实践中很少采用，美国国际贸易委员会不公平进口调查信息系统库并没有查询到没收令的使用记录。

资料来源:根据美国国际贸易委员会不公平进口调查信息系统库整理而得。

二、对华知识产权调查的特点

促成美国国际贸易委员会频繁启动知识产权调查已经成为美国以及部分发达国家企业限制中国产品出口的重要救济手段，其目的在于借知识产权保护之名，打击国外竞争者，维护其在美国乃至全球市场的竞争优势。一旦美国国际贸易委员会认定被告的涉案产品侵权，侵权产品将被禁止进入美国市场，甚至还会波及被调查产品的上下游产品。目前，我出口到美国的产品深受知识产权调查之害。归纳起来，呈现出以下几个特点：

第一，涉及商品种类广泛，严重制约中国产品出口。直觉告诉我们，知识产权调查涉及的可能是高科技产品，因为这些产品中涉及知识产权的概率更高。但据表 8-9 显示，除了高科技产品如电子产品、汽车零部件遭到多起调查，一些劳动密集型产品也涉及其中，如家具以及部分杂项制品也遭到了知识产权调查。与传统的反倾销救济手段对比来看，反倾销主要针对中国有价格竞争优势的劳动密集型产品，而知识产权调查即可能针对高科技产品，又有可能针对劳动密集型产品，其对出口贸易的影响将达到甚至超过传统的贸易救济方式。

第二，不对称信息效应。国内企业对于美国的知识产权调查程序不熟悉，国外应诉的律师费用也非常昂贵，而且中国企业普遍缺乏知识产权保护意识，认为打赢官司的概率低，许多企业像当初国外对华反倾销一样放弃应诉，从而导致其产品最终被排除在美国市场之外。另外，美国企业相对熟悉诉讼流程，具有信息优势。因此，美国国内企业利用中国企业不愿意应诉的现实，积极促成美国国际贸易委员会启动对华企业的知识产权调查，一旦国外厂商的预期形成，大量的知识产权调查和诉讼将对中国企业的出口贸易产生巨大的冲击。

第三，报复措施的缺乏。目前，中国缺乏针对美国的知识产权调查的反制手段。一方面，滥用知识产权调查而导致的知识产权壁垒频繁爆发的时期是在 2002 年以后，对于中国企业和政府而言都还比较陌生。另一方面，中国在知识产权保护方面的经验还很不充足。中国 1983 年实施《商标法》，1985 年才开始实施《专利法》，而 1991 年才开始实施《版权法》。因此，在知识产权救济上中国还是初学者。

第四，既可能针对进口，也可能针对出口。一般的贸易壁垒都是针对进口产品设置的，目的是降低贸易伙伴产品的出口竞争力。但知识产权壁垒与其他贸易壁垒有所不同，它除了能够限制进口产品，还可以以某个国家知识产权保护程度低为理由，拒绝某些产品或技术出口到这个国家。例如，美国政府就有以知识产权保护不力为由(实际上可能是出于军事目的)禁止某些高科技产品向中国出口；同时，一部分跨国公司也以此为由不愿意向中国转移先进技术。

三、国际知识产权壁垒对中国对外贸易的影响

在 GATT/WTO“乌拉圭回合”谈判中酝酿成熟、在世界贸易组织体制下成型的《与贸易有关的知识产权协定》，是发展中国家为换取其他领域的利益而对发达国家所做出的重要让步，因而该协定的实施必然对发达国家有利，而对发展中国家经济贸

易发展产生一定的冲击。但是，由于知识产权是国际技术进步、经济贸易赖以长久发展的动力源泉，符合全球福利需要，发展中国家必须适应并努力理合知识产权保护的历史趋势。

知识产权优势在现代比较利益优势中古据主导地位，成为国际经济与贸易竞争的制高点。发达国家依靠这一优势在众多的产业中建立了强大持久的技术垄断霸权地位，促使产业结构加快升级，技术进步推动经济增加值的扩大，并在与其他国家特别是发展中国家的贸易中赚取超额利润。与此同时，发展中国家在基础工业和传统产业技术落后的同时，正面临着与发达国家之间在新技术领域的越来越大的“数字鸿沟”。贸易条件继续处于恶化的状态，这种状况表明，以技术差距为核心内容的国际知识产权落差正在加快全球范围内的“两极分化”。

在知识产权保护方面，发展中国家正在持续地付出“适应性成本”。“适应性成本”是指发展中国家在国际知识产权保护条件下，为达到产品和服务的国际竞争和知识产权保护标准，引进使用先进技术并提高产品配套、管理能力所付出的综合成本。在国际知识产权组织和条约范围内，在一国知识产权保护立法条件下，“适应性成本”存在一定的强制性。“适应性成本”会直接增加发展中国家资源和资本的“紧约束”，增加国内资源调配的机会成本，并扩大对外贸易的成本。这种状况可能导致两种结果：①“适应性成本”发生在传统产业部门，在初级产品国际市场需求不旺的情况下，可能造成发展中国家贸易条件的进一步恶化；②“适应性成本”发生在现代工业部门，在促使产业结构和产品质量上升的同时，增加外贸竞争力，产生改善贸易条件的积极效果。发展中国家应当有选择地规划资源投入方向，努力争取于己有利的知识产权保护效果。

（一）贸易抑制效应

与传统的贸易限制措施相比，知识产权调查具有程序快捷、使用标准较低、措施严厉、被告方反诉讼受到限制、规则总体符合 WTO 规则等特点，因而与传统贸易限制措施相比威力更大。在知识产权调查期间，由于诉讼信息不对称，被调查商品的进口商无法确定其是否侵权，理性的选择就是减少该商品进口；而一旦 USITC 认为国外产品侵权成立，则相关产品将永久性地被排除在美国市场之外。代中强等考虑到申诉效应和救济效应对美国贸易伙伴出口的影响存在异质性，通过反事实模拟分析，发现美国发起的知识产权调查使其主要贸易伙伴对美出口额平均下降 0.84～3.37个百分点。同时，利用原告胜诉案件数量的实证研究，发现原告胜诉将对贸易伙伴对美出口产生更强的贸易抑制效应，平均下降 1.06～4.19 个百分点。反事实模拟实证研究表明中国遭遇的贸易抑制效应最大。

（二）研究开发效应

知识产权调查主要指向被诉企业的知识产权问题，其带来的申诉效应和救济效应对被诉出口企业影响巨大。一旦侵权成立，企业对美国出口将遭遇毁灭性打击。因此，不论是未曾被诉讼的企业，还是已经被诉讼过的企业，只要还想进入美国市场，知识产权调查就有可能成为悬在这些企业头上的“达摩克利斯之剑”。为降低知识产权调查带来的威胁，出口企业可能会认真研究竞争对手在美国的专利布局，进一步加大研发支出，这是一种倒逼机制。这意味着美国知识产权壁垒的威胁有可能会导致对美出口依赖性强的企业进一步加快技术开发的步伐。例如，华为公司在遭受美国的知识产权调查后，明显强化其研究开发，不久后其国内专利申请量、美国专利申请量和国际专利申请量在全球都居于前列。

（三）全球价值链效应

由于在技术上拥有优势，美国相当一部分企业处在全球价值链的顶端，拥有控制全球价值链的能力。美国凭借自己的知识产权优势，频频对外设置知识产权壁垒，这可以帮助美国企业或行业巩固和强化自己在价值链的地位。一旦其他国家企业或行业的全球价值链攀升，可能会影响到美国企业或行业对全球价值链的控制能力时，知识产权调查可以成功地阻碍其他国家企业或行业的价值链攀升进程，那么这些国家的企业或行业可能被长期锁定在全球价值链的低端地位。

第三节 知识产权保护与中国对外贸易转型

世界经济的历史经验和当前知识经济发展的实践表明，知识产权正在成为一国乃至世界的贸易、经济成长的原动力。在这种趋势下，知识产权开发与知识产权保护必然成为各国经济政策的主要着力点。中国正在努力实现由“贸易大国”向“贸易强国”、由“制造大国”向“制造强国”的转化，正确处理好知识产权保护与对外贸易转型的关系是十分重要的。

一、加强原生、自主性知识产权的开发与保护，增加中国对外贸易的技术要素禀赋

技术进步主要来源于研究与开发，增加投入和改革体制是走独立自主的技术进步道路的关键。第一，要加大对产业技术开发与产业技术教育的投资。长期以来，中国“研究与开发”（R&D）投入占 GDP 的比重偏低，同时存在技术开发上偏重理论、轻视应用的倾向，许多成果停留在理论著述或实验室阶段，形不成实际的产业技术成果；在教育投资方面，也存在片面强调高等、研究生教育而轻视技术、职业教育的问题，实际上造成了某些投资浪费。第二，应进一步强调学、研与产业的合作，以往我们总是将产学研合作的重点放在产业如何寻求高校、研究所的支持上。而事实上正好相反，应当更多强调的恰是高校要更好地为产业技术发展服务。第三，要改变个人专利占主导地位的现状，促使个人专利成果向企业专利技术转化。中国现阶段技术发明与创新存在与发达国家倒挂的现象，个人申请的专利总数约占全国申请专利总数的 60%以上。因此。有必要安排专项资金，促使个人成果向企业转让或促进个人的创业投资。第四，要利用中国文明古国和物种大国的技术资源优势，加大传统技术挖掘革新和生物新技术品种开发的力度，培育新的技术竞争优势。第五，从立法、执法等方面自觉加强知识产权的保护，为技术进步创造有利环境。

二、促进国际知识产权贸易与技术交流，加快引进知识产权的本土化、商业化进程及相关制度建设

随着经济全球化和要素流动的自由化，国际知识产权贸易与技术交流日益频繁，获取技术的渠道大大增加。中国加入世界贸易组织后，有关发达国家也逐步放宽了对华技术输出的限制。但是，实现引进知识产权的吸收、消化、改造，即本土化与升级，并最终达到应用其提高中国出口商品竞争力的商业化功效目的，则并不容易。一方面，在中国对外贸易中要突出技术贸易的特殊重要性，实行技术贸易先行的政策；另一方面，要提高产业的技术应用和技术消化吸收能力，重塑对外贸易生产和服务产业的技术基础。为此，须建立产业与学界、科研院所的联合实验室或二次开发部门，尽快提高引进技术或其他知识产权的综合商业应用性能。

发展中国家在技术引进或知识产权应用上具有“后发优势”，这是无可争辩的事实。但是，许多发展中国家政府和企业忽视了相伴而来的“后发劣势”，即忽略了新技术或知识产权应用、改造优化所需要的制度环境建设，从而导致技术及知识产权引进不成功或功效发挥不足。众所周知，新的生产力要求新的生产关系与之对应，若发展中国家只重技术引进而不对落后的技术体制、管理体制、企业经营模式乃至知识产权保护机制进行改革，则难以发挥新技术和知识产权的先进作用。所以，在国际知识产权引进和交流过程中，我们必须加快相关制度的建设。

三、在利用外资过程中丰富对外贸易产业的知识产权内涵

中国是利用外资的大国，外商直接投资（FDI）是中国利用外资的主要方式。与此同时，据有关统计，外资企业从总体上提高了中国技术密集型产品的出口比重。这种状况表明，利用外资是提高中国对外贸易产业知识产权内涵的有效手段。但是我们也应当看到，在许多国有、民营外贸企业中，出口商品的结构、工艺依然十分落后，使用的商标也缺乏知名度，造成出口效益低下。所以中国有必要继续推进利用外资政策，尤其要推动外贸企业、外贸生产企业的对外合资合作，增加外贸产业的技术或知识产权赋存。

四、打破“制度约束”，充分挖掘技术与服务贸易潜力，努力实现服务贸易平衡增长

中国是“服务贸易小国”，在金融、保险、电信、商业及其他服务业方面，与发达国家，甚至一些发展中国家相比，都存在较大的差距，因此中国存在服务贸易逆差并有逐步扩大的趋势。但是，中国服务贸易并非全盘落后，在一些重要的服务贸易如航空航天、旅游、海洋运输、劳务输出等领域，中国拥有较好的技术和资源基础，仍然有迅速发展的巨大潜力；与此同时，中国服务贸易发展遇到的不单纯是“技术约束”和“资源约束”，更突出的问题在于“制度约束”。体制僵化、市场的低度竞争或高度垄断，保护了落后的经营机制与模式，阻碍了服务贸易技术及知识产权的应用，制约了企业制度的变革，从而强化了“技术、资源约束”的作用，严重损害了服务贸易产业的基础与成长。所以，必须从打破“制度约束”入手，充分挖掘技术和服务贸易潜力，努力实现服务贸易的

平衡增长。只有货物贸易和服务贸易双项平衡增长，才能造就中国的贸易强国地位。

五、积极参与多边知识产权开发与保护合作，克服知识产权壁垒对中国发展对外贸易的不利影响

中国是世界上大多数知识产权保护组织或协定的成员国，加入世界贸易组织为中国创造了参与知识产权保护新领域、参与制定新规则的重要条件。面对世界贸易组织对以往知识产权保护领域及规则的新发展，针对发达国家日益加强的知识产权贸易壁垒，中国必须从维护自身利益出发，依靠发展中国家集体的力量，坚持非歧视、与发展中国家经济承受力相适应、适当照顾发展中国家贸易利益及“过渡期”等立场，维护公正公平的国际贸易秩序，克服国际知识产权贸易壁垒的阻碍，推进中国对外贸易的发展。

本章小结

1. 改革开放后，为适应经济发展和科技进步的要求，根据国民经济发展的客观需要，通过借鉴知识产权国际公约和其他国家知识产权立法，中国在知识产权保护领域相继出台了一系列相关法律。

2. 伴随着中国经济高速增长以及对外贸易的快速增长，出于对中国经济发展和出口竞争力的担心，以美国为首的发达国家越来越多地利用知识产权压制中国产品的出口。

3. 来自国外的知识产权壁垒一方面会抑制中国的出口，阻碍口国全球价值链的攀升；另一方面也会倒逼中国的企业加快技术开发的步伐。

4. 知识产权正在成为一国乃至世界贸易、经济成长的原动力。中国应正确处理好知识产权保护与对外贸易转型的关系。

复习思考题

1. 简述中国知识产权保护的现状。
2. 简述美国对华知识产权调查的特点。
3. 简述知识产权壁垒对中国对外贸易的影响。

案例分析

华为应诉知识产权调查的经验与启示

2011 年 12 月 6 日，华为向深圳市中级人民法院提起对于 IDC 的反垄断诉讼。华为起诉称，IDC 参与各类国际标准制定，将其专利纳入其中，形成标准必要专利，并占据市场支配地位。由于 IDC 对华为的 4 次报价均明显高于对其他公司的许可，甚至高达百倍；针对当时全球手机销量不如苹果、三星等的华为公司索要高价明显缺乏正当性、合理性；为迫使华为免费许可其名下所有专利给 IDC 使用，反而提起知识产权调查和诉讼，强迫给予免费交叉许可。法院确认，IDC 实施了不公平的高价销售行为，构成垄断侵权行为。2013 年 6 月 28 日，美国国际贸易委会主审法官对无线 3G 设备知识产权调查案做出初裁，裁定 IDC 所诉的 7 项专利中 1 项无效，另外 6 项，被告公司中兴、华为不侵权。

知识产权不仅是企业成长过程中的一把利器，也是企业价值的一个重要组成部分，由此可见，在当代经济生活、政治生活、社会生活中，知识产权对于企业的发展都是愈来愈重要的。然而，即使已经认识知识产权对企业发展的重要性，在面对美国国际贸易委员会对中国企业频频发起的知识产权调查诉讼，中国企业的应诉过程、应诉结果不容乐观，应诉常常以失败收场。相比之下，作为全球领先的信息与通信技术（ICT）解决方案供应商，华为在面对美国国际贸易委员会对其发起的诉讼时，沉着稳定，积极应诉，努力化被动为主动，收获了相对圆满的结果，为中国企业应诉美国知识产权调查提供了丰富的经验。

华为采取了事前防御、事中应诉和事后总结的应诉策略，具体如下：①事前防御。华为在计划进军一个新的市场时，都会提前组织人员，投入大量的时间与精力对目标市场知识产权方面的情况做一个深入、系统性的调查。而且，华为作为中国的领军企业，一直都非常注重知识产权知识方面的积累以及管理，知识产权意识也比其他中小企业更加强烈。②事中应诉。面对美国国际贸易委员会发起的知识产权调查，华为一方面保持积极乐观的心态，作战团队态度绝不消极负面；另一方面，华为积极主动应诉美国知识产权调查，而不是像其他中小企业一样选择逃避诉讼；另外，华为公司一旦决定应诉美国的知识产权调查，就会当即调动相关知识产权管理人员，或者法律顾问，选择并确定合适的应对诉讼策略，同时聘请优秀的中外律师人才去应对，或者反诉其专利技术无效，或者反诉其专利不具有可执行性等。③事后总结。华为一向注重知识产权知识的管理，在遭受知识产权调查后，都会高度重视，进行资料的备案管理，以及相应的总结反思，为日后的长远发展积累经验，也避免再次遇到美国国际贸易委员会知识产权调查，或者其他机构的调查时，手足无措的状况发生。

分析题：

1. 结合案例，分析为什么美方频繁发起的知识产权调查，实质上是贸易壁垒。

2. 结合案例，分析如何提升中国企业在知识产权调查中的应诉率。

第九章　对外贸易与环境保护

学习要点

1. 可持续发展战略与世界绿色贸易的兴起；
2. 环境标准、环境保护和对外贸易竞争力；
3. 国际绿色壁垒泛滥对中国对外贸易的影响；
4. 在环境保护中发展中国对外贸易的主要策略。

本章重点介绍对外贸易与环境保护的关系，阐明绿色贸易发展的环境标准、环境保护对贸易竞争力的影响，分析环境或绿色壁垒构成的对外贸易阻碍作用，提出在环境保护中发展中国对外贸易的主要策略与措施。

第一节　经济全球化与环境保护

一、贸易自由化的环境效应

随着经济全球化在全球范围内展开，贸易与投资活动跨国界流动日益频繁，以此为媒介，环境问题不再是单个国家内部的问题，逐渐演变成全球化问题。1991 年，经济学家格罗斯曼和克鲁格(Grossman & Krueger)在研究北美自由贸易区(NAFTA)对一国环境的影响时，首次把贸易自由化的环境效应分解为三个部分：规模效应(scale effects)、结构效应(composition effects)和技术效应(technique effects)，从而建立了国际贸易环境效应理论分析的基本框架。规模效应指贸易自由化会增加居民的收入，促进一国的经济增长，使一国的经济规模扩大。经济规模扩大的同时也会增加对自然资源和生产要素的投入，造成环境破坏，表现为规模效应为负。结构效应是指各国在不同的产品上具有比较优势，国际贸易会使在清洁行业具有比较优势的国家专业化生产清洁型产品，这对环境的影响是正向的，表现为结构效应为正，而使得在污染行业具有比较优势的国家专业化生产“污染型”产品，这对环境的影响是负向的，表现为结构效应为负。技术效应是指贸易自由化促进了人均收入水平提高，从而居民对环境质量的要求提高，促使各国政府制定更为严格的环保标准和法规，并激励企业在生产过程中引进清洁技术和先进设备，提高资源的利用率，减少环境污染，从而表现为技术效应为正。三种效应的综合看作贸易的环境净效应。由于三种效应的作用大小不同，贸易可能对环境产生积极作用，也可能对环境产生消极作用。

二、经济全球化对环境的消极影响

（一）扩大环境危害的范围

自由贸易拓展了人类攫取资源的范围，扩大了生态环境破坏的范围。例如，木材的国际贸易对热带雨林的损害；濒危动植物及其制品的非法国际贸易对生物物种生存的威胁。又如，贸易范围的扩大使异地物种侵入他乡，导致当地物种及生物遗传资源多样性丧失；国际贸易的发展带动大量有害物质、危险化学品的交易，增加了跨国界环境污染和生态破坏的风险。

（二）加剧全球资源消耗，加剧全球范围内环境和生态危害

经济全球化促进了经济增长，但这是以更快速度的消耗更多的资源和能源为代价的，对化石燃料、土地等不可再生资源的影响尤其突出。例如，经济全球化导致资源开采和产品运输的大量增长，使高速公路等交通基础设施迅猛增加，大量有限的农业用地和植被被占用，对化石燃料的消耗大大增加。在一定的技术经济水平之下，资源的大量消耗将不可避免地加剧环境破坏。

（三）对发展中国家造成不利影响

经济全球化通过三种方式导致污染向发展中国家转移，对发展中国家造成不利的环境影响。一是通过全球化的投资和生产，发达国家的重化工业等高污染产业向发展中国家转移。据联合国环境署统计，美国 39%的高污染产业已转移到发展中国家，日本 60%以上的高污染产业也已转移到东南亚和拉丁美洲。二是国际贸易使废弃物从发达国家流向发展中国家。发展中国家具备劳动力优势，废弃物处理费用较低，同时环境标准较低。废弃物国际贸易既有合法交易，也有非法交易。合法的废弃物转移，如果处理技术水平不高、管理不严，也会造成一定程度的二次环境污染。而随着废弃物转移数量和需求总量的逐年增加，非法废弃物或有毒有害废弃物的进口也屡禁不止，造成严重的环境污染问题。三是在自由贸易的背景下，发展中国家向发达国家出口劳动密集型产品和资源消耗型产品。由于资源税和资源补偿费通常过低及环境污染没有真正计入企业成本，这就相当于以其资源和环境为代价去补贴国外消费者，而把大量污染留在国内。

三、经济全球化对环境的积极影响

（一）有助于提高资源利用效率及环境污染控制能力

知识和技术的全球化流动能促进一国（尤其是发展中国家）的技术进步和产业结构升级，由此提高资源利用效率和环境污染治理能力。首先，多数外商直接投资主要针对出口市场，其对产品质量的较高要求促使企业应用更清洁、更高效的资源和能源新技术，能在投资国起到一定的环保示范作用。有些跨国企业大量开展研究开发和

技术转让活动,其"溢出效应"对改善投资国的环境保护有很大贡献。其次,通过货物和技术的国际贸易,发展中国家可直接引进发达国家更清洁高效的生产和环保技术设备。这两种方式一方面从源头极大地提高资源利用效率、减少污染物排放,另一方面推动环境污染末端治理,从而全面提高资源利用效率和环境治理水平。

(二) 有助于提升全球的环境保护意识

技术、观念、文化和信息的全球流动,提高了国际社会的环境保护意识。发达国家较早遇到了环境和生态问题,较早反思自己的教训,在资源和环境管理方面已度过了学习曲线的缓慢进展阶段,不断形成并发展了一些核心的价值观和科学理念。而一些拥有古老文明的国家也有自古传承的优秀的自然与环境理念。知识和观念的全球化传播和相互学习,促进了全球环境意识的提高。同时,在全球环境组织网络的带动下,在全球公民社会环境运动的促进下,全球环境保护意识将得到一定程度的提升。

(三) 有助于环境知识在全球范围内交流和沟通

全球化使环境信息收集、处理和流动更加便捷,促进了环境资源信息共享,为决策者把环境保护纳入经济社会发展规划创造了前提条件。全球化生产和贸易刺激了创新技术的传播和对旧技术的替代,促进了清洁生产技术和环境保护技术的传播。开放的贸易和投资为发展中国家提供了采纳更清洁更环保的生产方法的动力和渠道,促进人们使用新的环境管理工具和政策。

第二节　绿色(生态)贸易与环境标准

环境保护是当前全球共同关注的问题。20 世纪 90 年代,人类在共同关爱地球、走可持续发展道路方面取得了共识。2001 年 11 月,WTO 第四次部长级会议再次提议,将与贸易有关的环境保护问题纳入新一轮的多边贸易谈判。对外贸易与环境保护的关系正在日益成为各国对外经济贸易合作的重要环节。

一、绿色(生态)贸易

绿色商品(green commodity),或生态商品,是指符合国际上以环境保护为目的而制定的有关技术标准与规则要求的商品。换言之,绿色商品就是符合环境标准、含有一定量环保成本投入、有利于人体健康或能够明显减少环境污染对消费者身体损害程度的商品。

绿色商品贸易是各国对外贸易的重要内容。绿色贸易主要体现在三个方面:①对外贸易商品必须符合国际统一的或国际公认的环保标准。凡含有农药或污染物残余物、重金属含量过高的农产品,不可降解的塑料包装品,含有氟利昂的制冷设备,放射超标的家用电器,某些对人类健康、人类安全和生物多样性有潜在影响的转基因高科技产品,将逐步被排除在自由贸易之外。②生产制造产品的过程、方法、场地符合环保标准的要求日趋普及。凡生产制造过程危及湿地、污染海洋、破坏臭氧层、加剧荒漠化、危害濒危物种、削减生物多样性、破坏生态平衡的商品，世界贸易组织的成员方有权拒绝进口或征收环境税。③禁止以有害人类健康和生态环竟的方式从事贸易活动和投资活动。随着世界经济贸易的不断发展和人类生存、消费方式对环境保护要求的日见提高，绿色贸易在世界贸易中所占的比重也将迅速增长。

二、环境标准

环境标准(environmental criteria)包括国别标准和多边标准，从其作用的约束力和广泛性而言，多边标准的重要性日益突出。现有的多边环境标准包括两大体系：①国际环保组织协调并通过多边磋商达成的有关协定；②世界贸易组织所涉及的与环境保护有关的规则和安排。其中，世界贸易组织的环境规则对世界各国贸易有重要影响。世界贸易组织的环境规则主要体现为以下两个方面：

(一)《技术性贸易壁垒协议》中的有关规定

世界贸易组织达成的《技术性贸易壁垒协议》(Agreement of TBT)规定了为达到“合法目标”而采取的技术法规、标准、合格评定程序，而“合法目标”所指就是维护国家基本安全、保护人类健康或安全、保护动植物生命或健康、保护环境、保护出口产品质量、防止欺诈行为等。

1. 技术法规

技术法规(technical regulation)是强制性执行的有关产品特性或相关工艺和生产方法的规定，主要包括有关技术规范、指南、准则、专门术语、符号、包装、标志或标签要求，技术法规一般涉及国家安全、产品安全、环境保护、劳动保护和节能等方面。

2. 标准

标准是指经公认机构批准供通用或重复使用的、非强制执行的关于产品特性或相关工艺和生产方法的规则或指南，可包括有关专门术语、符号、包装、标志或标签要求。世界贸易组织要求，所有标准化机构应尽量采用国际标准，各成员的中央政府标准化机构有义务接受并遵守规范，同时成员有义务使其领土内的其他标准化机构行为符合这一规范。

3. 合格评定程序

合格评定程序(conformity assessment procedures)是指任何直接或间接用以确定产品是否满足技术法规或标准要求的程序，主要包括产品认证与体系认证、认可和相互认证。其中，产品认证与体系认证较为普遍，如质量认证、安全认证、环境管理认证等；认可是指权威机构对某一认证机构资格的认可；相互认证则是指认证或认可机构之间通过签署相互承认协议，彼此承认认证或认可结果。

(二)《实施卫生与植物卫生措施协议》的有关规定

卫生与植物卫生措施，是指一国或世界贸易组织成员为保护人类、动植物的生命或健康而采取的相关法律法规、要求和程序。

卫生与植物卫生措施主要包括最终产品标准，工艺和生产方法，检测、检验、出证和审批程序，各种检疫处理，有关统计方法、抽样程序和风险评估方法的规定，与食品安全直接有关的包装和标签要求等。

《实施卫生与植物卫生措施协议》(Agreement of SPS)规定的成员国义务主要是:①非歧视地实施卫生与植物卫生措施,即不能在情形相同或相似的成员之间,或本国与其他成员国之间,实施造成任意或不合理的歧视;②以科学为依据实施卫生与植物卫生措施,即成员国应确保任何卫生与植物卫生措施都有科学的依据,若在科学依据不充分的情况下采取某种措施,则应是临时性的;③以国际标准为基础制定本国的卫生与植物卫生措施;④根据有害生物风险分析确定适当的保护水平;⑤保持卫生和植物卫生措施的透明度。此外,《实施卫生与植物卫生措施协议》还规定了发展中国家享有的特殊差别待遇,如由国际组织向发展中国家提供技术援助、信贷、捐赠、培训支持等。

综上所述,世界贸易中的环境保护主要是围绕着"绿色贸易"与环境标准展开的。国际通行的环境标准既构成各国的权利,也构成相互间的义务。由于各国经济发展和环境保护的水平差异,"绿色贸易"和环境标准必然对各自的利益造成直接的影响。

第三节　环境保护与中国对外贸易竞争力

改革开放以来,中国经济增长取得了快速发展。出口作为推动经济增长的"三驾马车"之一,对经济增长的贡献毋庸置疑。然而出口在提高国民收入和外汇储备的同时,也引发了政府和学界关于环境污染问题的担忧。

一、世界能源消费和碳排放状况

以天然气和可再生能源为主力,全球一次性能源消费在 2018 年增长迅猛。然而,碳排放增速达到了近几年以来的最高水平。图 9-1 给出了 2018 年各区域一次性能源消费份额。从图 9-1 可知,在一次性能源消费中,中国能源消费量最大,为 34%。

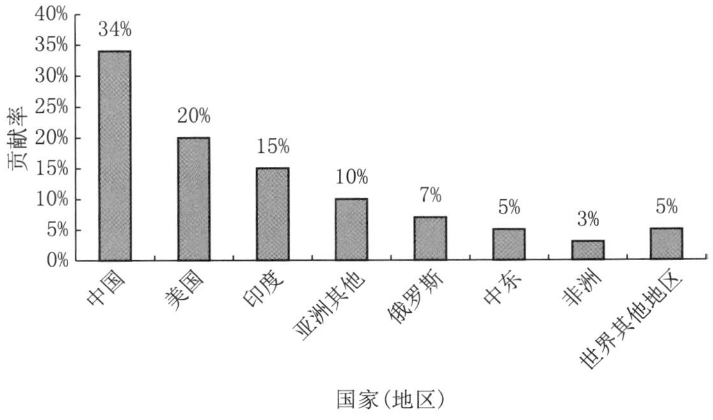

图 9-1　2018 年各区域一次性能源消费份额

数据来源:2019 世界能源统计年鉴。

其次是美国，一次性能源消费占比 20%，再次是印度为 15%。这三个国家占据了全球能源消费的 70%左右，是能源使用量最大的三个国家。其他亚洲国家、俄罗斯、中东和非洲消费相对较多，而世界除这些国家以外消费量不足 5%。

同时，从碳排放的总量来看，随着一次性能源消费的增加，全球碳排放总量显著上升，具体如 9-2 所示。2018 年全球碳排放增长近 2.0%，从主要能源消费和产出来看：

第一，全球石油消费增长 1.5%，年度平均油价（即期布伦特）从 2017 年的每桶 54.19 美元上涨至每桶 71.31 美元，即 140 万桶/日。中国（68 万桶/日）和美国（50 万桶/日）是最主要消费增长来源。全球石油产量增加 220 万桶/日，几乎所有的净增长都来自美国，220 万桶/日打破了历史上单一国家的年产量增长纪录。此外，加拿大（41 万桶/日）和沙特阿拉伯（39 万桶/日）的产量增长被委内瑞拉（－58 万桶/日）和伊朗（－31 万桶/日）的减产抵消。

第二，全球天然气消费增长 1 950 亿立方米，增速达 5.3%。消费增长主要来自美国（780 亿立方米），其次是中国（430 亿立方米）、俄罗斯（230 亿立方米）和伊朗（160 亿立方米）三国。全球天然气产量增长 1 900 亿立方米，增速达 5.2%。其中，美国贡献了几乎一半的产量增长（860 亿立方米）。2018 年美国油气产量增长均打破了单一国家的历史最高年产量增长纪录。俄罗斯（340 亿立方米）、伊朗（190 亿立方米）以及澳大利亚（170 亿立方米）紧随其后。跨区域天然气贸易增长 390 亿立方米，增速达 4.3%。液化天然气的持续快速扩张是主要原因。液化天然气的供给增长主要来自澳大利亚（150 亿立方米）、美国（110 亿立方米）和俄罗斯（90 亿立方米）。约一半的液化天然气进口增长来自中国（210 亿立方米）。

第三，全球煤炭消费增长 1.4%。煤炭消费的增长主要来自印度（3 600 万吨油当量）和中国（1 600 万吨油当量）。煤炭在一次能源消费中所占比重下降至 27.2%。全球煤炭产量增加 16 200 万吨油当量，增速达 4.3%，增量主要来自中国（8 200 万吨油当量）和印度尼西亚（5 100 万吨油当量）。

第四，全球可再生能源、水电和核能增长 14.5%。尽管其 7 100 万吨油当量的增量十分接近 2017 年的创纪录高位，这一速度仍略低于历史平均水平。太阳能发电增长 3 000 万吨油当量，仅低于风能发电（3 200 万吨油当量），并贡献了超过 40%的可再生能源增长。分国家来看，中国再次成为可再生能源增长的最大贡献者（3 200 万吨油当量），超过了经合组织的增量总和（2 600 万吨油当量）。水电增速达 3.1%，超平均水平。其中，欧洲发电量回升 1 290 万吨油当量，达 9.8%，大致抵消 2017 年急剧的下滑。全球核电增长 2.4%，为 2010 年以来的最快增速。其中，中国贡献几乎 3/4 的增长（1 000 万吨油当量），日本（500 万吨油当量）紧随其后。全球发电量增长 3.7%，超历史平均水平，主要由中国、美国、印度驱动。其中超过一半的增长来自中国。可再生能源发电量占总发电量净增长的 1/3，其次是煤炭（31%）和天然气（25%）。可再生能源发电量在总发电量中的比重从 8.4%提高至 9.3%。煤炭仍然是最主要的发电能源，占比达 38%。

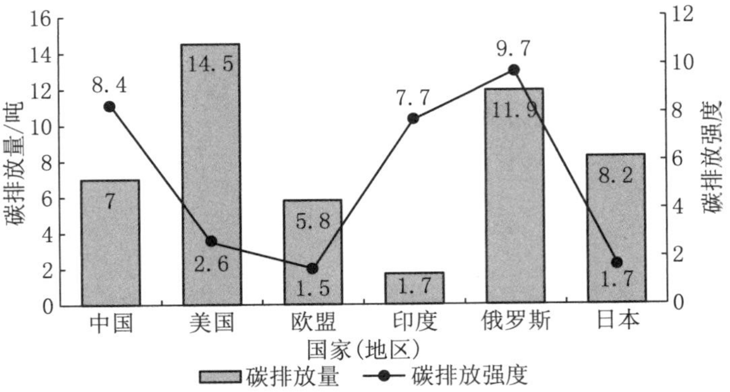

图 9-2 2019 年全球主要国家(地区)人均碳排放量和碳排放强度

2018 年碳排放总量排名前十的国家(地区)碳排放量占比如图 9-3 所示,中国位居碳排放首位,其次是美国和印度。这三个国家的碳排放总量几乎占到全世界排放的一半左右。中国早期的"高投入、高增长"经济模式也使得中国在 2003 年开始成为世界第一大二氧化碳排放国。目前"高耗能、高排放、高污染"产品的生产主要集中在中国,而这些产品却大部分用于出口贸易,在国内消费的较少,形成了"中国排碳,世界消费"的外贸模式,这种模式使中国成为"世界排碳"第一大国。

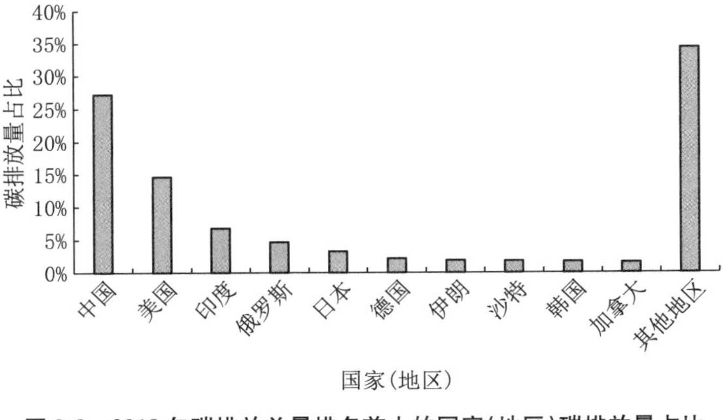

图 9-3 2018 年碳排放总量排名前十的国家(地区)碳排放量占比

资料来源:2019 世界能源统计年鉴。

二、中国碳排放和环境污染现状

从中国历年二氧化碳的排放量来看,二氧化碳的排放量 2010 年以来逐年下滑,排放量从 2 185 万吨下滑至 2017 年的 1 749 万吨,2018 年的排放总量或进一步降至 1 660 万吨左右。一方面,中国仍然是化石燃料最大的消费国之一,二氧化碳总量在世界上排放量很大。另一方面,中国近年来不断重视环境治理,加大了对环境部门的投资以及对可再生能源的使用,因此二氧化碳排放量相较于往年有所下降。

伴随着中国对外贸易的快速发展,中国的环境污染问题也在不断加剧。中国 2001 年加入 WTO 之后,对外贸易快速增长,在对外贸易规模持续扩大以及贸易顺差不断增加的同时，中国的工业废气排放量、工业废水排放量、工业固体废物产生量和工业二氧化硫排放量与中国的贸易规模总体上是一种同步增长的趋势。由于对外贸易规模的增长是以国内生产的持续扩张为基础的，这无疑将加速对中国有限资源的消耗和污染排放的增加，进而对中国环境造成不利影响。从2010—2018年第一季度的工业废气、工业废水和危险固体垃圾的排放量来看，中国工业废气、废水和固体垃圾的排放量逐年增加。

目前中国主要污染物有工业废水、工业废气、工业固体垃圾等，不同行业的污染排放水平存在显著差异，具体如图9-4和图9-5所示。

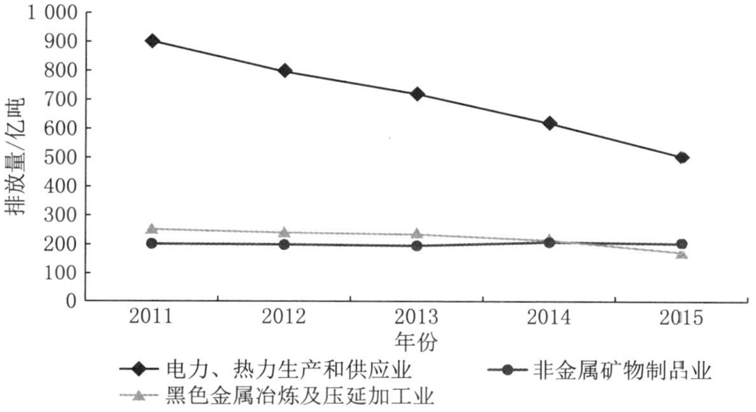

图9-4　2015年重点行业的二氧化硫排放情况

2015年，调查统计的41个工业行业中，二氧化硫排放量位于前3位的工业行业依次为电力、热力生产和供应业，非金属矿物制品业，黑色金属冶炼及压延加工业。3个行业共排放二氧化硫883.2万吨，占重点调查工业企业二氧化硫排放总量的63.1%。

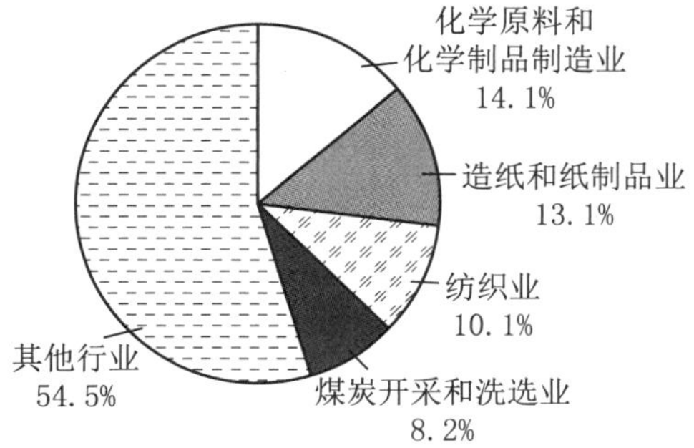

图9-5　2015年重点行业的废水排放情况

2015年，在调查统计的41个工业行业中，废水排放量位于前4位的行业依次为化学原料和化学制品制造业，造纸和纸制品业，纺织业，煤炭开采和洗选业。4个行业的废水排放量为82.6亿吨，占重点调查工业企业废水排放总量的45.5%。

三、环境保护和贸易竞争力

以环境保护为目标的环境标准必然对物质产品生产、交换活动存在一定的影响。环境标准对国际生产和贸易的影响主要表现为：一方面，对于技术水平和相关法律、法规较为适应国际通行的环境标准的国家而言，在其对外贸易产品及服务中，直接环保类产品和服务在环保消费领域占尽竞争优势，某些垄断性环保技术产品和生态标志产品能够产生巨额的超额利润，并可能在总体上产生改善贸易条件的作用；另一方面，对于技术水平和相关法律、法规不能适应国际通行的环境标准的国家而言，为消除环保水平差距而发生的投入必然产生“适应性成本”。

所以，“适应性成本”对于一国对外贸易的影响主要取决于本国环保技术、环境标准与他国或多边环境保护制度之间的差距。一般地说，当一国的技术、环境标准高于他国或多边环境保护规制时，环境标准不仅不会制约本国的对外贸易发展，反而会强化对外贸易竞争力；反之，当一国技术、环境标准低于他国或多边环境保护规制时，该国的“适应性成本”将被迫提高，并因而降低产品及服务的出口竞争力。

发展中国家为消除环保水平差异而增加的要素投入量及其结构变化，扩大了对外贸易中的“适应性成本”，进一步恶化了发展中国家的贸易条件。具体地说，在发展中国家技术条件和资源总量不变情况下，产出规模的扩大必然导致环境质量的下降，因为产出扩大增加了污染排放量，同时它减少了控制污染的要素投入。为此，发展中国家若无力增加环保投入，则出口产品和服务的贸易竞争力必然受到削弱。若在当期或今后增加环保投入，无论所增加的投入用于开发、引进环保技术或直接用于污染、卫生控制，都构成“适应性成本”，因而面临着对外贸易中产品及服务贸易条件的恶化。

四、绿色壁垒构成“额外适应性成本”

当今世界，各国政府和国际社会为了保护本国公民、动植物与生态环境的安全健康，均制定有直接或间接限制、甚至禁止某些进出口贸易活动的法律、法规和政策措施。当这些法律法规和政策措施超越正常的标准要求，出于国际贸易保护目的或被用于限制外国产品及服务的正常进口贸易时，它便构成了环境保护歧视或“绿色壁垒”。

随着国际贸易竞争的不断加剧，有关资料表明，越来越多的国家和地区特别是发达国家使用强制性的环境规定与标准，对外国产品及服务进口加以限制，形成国际贸易中市场准入的障碍。这类贸易障碍不仅直接增加外国出口商的经营成本，更重要的，它时常表现为禁止性、数量强制限制性、技术标准或文化歧视性的贸易障碍，使外国出口商即使增加相应的投入也无法突破障碍或无法在短期内达到要求。在这一过程中，外国出口商通常要增加调查、谈判、调整产品出口方向及数量等一系列的不合理成本，这被称为“额外适应性成本”。

第四节　中国对外贸易中的环境保护

诚如前言，环境保护是关系全球可持续发展的战略问题，保护环境也是中国的基本国策。在发展中国对外贸易事业过程中，应当始终贯彻环境保护的原则要求，既充分考虑中国环境保护的需要，也努力提高出口产品的环境保护水平。

一、加大环保基础设施与环保技术开发的投入，创造环境保护中的贸易比较优势

中国是发展中的经济大国，工业化进程正在使中国加速成长为世界“制造大国”，而农业上中国也有多项产品名列世界贸易前茅，但是中国在环境保护方面落后于世界先进国家，与中国的国际经济地位也不相称。其根本原因在于中国环境保护建设起步较晚，环境保护的基础设施及技术开发投入不足。“九五”期间，中国政府对环境保护的投入约为500亿元，“十五”计划投入高达7 000亿元，表明了中国开展环境保护和环境治理的决心，也反映了环境保护事业加快发展的趋势。在环境投入中，中国强调公共环保工程的投入和环保技术的发展，酸雨和二氧化硫“双控区”环保规划覆盖了全国东部、中部的大部分地区，污水处理和水资源再生利用、烟气脱硫和生活垃圾处理等技术领域成为科技投入的重点。此外，中国一些大型的国家重点建设项目如三峡工程、神华工程和长江流域“南水北调”工程等，也充分地考虑了环境保护的需要。这些环保基础设施工程和技术项目的大规模投入建设，无疑将改善中国环境保护状况，形成绿色产品和服务生产的必要条件，提高中国对外贸易的环境保护水平及增强绿色贸易中的比较优势。

二、积极参与国际经济与环境组织的环保标准制定，争取有利的贸易地位

中国已经参加了世界大多数的经济贸易组织，全面参与有关经济和环境保护的多边谈判、参与相关规则的制定既是我们的权利义务，也是借以维护中国环境保护与经济贸易利益的有效途径。在这类谈判中，中国坚持如下立场：①将谈判和规则的目标定位在中国与大多数发展中国家能够接受的环境保护水平上。从世界经济与环境保护的客观现实出发，发展中国家与发达国家在诸多方面存在差距，为此多边谈判和规则的定位应当接近于发展中国家的经济及技术发展水平。②严格限制多边环境标准的适用范围。环境保护是一个渐进的过程，有赖于经济与技术水平的逐步提高。同时，环境标准适用范围的过度扩张可能会导致发达国家的“环境帝国主义”政策蔓延。因此，必须将其限制在必要的和合理的经济贸易范围内。③坚持强调在多边环境标准上的非歧视性和单边“过渡期”安排原则，即发达国家应当更多、更早地承担全球环境保护的责任或义务，并对发展中国家提供必需的资金、物资和技术支持等。由此，可望争取对中国和大多数发展中国家有利的贸易发

展条件。

三、加快完善环境保护标准及法规，努力提高环境保护的水平和维护正当的贸易利益

改革开放以来，中国陆续颁布了多部环境保护法律法规。与发达国家相比，中国环境保护法规仍有较多的不完善之处，尤其是与贸易相关的环境保护法规方面，还需要根据“入世”后的要求进行修订规范。与此同时，中国在环境保护执法力度方面尤其欠缺，地方行政保护和“以罚代法”、行业标准不完整、投资审批中项目污染源处理不配套、污染物的异地转移运输管理不协调等问题，已经严重影响到环保产业和相关产业的发展，影响到中国环境保护的总体水平及国际形象；一些发达国家和国际上的不法厂商利用中国环保法规上的漏洞，肆意向中国转移污染源和“洋垃圾”，损害了国民与国内经济的健康发展。为此，中国应加快完善环境保护标准及法规，努力提高环境保护的水平和维护正当的贸易利益。

四、加快产业结构调整，鼓励绿色产业和高技术、低耗能和无(低)污染产业优先发展，培植“绿色生产力”

产业形态代表一国生产力发展的水平，也决定着该国环境保护的基本状况。发达国家由于领先完成了工业化，产业形态率先由“灰色产业”向“绿色产业”转变，形成了在国际贸易中环境保护问题谈判上的主动地位。中国正处于工业化和现代化迅速发展的重要历史时期，环境污染在一定程度上是不可避免的伴生现象。但是，我们不能任由环境污染扩大，让其对将来的治理造成不利。因此，中国在产业规划、产业发展上要有前瞻性，缩短工业化过程带来的环境痛苦，加快产业结构调整，鼓励绿色产业和高技术、低耗能和无(低)污染产业优先发展，培植“绿色生产力”经济形态。由此，中国对外贸易中的“适应性成本”可望逐步降低消化，同步形成“绿色竞争力”为导向的外贸增长方式。

五、在利用外资过程中，注意引进环保技术和控制高污染产业投资

由于世界性的产业转移是当代发展中国家利用外资的主要背景，在中国引进外资扩大对外贸易基础的过程中，难免遇到引进外资后对外输出符合国际环保标准产品与对内消化环境保护成本的矛盾。为减少这种矛盾带来的不良影响，在利用外资过程中，我们须注意引进环保技术和控制高污染产业投资，或立法保障外商投资项目的环保配套性，保证引进外资的整体状况能够符合中国的环境保护最低要求。

六、加强产品认证制度和国际产品认证合作，缓解国外环境标准对中国出口贸易构成的压力

产品的环保认证往往是构成各国“绿色壁垒”的关键部分，中国要大力发展对外

贸易，就必须加强与外国的国际产品双边或多边认证合作。为履行国际多边合作中所做的承诺，中国从 2002 年 5 月 1 日起正式实施新的强制性产品认证制度，实行“统一目录、统一标准技术法规和合格评定程序、统一标志和统一收费”的原则，使产品认证制度向国际标准化制度靠近。随着中国对外贸易的发展，中国对外产品认证的双边及多边合作仍将得到加强。在双边合作中，我们应讲究平等和对等承认原则；在多边合作中，我们要站在发展中国家共同利益立场上，争取相对有利的国际产品认证标准和规则程序，由此缓解国外环境标准对中国出口贸易构成的压力。此外，中国应当特别重视发挥中国在本国优势产品国际认证中的作用，将中成药、中医技术和服务、中餐绿色食品等推向国际市场。

本章小结

1. 经济全球化虽然加大了环境危害的范围和程度，但是也能提升全球的环境保护意识、为环境知识在全球范围内的交流和沟通提供条件。

2. 随着世界经济贸易的不断发展和人类生存、消费方式对环境保护要求的日渐提高，绿色贸易在世界贸易中所占的比重也将迅速增长。

3. 发展中国家为消除环保水平差异而增加的要素投入量及其结构变化，扩大了对外贸易中的“适应性成本”，进一步恶化了发展中国家的贸易条件。

4. 在发展中国对外贸易事业过程中，应当始终贯彻环境保护的原则要求，既充分考虑中国环境保护的需要，也努力提高出口产品的环境保护水平。

复习思考题

1. 简述环境保护与对外贸易竞争力的关系。

2. 简述国际绿色壁垒对中国对外贸易的影响。

3. 简述在环境保护中发展中国对外贸易的主要策略。

案例分析

中国碳达峰

2020 年 9 月 22 日，中国国家主席习近平在第七十五届联合国大会一般性辩论上发表重要讲话，宣布：中国将提高国家自主贡献力度，采取更加有力的政策和措施，二氧化碳排放力争于 2030 年前达到峰值，努力争取 2060 年前实现碳中和。其中，碳达峰是指在某一个时点，二氧化碳的排放不再增长达到峰值，之后逐步回落；碳中和是指在一定时间内，直接或间接产生的温室气体排放总量，通过植树造林、节能减排等形式，抵消自身产生的二氧化碳排放，实现二氧化碳的“零排放”。

一个国家要实现碳达峰和碳中和目标必然要经历复杂的制度、技术、市场和社会变迁过程。德国已为实现由碳达峰向碳中和转换的目标逐步确立了相应的政策和路径，未雨绸缪、顶层设计、前瞻立法是德国能够享有全球气候行动领导者声誉的重要原因。德国从碳达峰到碳中和的过程和经验，对于中国走向碳中和具有启示和借鉴作用。

众所周知，德国是全球最积极实施能源转型的国家，早在此轮“碳中和”热潮之前，德国就开始制定减排目标。多年来，德国通过立法等举措持续推进，力度不断增强。通过梳理德国推进碳中和的路径和政策亮点，有助于我们深入理解这次德国将碳中和目标提前 5 年的底气何在。2020 年，排名前 15 位的碳排放国家中，美国、俄罗斯、日本、巴西、印度尼西亚、德国、加拿大、韩国、英国和法国已经实现碳排放达峰。其中，德国早在 1990 年前就实现了碳达峰。2000 年至 2019 年，德国的碳排放强度从 8.544 亿吨降到 6.838 亿吨，降幅近 20%。

德国促进碳中和所构建的法律体系体现了系统性的方法。德国联邦政府在气候立法前，已经制定及发布了“德国适应气候变化战略”(The German Strategy for Adaptation to Climate Change)、“适应行动计划”(The Adaptation Action Plan)、《气候保护规划 2050》等一系列国家长期减排战略、规划和行动计划，以此框定目标、取得共识。

在此基础上，德国再通过《气候保护法》《可再生能源法》《国家氢能战略》等一系列法律法规增强约束力，进而再落实具体行动计划，制定了《气候行动计划 2030》，对每个产业部门的具体行动措施做了明确的规定。德国《气候保护法》的核心目标是“到 2030 年温室气体排放比 1990 年减少 55%，到 2050 年实现净零排放，且目标只能提高，不能降低”。这部法律为确保德国实现碳减排目标提供了严格的法律框架，明确了各个产业部门在 2020 年到 2030 年间的刚性年度减排目标，具有传导压力、落实责任、倒逼目标的强约束作用。

2021年1月1日起，德国全面启动国家碳排放交易系统，每吨二氧化碳的初始价格定为25欧元。此后将逐年提高碳定价，到2025年逐渐上升到55欧元，预期到2026年时碳定价将在最低不少于55欧元和最高65欧元的价格区间。

根据《燃料排放交易法案》对二氧化碳排放的规定，供暖和运输部门将为排放温室气体付出代价。德国联邦政府在推进碳定价的同时，也考虑将碳定价收益通过资助措施和平行的财政救助措施返还给公民，从而减少居民的经济负担。作为落实《气候保护法》的重要行动措施和实施路径，《气候行动计划2030》将减排目标在建筑和住房、能源、工业、运输、农林等六大部门进行了目标分解，规定了部门减排措施、减排目标调整、减排效果定期评估的法律机制。

资料来源：北极星大气网，《可持续发展经济导刊》等。

分析题：

1. 结合案例，分析中国提出碳达峰目标的原因。

2. 结合案例，探讨碳达峰目标对中国出口转型的影响。

第十章　对外贸易关系与全球价值链

学习要点

1. 全球价值链的概念、产生的原因和特点；
2. 全球价值链对各国经济增长的意义；
3. 中国参与全球价值链的方式与特点；
4. 全球价值链下对外经贸关系的发展；
5. 如何更好地参与全球价值链体系。

本章介绍了全球价值链的概念和特点，以及中国在全球价值链中的参与方式以及全球价值链下对外经贸关系的发展。

第一节　全球价值链的概念与特点

一、全球价值链的概念

1985年哈佛大学商学院教授Michael Porter在其著作*Comparative Advantage*中率先指出，从微观来看，每一个企业都是一种集合，该集合涵盖了设计、生产、销售、配送以及辅助活动等，这些功能同相互关联的生产活动构成了一条能够创造价值的生产链，即企业的价值链。克鲁格曼将价值链理论运用到企业生产过程的分割和空间布局分析中，探讨了企业将价值链各环节在全球进行空间布局的能力，突出了价值链治理模式与产业空间转移两者关联性问题的研究。此后，Arndt and Kierzkowski使用"片段化"(fragment)来描述过生产过程的分割现象。他们认为这种生产过程在全球的分离是一种全新的现象。这就使得同一价值链条生产过程的各个环节通过跨界生产网络被组织起来，这一跨界网络可以是一个企业内部完成的，也可以由许多企业分工合作完成。

美国杜克大学教授Garry Gereffi在管理学价值链理论的基础上，首次提出了全球商品链这一概念。Gereffi 通过对跨国公司主导下的价值链活动进行研究，认为当前世界经济中的生产活动更显现出网络化特征，跨国公司作为国际生产网络的主体，将世界范围内的各种生产相关企业紧密地联系到商品的全球生产链中。全球商品链中的基本单位是节点，任意一个节点包含着原材料投入、运营组织、市场营销等内容环节。虽然该理论是围绕着跨国公司的商品概念，但为之后全球价值链空间布局的提出提供了思路。

联合国工业发展组织(UNIDO)也对全球价值链做出了定义：这是一种在全球范围内的生产活动，该生产链涵盖商品生产与服务环节，这种连接区域生产、加工、销售、回收等环节的跨国性生产网络，可被解读为一种全球性的价值链。众多参与企业通过承担不同环节的功能，捕获各不相同的利润，并且通过与主供应商以及跨国公司的协调实现该链条的持续性运作。

20 世纪 80 年代以来，随着国际范围内市场经济体制的基本建立和逐步完善，以运输技术提高带来的运输成本下降以及货物贸易和国际投资自由化的制度安排带来的贸易壁垒下降，生产的国际化和资本的国际化趋势不断加强，工业品的价值链环节越来越具有空间上的可分布性。处于主导地位的跨国公司，出于资源优化配置的考虑，在全球范围内寻找最优越的区位进行相关的产品价值链环节的生产布点，使传统的以产品为界限的国际专业化分工，逐渐演变为同一产品内某个环节或某道工序的专业化分工。这种新的国际分工形式，称作全球价值链(global value chain，GVC)分工。

二、全球价值链的特点

(一) 产品内分工

不同于传统贸易，产品是在单个企业内部完成，参与全球价值链的商品其生产阶段被不断分割，由不同国家不同企业共同完成。按照 Hummels 的定义，全球价值链分工必须具备三个条件：一是一种商品在多个阶段连续生产；二是两个或两个以上的国家在商品生产过程中提供价值增值；三是至少有一个国家在生产过程中使用进口投入品，生产的产品被出口。也就是说，全球价值链分工是一种产品在多国分工连续生产，伴有中间品的进口和最终产品出口的国际分工形式。它是在经济全球化条件下国际分工呈现出的新特点，也是当代国际分工的一种重要的发展趋势。接下来我们举个例子更好地理解全球价值链分工。

以波音 737 为例，图 10-1 描述了波音 737 的各个零部件以及其供应商名字和来源国。我们可以看到，波音 737 的前机身是日本企业供应的，中央机身是意大利企业供应的，引擎是美国和英国企业供应的，起落装置和电子刹车是法国企业提供的，而波音公司是飞机的装配商。再如图 10-2 所示，宝马的蓄电池和车载娱乐系统是美国提供的，前挡风玻璃是日本提供的，变速箱是德国提供的，发动机关键零部件是中国提供的，铝板前部车身是印度提供的。由此可以看出，全球价值链已经普遍存在，不同于产品间贸易，国家之间的贸易分工已经从单个产品延伸到产品内分工，产品工序被分段化，由不同比较优势的国家完成，最终在一个国家组装后销售到全世界。

图 10-1　波音 737 产品供应链

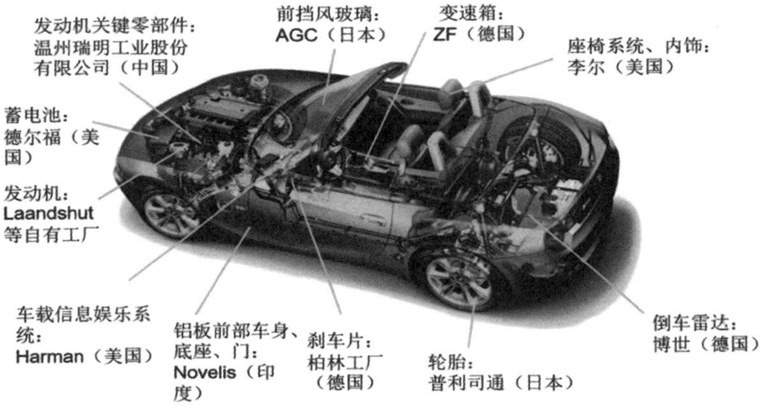

图 10-2　宝马产品供应链

（二）产业链上增值能力被分割

由于不同国家不同企业参与全球价值链的阶段或环节不同，其用增加值衡量的贸易利益也不同。全球价值链可分为三大环节：其一是技术环节，包括研发、创意设计等分工环节；其二是生产环节，包括采购、系统生产、终端加工、测试、质量控制、包装和库存管理等分工环节；其三是营销环节，包括销售后勤、批发及零售、品牌推广及售后服务等分工环节。当国际分工深化为增值过程在各国间的分工后，传统产业结构的国际梯度转移也因此演变为增值环节的梯度转移。就增值能力而言，以上三个环节呈现由高向低再转向高的 U 形状，或“微笑曲线”形状，其示意图如图 10-3 所示。价值链不同环节所创造的附加值是不同的，从而获得的经济利益存在差别。靠近 U 形曲线中间的环节，如零部件、加工制造、装配等环节在价值链中创造出较低的附加值，因而获得较低的经济利益；靠近 U 形曲线两端的环节，如研发、设计、市场营销、品牌等在价值链中创造出较高的附加值，因而获得更多的经济利益。

例如，一个美国的服装公司可以在意大利完成设计，在印度采购天然面料，在韩国采购辅料，在中国台湾采购拉链和纽扣，在中国大陆缝制成衣，然后在中国香港检验、包装，再出口到美国销售。一件服装的生产被分解为诸多的生产加工环节，并放在不同的国家或地区完成，构成整个价值创造过程，随着不同环节生产附加值的不同，形成图 10-4 所示曲线。

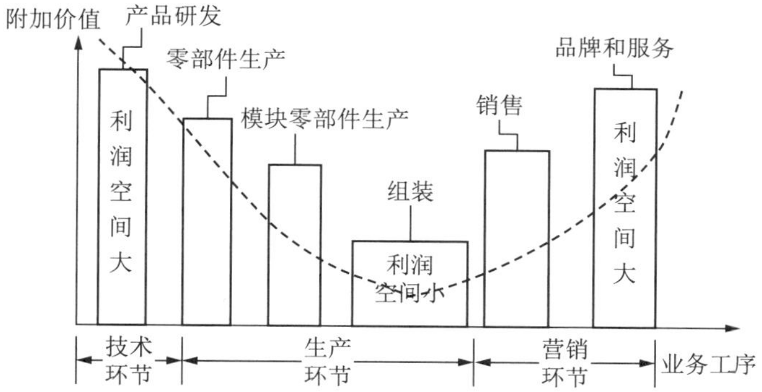

图 10-3　价值链增值微笑曲线示意图

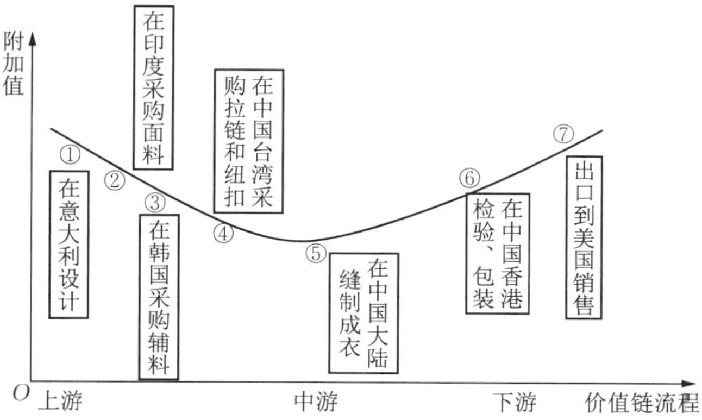

图 10-4　美国某服装公司全球价值链

苹果平板电脑的价值链分布，如图 10-5 所示。苹果的硬盘驱动器和显示器主要是日本东芝生产，微芯片是美国博通生产，这三项的附加值分别是 20 美元、5.85 美元和 6.6 美元。而组装的成本 3.7 美元，附加值只有 0.11 美元。销售服务占了 75 美元，苹果直接获利 80 美元。而发展中国家大多从事组装加工环节，在全球价值链上的利润微薄。

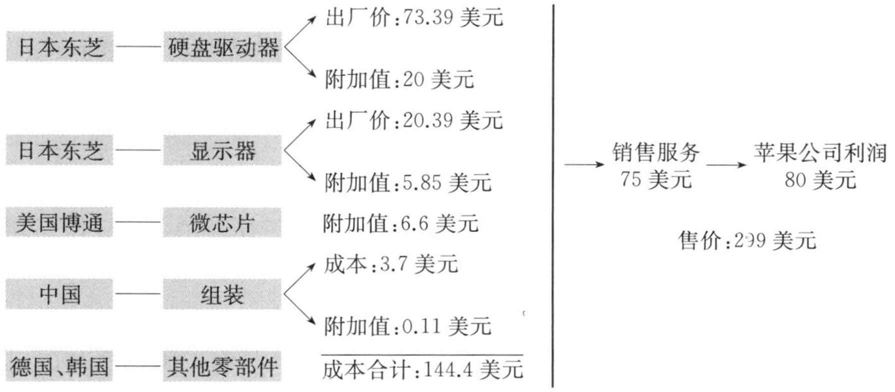

图 10-5　苹果平板电脑的价值链分布

(三) 核算方法不同

不同于传统贸易,产品生产完全由国内企业完成,其增加值或贸易价值即代表了产品的价值。在全球价值链体系下,由于中间品的跨境流动会导致国际生产与贸易的重复计算问题,因此近年来国际经济学家建构了一套日益完善与成熟的全球价值链核算框架来更加准确地测度国际生产与贸易的增加值(区别于总值)。这主要包括对出口总额的增加值分解、从生产角度对 GDP 的增加值分解、从使用角度对最终产品的增加值分解。它们成为分析全球生产与国际贸易受到外部冲击的重要方法工具。以从生产角度对 GDP 的增加值分解为例,全球或一国的 GDP 可被分解为纯国内生产、传统贸易生产、简单 GVC 和复杂 GVC 四个部分。其中,“纯国内生产”指用于生产被本国市场吸收的最终品(包括产品与服务)的增加值,“传统贸易生产”指用于生产出口最终品的增加值,“简单 GVC”指用于生产出口中间品(一次跨境,被外国市场直接吸收)的增加值,“复杂 GVC”指用于生产出口中间品(至少两次跨境,出口到外国市场后又返回本国,或出口到第三国)的增加值。简单 GVC 和复杂 GVC 之和构成了中间品出口的增加值部分,简称 GVC 增加值,它表示中间产品与服务的国际贸易的影响。GVC 增加值占 GDP 的比率为“前向参与度”,表示一国向全球出口提供中间品的程度,其值越高表明它在供给角度对全球价值链的依赖程度越大。类似地,从使用角度也可将最终产品的增加值分解为上述四个部分,GVC 增加值占 GDP 的比率为“后向参与度”,表示一国从全球进口需求中间品的程度,其值越高表明它在需求角度对全球价值链的依赖程度越大。

第二节　全球价值链发展现状与影响

一、全球价值链贸易的增长情况

20 世纪 80 年代特别是 90 年代以后,随着交通、信息和通信领域技术进步以及贸易壁垒降低,以 GVC 模式进行的贸易总量占全部贸易总量的比重在不断上升,具体如图 10-6 所示。其中,全球价值链在 1990 年到 2007 年期间增长最为迅速,发达国家制造企业将生产流程延伸至国境之外。然而,随着经济增长速度的放缓以及投资的下降,2011—2015 年贸易和全球价值链增长放缓。这一现象出现的另一个主要原因是贸易改革步伐放缓,甚至出现倒退。同时最具活力的地区和行业的生产分散化已经成熟,如中国的国内生产正在增加,蓬勃发展的页岩油行业使美国在 2010 年至 2015 年间的石油进口减少了 1/4,并略微降低了其将制造业生产外包的动机。此外,近期的保护主义的抬头也对全球价值链的演变产生了影响。保护主义可能会促使现有的全球价值链回流到本国或转移到新地点。除非恢复政策的可预测性,否则全球价值链的扩张可能会停滞不前。当未来的市场准入具有不确定性时,企业就会有动机推迟投资计划,直到不确定性消除。

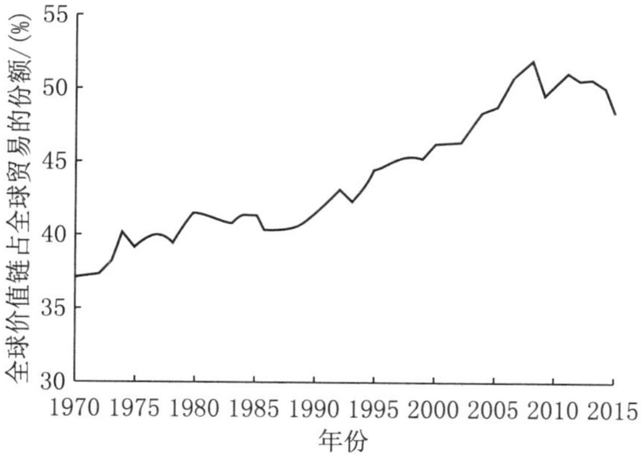

图 10-6　全球价值链贸易占全球贸易量的比重

资料来源：《2020 年世界发展报告》。

二、各国参与全球价值链的情况

同时，从各国参与全球价值链的方式来看，各国参与全球价值链的深度不同。全球价值链的增长主要集中在机械、电子和交通行业。在这些行业拥有专长的地区主要分布在东亚、北美和西欧。这些地区的大多数国家参与全球价值链深度较高，复杂度较高，能够提供先进的产品和服务，并开展创新活动。相比之下，非洲、拉美和中亚的许多国家仍在生产供其他国家进一步加工的初级产品。从中国的参与情况来看，中国目前已经能够参与到先进制造业与服务业的价值链体系中，其参与度要高于大部分发展中国家。然而从日本、欧洲和美国的参与情况来看，目前价值链体系的创新活动仍然由这些国家或地区主导。

三、参与全球价值链的经济影响

全球价值链体系使得各国都专业化其有比较优势的环节，从而提升效率。而持久的企业间关系有助于价值链体系内技术扩散以及资本和生产要素的获取。例如，在埃塞俄比亚，参与全球价值链的公司的生产率是参与标准贸易的相似公司的两倍多。其他发展中国家的企业也通过参与全球价值链实现了生产率的显著增长。据估计，全球价值链参与率每增加 1%，人均收入增长将超过 1%，远高于标准贸易带来的 0.2% 收入增长。

通常情况下，当一个国家的出口从初级产品转向用进口的生产要素产出的基本工业品(如用进口的纺织品产出的服装)时，经济增长幅度最大，各行业人均 GDP 与参与 GVC 的关系如图 10-7 所示。孟加拉国、柬埔寨和越南即通过参与价值链提高了经济增长。然而值得指出的是，如果不向逐步复杂的其他参与形式转化，这些高增长率最终将无法持续。但是，从初级制造业到更先进的制造业和服务业，并最后迈进创新活动的过渡，对技能、互连互通和监管机构的要求也越来越高。除经济增长外，全球价值链也提供了更好的工作岗位，但它与就业的关系更为复杂。全球价值链中的企业往往比其他企业(尤其是非贸易企业)的生产率和资本密集度更高，因此其生

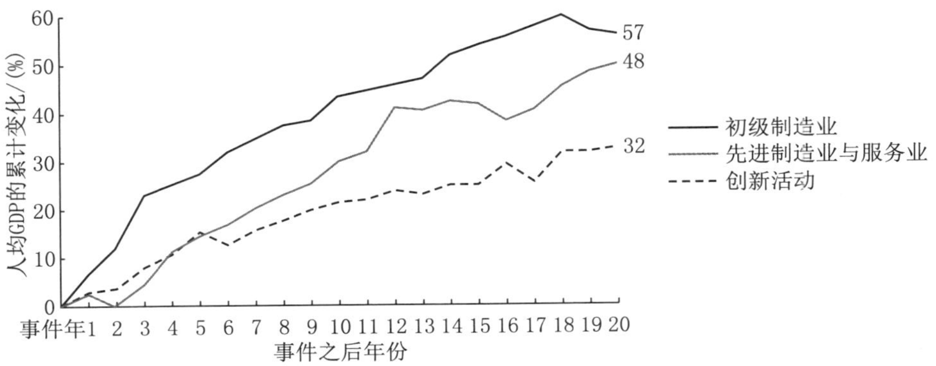

图 10-7　各行业人均 GDP 与参与 GVC 的关系

资料来源:《2020 年世界发展报告》。

产流程的劳动密集度较低。然而,生产率提高导致企业产出增加,从而增加就业。结果是,全球价值链与发展中国家的结构性转型相关,将劳动力从生产率较低的活动中解放出来,投入到生产率更高的制造业和服务业活动之中。全球价值链中的企业往往比非全球价值链公司雇用更多女性。因此,它们对提高女性就业这一更广泛的发展利益作出了贡献。

整体而言,参与全球价值链有助于促进收入和就业增长,因此参与全球价值链有助于削减贫困。总体来说,贸易主要通过增长来削减贫困。由于全球价值链带来的经济增长收益往往要大于最终产品贸易带来的经济增长收益,全球价值链削减贫困的效果也大于标准贸易。例如,在墨西哥和越南,全球价值链参与程度越高的地区,其削减贫困的幅度也越大。

四、参与全球价值链的负外部性

然而参与价值链也可能会带来收入不平等和环境污染问题。参与全球价值链的收益并没有在国家之间和国家内部有效分配。将零部件和任务外包给发展中国家的大型企业的加价幅度和利润都在上升,意味着参与全球价值链降低的成本并没有传递给消费者,而且这一比例越来越大。与此同时,发展中国家生产商的加价幅度正在下降。这种对比在如美国和印度的服装公司的加价幅度上就很明显。在国家内部,与较低收入国家进行贸易和技术变革促使增加值从劳动力重新分配给资本。劳动力市场上的不平等也可能逐渐加剧,熟练工人的报酬越来越高,而非熟练工人的工资却停滞不前。

全球价值链也可能对环境产生有害影响。与标准贸易相比,全球价值链主要的环境成本与规模不断扩大、距离越来越远的中间产品贸易相关。这导致运输过程的二氧化碳排放量更高(相对于标准贸易而言),以及货物包装产生过量废弃物(尤其是电子产品和塑料行业)。全球价值链带来的增长也会对自然资源造成压力,特别是伴随着生产或能源补贴所导致的生产过剩。

第三节　中国参与全球价值链的特点

一、中国参与全球价值链的整体特点

中国作为主要经济体的转型，通过加入 WTO 迅速融入全球产业分工体系之中，使经济全球化真正在全球范围内展开。从世界范围内各国（或地区）参与全球价值链的前后向程度比较来看，2011 年，中国出口参与度整体略低于世界平均水平。然而如果区分不同的贸易方式，我们发现中国加工贸易参与价值链的程度已经远远高于世界平均水平。同时，中国 GVC 的参与度整体上偏下游。2011 年主要国家（地区）的 GVC 参与度，如图 10-8 所示。

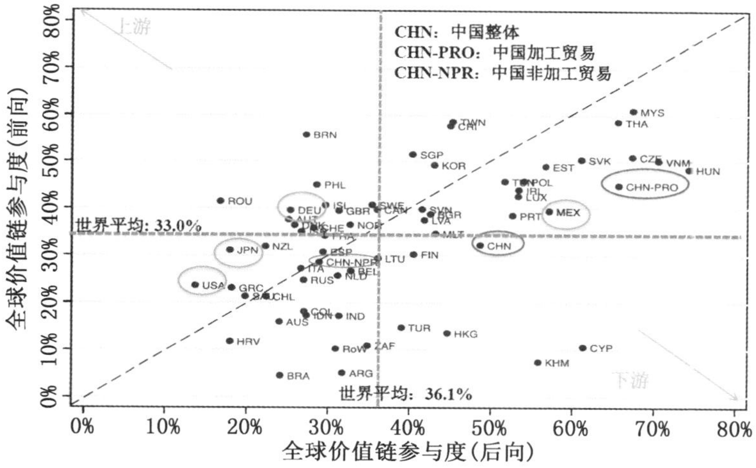

图 10-8　2011 年主要国家（地区）的 GVC 参与度

从中国自身参与价值链的程度变化来看，2000—2014 年中国的全球价值链前向参与度和后向参与度均呈现 M 型轨迹，具体如图 10-9 所示。从 2001 年中国加入 WTO 到 2008 年金融危机之前，中国参与全球价值链的前后项程度都在迅速扩大。然而 2008 金融危机使得全球价值链有短暂的下降，2009 年以后虽然全球价值链的参与程度开始反弹。然而 2011 年以后，受国内经济结构和政策目标的影响，全球价值链的参与程度开始下降。中国制造业作为中国参与全球价值链的主体，其参与全球价值链的轨迹与国家整体类似。

全球价值链使得一种产品的生产活动碎片化，分布在全球进行生产，各国基于价值链获得各环节的贸易利得。由于进口包含了高技术含量或高附加值的产品，从而以贸易总值来衡量的中国的出口比较优势指数（RCA 指数）存在偏误，以贸易增加值计算的出口比较优势指数更加符合中国实际的贸易利得。对外经贸大学全球价值链研究院计算了 1995—2017 年间以贸易增加值计算的显性比较优势指数和以贸易总额计算的比较优势指数，如图 10-10 所示。从图 10-10 可知，以贸易总值衡量的 RCA

指数高估了中国各行业的比较优势指数。去除出口商品中包含的国外增加值等成分后，中国各行业的比较优势指数有所下降。

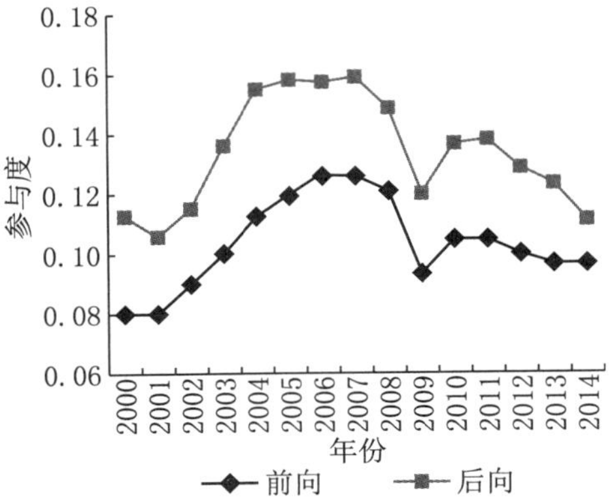

(a) 中国整体

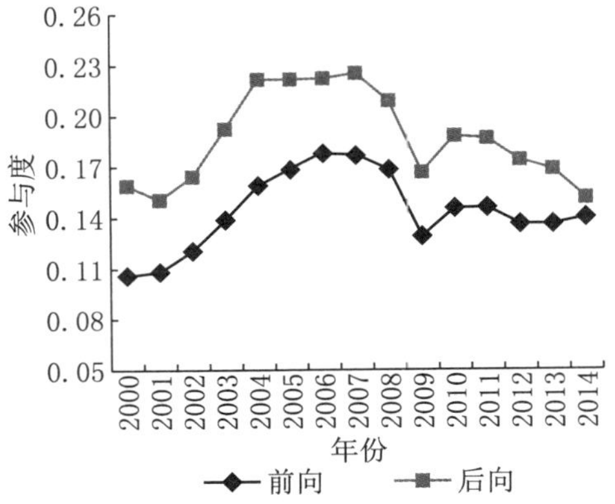

(b) 中国制造业

图 10-9 中国整体和制造业在全球价值链参与度指数的变化

数据来源：张会清，翟孝强，《中国参与全球价值链的特征与启示——基于生产分解模型的研究》，《数量经济技术经济研究》，2018 年第 1 期。

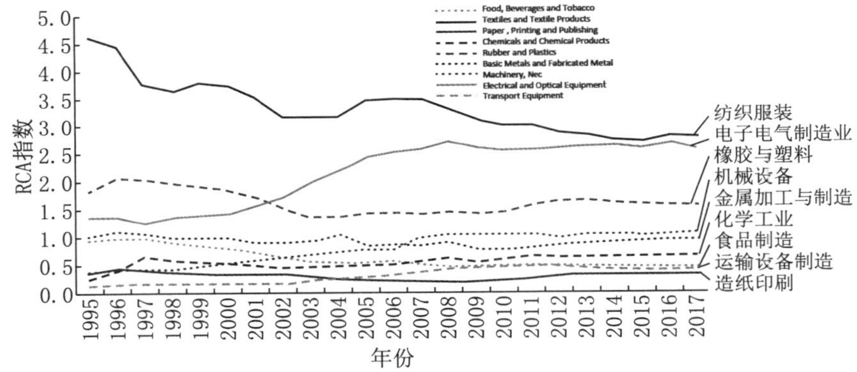

(a) 以贸易总值计算的各部门 RCA 指数

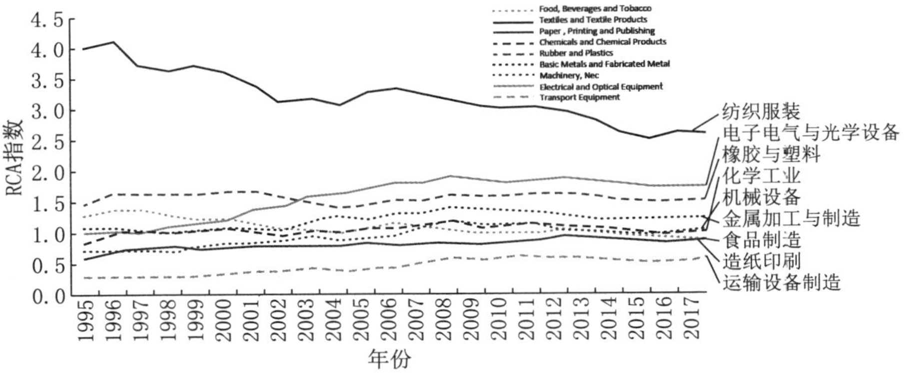

(b) 以贸易增加值计算的各部门 RCA 指数

图 10-10 以贸易总值和贸易增加值计算的各部门 RCA 指数

数据来源：对外经贸大学全球价值链研究院。

同时从中国制造业参与价值链的国内成分来看，在金融危机以前，中国纯国内生产相对较低，传统贸易居多。中国的全球价值链的参与程度在2001—2009年也有快速提升。金融危机以后，中国纯国内生产增加，传统贸易下降。虽然参与全球价值链的幅度小于金融危机之前，但是纯国内生产在2011—2014年之间仍然维持了小幅的上涨，具体如图10-11所示。

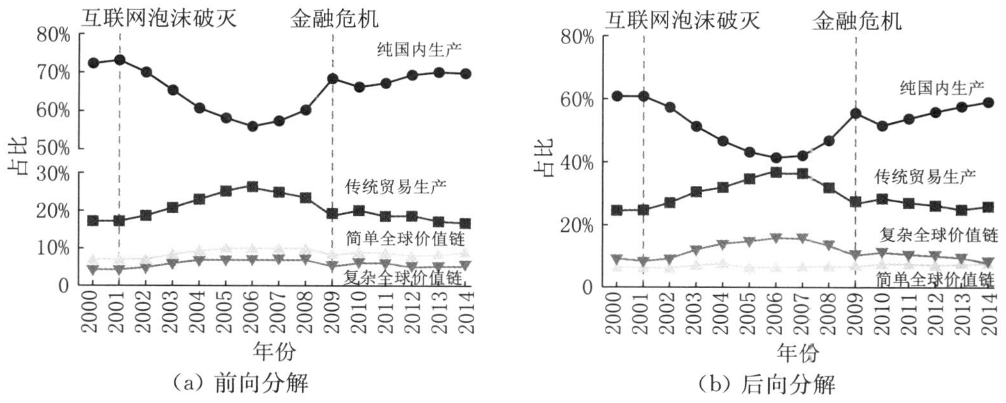

图10-11　中国价值链参与的国内成分

数据来源：对外经贸大学全球价值链研究院。

二、中国各行业参与全球价值链的特征和变化

就不同行业而言，2000—2011年间，几乎所有制造业部门的前后向参与度都在提升，反映出这一阶段中国制造业正在全面融入全球价值链，前端中间品生产和后端加工制造的工序都在逐步延伸，中国的"世界工厂"地位日渐形成和巩固。与此同时，为制造业提供支持的大多数农业部门和服务业部门（如金融服务、交通运输、批发零售）的前后向参与度也在快速提升，说明全社会要素都已加速融入全球价值链。然而在2012—2014年间，多数制造业部门的前向参与度基本维持不变，但以电子信息产业、电气设备制造为代表的先进制造业前向参与度却有进一步提升，反映出中国先进制造业稳步提升国内附加值，克服了国际贸易环境低迷形势的不利影响，引领制造业部门的结构升级。与此同时，所有行业的后向参与度都有不同程度的下降，意味着国内生产活动对国外增加值的依赖性全面减弱。不同行业在全球价值链的前后项参与度如表10-1所示。

表10-1　不同行业在全球价值链的前后项参与度

行业简称	前向参与度			后向参与度		
	△（2011－2000）	△（2014－2012）	2014年	△（2011－2000）	△（2014－2012）	2014年
采掘业	－0.003	－0.002	0.151	0.070	－0.020	0.113
纺织服装	0.036	0.006	0.123	－0.033	－0.015	0.101
纸制品业	0.039	0.001	0.179	0.045	－0.013	0.156

续 表

行业简称	前向参与度			后向参与度		
	△（2011—2000）	△（2014—2012）	2014 年	△（2011—2000）	△（2014—2012）	2014 年
油煤制品	0.007	−0.002	0.157	0.151	−0.048	0.239
化学制品	0.057	0.001	0.205	0.052	−0.031	0.184
橡塑制品	0.042	−0.003	0.212	0.038	−0.025	0.167
金属制造	0.005	0.006	0.163	0.084	−0.026	0.209
电子信息	0.082	0.022	0.270	0.028	−0.032	0.279
电气设备	0.032	0.010	0.185	0.049	−0.025	0.190
机械设备	0.065	0.004	0.131	0.053	−0.023	0.169
汽车制造	0.015	0.003	0.081	0.038	−0.021	0.149
运输设备	−0.015	0.013	0.071	0.039	−0.027	0.173
批发贸易	0.051	−0.019	0.149	−0.032	−0.006	0.047
航空运输	0.092	−0.055	0.254	0.103	−0.031	0.169
金融服务	0.031	−0.003	0.101	0.007	−0.003	0.032
科学研发	0.103	0.005	0.121	−0.013	−0.015	0.104
科技服务	0.027	0.003	0.057	0.074	−0.017	0.112

注：△（2011—2000）表示 2011 年的参与度指数减去 2000 年的参与度指数，反映参与度的动态变化，其他类推。

三、中国与其他国家（地区）价值链的联系与特点

从前向联系的角度来看，中国参与全球价值链的地区构成比较稳定。表 10-2 显示，中国大陆的国内增加值（DVA）主要出口到发达国家（地区），发展中国家（地区）占比相对较低，2015 年两者在中国大陆 DVA 出口构成中的比重分别为 55.2%和 44.8%，与 2000 年相比变化不大。从后向联系的角度来看，中国大陆进口外国增加值（FVA）的地区构成发生了很大的变化。2000 年发达国家（地区）是中国大陆进口 FVA 的主要来源地，到了 2015 年，发达国家（地区）的占比降至 22.2%，发展中国家（地区）则快速升至 77.8%。后向联系的结构变化可能是因为中国大陆的产业升级所致。在加入 WTO 早期，中国大陆的工业化水平相对较低，急缺机械设备、化工产品、零部件等中间品来发展重化工业，需要大量进口发达国家（地区）的产品来满足国内需求。随着国内产业升级和技术进步的加快，原先由发达国家（地区）供应的半成品和零部件大多转为国产化。与此同时，重化工业的快速发展使得国内资源供不应求，再加上劳动密集型制造业对外转移或工序外包，需要大量进口发展中国家（地区）的能源资源以及半成品，对低端中间品的外部依赖性趋于增强，由此导致进口 FVA 的来源地从发达国家（地区）转向发展中国家（地区）。同时，2015 年中国大陆增加值贸易出口中，中国大陆与美国在全球价值链中的贸易联系最为紧密，美国不仅是中国大

陆最大的 DVA 出口市场，而且是中国大陆最大的 FVA 进口来源地。中国大陆与日本、韩国、德国等制造强国的贸易联系也较为紧密，这些国家在中国大陆的 DVA 和 FVA 贸易中所占比重相对较高。此外，中国大陆与印度、印度尼西亚、泰国、越南等国同属于亚洲生产网络的重要成员，有着长期稳定的生产合作关系和贸易联系。

表 10-2　中国大陆增加值贸易的国家(地区)构成及前二十大合作伙伴　单位：%

国家(地区)	DVA 出口的国别/地区构成		国家(地区)	FVA 进口的国别/地区构成	
	2000	2015		2000	2015
发达经济体	57.9	55.2	发达经济体	51.5	22.2
发展中经济体	42.1	44.8	发展中经济体	48.5	77.8
美　国	19.74	23.07	美　国	10.46	5.61
日　本	11.73	6.77	韩　国	8.70	4.58
德　国	4.24	5.00	日　本	17.25	4.02
韩　国	5.96	4.76	中国台湾	8.64	4.00
印　度	1.87	3.73	澳大利亚	3.23	3.21
英　国	4.39	2.94	德　国	4.58	2.77
澳大利亚	1.86	2.74	俄罗斯	1.88	2.24
加拿大	2.60	2.54	巴　西	0.77	1.49
墨西哥	1.69	2.25	印　尼	2.26	1.11
法　国	2.48	2.10	马来西亚	1.37	1.04
意大利	2.24	2.03	英　国	2.97	0.97
泰　国	2.40	1.62	法　国	2.21	0.92
越　南	0.57	1.58	加拿大	2.45	0.91
荷　兰	2.88	1.55	泰　国	0.86	0.73
俄罗斯	0.44	1.41	意大利	1.81	0.69
印　尼	1.63	1.40	越　南	0.62	0.63
土耳其	0.62	1.34	印　度	1.15	0.62
中国台湾	2.63	1.32	菲律宾	0.44	0.56
巴　西	0.70	1.22	荷　兰	1.08	0.45
马来西亚	1.90	0.98	瑞　典	0.80	0.43

注：表中发达经济体和发展中经济体的划分标准参照联合国贸易和发展会议组织(UNCTAD)，美国、加拿大、澳大利亚、新西兰以及欧盟成员国属于发达经济体，亚洲仅有日本属于发达经济体，包括韩国在内的新兴经济体均属于发展中经济体。

从中国与主要经济体在全球价值链中的联系来看，目前就前向联系来看，中国与大多数经济体(30 个国家和地区)的价值链联系是浅层次增加值贸易主导的合作形式，超过 50%的双边生产合作是以浅层参与形式实现的，说明中国通过中间品贸易出口到这些国家的增加值，大部分被进口国直接吸收，只有少部分被进口国再加工后再出口。其中,澳大利亚、美国、加拿大、英国等收入水平高、经济规模大的发达国家和地区,最终消费能力很强,中国输出的中间品经过少量的末端工序处理后,便直接转化为最终消费品被当地市场所吸收;在蒙古、斯里兰卡、印度尼西亚、孟加拉等工业水平低、出口能力弱的发展中国家和地区,中国输出的中间品多被加工成日常消费品,用于满足当地的基本消费需求。至于泰国、墨西哥、中国台湾以及捷克、匈牙利等中东欧国家和地区,大都采取出口导向型的发展模式,当地的加工制造能力较强但消费能力较弱,中国输出到当地的中间品多被用于再加工再出口,因此,中国与其前向生产合作多以深层参与形式来实现。

从后向联系来看,后向联系与前向联系的情况正好相反,中国与大多数经济体(30 个国家和地区)的价值链联系是深层次增加值贸易主导的合作形式。这意味着中国从这些国家进口中间品里包含的增加值,大部分来自第三方国家和地区,而非直接源于出口地。30 个国家和地区中大多数是欧盟成员国,也是欧洲生产网络的主要组成部分,相互之间的价值链关系紧密复杂,增加值嵌入比例较高。例如中国从捷克进口的中间品里包含了大量德国、法国等国中间品的增加值,同样,中国从德国进口的中间品里也会包含大量捷克、波兰等国中间品的增加值。相比之下,中国与大多数亚洲国家和地区的后向联系主要是通过浅层参与形式实现的,中国从这些亚洲国家和地区进口中间品里包含的增加值,大部分直接来自出口国和地区,隐含第三方国家和地区的增加值很少。这可能是由于亚洲生产网络的分工细密程度和价值链关系不像欧洲生产网络那么复杂,相互的增加值嵌入比例相对较低。中国大陆从日本、韩国、中国台湾进口的高端零部件只能由当地生产,其他亚洲国家和地区受制于技术条件难以参与其中;而从越南、泰国、印度尼西亚等国和地区进口的低端中间品属于价值链条短的工业品或者当地特有的。

表 10-3 列示了 2000 年和 2015 年中国大陆与排名前十代表性国家(地区)的前向依存度指标,从中可以看出,2000 年中国大陆对发达国家的前向依存度普遍大于发达国家对中国的前向依存度,中国大陆在发达国家增加值出口中的比例明显偏低,而中国大陆的增加值出口则高度依赖于欧美市场。经过几十年的发展,中国大陆已是世界第二大经济体,中国大陆市场也成为各国竞相争夺的目标,前向依存度因此发生了很大的变化。相较于 2000 年,2015 年中国大陆在发达国家增加值出口中的比例显著上升,前向依存度指标普遍提升了一倍左右。同时,尽管中国大陆的增加值出口仍然依赖于美国、墨西哥、英国、德国,但中国对这些国家的前向依存度指标降低了一半以上,中国大陆与荷兰、日本、加拿大等国家的相互依存关系甚至发生逆转,大多数国家都对中国大陆市场形成了高度的依赖性。

表 10-3 中国大陆与代表性国家(地区)在全球价值链中的前向依存度指标

单位:%

国家(地区)	2000 年前向依存度	国家(地区)	2015 年前向依存度
美 国	10.98	美 国	5.30
墨西哥	3.67	墨西哥	1.58

续 表

国家(地区)	2000 年前向依存度	国家(地区)	2015 年前向依存度
英 国	3.02	英 国	1.43
德 国	2.93	德 国	1.42
荷 兰	2.50	印 度	1.38
日 本	2.13	意大利	0.96
法 国	1.98	法 国	0.92
意大利	1.78	加拿大	0.92
加拿大	1.65	荷 兰	0.87
泰 国	0.91	日 本	0.76

注:若前向依存度大于 1,说明两相比较,中国大陆对该国(地区)的前向依存度更高。

表 10-4 列示了 2000 年和 2015 年中国大陆与排名前十代表性国家和地区的后向依存度指标,可见后向的双边依存度同样发生了很大的变化。2000 年中国大陆的加工贸易尚处于起步阶段,对进口自欧、美、日、韩等的中间品具有相当高的依赖性,但中国大陆的中间品在欧美国家的中间品进口份额占比偏低,只是在同属亚洲生产网络的日本、韩国、中国台湾的中间品进口中占有较高份额,总体而言中国大陆对主要制造强国和地区的后向依存度偏高,与日、美、德三强的后向依赖度指数均在 2 以上。到了 2015 年,随着制造业的技术进步和发展壮大,中国大陆的“世界工厂”地位日益巩固,不仅在中间品的进口依赖性方面显著降低,而且成为大多数国家和地区进口中间品的主要来源甚至首要来源。例如,日本的中间品占中国大陆的中间品进口份额从 2000 年的 17.25%降至 2015 年 4.02%,同期中国大陆的中间品占日本的中间

表 10-4 中国大陆与代表性国家(地区)在全球价值链中的后向依存度指标

单位:%

国家(地区)	2000 年后向依存度指标	国家(地区)	2015 年后向依存度指标
日 本	2.62	中国台湾	0.37
美 国	2.61	美 国	0.33
德 国	2.04	德 国	0.32
中国台湾	1.76	韩 国	0.25
韩 国	1.16	日 本	0.25
法 国	1.14	俄罗斯	0.20
英 国	0.93	巴 西	0.17
意大利	0.93	澳大利亚	0.16
加拿大	0.89	英 国	0.14
西班牙	0.78	法 国	0.14

注:若后向依存度指标大于 1,说明两相比较,中国大陆对该国(地区)的后向依存度更高。

品进口份额从 6.59%大幅升至 16.32%，此消彼长导致中国大陆与日本的后向依存度指标从 2.62 降至 0.25。2015 年的后向依存度值在一定程度上反映出，无论是发达国家还是发展中国家，无论是制造强国还是资源强国，都对中国大陆提供的中间品具有高度依赖性。中国大陆作为中间品的最大供应经济体，在全球价值链中扮演着关键的“枢纽”角色，很大程度上维系着世界各国的生产协作关系。

第四节　全球价值链下对外经贸关系的发展

2010 年，全球贸易中 60%是中间产品贸易。根据联合国的商品分类标准，中间品主要是指零部件、原材料等用于最终产品生产的投入品。到 2018 年，中间品贸易占比高达 80%。这意味着产品的生产不再由一个国家或一个地区生产了，而是多个国家、多个地区、多个企业、多种零部件等进行加工组合，最终形成制成品，这个过程促进了服务贸易的飞速发展。在中国，近几年来服务贸易每三年翻一番，全球服务贸易是五年翻一番，而货物贸易一般要十年翻一番。

产品内分工或生产分段化是当前国际贸易的重要特征。各国在生产链上的分工决定了各国的贸易利益，将各个环节的利益或增加值联系在一起就是全球价值链。全球分工体系使得国家之间的关系比以往更加紧密，风险和收益相依相随，任意国家之间的贸易或投资政策都将对产业链产生重要影响。新的贸易格局变化必然会引发价值链上各相关利益国对贸易规则的需求。同时，进入 21 世纪以来，一大批新兴经济体和发展中国家快速发展，世界多极化加速发展。如何在一个更加不稳定不确定的世界中谋求中国发展，培育新形势下参与国际合作和竞争的新优势，是当前经济领域的重要议题。从产业发展的视角来观察，通过形成动态比较优势参与全球价值链重构，是未来的一个努力方向。

因此，在全球价值链下发展对外经贸关系涉及国际贸易规则的完善和全球价值链的重构。

一、国际贸易规则的完善

具体而言，新的贸易格局和全球化分工对国家贸易和投资规则以及企业的管理方式提出了新的要求：

第一，对贸易自由化提出了更高的要求，基本诉求是更低的关税、非关税壁垒以及补贴。就关税而言，WTO 的基本目标就是要推动自由贸易，降低各国的关税。关税水平越低，贸易自由化程度越高。至 2018 年，中国的加权关税已经降到 7.5%。全世界平均关税已经降到了 5%以内，美国的加权关税现在是 2.5%。当前整个关税水平已经比较低，然而在全球分工体系上仍然需求更低的关税，比如零关税。就单个产品在国家之间进出口而言，目前的关税水平已经很低了。然而在经济全球化和生产分段化的今天，中间品产品大进大出，在多个国家流转是非常常见的。如果产品的产业链较长，中间的环节有几十次要经过各个国家的海关，要跨越各个国家的国界。此外，铁路运输的费用、航空运输的费用的不断叠加，都变成了关税的一个基数。所以在这个意义上，全球贸易格局的变化迫切需求零关税，以此来满足几十个国家、几百个企业共同制造一个产品的需求，降低中间环节重复征税以及交通运输等费用。由于最终产品的销售网络也是全球化的，从这个角度而言，新的贸易格局迫切需求改善当前的贸易规则以适用当前的变化。就非关税壁垒而言，一个产业链涉及几十个国家、几百个企业共同生产时，如果营商环境不同，国家准入限制的差异，环保或劳工等标准的差异都会给跨国公司的资源配置和布局带来较高的成本。因此，新的分工体系迫切需要国家之间建立一个统一的营商环境，协同生产。这个营商环境要国际化，体现公平和公开特征，制定相对统一的标准，降低全球资源配置的门槛。

第二，对企业的管理方式提出了更高的要求。全球分工使得企业不再单独生产供应链上的所有产品，而是只专注于产品上的某个环节。这有利于企业规模经济的发挥，然而这一分工过程必然会涉及谁是产业链的主导企业、谁来制定规则等问题。其他产业链的企业必须符合该规则才能纳入全球分工体系。这对企业特别是参与到发达国家高技术产品产业链的企业提出了更高的要求，不仅是产品标准还有生产过程甚至于采购环节，这些都与之前企业的生产模式存在很大差异。虽然中国有最大的产业链集群，但是这个集群里面，中国掌控纽带的、掌控标准的企业并不多。像华为这样掌控标准的企业很少，华为有 3 600 多家大大小小供应链上的企业。

二、全球价值链的重构①

(一) 从“二元”到“三元”的世界经济体系

20 世纪中期，发展经济学的拉美学派提出“中心-外围”理论，成为结构主义理论的重要基石和当时的拉美国家制定政策的主要理论依据。其主要代表人物普雷维什认为，世界经济可以划分为中心和外围两个部分，那些已经实现工业化的国家成为“中心部分”，而从事农业和初级产品专业化生产的国家成为“外围部分”，整个世界经济就是建立在“二元结构”基础上的。中心国家大规模生产资本品和工业消费品，在满足本国需求的同时出口到外围国家；外围国家则是原材料的生产者、廉价劳动力的提供者以及大规模标准化工业品的消费市场。在这种体系下，中心国家和外围国家通过商业贸易彼此联系在一起，落后的外围国家对先进的中心国家的经济依赖性不断加强。第二次世界大战以后，拉美国家意识到这种国际分工体系阻碍了他们获取技术进步的收益，于是纷纷开始选择工业化作为国内经济扩张最重要的手段，并迅速走上工业化道路，进而推动了世界经济体系的演变。

20 世纪中后期，随着新兴经济体和地区经济的兴起，美国学者沃勒斯坦提出了新的世界体系理论。他在“中心”和“外围”之间增加了“半边缘”的概念，并用“核心-半边缘-边缘”的结构来分析现代世界经济体系，从而建立起一个三层次的解释框架：一些经济减退的发达资本主义国家和一些新兴工业化国家，构成了“半边缘”国家，从

---

① 欧阳晓，《多极雁行理论与全球价值链重构》，《光明日报》，2020-07-29。

而增加了现代世界经济体系的复杂程度。从“中心-外围”的“二元”结构理论到“核心-半边缘-边缘”的“三元”结构理论，反映了世界经济格局的变化。

进入21世纪，世界经济格局出现新的变化。诺贝尔经济学奖得主迈克尔·斯宾塞提出，全球经济正以惊人的速度发展演变，世界经济格局将会进入大重构的时期，以美国为主导的单中心权力体系将面临解体，世界将会出现多个力量中心并存的多极化格局，这个时期的世界经济具有三个明显特征：一是世界经济体系的异质性增加，出现多个经济中心，美国、欧盟、中国和日本等经济体共同主导全球经济；二是各个经济中心的力量可能会此消彼长，世界经济格局在“均衡-非均衡-均衡”的过程中演变；三是新兴经济体崛起的可能性增加，在从“半边缘地区”向“核心地区”转变的过程中，中国经济通过转型升级将成为全球经济的“头雁”之一。

(二) 从“雁行形态”到“多极雁行”的产业格局

日本经济学家赤松要教授从纺织工业的兴衰过程中，发现了经济发展与产业结构升级的内在联系，提出“雁行形态”理论，即以最发达国家为顶端，处于不同发展阶段的国家按顺序排列的产业发展状态。他的学生小岛清将“雁行理论”精细化和理论化，构建了相应的国际分工理论，并运用“雁行理论”分析对外直接投资，主张“对外直接投资应从本国(投资国)已处于或即将处于比较优势的产业——可称为边际产业(这也是对方国家具有显性或潜在比较优势的产业)依次进行”。“雁行形态”理论为战后日本产业结构的优化升级提供了理论依据，展现了后进国家通过引进先进国家的产品和技术，建立自己的工厂进行生产以满足国内需求和出口创汇，进而后来者居上取代“头雁”地位的过程。

“雁行模式”被人们用来描述东亚国家经济依次腾飞的图景，诺贝尔经济学奖得主约瑟夫·斯蒂格利茨在《东亚奇迹的反思》中就曾用“雁行假说”解释东亚国家的工业化进程，即工业部门的重心从第一组工业化国家(地区)向第二组国家(地区)转移，进而向第三组国家(地区)转移。例如，日本的对外直接投资带动技术和产业转移，为韩国和中国台湾等提供市场机会；后来，日本主要生产最复杂的高端产品，中端产品则由韩国、新加坡和中国台湾生产；现在，上述国家(地区)也转向重工业和高科技产品部门，轻工业则由泰国、菲律宾和印度尼西亚承担。日本经济学家伊藤和森井具体地分析了制造业各子部门在亚洲国家的演进，他们将制造业子部门划分为劳动密集型、资本密集型和技术密集型部门，描述了三者之间表现出的周期性特点：工业化的后进者通常会重复领先者的产业构成的变化；亚洲国家和地区成功地将领先者在制造行业的比较优势向跟随者传递，而跟随者又逐渐向后来的跟随者传递，从而实现更多国家或地区的经济繁荣。

在世界经济多极化背景下，随着“雁行模式”的延续和扩张，世界经济正在形成“多极雁行”的产业格局：随着一些跟随者成长为“头雁”，将逐步形成不同产业部门交织的、由不同国家和地区领头的“多极雁行”格局。从当前世界经济格局看，美国是芯片、金融等产业的“头雁”，欧盟是医药、化工等产业的“头雁”，日本是家电、汽车等产业的“头雁”，中国是高铁、电商等产业的“头雁”。随着新兴经济体的崛起，世界进入大变革大调整的时期，多极化趋势愈益明显。

“多极雁行”格局的形成具有以下特点：第一，新兴经济体已经和正在成为全球制造业的“头雁”。中国作为新兴经济体的典型代表，已成为与美国、德国并行的全球制造业中心，高铁、电商等行业逐渐确立了在全球的引领者地位，电子、汽车、轨道交通和工程机械等行业在生产规模上已居世界前列。其他新兴经济体在制造业中的地位也呈上升势头。第二，“多极雁行”格局是新兴经济体利用综合优势的结果。新兴经济体在某些制造行业取得领先地位，主要是较好地利用了自身的综合优势，包括要素禀赋的比较优势、超大规模国家要素和市场的规模优势等。第三，“多极雁行”格局将伴随着产业“头雁”之间的经济摩擦。在新兴经济体和发达国家经济力量变动的过程中，不仅新产业格局得以构建，而且价值链位置也会进行调整，很有可能产生利益矛盾和贸易摩擦。比如近年来，美国为遏制中国经济崛起而发动贸易战，推行贸易保护主义政策，成为经济全球化进程中的逆流。

（三）从“多极雁行”格局到价值链的重构

多元世界体系和“多极雁行”产业格局的形成，为中国经济的转型提供了战略机遇。习近平指出：“领导干部要胸怀两个大局，一个是中华民族伟大复兴的战略全局，一个是世界百年未有之大变局，这是我们谋划工作的基本出发点。”怎样在大变局中谋求发展？从总体战略上说，就是要抓住世界百年未有之大变局推进中华民族的伟大复兴。从经济发展上说，就是要利用“多极雁行”发展格局谋求全球价值链重构，通过创新驱动经济转型升级，使中国经济从产业规模上的“大雁”变成价值链条上的“头雁”。

第一，新兴经济体的产业链地位为价值链升级提供了产业基础。新兴工业化国家实现经济赶超的重要经验，就是遵循要素比较优势进入国际分工体系，在经济起飞的基础上实现从产品到产业再到价值链的梯度升级。改革开放以来，中国积极融入国际分工体系，已在全球产业链中占据重要地位。一是总量上迅速扩张，目前全球制造业出口的19%来自中国，已经形成明显的产业规模优势；二是配套上日益完善，已形成完备的产业配套能力；三是结构上逐步改善，产品技术含量增加，已形成服务贸易和商品贸易并重的产业分工格局。中国依托自身的综合优势，成为世界制造业中心，奠定了在全球产业链和供应链的重要地位，同时也为实现全球价值链位置的攀升创造了有利条件。我们可以凭借产业规模和配套能力强的优势，利用在全球产业链中前向和后向参与度都比较高的枢纽位置，积极推动产业和产品结构升级，进而改善在全球价值链中的位置，尽快从产业价值链中低端向中高端攀升，并在一些优势产业中成长为全球价值链的“头雁”。

第二，实现产业链和价值链转换是新兴经济体迈向高收入国家的必要条件。从宏观层面看，全球价值链涉及附加值分配和贸易利益问题，价值链位置的攀升可以促进国民收入水平的提高。中国通过经济开放不断融入全球经济和全球价值链，促进了贸易利益的显著增加和经济的快速发展，但目前在总体上仍然处在全球价值链的中低端，如果长期陷入中低端锁定的困境，必将难以跨越中等收入阶段。世界银行的《2020年世界发展报告》指出，中国在1990年至2015年间，从一个初级制造业的提供者升级为先进制造业和服务业的提供者，这同中国国民收入变动状况是相适应的。为此，我们必须发挥新兴经济体经济发展的综合优势，突破全球价值链位置的中低端锁定，在更多的产业成为全球价值链的“头雁”，才能最终跻身高收入国家行列。

第三，创新驱动是新兴经济体实现产业链和价值链升级的必由之路。价值链升级的基本路径：第一步是从初级产品生产转向初级制造业，第二步是由初级制造业转向先进制造业和服务业，第三步是由先进制造业和服务业转向创新活动。全球经济中产业链和价值链攀升主要依赖于技术进步和创新活动。中国目前处在从价值链中端走向高端的起步时期。自 2000 年以来，中国现代服务业的前向参与度不断提高，现代服务业主要属于知识密集型产业，这表明中国出口产品隐含的研发要素逐渐增加，正在促进制造业部门在全球价值链中的位置不断得到改善。目前，中国正致力于建设创新型国家，使创新活动成为引领经济发展的第一动力，为此，需要在两个领域加快发展：一是在已经成为国际上技术并行者或领跑者的产业，如高铁、通信技术等产业，依托先进的产业技术和强大的配套能力，利用庞大的市场规模和产业规模优势，有效聚集全球创新资源，研发出国际前沿水平的关键技术，牢牢占据价值链的顶端。二是抓住新一轮新技术革命的机遇，同发达国家站在同一起跑线上发展数字经济，利用国内的消费市场规模优势，快速发展大数据、物联网和电商产业，打造最佳的数字经济生态系统，培育全球产业链和价值链的“头雁”。

第五节　中国参与全球价值链的促进对策

从原则上讲，将汽车、电脑等复杂产品拆分，可以让各国专注于更简单的零部件任务，让处于发展初期的国家更容易参与贸易。但是，并不能就此确保一个国家有能力参与全球价值链。全球价值链的参与程度由要素禀赋、地理位置、市场规模和体制所决定。但单单这些基本面还不足以一锤定音，政策也发挥着重要作用。

一、积极引进外资并进行区域性贸易谈判

在参与全球价值链的所有阶段吸引外国直接投资至关重要。吸引外国直接投资的政策有助于弥补资本、技术和管理技能的不足。然而外资进入需要有一个相对开放、稳定、对投资者的保护程度高的商业环境，并在某些情况下要投资促进。一些国家如从商品行业的外国投资中受益的东南亚国家，仍然限制针对服务业的外国投资；另一些国家试图通过免税和补贴吸引投资，但这些措施可能引起贸易伙伴的不满，其净收益可能不一定是正值。尽管如此，哥斯达黎加、马来西亚和摩洛哥等国通过采用成功的投资促进战略，吸引了大型跨国公司对全球价值链的转型性投资。此外，与外国进行贸易自由化谈判可以突破国内市场规模小的局限，使公司和农场摆脱国内需求和当地生产要素不足的限制。贸易谈判参与深度一体化协议还可以促进体制和政策改革，特别是在技术和财政支持作为补充的情况下。如随着商品和服务经济间的

联系不断加深，政府可能会改革电信、金融、交通和一系列商业服务领域的服务政策，而后者也是促进全球价值链活动战略的一部分。

二、促进贸易便利化，加强知识产权保护和健全相关法律体系

对于许多在全球价值链上交易的商品来说，延迟一天相当于被征收超过 1% 的关税。改善海关和边境手续、促进运输物流服务竞争、加强港口结构和治理都可以降低与时间和不确定性相关的贸易成本，缓解地理位置偏远带来的劣势。

全球价值链的蓬勃发展有赖于企业网络的灵活结构，因此还应对合同的执行予以关注，以确保网络内的法律安排的稳定性和可预测性。知识产权保护对更具创新性和复杂性的价值链尤其重要。加强国家认证和检测能力来确保符合国际标准也可以促进全球价值链的参与。

三、加大人力资本投资

全球价值链在国家间展开的重要因素是要素禀赋。早期，发达国家主要利用发展中国家低价劳动力展开产品分段化生产，在全球范围内配置资源，降低产品的生产成本。然而随着各国要素禀赋的变化特别是劳动生产率的提高以及劳动工资的提高，低价劳动力成本变得越来越不可得。同时随着全球价值链的深入发展，跨国公司将越来越复杂的技术环节外包给其他国家。而这些复杂中间环节的生产不仅依赖低价的低技能劳动力，而且对高素质的技能劳动力的需求越来越高。这就需要国家在相关领域有足够的人才储备，加速全球新一轮价值链环节的转移并专业化于技术密集度中间品的外包生产。同时高技能劳动力对于推动国家相关行业技术创新和发展有重要作用。因此，一国还应该加大人力资本投资，增加高级要素在一国资源禀赋的比重，促进产业结构转型和承接更为复杂的全球价值链环节。

四、加强国际合作

在全球价值链的世界中，国际贸易体系尤为重要。全球价值链跨越国界，一个国家的政策行为或不作为可能影响到其他国家的生产者和消费者。国际合作有助于应对各国政策的溢出效应，实现更好的发展成果。当商品和服务数次跨越国界时，贸易保护导致的费用会被放大，因此协调一致地降低贸易壁垒对全球价值链的好处甚至比对标准贸易的好处更大。鉴于外国投资与全球价值链之间有着不可分割的联系，创造一个开放和安全的投资环境对参与全球价值链至关重要，特别是对资本匮乏的国家而言。以规则为基础的贸易体系令发展中国家获益匪浅，尤其是这一体系中对贸易歧视的抵制、对改革的激励、全球市场准入以及发生贸易争端时的申诉机制——甚至是针对贸易大国的申诉。然而，国际贸易体系目前正承受着三大的压力。发展中国家以贸易为主导的追赶式增长推动了各国经济实力的变化，加剧了各国内部的收入不平等。各国经济规模日益对等使其保护水平的持续不对等性得到明显缓解。与此同时，过去的贸易体系近年来举步维艰，最明显的例子是多哈谈判的失败。欧盟和北美自由贸易协定等地区性倡议也受到成员国分歧的影响。美国和中

国之间的贸易冲突正导致保护主义和政策的不确定性，并开始扰乱全球价值链。如果贸易冲突恶化，并导致投资者信心下滑，全球经济增长和贫困所受的影响可能非常巨大——超过 3 000 万人可能会被迫陷入贫困（日收入水平低于 5.50 美元），全球收入的下降可能高达 1.4 万亿美元。不过，即使保持现状，引发冲突的贸易做法也可能造成不利影响。同时，应将合作范围从贸易政策扩大至税收、监管和基础设施领域。

五、深化传统合作

为了保持有益的贸易开放，第一要务是深化传统贸易合作，消除商品和服务贸易的剩余壁垒以及补贴、国有企业活动等导致贸易扭曲的措施。展望未来，首要任务应该是深化传统贸易规则和承诺。迄今为止，国际合作所带来的商品和服务贸易的开放程度参差不齐。农业和服务业的贸易自由化迟迟未至，一些工业产品仍然在某些市场受到限制或面临非关税措施。贸易优惠降低了主要影响最贫穷国家的某些关税，但并没有降低这些国家征收的进口关税。对发展中国家的特殊和差别待遇在某些案例中导致这些国家改革步伐缓慢，最终阻碍其参与全球价值链和融入全球经济。此外，世界上一些市场为保护高附加值产品而出台的关税升级正在抑制发展中国家的农业和劳动密集型行业（如服装与皮革）的加工活动。特惠贸易协定中的限制性原产地规则缩减了采购选择范围。在服务业方面，除了单方面采取的行动，国际谈判在实现贸易自由化上几乎没有取得进展。与全球价值链相关的重要服务，如航空和海运（这些服务最需要协调一致的自由化）由于既得利益集团的抵抗而被排除在谈判之外。如果发展中国家中的主要贸易国以平等伙伴、甚至是领导者的身份参与谈判，而不是寻求特殊和差别待遇；如果工业大国继续相信基于规则的谈判，而不是采取单边保护措施；如果所有国家共同制定一个反映发展和商业要务的谈判议程，传统贸易谈判就可能会带来更有实际意义的结果。

六、扩大税收、竞争和数据流动领域的合作

在如今这个时代，企业在全球运营，生产分散，知识产权等无形资产增加，对资本征税变得越来越困难。合作应确保税收收入的公平获得——“富国”需要依靠税收帮助失业的产业工人，而“穷国”需要用税收建设基础设施。最终，各国联合起来推广基于目的地的征税方式可以消除企业对利润的转移和国家在税收方面竞争的动机，但需要考虑到这种做法对小型发展中国家的税收收入的影响。与此同时，其他防止税基侵蚀和收入转移的措施可以缓解与国内资源调动相关的挑战。消费者越来越担心数据流动和数字公司的国际扩张，两者在全球价值链中都发挥了重要作用。其风险包括基于数据的服务中的侵犯隐私行为，以及基于平台的服务中的反竞争行为。各国政府正在制定数据本地化法律以限制数据的跨境流动，并为国内数据的处理制定严格的规则。关于竞争的法律仍然明确地聚焦于国内，双边或地区性贸易协定中的合作也受到了限制。解决方案可能是一种新型的议价：出口企业做出监管承诺，保护海外消费者的利益，以换取进口国的市场准入承诺，一些关于数据流动的协议就

体现了这种模式。但发展中国家不应被排除在此类安排之外，因为这将削弱它们在全球价值链中的参与程度。国际支持可以帮助它们在对出口有益的方面（例如基于数据的服务）作出监管承诺，并在它们开放市场时获得贸易伙伴的承诺（例如实施竞争政策）。

基础设施投资方面的协作失败会影响到全球价值链的投资、扩张和升级，尤其是在贫穷的国家。从全球范围来看，由于对贸易伙伴的额外利益不加考虑，很多国家在贸易相关的基础设施方面投资不足。接壤国家同时采取行动加快贸易速度，收益会更大。例如，在危地马拉和洪都拉斯加入关税同盟且同意接受同样的电子文件后，两国边界的延误时间从 10 小时减少到 15 分钟。世界贸易组织的《贸易便利化协定》鼓励各国在提高贸易便利化方面进行协调，并为低收入国家所需的投资提供资金援助。类似的方法可能有助于在交通、能源、通信基础设施等其他投资领域实现协同效应。

本章小结

1. 各国参与全球价值链的程度不同，中国加工贸易参与价值链的程度已经远远高于世界平均水平。同时，中国的全球价值链参与度整体上水平偏下。

2. 全球价值链体系使得各国都专业化其有比较优势的环节，从而提升效率。而持久的企业间关系有助于价值链体系内技术扩散以及资本和生产要素的获取。

3. 在全球价值链中发展对外经贸关系涉及国际贸易规则的完善和全球价值链的重构。

复习思考题

1. 中国参与全球价值链的特点是什么？
2. 全球价值链对各国经济增长的意义是什么？
3. 在全球价值链中对外经贸关系的发展有哪些变化？

案例分析

构建"一带一路"包容性全球价值链

包容性全球价值链，是新一轮全球化趋势下中国对全球价值链规则体系的新认识和新主张，是对目前经济全球化中全球价值链规则体系的完善。它主张全球价值链下的合作与共赢，包容与接受，开放与发展。这是新一轮全球化趋势下中国与沿线国家通过开放与合作进行经济治理的有效途径。需要中国由商品要素开放转向按国际规则开放，由遵守、适应国际经贸规则，向主动参与、维护国际经贸规则的制定和严格执行转变，推动世界经济迈向更加创新、更具有活力的新格局。

一、构建包容性的全球价值链有利于国际贸易规则的重构

过去几十年中，中国经济开放的主要特征，从地理位置上看是向东开放，是加入由西方发达国家跨国公司所主导的全球价值链进行加工制造和出口活动。这一外向型经济发展战略使我们取得了巨大的成功。在当今世界潮流和趋势下，现在我们注重"一带一路"倡议下的向西开放，强调的是在继续嵌入西方国家跨国公司主导的全球价值链的同时，主动创建各种自主性比较强的全球价值链，把我们过去在欧美主导的全球价值链下进行国际代工所学到的知识和技能，经验和教训，以及相应的制度创新成果运用到"一带一路"倡议的实践中去，不仅要给中国经济转型发展创造新动能，而且能够带动"一带一路"国家共同发展。在2016年的G20峰会上，中国政府努力推动G20安塔利亚峰会上提出的有关构建"包容性全球价值链"的倡议，主张要不断凝聚成员共识，加快构建协调、包容性全球价值链规则体系。这是当下逆全球化趋势盛行的背景下，重构国际贸易规则的长期而重要的目标之一。

二、构建包容性全球价值链有利于中国及周边国家的产业升级

这种价值链有利于中国及周边国家的产业升级。中国过去的比较优势是物美价廉的生产要素，在欧美控制的全球价值链下主要做低端制造业，研发和设计都是事先做好的，中国企业只是进行加工装配制造，在这种国际代工模式下学不到真正的自主技术和技能。现在要素低价这个优势随着国内发展程度的提升正在逐步衰减，而新的比较优势也随之崛起，它就是中国日益壮大的国内市场规模。形成中的强大国内市场既有利于促进中国企业取得规模经济效应和国际产业竞争力，又有利于中国企业走出去投资办企业，广泛吸收东道国的知识资本、技术资本和人力资本，形成新的全球分工或产品内分工格局，使中国企业从全球价值链低端的成员，成为全球创新链中的一个有机组成部分。

一些参与现有全球价值链体系的沿线发展中国家也会面临价值链融入路径选择的挑战。当然，沿线国家也期待发达国家参与“一带一路”建设，通过国际合作弥补包容性全球价值链构建的角色“缺位”，从中发挥各自互补优势并获得经济红利，共同构建人类命运共同体。

分析题：

1. 结合案例，分析在“一带一路”倡议实施中中国构建包容性 GVC 的必要性。

2. 结合案例，分析中国应该如何参与全球价值链，发展与“一带一路”周边国家的经贸关系。

第十一章　对外贸易摩擦

学习要点

1. 对外贸易摩擦的分类与发展现状；
2. 对外贸易摩擦的成因；
3. 对外贸易摩擦的效应与应对策略。

对外贸易摩擦是国际经济关系中的常见现象。长期以来，西方发达国家之间的“贸易战”从未停止过。然而 20 世纪 90 年代后，尤其是“入世”后中国对外贸易进入了各种摩擦的高发期，其类型、成因和效应既有国际的普遍性，也有很明显的特殊性。

第一节　对外贸易摩擦的分类与发展现状

对外贸易摩擦(foreign trade friction)，是指贸易活动或与贸易相关的政策、制度等引起的国际经济关系紧张及争端事态。20 世纪 90 年代以来，经济全球化的进程越来越快，但由于各国经济发展及利益的不平衡，经济全球化的发展也加剧了各国之间的贸易摩擦。“入世”以来，对外贸易的迅猛发展表明中国参与经济全球化程度的大幅提高和国际竞争力的明显增强。但与此同时，中国与其他国家的贸易摩擦频繁发生，中国与世界其他经济体之间的贸易摩擦从来没有如此激烈过。其中，涉及的国家从美国、欧盟成员国、日本、澳大利亚等发达国家扩展到印度、韩国等发展中国家；涉及的领域从传统的货物贸易，迅速扩展到高技术产品贸易领域、服务贸易领域和知识产权、投资领域等，而与贸易具有紧密关系的环境问题也成为摩擦多发焦点；涉及的手段从反倾销和保障措施到技术性贸易壁垒、人民币汇价、社会责任、人权标准等。中国已经进入了贸易摩擦多发期。

由于中国与不同国家或地区之间经贸关系的现实差异，国外对华贸易摩擦不仅表现出贸易摩擦的一般特点，而且呈现出明显的特殊性。

一、中国对外贸易摩擦以对象国(地区)分类

(一) 欧盟对中国的贸易摩擦——技术性贸易摩擦

从历史统计数据观察,欧盟是对华发起贸易摩擦最多的经济体。在中欧贸易摩擦中,反倾销、技术性贸易壁垒、普惠制待遇和单方面数量限制方面极为常见。由于欧盟科技较发达、对产品的技术和环保要求十分严格,因而尽管存在的摩擦种类繁多,但欧盟对华贸易摩擦最多的是技术性贸易摩擦。

(二) 美国对中国的贸易摩擦——制度性贸易摩擦

中美之间的贸易摩擦具有复杂性和多层次的特点,以贸易不平衡为基本背景,包括反倾销、保障措施、技术壁垒、知识产权等多种形式的一般贸易摩擦,往往和宏观经济政策、经济与社会制度层面的矛盾交织在一起。多年来,在中美经贸关系总体保持比较平稳和良好发展势头的同时,双方经历的经贸冲突与摩擦明显增多。中美经贸关系面临着四大热点问题的困扰:美国对华贸易失衡增大问题、保护知识产权问题、人民币汇率问题,以及对华纺织品设限与反设限问题。中美之间由于双方实行不同的政治制度,美国不愿意承认中国的市场经济国家地位,加上美国贸易政策的霸权主义和保护主义倾向不时抬头,中美贸易摩擦更多地体现在制度性贸易摩擦方面。

(三) 日本对中国的贸易摩擦——遏制型贸易摩擦

在中日双边贸易的发展中,由于中国对日本出口产品的结构在不断升级,因而两国的产业分工与比较优势逐步出现逆向趋同的变化,两国的贸易结构逐步接近,打破了“雁行”经济发展的格局,使一直处于雁头的日本经济发展受到了威胁,从而造成日益频繁的贸易摩擦。而在贸易摩擦的方式和做法上,日本政府采取更多样化的形式,包括技术壁垒、反倾销、卫生检疫标准、环保标准、保障条款等各种方式,以增强阻挡中国商品进入日本的效果。因而,中日贸易摩擦更多地以遏制中国产业竞争力为目的。

发达国家和地区从传统产业入手,向发展中国家实施产业转移,被转移产业的层次由低到高呈梯度展开,形成一个以转出国为起点的产业递次转移链。发达国家的传统产业正是在全球化进程下逐步由处于比较优势的地位向比较劣势演变,也正是基于这种动态变化,进而利用全球化背景下的全球资源配置,将其逐步转移到中国等广大发展中国家。众所周知,传统产业吸纳就业的作用不容忽视,并且产业转移的梯度拓展将会直接引起“产业空心化”的问题。因此,在发达国家内部,基于对就业流失、经济增长下降而提出的反对声甚嚣尘上,并借此产生了对中国出口产品设限的种种做法,造成中国与发达国家之间的贸易摩擦愈演愈烈,贸易摩擦的数量不断增加,领域不断扩大,且贸易摩擦的重点由低附加值产品开始扩大到高附加值产品。

但是值得注意的是,在中、日、欧美三角关系中,存在大量的转移性贸易失衡引发的摩擦,例如,在中国的对日贸易逆差与对美贸易顺差之间,中国大陆的输港产品与中国香港转口贸易差额之间的对应转移摩擦,是一个十分引人瞩目的研究视角。

(四) 其他发展中国家对中国的贸易摩擦——连锁反应性贸易摩擦

随着中国经济的快速发展和出口的大幅增长，中国与发展中国家的贸易摩擦也进入高发期。在对华反倾销案件中，亚、非地区的案件呈现明显的上升趋势。从1995—2005年国外对中国反倾销的立案情况来看，中国共遭受469起反倾销调查，发展中国家占了半数以上，其中以印度居于首位，对中国发起87起反倾销调查，占18.6%。总体上说，中国与发展中国家之间的贸易摩擦具有以下特点：第一，贸易摩擦形式较为单一，相比与欧美发达国家之间的贸易摩擦，中国与发展中国家之间的贸易摩擦形式以反倾销为主；第二，涉案金额总体来说相对较小，2003年中国与印度之间的双边贸易摩擦涉案金额为2 830万美元，而同期北美涉案金额为1.4亿美元；第三，摩擦的程度较低，贸易摩擦主要属于微观经济活动范围，并不涉及制度和社会、政治层面。因为中国同属于发展中国家，与其他发展中国家的产业结构有一定的相似性，出口商品结构的竞争性容易诱发此类贸易摩擦。

然而，虽然中国与发展中国家之间的贸易摩擦没有与欧美之间的摩擦影响深远，但贸易摩擦往往容易引起连锁反应，即如果中国的某种商品在一个国家被实施反倾销，其他国家也会对中国这种商品实施反倾销调查，而且还会引发对中国其他商品实施反倾销调查，因而值得注意①。连锁反应的结果就是随着中国贸易摩擦案件数量急剧增加，其他国家对中国贸易摩擦涉及的行业和产品呈现多元化的格局。

(五) 中东欧转型国家对中国的贸易摩擦

在20世纪90年代之前，中东欧转型(Central and Eastern Europe, CEE)国家主要在经互会(CMEA)框架下开展贸易。20世纪90年代初，随着经互会的解体，贸易自由化和加入世界多边贸易体系成为中东欧转型国家对外贸易发展的重中之重，而加入欧盟成为其首选。CEE国家与欧盟的关系见表11-1。

表11-1 CEE国家与欧盟的关系

加盟情况	国家
已加入欧盟的CEE国家	爱沙尼亚、拉脱维亚、立陶宛、捷克、波兰、匈牙利、斯洛伐克、斯洛文尼亚、保加利亚、罗马尼亚
已申请加入但还未加入欧盟的CEE国家	克罗地亚、马其顿
未申请加入欧盟的CEE国家	阿尔巴尼亚

在CEE国家加入欧盟之前，中国相对CEE国家具有优势的产品主要是劳动密集型产品，尤为体现在服装、鞋帽类纺织品上，而CEE国家则在资源密集型产品上占有着绝对优势。此外，中国与中东欧转型国家多数签署了具有双边互惠性质的贸易协议，这使得CEE国家与中国的贸易摩擦较少发生。

然而，在一部分CEE国家加入欧盟之后，由于中东欧转型国家和中国的经济发展水平、劳动力成本、产业和贸易结构、产品价格、技术含量水平相近，比较优势相差

① 例如1990年，南非对中国自行车实行反倾销后，欧盟、加拿大、阿根廷、美国、波兰、马来西亚也相继分别于1991年、1992年、1994年、1995年、1997年和2002年对中国自行车实行反倾销。

不大。再加上加入欧盟的CEE国家实施欧盟的共同贸易政策，包括共同对外关税以及共同的非关税贸易保护措施，相应抬高了区外贸易的门槛，对中国的出口贸易形成了一道新的屏障。中国面临来自欧盟的更多、更苛刻的反倾销、反补贴调查，与中东欧转型国家的贸易摩擦更加频繁。

二、中国对外贸易摩擦以表现形式分类

（一）反倾销调查

反倾销本是世界贸易组织用于维护公平贸易的一个机制，但是近年来，反倾销被不少国家滥用，成为贸易保护的一个重要手段，而且它成为主要贸易国对华贸易摩擦最常用的手段。中国所遭遇的反倾销调查表现出以下几个特点：第一，次数不断增加，中国逐步成为全球贸易保护主义最大的实施对象。据WTO统计，1995—2011年6月世贸组织所有成员共发起反倾销调查3 922起，最终采取反倾销措施2 543起，其中中国遭遇反倾销调查825起，最终采取措施的达612起，占全球总数的比重分别高达21.04%和24.07%。第二，立案国家多，被诉产品范围广。北美、欧盟一直是对华反倾销的主要区域，但是90年代之后对华反倾销的国家从发达国家迅速向发展中国家蔓延。90年代以后，反倾销越来越针对中国具有劳动力比较优势的产品，而且往往同一种商品相继被多国反倾销，前6位的涉案产品分别为贱金属制品、化工产品、机电和音像设备、杂项制品、纺织品、玻璃和陶瓷制品，这6类产品案件数合计占75.8%。

（二）保障措施与特别保障措施

由于中国出口增长较快的产品主要是劳动密集型产品，如纺织品、服装、家电、机械设备等，这些具有很强比较优势的产品出口势必对贸易伙伴的相关产业造成一定的冲击。因此，其他WTO成员，为了防止中国产品在“入世”后在较低的关税水平条件下冲击其国内产业，会不断地采取保障措施。而且中国除了受一般的保障措施限制，还受到专门针对中国的特殊保障措施的限制。中国加入WTO议定书特别规定了特定产品的过渡期保障措施。按照这一条款，如果在加入WTO后5～10年时间里，中国的某些产品对某个国家出口大幅度增加，出口将受到严格的保障措施限制。

（三）反补贴调查

与反倾销案件相比，反补贴案件比较少。首先，这是因为反补贴案件在政治上比较敏感，不仅要调查出口国涉诉的企业，还要调查出口国政府。其次，计算反补贴的方法与计算反倾销的方法相比，还不是很成熟，而如果按照比较成熟的反倾销做法来进行起诉，成功的可能性要大得多。最后，美国、欧盟等一般认为反补贴法不适用于非市场经济国家，而过去发达国家在开展反补贴调查时，一直把中国视为非市场经济国家，认为中国的原材料和劳动力以及制成品的价格是由政治因素而不是市场因素决定的，正是基于这种认识所以并没有对中国的产品实施反补贴调查。

（四）技术贸易壁垒

技术性贸易壁垒是指一国或区域组织以维护国家或区域安全、保障人类健康和

安全、保护动植物健康和安全、保护环境、防止欺诈行为、保证产品质量等为由而采取的一些强制性或自愿性的技术性措施。这些措施具体表现为苛刻的技术标准、严格的认证制度、烦琐的检验检疫程序等。

(五) 知识产权摩擦

当知识产权固有的排他性超出了合理的范畴，扭曲了正常的国际贸易时，就成为了知识产权贸易壁垒。自中国加入 WTO 以来，知识产权纷纷被许多发达国家及其跨国公司以不同方式作为保护本国市场的屏障，围绕专利、版权、商标等知识产权问题和标准的国际贸易摩擦愈演愈烈。从海信商标被抢注、台积电起诉中芯国际，到震惊业界的思科起诉华为案，再到被寄予厚望的贵州微硬盘遭到日立起诉，跨国巨头们设下的种种知识产权陷阱让中国企业付出了昂贵的代价。知识产权壁垒已成为一种日益重要的非关税贸易壁垒，困扰着中国广大制造商和出口厂商。

国外对华知识产权摩擦具有以下特点：首先，从发展趋势来讲，由以美国为首的一国到多个发达国家；由劳动密集型产品到高技术性产品；由之前中国知识产权法律体系不健全造成摩擦到当前发达国家利用自身知识产权优势，从制度设计到企业策略，政府和企业共同实施不正当竞争，造成摩擦。其次，摩擦具有涉法性，与知识产权法密切相关，在国际法承认的范畴内以保护知识产权的合理理由进行。再次，摩擦具有无形性、时间性与地域性，这是由知识产权本身的特点决定的。最后，摩擦与各国经济发展和国际贸易发展密切相关，从企业之间的知识产权纠纷向知识产权制度层面发展，摩擦主体由企业向企业和政府发展，从企业策略向国家战略发展。

(六) 社会壁垒

社会壁垒是指以劳动者劳动环境和生存权利为借口采取的贸易保护措施，它最主要的问题就是劳工标准。由于中国是发展中国家，企业在应尽的社会责任方面并不完善，因而这种标准成为了发达国家对中国产品设置社会壁垒的最有力依据，从而对中国出口贸易产生极大的副作用，导致中国出口量下降，出口产品的成本上升。从潜在影响看，劳动力成本优势也可能失去。

(七) 汇率制度摩擦

近几年来中外之间的贸易摩擦，呈现出一个很明显的特点——在贸易摩擦的背后交织着两国或两个地区金融利益的博弈，在金融战略的背后隐藏着两国或两个地区贸易与经济利益的较量，即贸易摩擦以金融博弈为表现形式之一，而金融博弈中，人民币汇率问题往往成为热点问题。

三、中国对外贸易摩擦的发展现状

(一) 全球发起的贸易救济案件类型比例分布

2001—2019 年全球发起的各种类型贸易救济案件比例分布如图 11-1 所示，其中，全球发起反倾销案件 4 069 起，占比 82.25%，反补贴案件 438 起，占比 8.85%，保障措施案件 353 起，占比 7.14%，特别保障措施案件 87 起，占比 1.76%。由此可以看出，反倾销仍然是全球贸易救济措施的主要形式。

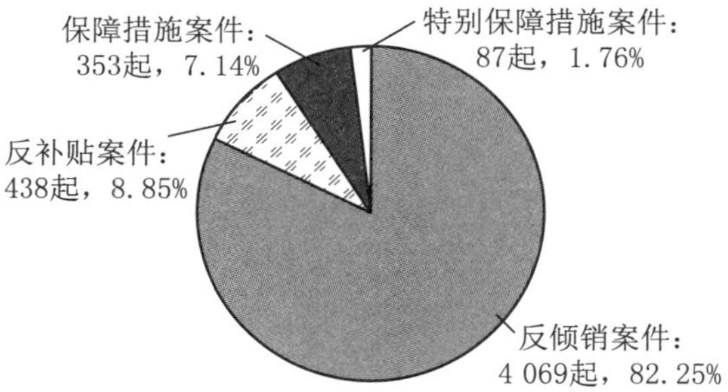

图 11-1　2001—2019 年全球发起的各种类型贸易救济案件比例分布

资料来源：中国贸易救济信息网。

（二）全球对中国发起的贸易救济案件比例分布

2001—2019 年，全球对中国发起的各种类型贸易救济案件比例分布如图 11-2 所示，反倾销案件 1 196 起，占比 68.42%，反补贴案件 168 起，占比 9.61%，保障措施案件 297 起，占比 16.99%，特别保障措施案件 87 起，占比 4.98%。

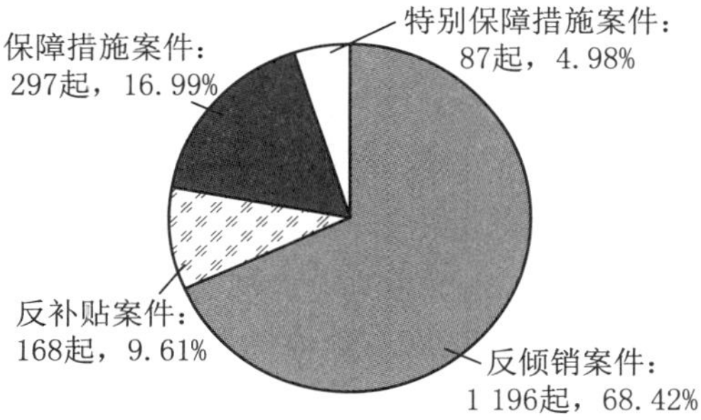

图 11-2　2001—2019 年全球对中国发起的各种类型贸易救济案件比例分布

（三）对中国发起贸易救济措施的国家（地区）分布

1. 对中国发起总贸易救济案件国家（地区）分布

2001—2019 年，全球对中国发起的贸易救济案件国家（地区）分布如图 11-3 所示，全球对中国发起的贸易救济案件总计 1 748 起，其中，排名前三的申诉国家（地区）分别为美国（281 起）、印度（248 起）、欧盟（132 起）。

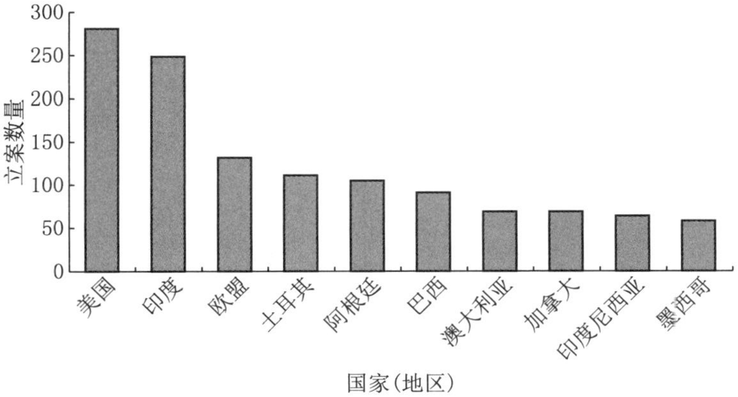

图 11-3　2001—2019 年全球对中国发起的贸易救济案件国家（地区）分布

2. 对中国发起的反倾销案件国家(地区)分布

1980—1989 年,中国被投诉反倾销 64 起,占世界反倾销案总数 1 388 起的 4.6%;1990—1999 年,中国被投诉反倾销 306 起,占世界反倾销案总数 2 321 起的 13.2%;2000—2009 年,中国被投诉反倾销 586 起,占世界反倾销案总数 2 225 起的 26.3%,其中仅 2005—2009 年,中国被投诉反倾销 338 起,占世界反倾销案总数 974 起的34.7%。2010—2016 年,中国遭受的反倾销调查不断攀升,在 2016 年达到历史最高点,为 93 起。2017 年以后,反倾销的数目略有下降,然而平均每年分别在 55、60、61 起。2001—2019 年,全球对中国发起的反倾销案件国家(地区)分布如图 11-4 所示,全球对中国发起反倾销案件总计 1 196 起,其中,排名前三的申诉国家(地区)分别为印度(198 起)、美国(147 起)、欧盟(103 起)。

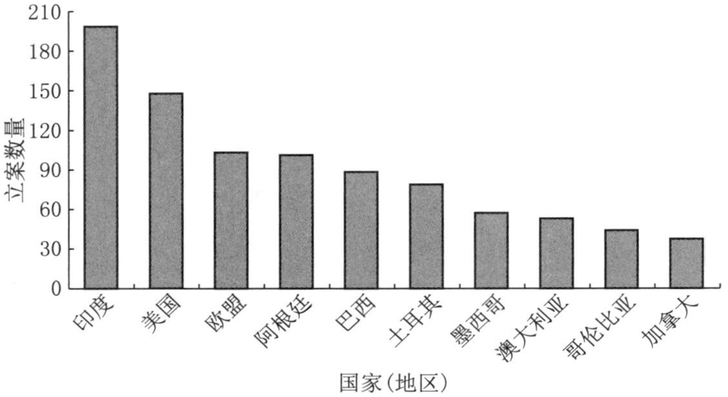

图 11-4 2001—2019 年全球对中国发起的反倾销案件国家(地区)分布

3. 对中国发起的反补贴案件国家(地区)分布

2001—2019 年,全球对中国发起的反补贴案国家(地区)分布如图 11-5 所示,全球对中国反补贴案案件总计 168 起,其中,排名前三的申诉国家(地区)分别为美国(89 起)、加拿大(26 起)、澳大利亚(17 起)。

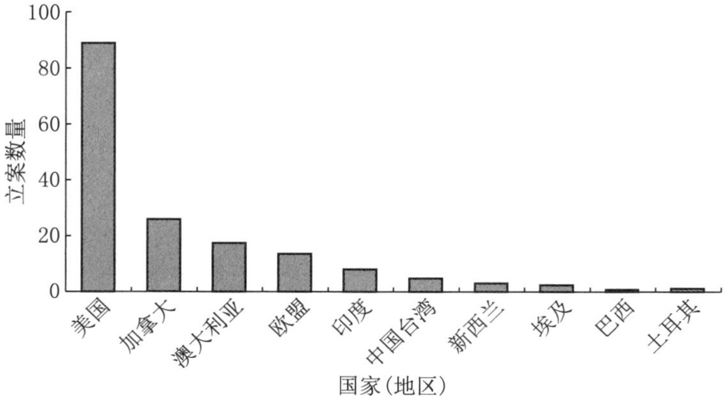

图 11-5 2001—2019 年全球对中国发起的反补贴案件国家(地区)分布

4. 对中国发起的保障措施与特别保障措施案件的国家(地区)分布

2001—2019 年,全球对中国发起的保障措施案件国家(地区)分布如图 11-6 所示,全球对中国保障措施案件总计 297 起,其中,排名前三的申诉国家(地区)分别为印度尼西亚(34 起)、印度(32 起)、土耳其(27 起)。

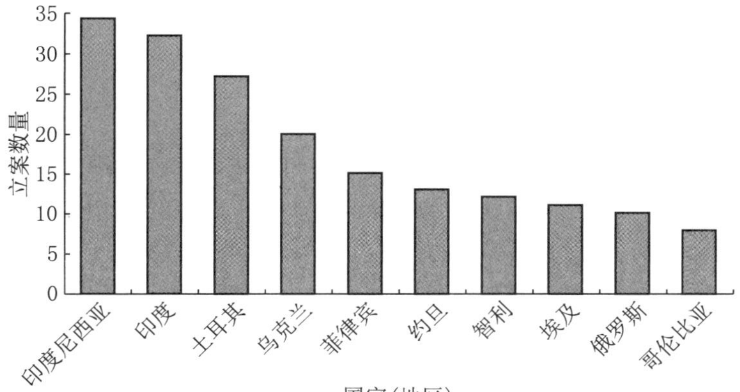

图 11-6　2001—2019 年全球对中国发起的保障措施案件国家(地区)分布

资料来源:中国贸易救济信息网。

2001—2019 年,全球对中国发起的特别保障措施案件国家(地区)分布如图 11-7 所示,全球对中国发起的特别保障措施案件总计 87 起,其中,排名前三的申诉国家(地区)分别为美国(42 起)、印度(10 起)、欧盟(10 起)。

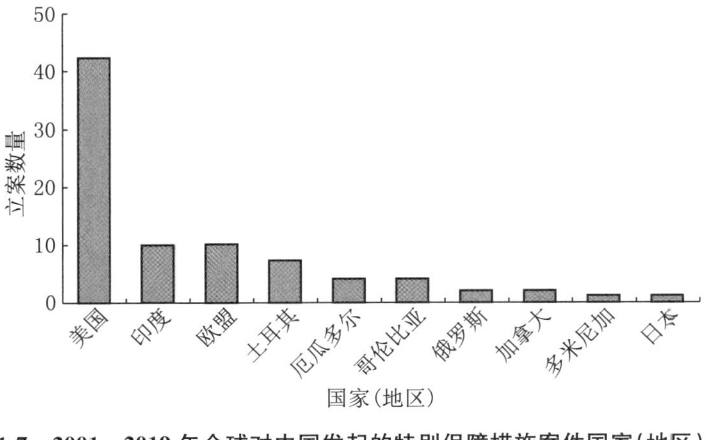

图 11-7　2001—2019 年全球对中国发起的特别保障措施案件国家(地区)分布

数据来源:中国贸易救济信息网。

(四) 全球对中国发起贸易救济措施的行业分布

1. 全球对中国发起的反倾销案的行业分布

2001—2019 年,全球对中国发起的反倾销案的行业分布如图 11-8 所示,全球对中国发起的反倾销案总计 1 195 起，其中，排名前三的行业分别为金属制品工业(224 起)、化学原料和制品工业(217 起)、钢铁工业(144 起)。

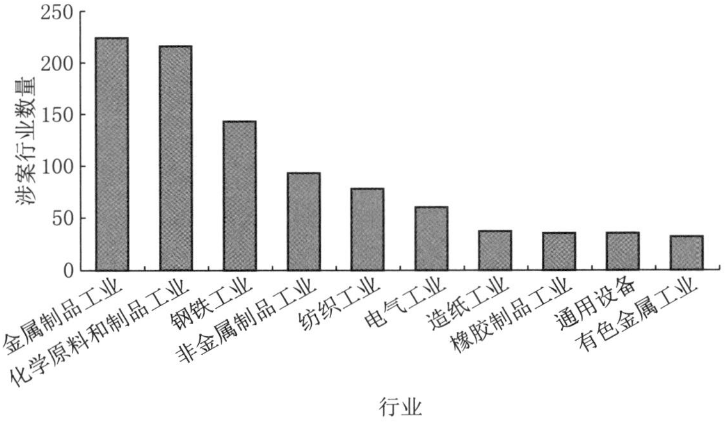

图 11-8　2001—2019 年全球对中国发起的反倾销案的行业分布

2. 全球对中国发起的反补贴案的行业分布

2001—2019 年，全球对中国发起的反补贴案的行业分布如图 11-9 所示，全球对中国发起的反补贴案总计 168 起，其中，排名前三的行业分别为金属制品工业(55 起)、钢铁工业(27 起)、化学原料和制品工业(18 起)。

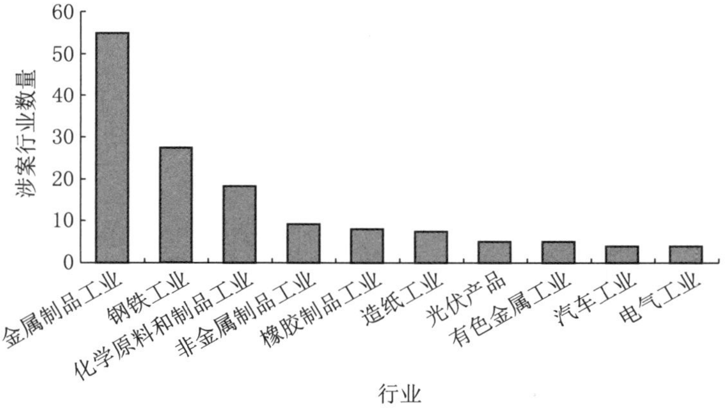

图 11-9　2001—2019 年全球对中国发起的反补贴案的行业分布

3. 全球对中国发起的保障措施及特别保障措施案的行业分布

2001—2019 年，全球对中国发起的保障措施案和特别保障措施案的行业分布分别如图 11-10 和图 11-11 所示，全球对中国保障措施案总计 296 起，其中，排名前三的行业分别为钢铁工业(48 起)、化学原料和制品工业(46 起)、非金属制品工业(40 起)。全球对中国特别保障措施案，总计 87 起，其中，排名前三的行业分别为纺织工业(57 起)、金属制品工业(9 起)、非金属制品工业(5 起)。

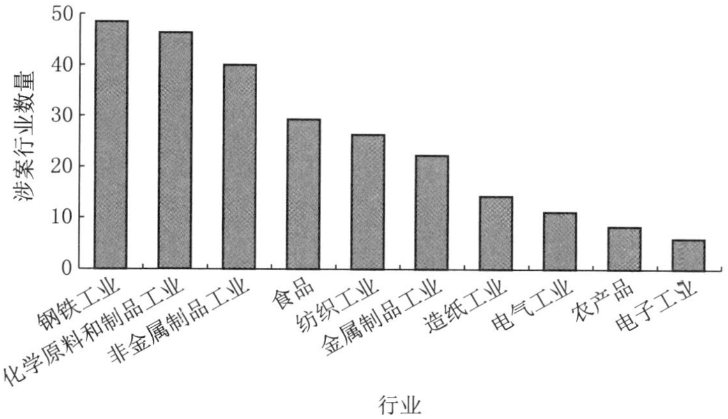

图 11-10　2001—2019 年全球对中国发起的保障措施案的行业分布

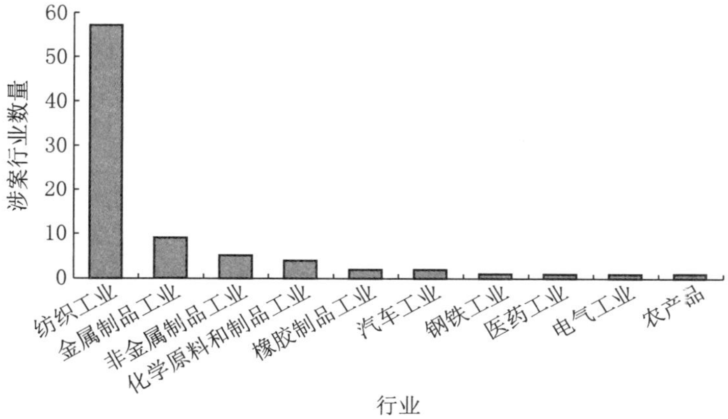

图 11-11　2001—2019 年全球对中国发起的特别保障措施案的行业分布

由此可以看出，中国仍然是全球贸易救济调查的最大目标国。从涉案产品看，钢铁、轮胎、鞋、玩具、铝制品等已成为贸易摩擦的“重灾区”。近年来，中国遭受的贸易摩擦产品种类一直在不断增加，机电、高科技产品出口增长迅速，成为新的贸易摩擦热点，例如汽车、医药产业。并且大有从单一产品延伸到整个相关行业之势。

第二节　对外贸易摩擦的成因

20 世纪 70 年代，吉尔平从国际体系的结构主义出发，提出随着核心区经济的衰退以及边缘地区经济的起飞，核心国家就会采取保护主义的经济策略，老的核心区与新的核心区就会在市场、原材料以及投资方面不断发生冲突，而冲突的具体表现形式就是各种贸易摩擦。正如吉尔平所说，随着 20 世纪 70 年代日本、德国经济的发展，不断地有新的核心区出现，它们相继成为了国际贸易摩擦的集中地，而其涉及的贸易摩擦的领域也越来越深层次。如今，中国的经济飞速发展，正日益成为了国外其他国家的矛头所指。

一、中国对外贸易摩擦的国际因素

(一) 政治因素

特定时期世界或相关国家的经济和政治发展形势直接影响了贸易摩擦的发生频率，它往往是国家间政治斗争的筹码。由于存在着利益集团[①](interest group)，他们在一定的资源投入下，通过自己或代理人使用投票、制造舆论等手段，游说政府制定出有利于自己集团利益的政策决定。这就使得各国政府越来越多地直接参与到贸易争端的产生和解决过程中，通过贸易摩擦获得利益集团的认可，从而谋求贸易以外的政治利益。

美国对华贸易摩擦正是如此，两者间的经济关系与政治利益牵扯不断，非经济因素对贸易摩擦施加了诸多负面影响。例如，美国对华纺织品实施的特保措施，其重要原因就是因为美国的同类产品在国际市场上竞争优势逐渐丧失，本国市场也受到冲击，国内的纺织业主、工会等利益集团对美国政府施加压力，以举行游行示威、威胁在中期选举和总统大选改变投票、组成院外集团游说等为手段，要求政府实行进口限制，而美国政府在国内政治压力下，采取了贸易保护政策，因而导致中美之间纺织品贸易争端不断。

(二) 贸易保护主义因素

2006 年，世界经济增长比较缓慢，这与美国年度经济增长的虎头蛇尾不无相关，而世界经济发展状况的好坏往往与贸易保护主义呈负相关。另外，发展中国家的经济以 7.3%明显高于发达国家 3.1%的速度增长，中国的增长速度达到10.0%。经济增长速度的相对缓慢，使得诸如美国、日本、欧盟国家之类的发达国家的贸易保护主义倾向严重，不可避免地要导致贸易摩擦的频繁发生和不断升级。

发展中国家的贸易保护倾向也迅速增强。以往的国际贸易中，往往是发达国家利用自身优势对发展中国家进行歧视性限制，随着世界贸易组织成立、发展中国家自身实力增强和各种新贸易保护手段的出现，发展中国家越来越注重依靠贸易保护来进行贸易限制，维护自身利益。而中国近年来飞速发展的经济和对外贸易，无疑使其在其他发展中国家的贸易限制中首当其冲。统计数字显示，从世界贸易组织成立到 2005 年年底，印度对中国发起的反倾销立案数量达 81 起，位居 WTO 150 余个成员方的榜首。

(三) 世界贸易组织例外条款的模糊和争端解决机制的缺陷因素

为了协调缔约方之间的利益，避免贸易自由化对国内经济的过度冲击，WTO 规定了一些例外条款。通过这些例外条款，缔约方可以以维护国际收支平衡、促进特定工业的建立、维护国家安全、保护环境等理由暂停、修改或撤销 WTO 的相关义务。WTO 个别条款在例外规定上存在模糊和漏洞，使其常常被贸易保护主义者所利用，成为他们实行进口限制的借口，导致经贸摩擦更加频繁，使作为发展中国家的中国深

---

① 利益集团：为某种共同的利益的冲动所驱使而联合起来的一些公民，不管他们占全部公民的多数或少数，而他们的利益是损害公民的权利或社会的永久的和总的利益的。

受其害。例如，在限制中国大葱等农产品的进口案中，日本就是利用保障措施的不完善，在 WTO 允许的范围内打了一个擦边球①。

二、中国对外贸易摩擦的国内因素

（一）经济迅速崛起，贸易总量不断上升，外汇储备增加

近年来，世界许多国家都把贸易保护的大棒抡向了中国，这首先是因为中国经济迅速崛起，贸易总量不断上升，外汇储备不断增加。

表 11-2 反映了中国出口年均增长率及其国际比较的状况。可以看出，自改革开放以来，除个别年份外，中国的出口增长率均高于世界各类国家的平均水平。而且据统计，1980—2012 年，中国出口占世界出口总额的比重由不足 1%提高到 11%。既然在大多数年份，中国出口的年均增长率都在 20%左右，那么某些产品对某些国家的出口必然会远远超过 20%，而中国出口占世界市场份额的增加也必然会给一些国家带来竞争的压力，从而引起贸易摩擦。

表 11-2 1980—2018 年中国出口年均增长率及其国际比较状况

年份	世界出口总额/亿美元	中国出口额/亿美元	中国出口额占世界出口总额的比重/(%)	位次	世界出口增长率/(%)	中国出口增长率/(%)
1980	20 361	181	0.9	26		
1981	20 144	220	1.1	19	−1.07	21.55
1982	18 858	223	1.2	17	−6.38	1.36
1983	18 460	222	1.2	17	−2.11	−0.45
1984	19 557	261	1.3	18	5.94	17.57
1985	19 529	274	1.4	17	−0.14	4.98
1986	21 385	309	1.4	16	9.50	12.77
1987	25 155	394	1.6	16	17.63	27.51
1988	28 689	475	1.7	16	14.05	20.56
1989	30 989	525	1.7	14	8.02	10.53
1990	34 897	621	1.8	15	12.61	18.29
1991	35 114	718	2.0	13	0.62	15.62
1992	37 792	849	2.2	11	7.63	18.25
1993	37 947	917	2.4	11	0.41	8.01
1994	43 283	1 210	2.8	11	14.06	31.95
1995	51 676	1 488	2.9	11	19.39	22.98
1996	54 061	1 510	2.8	11	4.62	1.48

① 倪建军，《中国国际经贸摩擦的根源与对策》，《现代国际关系》，2005 年第 11 期。

续　表

年份	世界出口总额/亿美元	中国出口额/亿美元	中国出口额占世界出口总额的比重/(%)	位次	世界出口增长率/(%)	中国出口增长率/(%)
1997	55 923	1 828	3.3	10	3.44	21.06
1998	55 031	1 837	3.3	9	−1.60	0.49
1999	57 194	1 949	3.4	9	3.93	6.10
2000	64 548	2 492	3.9	7	12.86	27.86
2001	61 929	2 661	4.3	6	−4.06	6.78
2002	64 980	3 256	5.0	5	4.93	22.36
2003	75 861	4 382	5.8	4	16.75	34.58
2004	92 214	5 933	6.4	3	21.56	35.39
2005	105 076	7 620	7.3	3	13.95	28.43
2006	121 284	9 690	8.0	3	15.43	27.17
2007	140 262	12 201	8.7	2	15.65	25.91
2008	161 652	14 307	8.9	2	15.25	17.26
2009	125 605	12 016	9.6	1	−22.30	−16.01
2010	153 009	15 778	10.3	1	21.82	31.31
2011	183 381	18 984	10.4	1	19.85	20.32
2012	185 111	20 487	11.1	1	0.94	7.92
2013	189 506	22 090	11.7	1	2.37	7.82
2014	189 847	23 423	12.3	1	0.18	6.03
2015	165 306	22 735	13.8	1	−12.93	−2.94
2016	160 305	20 976	13.1	1	−3.03	−7.74
2017	177 319	22 633	12.8	1	10.61	7.90
2018	194 754	24 867	12.8	1	9.83	9.87

资料来源:《2019 中国贸易外经统计年鉴》。

(二) 部分行业出口竞争力增强,其他国家贸易保护主义蔓延

随着国际分工的不断发展,发达国家的很多产品已经进入标准化生产,而根据产品生命周期理论,在这一阶段由于技术和资本已逐渐丧失其重要性,劳动力成本成为决定产品是否具有比较优势的主要因素,于是这些产品逐渐丧失竞争优势,成为发达国家的"夕阳产业"(sunset industries),而在劳动力成本低廉的发展中国家这些产品却得以进行大量生产、出口,产品的竞争力也不断得到提升。因而,发达国家的贸易保护主义开始蔓延,这正是中国产品遭遇摩擦的原因之一。

(三) 地方保护主义导致出口无序,加剧摩擦

中国目前正处于经济体制转轨时期,地方的财政来源主要依赖于企业所得税和

增值税，为了增加财政收入，地方政府就会产生推动投资的冲动，并实行地方保护政策，也导致了地方保护主义，而地方保护主义造成国内市场分割，国内市场容量缩小，这必然加剧国内企业对国际市场的依赖，助长出口超速增长和国外对华贸易摩擦。

（四）其他国家对中国国有企业存在偏见

自 2004 年中国开始遭受反补贴调查以来，中国国有企业一直是国外反补贴调查的重点。美中贸易全国委员会（USCBC）2014 年的调查显示，仅有 4%的美国企业认为中国国有企业没有接受有形补贴。如图 11-12 所示，美国企业认为中国国有企业获得补贴的主要形式包括政府融资优惠、许可和审批优惠、税收优惠、优先获得政府合同和更低的土地成本的优势以及其他财政补贴等。正是因为对中国国有企业的固有看法，美国商务部在反倾销和反补贴调查中对中国企业采取了严格和武断的处理方式，只要是国有控股、参股企业，不管其是否应诉，都很难获得较低单独优惠税率，而是一律按照最高税率执行。

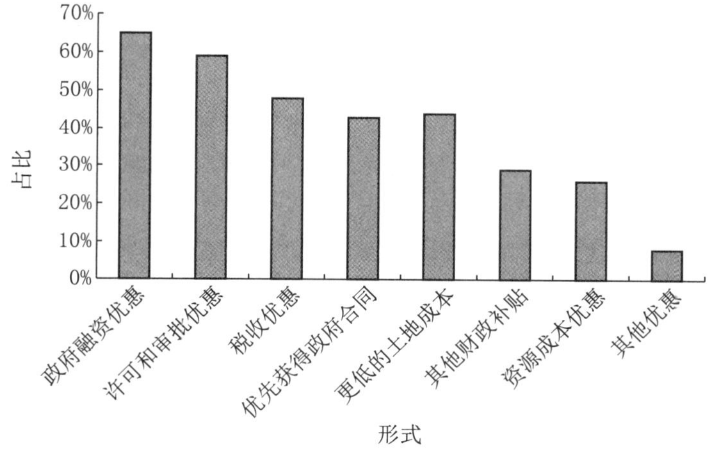

图 11-12　美国企业认为中国国有企业获得补贴的主要形式

第三节　对外贸易摩擦的效应

20 世纪 90 年代以来，由于各国经济发展的不一致及利益的不平衡，经济全球化的发展加剧了各国之间的贸易冲突与摩擦。一方面，贸易摩擦提高了国际贸易中的交易成本，带来了双方的福利损失，而且贸易摩擦具有溢出效应，会进一步带来投资、制度乃至整个宏观经济的摩擦；另一方面，根据国际贸易的经验，一个国家或地区往往是在经济崛起和出口迅速增加的过程中，会遭遇很多的贸易摩擦。从贸易摩擦的最终结果来看，它有可能会带来遭遇摩擦最多国家商品乃至生产的国际化，同时，整个周边地区的经济也会相应得到发展。因此，我们需要辩证地看待贸易摩擦。

一、对外贸易摩擦的负面效应

国际贸易摩擦往往由两个国家之间一种产品的出口引起，但最终总会涉及这个产品所在的整个行业，而上下游产业、此类产品的其他进口国往往会有连锁反应。但贸易双方就贸易过程中遇到的矛盾问题会进行磋商和调节，直至解决。在此期间，贸易不能正常进行，造成贸易停顿甚至取消，使出口商面临现金流不能按期回收甚至损失的风险；同时，处理摩擦本身无论是企业、行业协会还是政府相关部门，都要耗费时间、人力、物力和财力，是一个资源付出的过程。因而，贸易主体应对国际贸易摩擦所耗费的资源较高，国际贸易摩擦成为提高国际贸易成本的重要因素。

二、对外贸易摩擦的宏观效应——溢出效应

随着经济全球化的发展和生产国际化的深入，国际贸易不断发展，而为了保护本国产业，进口国往往会采取相应的贸易保护措施，从而导致国际贸易摩擦的爆发，而国家之间的贸易摩擦并不局限于贸易本身，而是进一步会带来多个领域乃至整个制度的摩擦。20 世纪 90 年代以来，随着中国对外贸易的迅猛发展，中国参与经济全球化的程度大幅提高，国际竞争力明显增强，中国与其他国家的贸易摩擦频繁发生，贸易摩擦的溢出效应（spill over）逐渐显现出来。当然，中外贸易摩擦仍以贸易本身为主，但其所带来的影响却十分广泛。

国外对华贸易摩擦会带来多产业的贸易摩擦。按照国外对华贸易摩擦所针对的不同对象，可以划分为针对上游产业即初级或者中间产品的摩擦，以及针对下游产业即最终产品的摩擦。

当中国上游产业遭遇进口国贸易摩擦后，这种摩擦会从上游产业延展到同其垂直相连的下游产业。对华上游产品发起的摩擦，一方面将会加大进口国将上游产品作为投入品的下游产业的生产成本，从而降低进口国下游产业的竞争力。在中国出口的低成本同类产品竞争情况下，进口国的下游产业所组成的相关利益集团也会要求对其进行保护，而当这种保护被授予时，最初由对上游产业的贸易摩擦就延伸到了下游产业。另一方面，当进口国下游产业成本上升、利润减少带来产出下降时，对进口国国内上游产业中间产品需求下降，面对中国出口的低成本同类产品竞争，进口国上游产业组成的利益集团会要求得到进一步保护，引发更强烈的国外对华上游产业贸易摩擦。

当中国下游产业遭遇贸易摩擦后，这种摩擦也会从下游产业延展到同其垂直相连的上游产业。进口国对中国的下游产业产品发起摩擦之后，中国下游产业产品的出口将减少，从而导致下游产业生产商减少生产，对上游产业中间产品的需求会下降，因而中国大量的上游产业中间产品生产商将会把目光集中于国外市场，上游产业中间产品的出口增多，引发国外对华上游产业中间产品的贸易摩擦。

整个的过程可称作上下游产业的继发性摩擦效应。

三、对外贸易摩擦的正面效应

一个国家往往是在经济崛起的过程中容易遭遇种种贸易摩擦，中国是如此，当年的日本也是如此。从日本与美国的贸易摩擦经验来看，20 世纪 70 年代以来，日本与美国的贸易摩擦频繁发生，而随着贸易自由化—资本自由化—生产国际化—经济全

球化的进展，第二次世界大战后日美经济摩擦出现微观经济摩擦—宏观经济摩擦—投资摩擦—制度摩擦和技术性贸易摩擦的递进变化。在这一过程中，日本为了保持贸易的持续稳定发展，在开放国内市场、自愿限制出口的同时，不断促进其产业升级，积极推进产业经济技术合作，特别是加强与欧美发达国家在贸易、投资和技术方面的相互依存关系，建立协调的国际分工体制，日本企业的生产也走向了国际化道路。而中国目前所经历的贸易摩擦，可以说与日本有一定的相似性，中国也正在经历贸易摩擦的过程，在摩擦过程中政府可以通过协调寻求有利的国际经济关系平衡；企业可通过增强实力、塑造知名品牌、扩大出口市场和增加对外投资，走向全面的国际化。以下四点是贸易摩擦产生正面效应的具体表现。

(一) 贸易摩擦的激化表明中国竞争力增强，有助于形成合理平等的国际经济关系

贸易摩擦激化在某种程度上松动了西方大国对中国人为造成的遏制情势，特别是通过持续有力的国际经贸失衡压力和发达国家国内利益集团的反复博弈，有可能迫使西方大国为了寻求贸易与经济的平衡而从政治、经济上重视中国的国际作用，并调整对华经贸政策，如考虑逐步放松对华高技术产品的输出等。

(二) 贸易摩擦的激化使得中国经济发展中的问题凸显，为进一步解决问题打下基础

中国外贸出口市场高度集中，较多依赖美欧和以日本、香港地区和东盟为代表的亚洲市场，新兴市场的市场份额增长一直偏低，极易引起进口国的高度关注。而中国目前内需较弱，一旦主要依赖的市场发生中国所不能预期的各种变化，不仅将对中国对外贸易产生重要影响，而且将直接影响中国国内经济的稳定和发展。“入世”后的前 5 年，中国对外贸易快速发展，外贸依存度不断上升，2003 年中国首次超过 50%达到 51.9%，2006 年达到 67%，较 2001 年提升 28.5 个百分点，此后呈现回落态势，但基本在 50%以上，2011 年为 50.1%，这增加了防范对外贸易风险的难度，一旦遭遇贸易摩擦出口受阻，国内生产企业和相关企业将会受到严重打击。

同时，由于中国出口的大多数是劳动密集型产品，往往会对进口国的就业造成一些冲击，容易引起摩擦，从而对中国出口与生产企业造成打击，则相应会造成中国大批工人失业。

中国不断提升的外贸依存度也反映了产业结构发展的不合理，特别是由于第三产业的可贸易性程度较低，使中国处于服务贸易持续逆差的现实状况。

中国在经济转轨中存在体制不健全的问题。外贸体制不健全，出口秩序混乱，造成无序竞争，非市场经济地位招致贸易摩擦加重。

(三) 贸易摩擦成为加快企业国际化发展的重要动因

从第二次世界大战后日本主导产业国际化发展经验来看，贸易摩擦成为了日本企业直接投资的动因，促使其走向国际化生产。而 20 世纪 90 年代以来，发达国家频繁对中国启动反倾销，实行技术性贸易壁垒和保障措施。为了保护原有市场并扩大市场份额，仅仅依靠传统的出口已很难做到，只有通过对外投资绕过贸易壁垒，在发达国家内部抢占市场份额，才能有效保护原有市场并扩大。于是，在中国不断遭遇贸

易摩擦的过程中，中国的一些企业开始了在国外投资建厂、设立研发中心，雇用当地员工加快本土化的进程，在国外建立本土品牌；或是通过收购国外公司以及与国际巨头合作组建公司，整合实用的资源技术；或是通过收购国外的二线品牌整合国内产品开发、生产成本低和外方品牌、销售渠道强的内外优势；或是通过与国际巨头合资，采取多品牌策略进入不同市场。而正是这些避开贸易摩擦的重要手段使中国很多企业走上了开拓国际投资市场的道路。

（四）贸易摩擦促使企业积极应诉，提高知名度，扩大出口市场

在积极应对贸易摩擦的过程中，很多中国企业已成功地实现了利用贸易摩擦提高企业品牌、扩大市场份额、增加企业利润的目的。

第四节　对外贸易摩擦的应对策略

从总体发展趋势及现有支撑条件看，未来相当长一段时间内，中国进出口仍然将维持高于国民经济和世界贸易增长速度的发展趋势，而这无疑将会使得国外对华贸易摩擦日益升温。因而，在制定具体应对策略时，一方面要充分考虑和发挥贸易摩擦所带来的积极效应；另一方面也要看到贸易摩擦对经济的扭曲和对贸易的阻碍，积极应对，使其消极影响达到最小。面对贸易摩擦，目前中国应诉积极性有待提高。2011—2019 年出口应诉原审立案国家排名如图 11-13 所示，由此可以看出，排名前三的国家是美国、印度和巴西，中国未列入前十，这与中国第一出口大国地位明显不符。积极应对贸易摩擦，单单依赖企业的力量还不够，还需要综合政府、学者等力量共同应对难题。面对贸易摩擦，中国在长期内要发挥市场机制的作用，完善市场体系；在短期内则应该规避贸易摩擦对贸易及经济的冲击，构建中央、地方政府和企业、中介组织三位一体的摩擦应对机制；同时，还要加强国内立法，将 WTO 规则框架的“实施细则”内法化，最大限度地保障国家经济利益。

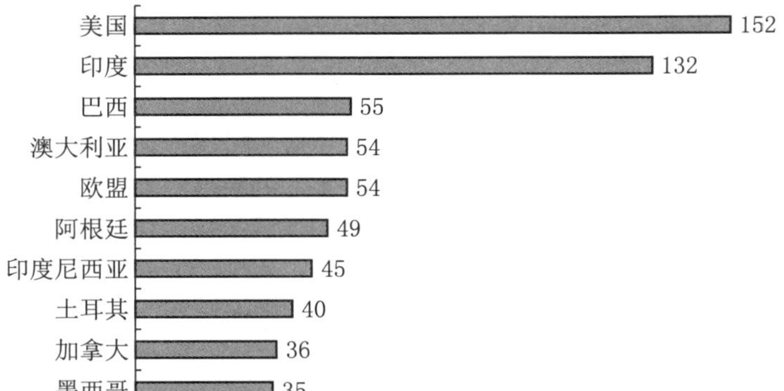

图 11-13　2011—2019 年出口应诉原审立案国家排名

数据来源：中国贸易救济信息网。

一、政府的应对策略

由于国外对华贸易摩擦很多是由中国的发展中国家地位、对主要伙伴国的贸易盈余大、与国际贸易制度存在差异等所引起的，因而中国为了促进对外贸易的健康发展，应积极调整对外经济和贸易发展战略，并辅以相应的产业保护战略，以求将贸易摩擦的损失减少到最低程度；同时，要进一步完善市场机制建设，尽大避免因“非市场经济国家”(non-market economy)的地位强化他国反倾销调查的借口；鼓励企业创新，提升产业结构，引导和发展对外直接投资，增强贸易与投资一体化的竞争实力。

(一) 财政政策——出口税收角度

改革开放以来，中国的贸易政策以“出口创汇”为基本指导原则，采用大量鼓励出口措施，使得中国外贸出口连续二十多年保持比中国 GDP 增长更高的速度增长，出口退税(tax refund)政策在其中扮演着重要角色。但是，这种带有浓重的“重商主义”色彩的贸易增长方式也带来各种问题，包括日益升温的国外对华贸易摩擦。因而，在实现中国外贸可持续性发展战略的过程中，有必要改革出口退税制度，将不同产业在国际上遭遇贸易摩擦的不同程度考虑降低出口退税率甚至取消某些出口商品的退税政策。

此外，针对不同产业对中国经济、国家安全等影响程度不同，可以考虑对贸易摩擦激增的产品征收出口关税，缓解日益升温的国外对华贸易摩擦。

(二) 货币政策——汇率角度

货币政策中很重要的一项政策工具是汇率。自 2005 年 7 月 21 日起，人民币汇率选择若干种主要货币，赋予相应的权重，组成一个货币篮子(basket of currency)，同时，根据国内外经济金融形势，以市场供求为基础，参考一篮子货币计算人民币多边汇率指数的变化，实行有管理的浮动汇率。作为汇率，它的变化往往直接影响出口，而中国迅速增长的出口贸易正是国外对华贸易摩擦的主要原因。因而，在参考一篮子货币的同时，央行可以将国外对华贸易摩擦因素作为相应的权重，考虑进汇率定价中，从而通过稳定的外贸发展减少国外对华贸易摩擦。

(三) 构建贸易摩擦预警体系

要构建贸易摩擦预警体系，首先要建立一套完整的国外对华贸易摩擦的指标体系，通过对若干经济指标的变化进行观察和判断，从而对国外对华贸易摩擦的情况进行预测和分析。影响贸易摩擦的因素可以大致分为两方面：宏观因素和微观因素。宏观因素涵盖了一国的 GDP、出口额(包括出口量与价格)等；而微观因素则包括本国产业因素以及进口国产业因素，这些产业因素包括产业的竞争力、出口数量及出口价格等。当然，两国之间的政治因素、某一产业的就业情况等因素也应该考虑在内。在此基础上，构建出国外对华贸易摩擦的数据库，通过这些指标的变化分析其对中国经济、产业等会造成什么影响，从而起到预警作用。

要构建贸易摩擦预警体系，还应该在政府、行业协会和企业之间形成互相联动、各司其职的有机整体。从日本的经验来看，其贸易摩擦保障体系正是如此，预警主体的分工十分明确。由其大企业、银行在国外的分支机构承担信息收集和传递的任务，并与其政府驻外机构建立密切、频繁的信息沟通渠道；由各企业将收集到的信息快速反馈给行业协会，由行业协会向所有会员发布信息并商讨对策，大多数情况下先由行业协会出面解决摩擦，如果需要政府出面谈判，则向政府提出要求。政府通过立法给予行业协会很大权力，政府和行业协会还联合起来游说贸易摩擦对象国的立法机构成员，或者采取踢球方式拖延谈判；大、中、小企业则以行业协会为中心统一对外。总体来说，日本的这种政府、行业协会、企业"三位一体"的应对贸易摩擦的机制，在应对出口贸易摩擦方面颇有成效，值得中国借鉴。

二、企业的应对策略

贸易摩擦发生后受影响最大、最直接的是企业，故企业理所当然是应对贸易摩擦的主导力量，建议中国企业从以下几个方面着手，培养和提升应对贸易摩擦的能力，为自己争取有利的发展空间。

(一) 熟悉贸易救济措施的有关规定，协调出口策略

实施贸易救济措施的一个共同要件就是某一出口产品在一段时间内激增，给进口国相关产业造成实质性损害。因此，企业在开发新的国际市场时，应特别注意协调出口策略，不要不计成本地开发国际市场。企业应注意收集研究国际市场价格信息和国内产业信息，及时掌握本企业市场份额变化的信息，把握出口节奏，避免出现产品市场份额急剧增加的情况，随时根据国际市场信息变化，迅速调整出口战略。

(二) 积极应诉，利用规则，寻求保护自身权益

企业遇到有关贸易救济措施的起诉后，首先就要克服畏惧心理，积极应诉。同时，企业要利用贸易救济措施有关规则，争取有利的诉讼地位。行业中的龙头企业应积极争取获得重要企业地位，从而取得独立调查资格，争取在一个可控的环境里，证明本企业的"清白"。

此外，要借助各方面的力量，为打赢"官司"创造条件。一是积极寻求政府帮助。企业在应诉过程中如果遇到困难，可寻求商务部、商会或是驻外使馆经商处的帮助；通过外交渠道，对进口国的调查施加影响，争取案件向有利的方向发展。二是充分发挥进口商的作用。进口商熟悉全球的成本核算体系，在"替代国"问题上可以提供大量信息。企业要紧密联合进口商和经销商，通过他们去做其所在国政府的工作，这常常会对案件裁决产生较大的影响。

(三) 实施"走出去"战略

"走出去"(overseas direct investment)战略是巧妙地规避贸易摩擦的有效途径。现代化的企业要有全球战略意识。随着贸易自由化的深入，经济全球化程度不断加深，中国企业必须有国际化战略眼光，对外直接投资、分散风险是中国企业跨越国外对华贸易壁垒的一种选择。从其他国家如日本的经验来看，这是一种有效的方式。日本汽车企业在美国的投资就相当成功：丰田、本田等日本企业不仅在美国树立了良好的品牌形象，而且将它的生产方式也带到了美国，并对美国本土的汽车企业形成了

强大的竞争压力。日本还将一些比较优势逐渐丧失的产业转移到东南亚等发展中国家，如家用电器制造、纺织品服装等。这不仅盘活了日本的产业资本，获得了更高的资本回报率，而且转移了日本对美国的贸易顺差，减轻了来自美国的压力。世界各国对外国投资一般都持欢迎的态度，直接投资可以开辟多元化市场，并享受投资所在国的优惠贸易政策。

三、行业组织的应对策略

要大力发挥以行业协会为主体，在制定技术、质量、安全等标准，规范出口秩序、预警，积极做好对外交涉和组织企业应诉这四方面的作用，提高企业应对贸易摩擦的整体能力。

本章小结

1. 随着中国加入 WTO，中国对外贸易迅猛发展，参与经济全球化的大幅提高，国际竞争力的明显增强。中国对外贸易也随之进入了各种摩擦的高发期。

2. 中国对外贸易摩擦的成因既有国际因素，也有国内因素。

3. 贸易摩擦虽然会带来负面效应，但也会在一定程度上产生正面效应。一方面贸易摩擦提高了国际贸易中的交易成本，带来了双方的福利损失；另一方面也有可能会带来遭遇摩擦最多国家的商品乃至生产的国际化。因此，应积极应对，使其消极影响降到最小。

复习思考题

1. 简述中国对外贸易摩擦类型及现状。
2. 简述中国对外贸易摩擦的成因。
3. 简述对外贸易摩擦的效应与应对策略。

案例分析

中美贸易摩擦

自2018年开始的中美贸易争端引起各界广泛关注，这一轮的中美贸易争端深刻体现了全球经济结构变化、中美两国经贸关系结构变化，以及第四次工业革命的深远影响，有其长期性与必然性。双方摩擦的形式主要是关税为主，然而覆盖领域从贸易、投资甚至规则在内的全面摩擦，领域已经扩展到高端制造业和服务业，尤其是特朗普上任以来，中美贸易摩擦正在从“规则贸易”向“去规则化”的贸易争端演变。

中美贸易摩擦的直接原因是中美贸易失衡，中美贸易严重失衡的主要原因是美国经济内部失衡，美元的国际货币地位以及美国国内长期高消费-低储蓄的经济模式都使得美国贸易赤字长期存在。基于原产地原则的统计方法等测算方法夸大了美中贸易逆差。以缩减巨额贸易逆差为幌子发起贸易争端，其真实意图在于转嫁国内矛盾、阻挠和遏制中国经济的快速发展。中美贸易摩擦的根本原因是中美之间的政治经济利益冲突。冷战结束后，美国作为当今世界头号强国，在政治、经济等领域建立起以美国利益为核心的世界秩序体系，但以中国为代表的新兴经济体群体性崛起促使美国认为其主导地位受到“威胁”，妄图在贸易、科技、金融等领域推行霸凌主义、破坏国际规则。

在全球价值链背景下，中美贸易摩擦将直接导致中美双边贸易额下降，对全球供应链和产业链产生冲击，引发贸易、投资转移效应，中间进口品成本上升，国民福利下降。中美贸易摩擦不仅伤害了中国经济，也使美国很多行业领域受到很大冲击。BBC中文网分析指出，多家美国科技公司暂停向华为供货，令华为备受压力，但事实上，在全球化时代产业链上下游共同依赖共存的情况下，美国科技公司也在承受压力。华为每年从美国供应商进口约百亿美元的部件和材料，针对华为的举措也令美国供应商蒙受损失。

面对中美贸易摩擦，中国应通过技术革新、产业结构调整等方式实现价值链地位攀升，依托“一带一路”倡议、自贸区建设等国家战略，逐步构建以中国为主导的“带路”价值链和区域价值链，主动参与和引领国际经贸规则重构。

资料来源：吕越等，《中美贸易摩擦对全球价值链重构的影响及中国方案》，《国际贸易》，2019年第8期。

分析题：

1. 结合案例，分析中美贸易摩擦对中国对外贸易的影响。
2. 结合案例，分析如何应对中美贸易摩擦。

第十二章　对外贸易宏观调控

学习要点

1. 中国对外贸易的宏观调控体系及其主要构成；
2.《中华人民共和国对外贸易法》的内容；
3. 中国的关税政策及其改革方向；
4. 出口退税制度对中国发展出口贸易的重要意义；
5. 人民币汇率制度改革对外贸的主要促进作用。

本章介绍中国对外贸易的宏观调控体系，主要说明中国对外贸易法规、关税制度与财政调控、外汇管理与人民币汇率机制以及对外贸易促进行业组织等调节杠杆的作用与改革方向。

第一节　中国对外贸易的宏观调控体系

对外贸易宏观调控体系（system of macro-control over foreign trade）是中国实行管理贸易的基础。对外贸易宏观调控体系由对外贸易宏观调控的目标、对外贸易宏观调控的依据、对外贸易宏观调控的主要手段等组成。

一、中国对外贸易宏观调控的目标

中国对外贸易在国民经济与社会发展中具有特别重要的意义。其基本目标是：①保障和促进中国对外贸易的快速、健康发展，不断优化对外贸易商品、地区结构，改善对外贸易条件，转变对外贸易的增长方式，促进对外贸易经济效益的稳步提高；②充分发挥对外贸易对国民经济发展的重要促进作用，增进资本积累和动态的比较利益优势；③努力保持国际收支平衡特别是经常项目的平衡，提高中国对外开放的水平和质量；④保护幼稚产业的发展和促进其竞争力的提高；⑤维护国家主权、尊严和核心利益，反制国外对国内歧视性和不公平的措施。

2021年6月10日，十三届全国人民代表大会常务委员会第二十九次会议表决通过《中华人民共和国反外国制裁法》(以下简称《反外国制裁法》)，习近平主席签署中华人民共和国第九十号主席令予以公布，自公布之日起施行。该法是中国为了坚决维护国家主权、尊严和核心利益，反对西方霸权主义和强权政治而制定的一部专门的反外国制裁法，为中国依法反制外国歧视性措施提供有力的法治支撑和保障。反制裁的主要内容有：

(1) 外交基本政策和原则立场。中国一贯主张在坚持和平共处五项原则基础上发展同世界各国的友好关系，中国立法进行反制与某些西方国家搞的所谓“单边制裁”有着本质区别，是应对、回击某些西方国家对中国遏制打压的防御措施。中国坚持独立自主的和平外交政策，坚持互相尊重主权和领土完整、互不侵犯、互不干涉内政、平等互利、和平共处的五项原则，维护以联合国为核心的国际体系和以国际法为基础的国际秩序，发展同世界各国的友好合作，推动构建人类命运共同体。中国反对霸权主义和强权政治，反对任何国家以任何借口、任何方式干涉中国内政。

(2) 采取反制措施的情形和反制措施适用的对象。根据《反外国制裁法》第三条第二款的规定，采取反制措施的情形是，外国国家违反国际法和国际关系基本准则，以各种借口或者依据其本国法律对中国进行遏制、打压，对中国公民、组织采取歧视性限制措施，干涉中国内政的，中国有权采取相应反制措施。

(3) 反制措施。《反外国制裁法》第六条明确列举了三类反制措施：一是不予签发签证、不准入境、注销签证或者驱逐出境；二是查封、扣押、冻结在中国境内的动产、不动产和其他各类财产；三是禁止或者限制中国境内的组织、个人与其进行有关交易、合作等活动。同时，还作了一个兜底性规定，即“其他必要措施”。

(4) 反制工作机制。做好反外国制裁工作，需要建立相关工作机制，有关部门协调联动、共同配合。因此，《反外国制裁法》第十条规定，国家设立反外国制裁工作协调机制，负责统筹协调相关工作。国务院有关部门应当加强协同配合和信息共享，按照各自职责和任务分工确定和实施有关反制措施。

(5) 有关组织和个人的义务。《反外国制裁法》从三个方面对有关组织和个人的义务和违法行为的后果作出了规定：一是中国境内的组织和个人应当执行国务院有关部门采取的反制措施。有关组织和个人违反规定的，国务院有关部门依法予以处理，限制或者禁止其从事相关活动。二是任何组织和个人均不得执行或者协助执行外国国家对中国公民、组织采取的歧视性限制措施。有关组织和个人违反规定，侵害中国公民、组织合法权益的，中国公民、组织可以依法向人民法院提起诉讼，要求其停止侵害、赔偿损失。三是任何组织和个人不执行、不配合实施反制措施的，依法追究法律责任。

二、中国对外贸易宏观调控的依据

中国对外贸易宏观调控必须依据法律规定进行，包括：①根据中国的对外贸易法律、法规和政策来管理、调控对外贸易活动；②依照国际惯例和世界贸易组织的有关规则、国际经贸协议要求，对对外贸易活动进行调控；③依据中国的国家经济安全和外交利益需要，调控对外贸易活动。

三、中国对外贸易宏观调控的主要手段

中国是社会主义的法制经济国家，对外贸易宏观调控的基础手段是对外贸易法规与通行的国际贸易惯例规则。与此同时，根据中国对外贸易稳定发展的需要，结合国情和经济安全的要求，中国应适当运用一些必要的经济政策规定作为宏观调控的辅助手段。

对外贸易法规（foreign trade regulations）主要是指对货物、技术和其他服务进出口活动具有直接影响的法律、法规和制度，包括《中华人民共和国对外贸易法》和与其相配套的反倾销暂行办法、反补贴暂行办法、保障措施条例，以及公司法、外商投资法、海关法、进出口商品检验法、对外贸易经济合作部的有关规定等。

关税制度和非关税手段在对外贸易宏观调控中具有十分重要的作用。关税制度是市场经济条件下，中国加入世界贸易组织后直接调控对外贸易活动的规范化基础政策手段，配额、许可证、技术标准与环境标准、动植物卫生检疫等也是符合国际贸易惯例的对外贸易管理和调控机制。

出口退税和其他财政政策是对外贸易必要的支持手段。出口退税（tax refund）是使出口产品以不含税的价格进入他国市场，避免造成不合理、不公平的双重纳税现象的重要手段，也是符合国际惯例的一种政策行为。事实上，中国对外贸易实践已经证明出口退税是行之有效的出口贸易调节杠杆；其他财政政策主要是指世界贸易组织规则及中国入世议定书规定的“绿灯补贴”与“黄灯补贴”。

人民币统一的、有管理的浮动汇率与对外贸易结、售汇制度是中国金融货币领域的基本政策。实行这一政策不仅是对外贸易发展的需要，也是国家整体金融与经济发展、社会稳定及市场繁荣的客观要求。此外，在对外贸易宏观调控领域，进出口银行与其他金融支持政策也起着重要的作用。

第二节　对外贸易法规

一、中华人民共和国对外贸易法

《中华人民共和国对外贸易法》（以下简称《外贸法》），1994 年 5 月 12 日由第八届全国人大常委会第七次会议正式通过，1994 年 7 月 1 日开始实行。这是中国对外经济贸易发展和法制建设的一个重要的里程碑。2004 年 4 月 6 日第十届全国人大常委会第八次会议进行修订。2016 年 11 月 7 日第十二届全国人大常委会第二十四次会议进行修正，修正当日即实施。《外贸法》为中国对外贸易经营和管理活动提供了基本的法律依据，并且为发展中国与世界各国及地区的经济贸易保护主义关系提供了法律保障。

(一)《外贸法》在中国法律体系中的地位

1. 中国的法律制度和法律体系

根据中国宪法规定的法律制度，按照法律规范的等级效力差异，中国现行的法制规定包括法律、法规和规章。

宪法：是具有最高法律效力的规范性文件，也是一国的根本大法，一切法律、法规和规章均不得违反宪法。

法律：是根据宪法的规定，由国家立法机构——全国人民代表大会和全国人民代表大会常务委员会所制定的法律，它们的法律效力仅次于宪法。

行政法规：是国务院根据宪法和法律规定，以及全国人大常委会授权所制定的法规性文件。

地方性法规：是省、市、自治区人民代表大会及其常委会制定的规范性文件，地方性法规不得与宪法、法律和行政法规相抵触，并应报全国人大常委会备案。

行政规章：国务院各部委和省、市、自治区人民政府根据国家法律和行政法规在本部门、本地区权限范围内颁布的规范性文件。

2.《外贸法》的地位和性质

《外贸法》是由全国人大常委会通过的法律，在中国法律中属于第二层次的法律，具有很高的法律效力；《外贸法》调整的是对外贸易关系，是涉外经济活动的准则，是一部国内法和实体法；同时，《外贸法》还是一部经济法，调整的内容包括货物进出口、技术进出口和服务贸易；最后，《外贸法》是一部行政法，规范了国家对外贸易政策和管理。《外贸法》调整的对象不仅有对外贸易的主管部门，也调整对外贸易的多元化经营主体，包括获得许可的外贸经营者、外商投资企业、国际服务贸易企业和组织的设立及其经营活动。

《外贸法》是中国外贸管理现代化的基本大法。它确定了中国对外贸易的基本原则、对外贸易的经营主体、进出口原则、与对外贸易有关的知识产权保护、对外贸易秩序、对外贸易调查、对外贸易救济、对外贸易促进、法律责任等重大问题。

《外贸法》是根据《中华人民共和国宪法》，从中国国情出发，参照国际公约和国际惯例，特别是参照GATT及"乌拉圭回合"所达成的重要协定和协议制定的。因此，《外贸法》既有现实意义又有深远影响。《外贸法》中规定的对外贸易制度的统一性、开放性、透明度以及公平贸易的原则、维护公平自由贸易秩序、逐步发展国际服务贸易等都反映了国际上普遍采用的规则与发展趋势。

(二)《外贸法》的内容

1. 总则、调整范围、外贸主管部门

《外贸法》开宗明义，明确立法宗旨是"为了扩大对外开放，发展对外贸易，维护对外贸易秩序，保护对外贸易经营者的合法权益，促进社会主义市场经济的健康发展"；《外贸法》确定的法律调整范围包括货物进出口贸易、技术进出口和国际服务贸易；对外贸易的国家行政主管部门为中华人民共和国商务部。

2. 对外贸易制度

中国对外贸易的基本制度是统一政策、自主经营，即在全国范围内实行统一政策和统一的贸易制度，在统一管理下，发挥地方的积极性和对外贸易经营者的自主性。

国家鼓励发展对外贸易，包括发展进口和出口。鼓励的措施主要是国际上通行的办法，如成立进出口银行、建立发展基金和风险基金等。

国家维护公平、自由的对外贸易秩序，反对来自国内、国外的不正当竞争。

3. 对外贸易关系

中国发展对外贸易关系的基本准则是平等互利；根据缔结的国际公约、协定，给予其他缔约方最惠国待遇、国民待遇；中国不采取单方面的对外歧视措施，但从自卫的原则出发，当外国对中国采取歧视性措施时，也有权做出必要的反应。

4. 对外贸易经营者

对外贸易经营者，是指依法办理工商登记或者其他执业手续，依照本法和其他有关法律、行政法规的规定从事对外贸易经营活动的法人、其他组织或者个人。

《外贸法》对外贸经营者的申请资格、条件、许可程序、权利与义务等做了较为详尽的规定。对于外贸代理制，《外贸法》第十二条规定，对外贸易经营者可以接受他人的委托，在经营范围内代为办理对外贸易业务。

5. 货物进出口与技术进出口

《外贸法》规定，国家允许货物与技术自由进出口，但是法律、法规另有规定的除外。法律禁止和限制的项目有与 WTO 关于“社会公共利益”“社会公德”“公共秩序”条款相对应的，“维护国家安全、社会公共利益或者公共道德”规定的货物与技术；“国内供应短缺或者为有效保护可能用竭的国内资源”而限制输出的货物与技术；“输往国家或者地区的市场容量有限”的货物与技术；“为建立或者加快建立国内特定产业”即保护幼稚产业而加以限制的货物与技术；“对任何形式的农业、牧业、渔业产品有必要限制进口的”货物与技术；“根据国际公约、协定规定需要限制进口或者出口的”货物与技术国。此外，《外贸法》还补充增加了为保障国家国际金融地位和国际收支平衡，需要限制进口的；为保护人的健康或者安全，保护动物、植物的生命或者健康，保护环境，需要限制或者禁止进口或者出口的；为实施与黄金或者白银进出口有关的措施，需要限制或者禁止进口或者出口的；出口经营秩序出现严重混乱，需要限制出口的货物与技术的进出口管理规则。

6. 国际服务贸易

《外贸法》规定了中国发展国际服务贸易的基本原则，即根据缔约承诺，给予市场准入和国民待遇。

7. 与对外贸易有关的知识产权保护

《外贸法》规定，国家依照有关知识产权的法律、行政法规，保护与对外贸易有关的知识产权。进口货物侵犯知识产权，并危害对外贸易秩序的，对外贸易主管部门可以采取在一定期限内禁止侵权人生产、销售的有关货物进口等措施。知识产权权利人有阻止被许可人对许可合同中的知识产权的有效性提出质疑，进行强制性一揽子许可、在许可合同中规定排他性返授条件等行为之一，并危害对外贸易公平竞争秩序的，对外贸易主管部门可以采取必要的措施消除危害。同时，其他国家或者地区在知识产权保护方面未给予中国的法人、其他组织或者个人国民待遇，或者不能对来源于中国的货物、技术或者服务提供充分有效的知识产权保护的，中国对外贸易主管部门可以依法并根据有关国际条约、协定，对于该国家或者该地区的贸易采取必要的措施。

8. 对外贸易秩序

为维护公平的贸易秩序，《外贸法》规定外贸经营者应当依法经营、公平竞争。

在对外贸易经营活动中，不得违反有关反垄断的法律、行政法规的规定实施垄断行为。不得实施以不正当的低价销售商品、串通投标、发布虚假广告、进行商业贿赂等不正当竞争行为。在对外贸易经营活动中实施不正当竞争行为的，依照有关反不正当竞争的法律、行政法规的规定处理。《外贸法》还规定在对外贸易活动中，不得有下列行为：①伪造、变造进出口货物原产地标记，伪造、变造或者买卖进出口货物原产地证书、进出口许可证、进出口配额证明或者其他进出口证明文件；②骗取出口退税；③走私；④逃避法律、行政法规规定的认证、检验、检疫；⑤违反法律、行政法规规定的其他行为。

9. 对外贸易调查

为了维护对外贸易秩序，《外贸法》规定对外贸易主管部门可自行或会同其他有关部门，依照法律、行政法规的规定对下列事项进行调查：第一，货物进出口、技术进出口、国际服务贸易对国内产业及其竞争力的影响；第二，有关国家或者地区的贸易壁垒；第三，为确定是否应当依法采取反倾销、反补贴或者保障措施等对外贸易救济措施，需要调查的事项；第四，规避对外贸易救济措施的行为；第五，对外贸易中有关国家安全利益的事项；第六，为执行《外贸法》相关条款规定而需要调查的事项，以及其他影响对外贸易秩序需要调查的事项。

启动对外贸易调查，由国务院对外贸易主管部门发布公告。调查可以采取书面问卷、召开听证会、实地调查、委托调查等方式进行。国务院对外贸易主管部门根据调查结果，提出调查报告或者做出处理裁定，并发布公告。

10. 对外贸易救济

国家根据对外贸易调查结果，可采取以下对外贸易救济措施：

(1) 反倾销。其他国家或者地区的产品以低于正常价值的倾销方式进入中国市场，对已建立的国内产业造成实质损害或者产生实质损害威胁，或者对建立国内产业造成实质阻碍的，中国将采取反倾销措施，消除或者减轻这种损害或者损害的威胁或者阻碍；其他国家或者地区的产品以低于正常价值出口至第三国市场，对中国已建立的国内产业造成实质损害或者产生实质损害威胁，或者对中国建立国内产业造成实质阻碍的，应国内产业的申请，中国对外贸易主管部门可与该第三国政府进行磋商，要求其采取适当的措施。

(2) 反补贴。进口的产品直接或者间接地接受出口国家或者地区给予的任何形式的专向性补贴，对已建立的中国内产业造成实质损害或者产生实质损害威胁，或者对建立国内产业造成实质阻碍的，中国有权采取反补贴措施，消除或者减轻这种损害或者损害的威胁或者阻碍。

(3) 保障措施。因进口产品数量大量增加，对生产同类产品或者与其直接竞争的产品的国内产业造成严重损害或者严重损害威胁的，国家可以采取必要的保障措施，消除或者减轻这种损害或者损害的威胁，并可以对该产业提供必要的支持。

与保障措施相关的其他救济措施还有：其一，其他国家或者地区的服务提供者向中国提供的服务增加，对提供同类服务或者与其直接竞争的服务的国内产业造成损害或者产生损害威胁的，中国可以采取必要的救济措施，消除或者减轻这种损害或者损害的威胁；其二，第三国限制进口导致某种产品进入中国市场的数量大量增加，对已建立的国内产业造成损害或者产生损害威胁，或者对建立国内产业造成阻碍的，中国可以采取必要的救济措施，限制该产品进口；其三，与中国缔结或者共同参加经济贸易条约、协定的国家或者地区，违反条约、协定的规定，使中国根据该条约、协定享有的利益丧失或者受损，或者阻碍条约、协定目标实现的，中国政府有权要求有关国家或者地区政府采取适当的补救措施，并可以根据有关条约、协定中止或者终止履行相关义务。

(4) 设立磋商、谈判和争端的解决机制。对外贸易主管部门依法进行对外贸易的双边或者多边磋商、谈判和争端的解决。

(5) 制定预警应急机制。外贸主管部门和其他有关部门应当建立货物进出口、技术进出口和国际服务贸易的预警应急机制，应对对外贸易中的突发和异常情况，维护国家经济安全。

(6) 反规避。中国对规避中国对外贸易救济措施的行为，可以采取必要的反规避措施。

11. 对外贸易促进

《外贸法》规范的对外贸易促进主要机制有出口信用保险、外贸发展基金，加强研发新产品、建立出口产品基地，建立用于调查与开发市场的风险基金，建立商业性、非商业性的风险保险。此外，《外贸法》还规定了出口退税和进出口商会、贸促会的功能作用。

《外贸法》对法律责任作了详尽的规定，并对边境贸易和单独关税区等作了原则性的规定。

二、中华人民共和国反倾销条例

中国现行的反倾销条例源于 1997 年 3 月颁布的《中华人民共和国反倾销和反补贴条例》和 2001 年 11 月颁布的《中华人民共和国反倾销条例》。2004 年 3 月，国务院结合“入世”后的法规改革与经济实践需要重新修改颁布了《中华人民共和国反倾销条例》(以下简称《反倾销条例》)。该条例明确了立法的宗旨在于维护对外贸易秩序和公平竞争，规定了倾销、损害及其因果关系等法律的认定方法，对反倾销的具体法律程序和行为方式进行了详尽的规范。

(一) 倾销的认定

《反倾销条例》第二条明确规定，进口产品以倾销方式进入中国市场，并对已经建立的国内产业造成实质损害或者产生实质损害威胁，或者对建立国内产业造成实质阻碍的，中国依照本条例的规定进行调查，采取反倾销措施。

《反倾销条例》规定，在正常贸易过程中进口产品以低于其正常价值的出口价格进入中华人民共和国市场，即为倾销。

1. 关于正常价值

确定被调查产品的正常价值是反倾销的第一步，也是最为关键、最为困难的一步。

正常价值(normal value)，是指供出口国国内消费的相同产品在正常贸易中的可比价格。正常价值可以具体分为三种情况：

(1) 进口产品的同类产品，在出口国(地区)国内市场的正常贸易过程中有可比价格的，以该可比价格为正常价值。

(2) 进口产品的同类产品，在出口国(地区)国内市场的正常贸易过程中没有销售的，或者该同类产品的价格、数量不能据以进行公平比较的，以该同类产品出口到一个适当第三国(地区)的可比价格或者以该同类产品在原产国(地区)的生产成本加合理费用、利润，为正常价值。

(3) 进口产品不直接来自原产国(地区)的，按照第一项规定确定正常价值，但是，在产品仅通过出口国(地区)转运、产品在出口国(地区)无生产或者在出口国(地区)中不存在可比价格等情形下，可以以该同类产品在原产国(地区)的价格为正常价值。

2. 关于出口价格

对于进口产品的出口价格，《反倾销条例》规定区别不同情况，按照下列方法确定：

(1) 进口产品有实际支付或者应当支付的价格的，以该价格为出口价格。

(2) 进口产品没有出口价格或者其价格不可靠的，以根据该进口产品首次转售给独立购买人的价格推定的价格为出口价格；但是，该进口产品未转售给独立购买人或者未按进口时的状态转售的，可以以商务部根据合理基础推定的价格为出口价格。

不过在实践中，必须注意防止国外出口商与国内进口商之间以关联交易价格为出口价格的确认依据。例如，跨国公司内部的“划拨价格”战略就可能造成顺价倾销，即故意抬高出口价，而再由子公司压低在海外市场的最终销售价格的做法。此外，在某些情况下，即使不属于跨国公司的内部关系，也可能由于共同利益关系或其他因素造成人为的价格安排。这有赖于我们在实际工作中进行甄别排除。

3. 倾销幅度

《反倾销条例》规定，进口产品的出口价格低于其正常价值的幅度，为倾销幅度。

对进口产品的出口价格和正常价值，应当考虑影响价格的各种可比性因素，按照公平、合理的方式进行比较。对于倾销幅度的确定方法，主要是将加权平均正常价值与全部可比出口交易的加权平均价格进行比较，或者将正常价值与出口价格在逐笔交易的基础上进行比较。出口价格在不同的购买人、地区、时期之间存在很大差异，按照上述规定的方法难以比较时，可以将加权平均正常价值与单一出口交易的价格进行比较。

(二) 损害的认定

损害，是指倾销对已经建立的中国国内产业造成实质损害或者产生实质损害威胁，或者对建立国内产业造成实质阻碍。对损害的调查和确定，由商务部负责，其中，涉及农产品的反倾销国内产业损害调查，由商务部会同农业部①进行。

1. 损害事项的审查

按照WTO的规则，当倾销产品对进口国相同产品的国内生产行业造成实质性损害时，进口国可以启动反倾销机制，对出口国的该产品征收反倾销税。在实质性损害的认定上，应当确定倾销数量、倾销价格（倾销差价）、倾销对国内产业的影响程度等事项。具体地说，在确定倾销对国内产业造成的损害时应当审查下列事项：

(1) 倾销进口产品的数量，包括倾销进口产品的绝对数量或者相对于国内同类产品生产或者消费的数量是否大量增加，或者倾销进口产品大量增加的可能性。

(2) 倾销进口产品的价格，包括倾销进口产品的价格削减或者对国内同类产品的价格产生大幅度抑制、压低等影响。

(3) 倾销进口产品对国内产业的相关经济因素和指标的影响。

(4) 倾销进口产品的出口国（地区）、原产国（地区）的生产能力、出口能力，被调查产品的库存情况。

(5) 造成国内产业损害的其他因素。

简言之，需要依据审查结果确定国内产业产品价格、利润、产业成长等受国外倾销影响的程度，考虑国内尚未建立的产业由此受到的抑制程度。

为了体现和维护公平原则，《反倾销条例》规定，对实质损害威胁的确定，应当依据事实，不得仅依据指控、推测或者极小的可能性。在确定倾销对国内产业造成的损害时，应当依据肯定性证据，不得将造成损害的非倾销因素归因于倾销。

2. 倾销的累计影响

当倾销的产品来自两个或多个国家（地区）出口商时，倾销存在累计的影响程度。因此，累计影响评估即对倾销进口产品来自两个及以上国家（地区）的倾销进口产品国（地区）国内产业受到的影响进行的累积评估。也就是说，可以将若干国家出口商的同一产品放在一起，综合评价其倾销程度及其产业影响，并征收统一的反倾销税。

（三）国内产业、同类产品

评估倾销进口产品的影响，应当针对国内同类产品的生产进行单独确定；不能针对国内同类产品的生产进行单独确定的，应当审查包括国内同类产品在内的最窄产品组或者范围的生产。

国内产业，是指中国国内同类产品的全部生产者，或者其总产量占国内同类产品全部总产量的主要部分的生产者，但是，国内生产者与出口经营者或者进口经营者有关联的，或者其本身为倾销进口产品的进口经营者的，可以排除在国内产业之外。

在特殊情形下，国内一个区域市场中的生产者，在该市场中销售其全部或者几乎全部的同类产品，并且该市场中同类产品的需求主要不是由国内其他地方的生产者供给的，可以视为一个单独产业。

同类产品，是指与倾销进口产品相同的产品；没有相同产品的，以与倾销进口产

① 2018年3月，根据国务院机构改革方案，农业部各项职责整合入自然资源部、农业农村部等，不再保留农业部。

品的特性最相似的产品为同类产品。

(四) 反倾销调查的申请与受理

1. 提出反倾销调查申请的申请人资格规定

《反倾销条例》规定,国内产业或者代表国内产业的自然人、法人或者有关组织,可以依照该条例的规定向商务部提出反倾销调查的书面申请。

在特殊情形下,商务部没有收到反倾销调查的书面申请,但有充分证据认为存在倾销和损害以及两者之间有因果关系的,可以决定立案调查。

2. 反倾销调查申请书的内容

反倾销调查申请书应当包括下列内容:

(1) 申请人的名称、地址及有关情况。

(2) 对申请调查的进口产品的完整说明,包括产品名称、所涉及的出口国(地区)或者原产国(地区)、已知的出口经营者或者生产者、产品在出口国(地区)或者原产国(地区)国内市场消费时的价格信息、出口价格信息等。

(3) 对国内同类产品生产的数量和价值的说明。

(4) 申请调查进口产品的数量和价格对国内产业的影响。

(5) 申请人认为需要说明的其他内容。

反倾销调查申请书应当附具下列证据:

(1) 申请调查的进口产品存在倾销。

(2) 对国内产业的损害。

(3) 倾销与损害之间存在因果关系。

3. 反倾销申请的受理

商务部自收到申请人提交的申请书及有关证据之日起 60 天内,对申请是否由国内产业或者代表国内产业提出、申请书内容及所附具的证据等进行审查,并决定立案调查或者不立案调查。在决定立案调查前,将正式通知有关出口国(地区)政府。

在表示支持申请或者反对申请的国内产业中,支持者的产量占支持者和反对者的总产量的 50%以上的,应当认定申请是由国内产业或者代表国内产业提出,可以启动反倾销调查。但是,表示支持申请的国内生产者的产量不足国内同类产品总产量的 25%的,不得启动反倾销调查。

(五) 反倾销调查

反倾销立案调查的决定由商务部予以公告,并通知申请人、已知的出口经营者和进口经营者、出口国(地区)政府以及其他有利害关系的组织、个人(以下统称利害关系方)。立案调查的决定一经公告,商务部将申请书文本提供给已知的出口经营者和出口国(地区)政府。

反倾销调查主要采用问卷、抽样、听证会、现场核查等方式向利害关系方了解情况,进行调查。商务部应当为有关利害关系方提供陈述意见和论据的机会。必要时,可以派出工作人员赴有关国家(地区)进行调查,但是,有关国家(地区)提出异议的除外。

商务部进行调查时,利害关系方应当如实反映情况,提供有关资料。利害关系方不如实反映情况、提供有关资料的,或者没有在合理时间内提供必要信息的,或者以其他方式严重妨碍调查的，商务部可以根据已经获得的事实和可获得的最佳信息作出裁定。

利害关系方认为其提供的资料泄露后将产生严重不利影响的，可以向商务部申请对该资料按保密资料处理。商务部认为保密申请有正当理由的，对利害关系方提供的资料按保密资料处理，同时要求利害关系方提供一份非保密的该资料概要。

商务部将根据调查结果，就倾销、损害和两者之间的因果关系是否成立做出初裁决定，并予以公告。初裁决定确定倾销、损害以及两者之间的因果关系成立的，商务部对倾销及倾销幅度、损害及损害程度继续进行调查，并根据调查结果做出终裁决定，予以公告。

反倾销调查期限由立案调查决定公告之日起 12 个月内结束；特殊情况下可以延长，但延长期不得超过 6 个月。有下列情形之一的，反倾销调查终止：

(1) 申请人撤销申请。

(2) 没有足够证据证明存在倾销、损害或者两者之间有因果关系。

(3) 倾销幅度低于 2%。

(4) 倾销进口产品实际或者潜在的进口量或者损害属于可忽略不计。

(5) 商务部认为不适宜继续进行反倾销调查。

(六) 反倾销措施

1. 临时反倾销措施

初裁决定确定倾销成立，并由此对国内产业造成损害的，可以采取下列临时反倾销措施：①征收临时反倾销税；②要求提供保证金、保函或者其他形式的担保。临时反倾销税税额或者提供的保证金、保函或者其他形式担保的金额，不超过初裁决定确定的倾销幅度。

征收临时反倾销税，由商务部提出建议，国务院关税税则委员会根据商务部的建议做出决定，由商务部予以公告；要求提供保证金、保函或者其他形式的担保，由商务部做出决定并予以公告。海关自公告规定实施之日起执行；临时反倾销措施实施的期限，自临时反倾销措施决定公告规定实施之日起，不超过 4 个月；在特殊情形下，可以延长至 9 个月。

2. 价格承诺

倾销进口产品的出口经营者在反倾销调查期间，可以向商务部作出改变价格或者停止以倾销价格出口的价格承诺。商务部也可以向出口经营者提出价格承诺的建议。出口经营者不作出价格承诺或者不接受价格承诺的建议的，不妨碍对反倾销案件的调查和确定。出口经营者继续倾销进口产品的，商务部有权确定损害威胁更有可能出现。

当商务部认为出口经营者作出的价格承诺能够接受并符合公共利益时，可以决定中止或者终止反倾销调查，不采取临时反倾销措施或者征收反倾销税。中止或者终止反倾销调查的决定由商务部予以公告。出口经营者违反其价格承诺的，商务部依照《反倾销条例》的规定，可以立即决定恢复反倾销调查；根据可获得的最佳信息，可以决定采取临时反倾销措施，并可以对实施临时反倾销措施前 90 天内进口的产品追溯征收反倾销税，但违反价格承诺前进口的产品除外。

3. 反倾销税

终裁决定确定倾销成立，并由此对国内产业造成损害的，可以征收反倾销税。征收反倾销税，由商务部提出建议，国务院关税税则委员会根据商务部的建议作出决定，由商务部予以公告。海关自公告规定实施之日起执行。

反倾销税的纳税人为倾销进口产品的进口经营者。反倾销税税额不超过终裁决定确定的倾销幅度。

三、中华人民共和国反补贴条例

2001 年 11 月，国务院颁布《中华人民共和国反补贴条例》(以下简称《反补贴条例》)，并于 2004 年 3 月修订。《反补贴条例》规定，为了维护对外贸易秩序和公平竞争，当进口产品存在补贴，并对已经建立的国内产业造成实质损害或者产生实质损害威胁，或者对建立国内产业造成实质阻碍时，中国有权进行调查并采取反补贴措施。

(一) 反补贴调查申请

国内产业或者代表国内产业的自然人、法人或者有关组织，可以依照《反补贴条例》的规定向商务部提出反补贴调查的书面申请。在表示支持申请或者反对申请的国内产业中，支持者的产量占支持者和反对者的总产量的 50%以上的，应当认定申请是由国内产业或者代表国内产业提出，可以启动反补贴调查，但是，表示支持申请的国内生产者的产量不足国内同类产品总产量的 25%的，不得启动反补贴调查。在特殊情形下，商务部没有收到反补贴调查的书面申请，但有充分证据认为存在补贴和损害以及两者之间有因果关系的，可以决定立案调查。

反补贴调查申请书应当包括下列内容：①申请人的名称、地址及有关情况；②对申请调查的进口产品的完整说明，包括产品名称、所涉及的出口国(地区)或者原产国(地区)、已知的出口经营者或者生产者等；③对国内同类产品生产的数量和价值的说明；④申请调查进口产品的数量和价格对国内产业的影响；⑤申请人认为需要说明的其他内容。同时，反补贴调查申请书应当附具下列证据：一是申请调查的进口产品存在补贴；二是对国内产业的损害；三是补贴与损害之间存在因果关系。

商务部自收到申请人提交的申请书及有关证据之日起 60 天内，对申请是否由国内产业或者代表国内产业提出、申请书内容及所附具的证据等进行审查，并决定立案调查或者不立案调查。在特殊情形下，可以适当延长审查期限。

(二) 补贴的认定

补贴，是指出口国(地区)政府或者其任何公共机构提供的并为接受者带来利益的财政资助以及任何形式的收入或者价格支持。财政资助主要包括：

(1) 出口国(地区)政府以拨款、贷款、资本注入等形式直接提供资金，或者以贷款担保等形式潜在地直接转让资金或者债务。

(2) 出口国(地区)政府放弃或者不收缴应收收入。

(3) 出口国(地区)政府提供除一般基础设施以外的货物、服务，或者由出口国(地区)政府购买货物。

(4) 出口国(地区)政府通过向筹资机构付款,或者委托、指令私营机构履行上述职能。

依照《反补贴条例》进行补贴调查、采取反补贴措施时所针对的补贴是具有专向性的。具体包括:

(1) 由出口国(地区)政府明确确定的某些企业、产业获得的补贴。

(2) 由出口国(地区)法律、法规明确规定的某些企业、产业获得的补贴。

(3) 指定特定区域内的企业、产业获得的补贴。

(4) 以出口实绩为条件获得的补贴,包括本条例所附出口补贴清单列举的各项补贴。

(5) 以使用本国(地区)产品替代进口产品为条件获得的补贴。

在确定补贴专向性时,还应当考虑受补贴企业的数量和企业受补贴的数额、比例、时间以及给予补贴的方式等因素。

(三) 反补贴调查及其确定

反补贴调查的关键在于确定进口产品的补贴程度或金额。区别不同的情况,补贴程度按照下列方式计算:

(1) 以无偿拨款形式提供补贴的,补贴金额以企业实际接受的金额计算。

(2) 以贷款形式提供补贴的,补贴金额以接受贷款的企业在正常商业贷款条件下应支付的利息与该项贷款的利息差额计算。

(3) 以贷款担保形式提供补贴的,补贴金额以在没有担保情况下企业应支付的利息与有担保情况下企业实际支付的利息之差计算。

(4) 以注入资本形式提供补贴的,补贴金额以企业实际接受的资本金额计算。

(5) 以提供货物或者服务形式提供补贴的,补贴金额以该项货物或者服务的正常市场价格与企业实际支付的价格之差计算。

(6) 以购买货物形式提供补贴的,补贴金额以政府实际支付价格与该项货物正常市场价格之差计算。

(7) 以放弃或者不收缴应收收入形式提供补贴的,补贴金额以依法应缴金额与企业实际缴纳金额之差计算。其他形式补贴,也须按照公平、合理的方式确定其补贴金额。

反补贴调查还须确定这种补贴引起了产业损害,即确定补贴与损害之间的因果关系。损害,是指进口产品的补贴对已经建立的国内产业造成实质损害或者产生实质损害威胁,或者对建立国内产业造成实质阻碍。而国内产业,则是指中国国内同类产品的全部生产者,或者其总产量占国内同类产品全部总产量的主要部分的生产者;在特殊情形下,国内一个区域市场中的生产者,在该市场中销售其全部或者几乎全部的同类产品,并且该市场中同类产品的需求主要不是由国内其他地方的生产者供给的,可以视为一个单独产业。同类产品,指与补贴进口产品相同的产品;没有相同产品的,以与补贴进口产品的特性最相似的产品为同类产品。

在确定补贴对国内产业造成的损害时,应当审查的主要事项类同于反倾销调查。它包括:补贴可能对贸易造成的影响;补贴进口产品的数量,包括补贴进口产品的绝对数量或者相对于国内同类产品生产或者消费的数量是否大量增加，或者补贴进口产品大量增加的可能性；补贴进口产品的价格，包括补贴进口产品的价格削减或者对国内同类产品的价格产生大幅度抑制、压低等影响；补贴进口产品对国内产业的相关经济因素和指标的影响；补贴进口产品出口国（地区）、原产国（地区）的生产能力、出口能力，被调查产品的库存情况；造成国内产业损害的其他因素。对实质损害威胁的确定乃依据事实，在确定补贴对国内产业造成的损害时，应当依据肯定性证据，不得将造成损害的非补贴因素归因于补贴。

反补贴调查，应当自立案调查决定公告之日起 12 个月内结束；特殊情况下可以延长，但延长期不得超过 6 个月。

（四）补贴的累积评估

当补贴进口产品来自两个及以上国家（地区），并且同时满足下列条件时，可以就补贴进口产品对国内产业造成的影响进行累积评估：①来自每一国家（地区）的补贴进口产品的补贴金额不属于微量补贴，并且其进口量不属于可忽略不计的；②根据补贴进口产品之间的竞争条件以及补贴进口产品与国内同类产品之间的竞争条件，进行累积评估是适当的。在这里，微量补贴是指补贴金额不足产品价值 1%的补贴，但是，来自发展中国家（地区）的补贴进口产品的微量补贴，是指补贴金额不足产品价值 2%的补贴。

（五）反补贴措施

1. 临时措施

初裁决定确定补贴成立，并由此对国内产业造成损害的，可以采取临时反补贴措施。临时反补贴措施采取以保证金或者保函作为担保的征收临时反补贴税的形式。

2. 承诺

在反补贴调查期间，出口国（地区）政府提出取消、限制补贴或者其他有关措施的承诺，或者出口经营者提出修改价格的承诺的，商务部可予以充分考虑。商务部也可以向出口经营者或者出口国（地区）政府提出有关价格承诺的建议。

出口经营者、出口国（地区）政府不作出承诺或者不接受有关价格承诺的建议的，不妨碍对反补贴案件的调查和确定。出口经营者继续补贴进口产品的，商务部有权确定损害威胁更有可能出现。若商务部认为承诺能够接受并符合公共利益的，可以决定中止或者终止反补贴调查，不采取临时反补贴措施或者征收反补贴税。

3. 反补贴税

在为完成磋商的努力没有取得效果的情况下，终裁决定确定补贴成立，并由此对国内产业造成损害的，可以征收反补贴税。反补贴税的纳税人为补贴进口产品的进口经营者。反补贴税税额不得超过终裁决定确定的补贴金额。

四、保障措施条例

保障措施是符合世界贸易组织规则的一项维护贸易秩序、促进对外贸易健康发展的措施。当进口产品数量增加，并对生产同类产品或者直接竞争产品的国内产业造成严重损害或者严重损害威胁时，适用保障措施。

与国内产业有关的自然人、法人或者其他组织，可以依条例的规定，向商务部提出采取保障措施的书面申请。商务部应当及时对申请人的申请进行审查，决定立案调查或者不立案调查。即使商务部没有收到采取保障措施的书面申请，但有充分证据认为国内产业因进口产品数量增加而受到损害的，亦可以决定立案调查。

进口产品数量增加，是指进口产品数量的绝对增加或者与国内生产相比的相对增加。在确定进口产品数量增加对国内产业造成的损害时，应当审查下列相关因素：①进口产品的绝对和相对增长率与增长量；②增加的进口产品在国内市场中所占的份额；③进口产品对国内产业的影响，包括对国内产业在产量、销售水平、市场份额、生产率、设备利用率、利润与亏损、就业等方面的影响；④造成国内产业损害的其他因素。商务部根据客观的事实和证据，确定进口产品数量增加与国内产业的损害之间是否存在因果关系。

商务部根据调查结果，可以作出初裁决定，也可以直接作出终裁决定，并予以公告。

有明确证据表明进口产品数量增加，在不采取临时保障措施将对国内产业造成难以补救的损害的紧急情况下，可以做出初裁决定，并采取临时保障措施。临时保障措施采取提高关税的形式。临时保障措施的实施期限，自临时保障措施决定公告规定实施之日起，不超过 200 天。

终裁决定确定进口产品数量增加，并由此对国内产业造成损害的，可以采取保障措施。保障措施可以采取提高关税、数量限制等形式。保障措施的实施期限不超过 4 年，最长不超过 10 年。

五、与对外贸易相关的其他法律法规

根据中国法律法规体系和参加的世界经济贸易有关条约、协定，对中国对外贸易产生调整作用的还有合同法、公司法、国际货物买卖法、海关法、知识产权法、外资企业法、产品责任法等其他法律法规。它们都从不同的方面和角度对中国的对外贸易活动产生重要的影响。

第三节 关税制度与财政调控

一、关税与关税制度

(一) 关税的含义

关税(customs duties, or tariff)是进出口商品经过一国关境时，由该国政府设置的海关向进出口商所征收的税收。海关，是设在关境上的国家行政管理机构，它是执行一国进出口管理政策、法律法规的重要工具。海关的具体职能是，根据国家的进出口政策、法令及规章制度对进出口货物、货币、金银、行李、邮件、运输工具等实行监督管理，实施征收关税、查禁走私货物、临时保管通关货物和统计进出口商品等职责。

征收关税是海关的最主要职能,关税制度对一国对外贸易活动具有十分重要的调节作用。

关税是一种间接税。关税的课税主体,即纳税人,是进出口商,包括从事进出口贸易活动的自然人和法人;税收客体即纳税对象,则是进出口货物,海关根据关税法与有关规定,对各种进出口商品制定不同税目和税率,征收不同程度的税收。

(二) 关税的种类

国际上关税的种类繁多,根据不同的标准可分为以下若干类型:

1. 按照商品的流向,可分为进口税、出口税和过境税

(1) 进口税(import duties)是一国海关在外国商品输入时,根据本国海关税则对本国进口商征收的关税。进口税在外国货物直接进入本国关境或国境时征收,或者当外国货物从自由港、自由贸易区、保税区、海关保税仓库提出,运往本国国内市场销售并办理通关手续时征收。

(2) 出口税(export duties)是一国海关在本国商品对国外输出时,对出口商征收的关税。目前世界各国只对本国出口的极少数产品课征出口税,主要集中于一些文物、稀有资源类产品和本国在国际市场上占据垄断优势,不加以征税控制就可能严重影响市场售价,进而影响经济效益的产品上。

(3) 过境税(transit duties)是一国对于通过其关境的外国商品征收的关税。二战后,由于交通运输的发达,各国在货运业务中的竞争激烈化,而过境货物通常对本国的产业和市场无重要影响,所征税率较低,财政意义不大,因此,大多数发达国家都相继废止了过境税。目前,多数国家只对过境商品征收少量的准许费、印花税、登记费和统计费等。

2. 按照征税的目的,可分为财政关税和保护关税

(1) 财政关税,又称收入关税,是指以增加国家财政收益为主要目的而设立并征收的关税。此类关税课征对象往往是那些国内无法生产且缺乏替代品的商品和奢侈品。

(2) 保护关税,是指以保护本国工业或农业发展为主要目的而征收的关税。一般地说,税率越高,其保护作用越大,当税率达到 100%时,保护关税近乎成为禁止关税。

工业保护关税的目的在于保护本国的幼稚工业。但是,发达国家经常对高度垄断的,或处于衰退状态的工业部门提供保护关税,这时,保护关税遂演化为“超保护关税”。

农业保护关税是以保护国内农业发展而征收的关税。欧共体的农业保护政策是战后的典型案例。

3. 按照差别待遇和特定的实施情况,可分为进口附加税、差价税、特惠税和普惠制

(1) 进口附加税(import surtaxes),是指对进口商品征收一般关税后,加征额外的关税。进口附加税具有特定、临时的特点,其目的在于应付国际收支危机、维持进出口平衡,防止外来倾销和歧视贸易行为。因此,它又被称为“特别关税”。包括反贴

补税和反倾销税两种。

反贴补税(counter-vailling duties),属于抵消税或补偿税的范畴,是对外国商品在接受直接或间接补贴、奖励情形下,产生价格歧视结果的一种报复措施。凡进口商品在生产、制造、加工、买卖、运输过程中所接受的直接、间接贴补及奖励,均构成征收反贴补税的条件,不论贴补及奖励来源于何处。反贴补税的征收水平通常限于国外商品得到的贴补额或奖金数,即意在消除外国商品的非正常低价,使之在正当的竞争条件下与本国商品进行竞争。

WTO/GATT 对反贴补税的规定如下:①反贴补税是为了抵消商品在制造、生产或输出时所直接或间接接受的任何奖励或贴补而征收的一种特别关税。②贴补的后果会对国内某项已建的工业造成重大损害或产生重大威胁,或正在严重阻碍国内某一工业的新建。在此类情形下,才能征收反贴补税。③反贴补税的征收幅度不超过实际发生的贴补数额。④进口国不得同时对同一产品征收反倾销税和反贴补税。⑤在证明贴补或倾销正在发生、进口国延迟反应将会造成难以补救的损害的情况下,进口国可以征收反贴补税或反倾销税,并同时报告 WTO 全体缔约方。当这种征税措施不被 WTO 认可时,进口国应当予以撤销。⑥进口国不得将出口国正常的产品出口退税措施视作贴补并征收反贴补税。⑦对初级产品为稳定价格而进行的干预贴补不应作为造成重大损害事项处理。

反倾销税(anti-dumping duties)是对实施倾销的进口商品课征的一种进口附加税,其目的在于消除不公平的价格差异、抵制不正当的价格竞争,保护本国的同类产品和市场。

WTO/GATT 关于倾销和反倾销问题规定如下:①一国用倾销手段将产品以低于正常价格的价格对外销售,由此对另一国已建立的某项工业造成重大损害或产生重大威胁,或者对其某项工业的新建造成严重障碍时,这种倾销应受到制止;②缔约方为了抵消或防止倾销,可以对倾销产品征收不超过倾销差额的反倾销税;③“正常价格”是指相同产品在出口国国内消费者得到的正常情况下的可比价格,或相同产品在正常贸易情况下向第三国出口的最高可比价格,或产品在出口国生产的正常成本加合理的销售费用和利润;④进口国不得对倾销产品同时征收反倾销税和反贴补税;⑤为稳定初级产品价格而进行的干预和临时性降价,不应被列入重大损害范围。

(2) 差价税(variable levy),又称差额税,是指当某种国内产品价格高于同类进口产品价格时,为了保护国内产业和市场,按照两者间的价格差额征收的关税。由于差价税是随着国内外价格差额的变动而变动,因此属于一种“滑动关税”(sliding duty)。

(3) 特惠税(preferential duties),是一国或某个经济区域组织给予来自另一国或地区的全部或部分商品特别优惠的低关税或免税待遇。特惠税大多数是非互惠的,但也有少数国家之间是互惠的。目前世界上实行特惠税政策的国家主要是一些老牌帝国主义国家与原殖民地、附属国之间,还有欧盟与《洛美协定》国家之间等。

(4) 普遍优惠制(Generalized System of Preferences, GSP),是根据 1968 年联合国贸发会议(UNTD)关于建立普惠制的决议而实施的一项重要国际贸易政策。该决议规定,发达国家对从发展中国家或地区输入的商品,特别是制成品和半制成品,给予普遍的、非歧视的和非互惠的优惠关税待遇，以促进发展中国家增加外汇收入、加快经济增长。

目前世界上约有28个国家实行了普惠制。但是，发达国家实行普惠制往往有许多规定：

① 对受惠国家或地区的限制。如美国公布的受惠国名单中，不含某些发展中的社会主义国家、石油输出国组织的成员国。

② 对受惠商品范围的规定。在公布的受惠商品清单中，农产品受惠种类少，工业品较多，而一些敏感性的商品如纺织品、鞋类及某些皮革制品等则被排除在受惠商品范围之外。

③ 对给惠国的保护措施。给惠国通常都规定给惠中的免责条款、预定限额和竞争需要标准。所谓“免责条款”(escape clause)，是指当来自受惠国的产品增加对给惠国国内同类产品造成损害时的免责，即给惠国得以全部或部分取消优惠；预定限制(prior limitation)是对受惠商品预先规定限额，超过限额的进口按规定征收最惠国税率；竞争需要标准(competitive need criterion)即对于来自受惠国的进口商品，若总额超出当年规定的额度，给予取消下一年度该种商品的关税优惠待遇处理。

④ 对原产地的规定。只有全部产自受惠国或地区，或产品中所包含的进口原料及零配件经过深度加工和增值，发生实质性变化后，才能享受普惠制待遇。实质性变化是指：

a. 加工标准(processing criterion)。欧盟、日本、挪威和瑞士等国家和地区规定，当进口原料或零件的税目和利用该原料或零件加工后的商品的税目之间发生变化后，视同经过深度加工和发生实质性变化，可享受普惠制待遇。

b. 增值标准(percentage criterion)。美国、加拿大、澳大利亚等国家和地区规定，当进口原料和零件的价值占出口商品价值比例低于规定标准，如40%(加拿大)时，才能享受普惠制待遇。

原产地规定包括直接运输规则(rule of direct consignment)，即须提供原产地和托运书面证书，证明受惠商品是由受惠国直接运输到达给惠国。

4. 关税还可以分为从量税、从价税以及在此基础上的混合税和选择税

(1) 从量税(specific duty)。是按照商品的重量、数量、容量、长度和面积等计量单位为标准计征的关税，其中重量是较为普遍采用的计量单位。从量税额计算的公式是：税额＝商品的数量×每单位从量税。

(2) 从价税(advalorem duty)。是按照进口商品的价格为标准计征的关税，其税率表现为货物价格的百分率。计算公式是：税额＝商品总值×从价税率。

(3) 混合税(mixed duties)。是在税则的同一税目中订有从量税和从价税两种税率。征税时混合使用两种税率计征。混合税又可分为复合税和选择税两种。复合税(compound duties)是征税时同时使用从量、从价两种税率计征，以两种税额之和作为该种商品的关税税额。选择税(alternative duties)是指对某种商品同时订有从量和从价两种税率，征税时由海关选择其中一种征税，作为该种商品的应征关税额。一般是选择税额较高的一种税率征税，在物价上涨时使用从价税，物价下跌时使用从

量税。有时,为了鼓励某种商品的进口,或给某出口国以优惠待遇,也有选择税额较低的一种税率征收关税的。

二、中国的关税制度

经过三十多年来的改革开放实践,中国关税制度已经发生了重大的变化。按照国际惯例,中国实行以从价税为主,从量税和复合税相结合,以合理保护国内产业发展及加强管理为主要目的的关税制度。根据《中华人民共和国海关法》(以下简称《海关法》)规定,中国的关税制度包括以下主要内容:

(一) 征税范围

《海关法》规定,准许进出口的货物、进出境物品,均应依法向海关办理纳税。进口货物的收货人、出口货物的发货人、进出境物品的所有人,是关税的纳税义务人。

依据《海关法》规定,中国减征或免征关税的进出口货物及进出境物品包括无商业价值的广告品和货样,外国政府、国际组织无偿赠送的物资,在海关放行前遭受损坏或损失的货物,规定数额以内的货物,法律规定减征、免征关税的其他货物、物品,中国缔结或参加的国际条约规定减征、免征关税的货物、物品。依照法律规定减征、免征关税进口的货物,只能用于特定地区、特定企业或者特定用途,未经海关核准并补缴关税不得移为他用。

(二) 商品完税价格的计算和纳税时限

进口货物以海关审定的成交价格为基础的到岸价格为完税价格。进口商品的完税价格包括货物的货价、货物运抵中国境内输入地点起卸前的运输及其相关费用(如包装、劳务费)、保险费;出口货物的完税价格包括货物的货价,货物运至中国境内输出地点装卸前的运输及其相关费用、保险费。完税价格无法审定时,由海关估定。

纳税义务人应在海关填发税款缴款书之日起 15 日内缴纳税款,逾期未缴时,由海关征收滞纳金。

(三) 税目和税率

根据国务院关税税则委员会 2021 年最新颁布的《中华人民共和国进出口税则(2021)》,进出口规则主要有:

1. 实行国际通行的进口税则税率栏目

进口关税分设最惠国税率、协定税率、特惠税率、普通税率、关税配额税率等税率,取消原基础税率栏目。

(1) 最惠国税率适用原产于与中国共同适用最惠国待遇条款的世贸组织成员国或地区的进口货物,或原产于与中国签订有相互给予最惠国待遇条款的双边贸易协定的国家或地区的进口货物。中国第一批被列入实行暂定最惠国税率的税目为 209 个。

(2) 协定税率适用于中国参加的含有关税优惠条款的区域性贸易协定的有关缔约方的进口货物。

(3) 特惠税率适用于原产于与中国签订有特殊优惠关税协议的国家或地区的进口货物。

(4) 普通税率适用于原产于上述国家或地区以外的国家或地区的进口货物。

(5) 关税配额税率适用于实行关税配额管理的进口货物，关税配额外的依照《条例》有关规定执行。

第一，根据《中华人民共和国加入世界贸易组织议定书》，适用于关税配额管理的货物有：①小麦（包括其粉、粒）；②玉米（包括其粉、粒）；③稻谷和大米（包括其粉、粒）；④糖；⑤羊毛；⑥毛条；⑦棉花；⑧化肥。

第二，根据《中华人民共和国政府和澳大利亚政府自由贸易协定》及相关协议，对原产于澳大利亚的羊毛，国别关税配额内的，适用国别关税配额的协定税率。

第三，根据《中华人民共和国政府和新西兰政府自由贸易协定》及相关协议，对原产于新西兰的下列货物，国别关税配额内的，适用国别关税配额的协定税率：①羊毛；②毛条。

第四，关税配额税率在进口税则中的标示方式：关税配额税率在最惠国税率栏的脚注中列明；国别关税配额税率在协定税率栏的脚注中注明。

(6) 最惠国税率、协定税率、特惠税率、关税配额税率的进口货物在一定期限内可以实行暂定税率。暂定税率主要包括最惠国暂定税率和关税配额暂定税率。其中，最惠国暂定税率在最惠国税率栏中以前置“△”标示（如“△ 8”表示该税目最惠国暂定税率为 8%）。以从价以外方式计征关税的最惠国暂定税率见脚注。税号前标注“ex”，表示适用该税率的应税进口货物应在该税号范围内，以具体描述为准。关税配额暂定税率在最惠国税率栏的脚注中列明。

2. 调整进口关税

2020 年 12 月 23 日，国务院关税税则委员会发布关于 2021 年进口暂定税率等调整方案的通知，从 2021 年 1 月 1 日起，部分商品的进口关税有所变化。本次关税调整是近年来力度较大的一次，不仅涉及税率调整，也涉及以往几年触及不多的税目调整。其中为适应产业发展和科技进步需要，便利贸易管理和统计，规范执行《商品名称及编码协调制度》，2021 年调整后的税目总数达到 8 580 个，比 2020 年增加了 31 个。

总的来看，2021 年 1 月 1 日关税调整后发生的改变大体可分成以下三大类：

(1) 惠民生。自 2021 年 1 月 1 日起，中国将对 883 项商品（不含关税配额商品）实施低于最惠国税率的进口暂定税率。关税调整方案中明确，对部分抗癌药和罕见病药品原料实行零关税；降低人工心脏瓣膜、助听器等医疗器材的进口关税；降低乳清蛋白粉等部分婴儿奶粉原料的进口关税，降幅甚至达到 50%。本次调整持续释放实实在在的关税政策红利，尤其突出“惠民生”导向，有效减轻患者和消费者的经济负担，改善人民生活品质。

(2) 促经济。为满足国内生产需要，进一步降低燃料电池循环泵、铝碳化硅基板、砷烷等新基建或高新技术产业所需部分设备、零部件、原材料的进口关税，从 5%～8%降到 2%～4%。同时，从经济高质量发展的角度出发，新一轮关税调整还降低了一部分节能环保产品的进口关税。例如，作为汽车节能减排的重要部件，废气再循环阀的进口关税由 7%降到 5%。此外，对飞机发动机用燃油泵等航空器材实行较低的进口暂定税率，以促进航空领域的国际合作；降低木材和纸制品、非合金镍、未锻轧铌等商品的进口暂定税率，以鼓励资源性产品进口，并适度降低棉花滑准税；2021 年 7 月 1 日起，将对 176 项信息技术产品的最惠国税率实施第六步降税。

（3）送红利。为推动共建“一带一路”高质量发展，实现高质量引进来和高水平走出去，根据中国与有关国家或地区签署的贸易协定或关税优惠安排，除此前已经国务院批准实施的协定税率外，自 2021 年 1 月 1 日起，进一步下调中国与新西兰、秘鲁、哥斯达黎加、瑞士、冰岛的双边贸易协定以及亚太贸易协定的协定税率。其中，中国与毛里求斯自贸协定从 2021 年 1 月 1 日起生效，部分原产商品将实施协定税率。原产于蒙古的部分进口商品自 2021 年 1 月 1 日起适用亚太贸易协定税率。

3. 实行协定税率

（1）根据《亚洲—太平洋贸易协定》及相关协议，原产于大韩民国、斯里兰卡民主社会主义共和国、孟加拉人民共和国、印度共和国、老挝人民民主共和国、蒙古国的部分进口货物，适用协定税率。

（2）根据《中华人民共和国与东南亚国家联盟全面经济合作框架协议》及相关协议，原产于文莱达鲁萨兰国、柬埔寨王国、印度尼西亚共和国、老挝人民民主共和国、马来西亚、缅甸联邦共和国、菲律宾共和国、新加坡共和国、泰王国、越南社会主义共和国的部分进口货物，适用协定税率。

（3）根据《中华人民共和国政府和智利共和国政府自由贸易协定》及相关协议，原产于智利共和国的部分进口货物，适用协定税率。

（4）根据《中华人民共和国政府和巴基斯坦伊斯兰共和国政府自由贸易协定》及相关协议，原产于巴基斯坦伊斯兰共和国的部分进口货物，适用协定税率。

（5）根据《中华人民共和国政府和新西兰政府自由贸易协定》及相关协议，原产于新西兰的部分进口货物，适用协定税率。其中，对原产于新西兰的乳制品实施特殊保障措施管理。当涉及税号进口累计达到当年触发水平，将根据相关规定征收附加关税。

（6）根据《中华人民共和国政府和新加坡共和国政府自由贸易协定》及相关协议，原产于新加坡共和国的部分进口货物，适用协定税率。

（7）根据《中华人民共和国政府和秘鲁共和国政府自由贸易协定》及相关协议，原产于秘鲁共和国的部分进口货物，适用协定税率。

（8）根据《中华人民共和国政府和哥斯达黎加共和国政府自由贸易协定》及相关协议，原产于哥斯达黎加共和国的部分进口货物，适用协定税率。

（9）根据《中华人民共和国政府和瑞士联邦政府自由贸易协定》及相关协议，原产于瑞士联邦的部分进口货物，适用协定税率。

（10）根据《中华人民共和国政府和冰岛共和国政府自由贸易协定》及相关协议，原产于冰岛共和国的部分进口货物，适用协定税率。

（11）根据《中华人民共和国政府和大韩民国政府自由贸易协定》及相关协议，原产于大韩民国的部分进口货物，适用协定税率。

（12）根据《中华人民共和国政府和澳大利亚政府自由贸易协定》及相关协议，原产于澳大利亚的部分进口货物，适用协定税率。其中，对原产于澳大利亚的牛肉和奶粉实施特殊保障措施管理。当涉及税号进口累计达到当年触发水平,将根据相关规定征收附加关税。

(13) 根据《中华人民共和国政府和格鲁吉亚政府自由贸易协定》及相关协议,原产于格鲁吉亚的部分进口货物,适用协定税率。

(14) 根据《中华人民共和国政府和毛里求斯共和国政府自由贸易协定》及相关协议,原产于毛里求斯共和国的部分进口货物,适用协定税率。

(15) 根据《〈内地与香港关于建立更紧密经贸关系的安排〉货物贸易协议》《〈内地与澳门关于建立更紧密经贸关系的安排〉货物贸易协议》,原产于香港、澳门的部分进口货物,适用零关税。

(16) 根据《海峡两岸经济合作框架协议》,原产于台湾地区的部分进口货物,适用协定税率。

4. 协定税率在进口税则中的标示方式

(1) 协定税率及其适用国家或者地区在协定税率栏中标示,其中以从价以外方式计征关税的协定税率见脚注。

(2) 如税率中间有"#","#"前后分别为当年上半年和下半年适用税率。

值得指出的是,税率的适用是有顺序的。当最惠国税率低于或等于协定税率时,协定有规定的,按相关协定的规定执行;协定无规定的,两者从低适用。适用最惠国税率的进口货物有暂定税率的,应当适用暂定税率;适用协定税率、特惠税率的进口货物有暂定税率的,应当从低适用税率;适用普通税率的进口货物,不适用暂定税率。

三、中国关税的贸易保护水平分析

(一) 衡量关税保护水平的理论依据

衡量关税对一国经济贸易的保护程度主要依靠两个指标:名义关税率和有效关税率。

名义关税率(nominal protection rate of tariff)是指海关对具体进口的某一种产品征收的税率。显然,这种名义关税率越高,则该国对这种进口替代产品的保护程度就越高。

有效关税率(effective protection rate of tariff)或关税有效保护率是指征收关税后单位产品附加价值的增加率。

有效关税率相对于名义关税率而言,可以更加准确地衡量对某一产业的保护程度。有效关税率提示了一个产业的关税保护程度不仅受对该产品征收的名义关税率的影响,而且还受到对作为其中间投入品征收的名义关税率的影响,以及这种中间投入品在该最终产品中所占的价值比例即投入产出系数大小的影响。

有效关税率的计算公式为:

$$ERP_j=\frac{T_j-\sum_{i=1}^{n}a_{ij}t_{ij}}{1-\sum_{i=1}^{n}a_{ij}}$$

式中，ERP_j 为进口国第 j 种产品的关税有效保护率；T_j 为第 j 种最终产品的名义关税保护率；t_{ij} 为第 j 种产品的第 i 种中间投入品占第 j 种产品的价值比例；n 为第 j 种产品需要的中间投入品的种类数。

这时，会出现以下几种情况：

(1) 在其他条件不变的情况下，最终产品名义关税率的上升会提高有效保护率。

(2) 在其他条件不变的情况下，进口投入品的名义关税率的提高，会提高最终产品的中间成本，降低其单位增加值，从而降低有效保护率。

(3) 在最终产品和进口中间投入品名义关税一定的情况下，投入产出系数 a_{ij} 越高，有效保护率则越大。

(4) 如果公式计算结果为负值，则有效保护率为负数。

(二) 中国关税保护水平分析

1. *名义关税保护水平分析*

自 1948 年关贸总协定生效以来，经过多个国家多轮谈判，世界范围内关税和非关税壁垒迎来了第一次大幅下降，极大地促进了第二次世界大战以后世界贸易和投资的增长。至 2016 年，随着越来越多地发展中国家加入世贸组织，全球平均关税水平进一步降低。发达国家如美国、加拿大的关税水平基本在 2%以下，发展中国家的关税水平相对较高，中国自 2002 年起，认真履行入世关税减让承诺，下调 6 200 多种商品的进口关税，至 2016 年中国关税总水平自 15.8%下调至 3.5%.印度为 6.3%，巴西为 8%，有继续下降的空间。

2. *关税有效保护程度分析*

根据中国关税的实际有效保护作用大小，关税有效保护程度可做以下分类：

(1) 有效保护率远远大于相应的名义关税率类。包括食品制造业、纺织业、缝纫皮革制造业、木材加工及家具制造业、建筑材料及其他非金属矿物制品业、金属制品业、交通运输设备制造业、电气机械及器材制造业等 8 个产业，占产业总数的 36%。

(2) 有效保护率远远小于相应的名义关税率类。这类产业有煤炭采选业、石油和天然气开采业、金属矿采选业、其他非金属矿采选业、电子及蒸气、热水生产和供应业等 6 类，占产业总数的 23%。这类产业的关税结构严重不合理。

(3) 有效保护率和名义保护率几乎相当类。主要是上述两类产业外的其他产业，共计 7 类，占产业总数的 41%。

作为进口关税，合理的关税结构的标准应当是“瀑布式”的，也就是通常的升级的关税结构，以使关税的有效保护程度大于名义保护水平，从而发挥名义关税的“欺骗”作用。但根据上述分析，中国现阶段的合理关税仅占整体关税的 36%，完全不合理的比例高达 23%，这是影响中国改革开放业绩的关键因素之一，随着加入 WTO 及关税制度作用的日益凸显，这一结构性矛盾将更加加剧。

四、关于中国关税制度的“虚保护”问题

所谓关税制度的“虚保护”，是指各种政策性因素和人为因素的作用，使关税的经济贸易保护功能遭受削弱的情形。

中国关税的“虚保护”程度在世界上都是罕见的。各种不同类型、不同形式的进口优惠政策、减免税措施，各有关部门和地方政府出于局部利益考虑、集体或个人的权力腐败及“寻租”行为，都是产生“虚保护”的基本原因。如果考虑到“虚保护”的直接影响，中国大部门产业的有效保护程度将大大降低，这就使中国虚担了“高保护”的国际骂名。

所以，应当逐步取消不合理的减免关税政策，建立科学的关税制度，加强司法力度，打击腐败犯罪和走私犯罪，逐步实现名义保护率与有效保护率的大致趋同。

由于加工贸易的关税减免是当前引起实际征收率与名义征收率存在较大差异的主要原因，所以，优化和调整加工贸易的关税减免制度，是逐步取消关税优惠政策的主要内容。2001 年降税以后的保护程度如表 12-1 所示。

表 12-1　2001 年降税以后的保护程度　　单位：%

行　　业	名义税率	有效保护率
农业	16.30	16.20
煤炭采选业	3.50	0.50
石油和天然气开采业	5.90	2.90
金属矿采选业	0.19	−7.42
其他非金属矿采选业	3.56	−1.88
食品制造业	25.50	38.60
纺织业	22.60	33.10
缝纫皮革制品业	28.10	45.70
木材加工及家具制造业	15.40	17.90
造纸及文教用品制造业	13.65	11.90
电力及蒸气、热水生产和供应业	2.98	−0.41
石油加工业	7.54	6.80
炼焦煤气及煤制品业	6.86	5.37
化工工业	13.10	13.20
建筑材料及其他非金属制造业	17.10	25.00
金属冶炼及压延加工业	7.10	7.20
金属制品业	12.55	17.20
机械工业	13.20	14.50
交通运输设备制造业	26.10	45.40
电气机械及器材制造业	18.90	31.10
电子及通信设备制造业	12.25	12.90
仪器仪表及其他计量器具制造业	13.60	13.40

资料来源：许统生，《我国关税的贸易保护水平分析》，《经济学动态》，2002 年第 2 期。

五、中国的出口退税政策及其改革

现代国家发展对外经贸的经验和现实表明，转型期经济通常体现为一国政府的政策驱导型经济。现阶段，中国对外贸易的外部环境不确定性大为增强，而国内外贸领域的“两大转变”尚待时日。因此，中国外贸发展正处于特殊的转型阶段上，国家宏观经贸政策的设计和调整具有重要的意义。

（一）出口退税政策

出口退税（export rebates），是指国家为增加外贸收益和增强出口商品竞争能力，对出口商品退还生产环节的增值税和免征产品税，使得商品以不含税价格进入国际市场的政策。

出口退税政策不同于贸易保护的一些政策，它实施的目的就是使世界上各个国家的产品进行公平竞争，是WTO所允许的一种促进出口的政策。

出口退税的实施是与WTO的国民待遇原则一致的。出口国只有退还对出口商品征收的国内税才能避免进口国对该商品进行双重征税，才能使该种商品在进口国享受与进口国国内商品相同的税收，从而实现该商品在进口国享受国民待遇。中国从1985年开始实施出口退税，中国多次通过出口退税的调整来影响出口。根据出口退税调整的目的，可以将出口退税的发展分为六个阶段，具体见表12-2。

表12-2　中国出口退税的发展阶段

发展阶段	调整趋势	政策目标	调整内容
1985—1993年	开始执行	扩大出口，完善出口退税制度	1985年煤炭和农产品征5%～7%退3%，工业品征13%退10%，其他征17%退14%；1988年起，遵循“征多少，退多少、未征不退”和“彻底退税”原则
1994—1996年	新税制改革	扩大出口，缓解退税压力	1994年增值税取代工商统一税，退税率分17%、13%和6%三档；为缓解财政退税压力，1995—1996年退税率下调为9%、6%和3%三档
1997—2003年	连续调高	应对亚洲金融危机冲击，扩大出口	自1997年8月8日起，分行业连续十余次调高出口退税率，并最终形成17%、15%、13%、5%的退税率体系，平均出口退税率高达15.1%
2004—2008年7月	连续调低，取消部分产品退税	缓解贸易顺差，优化产品结构，促进结构调整	2004年、2005年和2007年连续降低退税率，最终形成11%、9%和5%的差别税率，取消了20余类产品的出口退税政策，中央地方按75∶25共同分担退税额
2008年8月—2010年6月	连续七次调高出口退税率	应对金融危机，缓解出口下滑	截至2009年6月形成了17%、15%、13%、9%和5%五档差别税率，调税范围涉及约4 000种商品
2010年7月至今	取消部分商品的出口退税	调整优化出口产品的结构	自2010年7月15日起取消部分钢材、医药、化工产品、有色金属加工材料等商品的出口退税，总数达406种

资料来源：何兴容，凡福善，《出口退税与中国贸易出口增长》，《中国经贸导刊》，2010年第14期。

由此可以看出，在不同的阶段根据不同时期的需要，中国不断调整了出口退税。尤其是在亚洲金融危机和最近的全球金融危机的背景下，中国通过提高出口退税率，来缓解出口的下滑。但出口退税的提高会增加政府的财政负担，所以不能长期大范围使用，而且出口退税在实施的过程中还应注意出口产品结构的调整，只有这样出口退税才能促进中国出口稳定增长。所以，中国出口退税率往往在上升一段之后就会下调。例如，中国自 2010 年 7 月 15 日起取消部分钢材、医药、化工产品、有色金属加工材料等商品的出口退税，以便调整中国出口产品结构。

(二) 出口退税对中国出口的影响①

通过提高出口退税率可以更好地发挥中国出口商品的价格优势，进而促进中国出口增长。我们将分别采用局部均衡和一般均衡分析的方法分析出口退税对中国出口稳定增长的影响。

1. 出口退税影响中国出口增长的局部均衡分析

我们把出口退税看成是一种出口补贴，从而来分析出口退税对中国出口增长的影响，具体如图 12-1 所示。

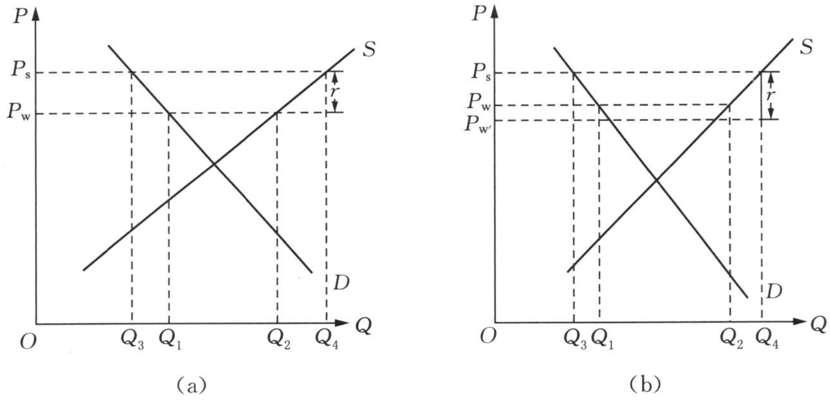

图 12-1　出口退税对中国出口增长的影响

如图 12-1(a)所示，如中国为该产品出口小国则实施出口退税后该产品国际市场价格不变，国内市场价格上升为 P_s，该产品的出口量为 Q_3Q_4，退税 r 等于国内价格与世界价格 P_w 的差额；实施出口退税政策前（自由贸易状态下）该产品的国内价格等于世界市场价格，该产品的出口量为 Q_1Q_2，实施出口退税政策后中国出口量增加。如图 12-1(b)所示，如中国为该产品出口大国则实施出口退税后该产品国际市场价格由 P_w 下降为 $P_{w'}$，国内市场价格上升为 P_s，该产品的出口量为 Q_3Q_4。退税 r 等于国内价格与实施出口退税后的世界价格 $P_{w'}$ 的差额；实施出口退税政策前（自由贸易状态下）该产品的国内价格等于世界市场价格，该产品的出口量为 Q_1Q_2，实施出口退税政策后中国出口量增加。以上分析可以看出，如果其他条件不变，出口退税率的提高会导致出口量增加，产品供给需求价格弹性越大，出口增加越多。由于不

① 张秋菊，《出口稳定增长的制约因素及对策研究》，经济与管理出版社，2016 年。

同行业产品供给需求价格弹性不同，出口退税对不同行业出口增长的影响也必定有差异，针对不同的行业也应采用不同的出口退税政策，以便更有效地促进出口增长。

2. 出口退税影响中国出口稳定的一般均衡分析

出口退税的调整在影响中国出口量增长的同时，也会影响中国的产业结构，进而影响中国的出口商品结构及出口稳定。假设中国生产可能性曲线如图 12-2 所示，其中横轴表示劳动密集型产品 X 产量，纵轴表示资本密集型产品 Y 产量。在自由贸易条件下，国内 Y 产品的相对价格等于国际 Y 产品的相对价格，价格线为 P，此时中国最优的生产点为 A 点，如果中国对资本密集型产品实施出口退税，则会促使国内资本密集型产品的相对价格上升，假设价格线变为 P'，此时中国最优的生产点变为 B 点。由此可以看出，对资本密集型产品实施出口退税不但能促进中国出口增长还利于中国产业结构的改善，进而有利于中国出口长期稳定增长。同理，对劳动密集型产品实施出口退税虽然能促进中国出口增长，但不利于中国产业结构的改善，进而不利于中国出口长期发展。

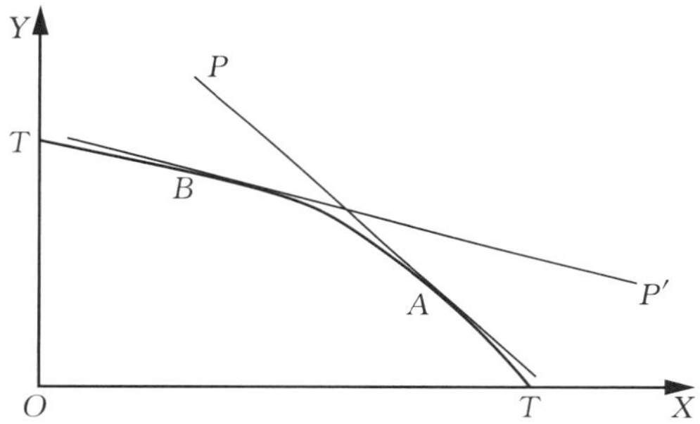

图 12-2 出口退税对中国出口稳定的影响

(三) 出口退税政策的宏微观外贸效益

对任何一项政策的改革都应当立足于对其以往利弊的科学评价之上。国家通过实行出口退税政策，一定程度上降低了本国产品出口的成本，增强了本国产品在国际市场的竞争力，能够有效地刺激本国厂商增加出口，有利于出口贸易总额的增长。中国在 1997 年亚洲金融危机和 2008—2009 年美国金融危机过后大幅调高出口退税率的政策措施均使中国出口贸易相对于世界其他国家达到了更快速度复苏的良好效果。此外，国家对于不同产品施行不同的出口退税政策，通过政策导向的作用引导出口产品结构的调整，进而达到调整国内产业结构、促进资源优化配置的目的。在 2005 年，中国就先后对各类不符合经济建设目标的出口产业调低或取消了出口退税，通过政策措施加大了“两高一资”产品的出口成本，降低了各类技术密集型产品的出口成本，有效地引导了国民经济发展过程中的结构调整。因此，出口退税制度的积极效应是值得肯定的。

在外贸发展的微观层次上，出口退税发挥着更为显而易见的重要作用。许多发达国家的经验表明，中小企业在外贸出口方面具有巨大的潜力，但它们在开展出口业务过程中存在着信息不灵、广告费用大、融资能力不足、风险承担能力小等困难，因此，政府给予出口税收方面的支持是它们开展外贸出口业务的关键条件。中国对外贸易的大部分企业规模有限，“集团化、实业化、国际化”水平较低，国际社会的经验当能提供一些有益的借鉴。实际上，近年来中国相当比例的外贸中小企业对国家出口退税制度存在着相当高程度的依赖。所以，客观评价中国外贸出口退税制度的成效，其作用力度是十分显著的。

(四) 强化出口退税的理论依据

进入20世纪末，国际贸易开始了一个诱人而充满挑战的时期，表现为“冷战”结束后，世界各国在空间范围上已经基本全面地卷入国际贸易，世界市场空前扩大；同时，国际竞争日益激烈化，各国政府以前所未有的积极姿态，更深更广地介入本国的对外经贸活动。随着中国加入世界贸易组织，一个世界范围内的经贸体制规范化及创新时代已经到来。

除了正在改革完善中的外汇管理体制和汇率机制，出口退税是现阶段中国外贸体制中符合国际经贸惯例的为数不多的调节机制之一，因而我们有必要强调它的接轨作用。纵观左右前后，出口产品以不含税的价格进入国际市场已经成为各国特别是先进国家的通常做法。世界贸易组织明确规定出口退(免)税制度是各成员国可以采用的鼓励出口方法。面对国际竞争白热化和进入国际经贸组织后政策自主空间可能缩小的前景，我们没有理由不强化出口退税这一惯例手段。从近短期看，这一手段能促进中国出口贸易进一步扩大，以加强作为世界贸易中不可忽视力量的形象，加快融入世界贸易大家庭的步伐；从中长期分析，它还将是实现与国际惯例接轨过程中不可缺少的衔接和缓冲机制，在配合国际进一步扩大开放和降低进口关税方面具有特殊的功用。所以，其积极意义不可低估。

与国际水平相比，中国现阶段出口退税的法定税率并不算太高。假设中国单个产品包含的平均增值税比例为17%，出口退税税率为15%，则退税比例大致为90%以下。对比而言，发达国家中高达或超过90%者大有之。同时，与现阶段中国税法规定的增值税税率相比，出口退税的法定税率并未超出增值税的既定税率。对比而言，中国规定的增值税征收税率甚至远高于亚洲一些国家和地区的水平。从理论上说，中国出口退税完全在财政可以负担的合理范围之内。

中国对外贸易正处于一个关键的转型时期，从中短期分析，外贸出口仍然是外汇收益的主要来源。因此，保持相对稳定的出口贸易增值水平是改造国有企业技术赋存、保障紧缺物资和原材料供应、增加利用外资和平衡外债、缓解通胀压力、促进国民经济持续、稳定和健康发展的重要基础环节。从外贸部门和企业的实际情况考察，转型期的外贸发展尚未具备足够的竞争能力，唯一可依恃的劳动力廉价绝对优势也正以相当快的速率削弱，“以质取胜”战略在一个时期内还离不开价格竞争和数量竞争策略的配合，外贸骨干企业面临着转换内部机制的艰巨任务，而中小企业的国际竞争承受能力则尚在培育之中。显然，进一步加强出口退税机制具有特别重要的意义。

综上所述，中国对外贸易中的出口退税是符合国际惯例的重要调节杠杆，在中国转型期外贸出口中扮演着十分重要的角色，对国民经济的全局也有关键的意义。所以我们认为，在今后一个阶段上，有必要强化出口退税机制的作用。

（五）出口退税政策改革的方案

根据以上分析，对出口退税政策的改革应当持谨慎的态度。通过简要考察出口退税政策实施的过程和效果，结合中国对外经贸发展的现状及前景，我们对此项政策改革提出如下思路建议：

1. 改革的基本思路

（1）保持目前的出口退税制度不变，稳定实施一个时期以取得充分的成本效益数据。在此基础上，制定下一步的具体“定位目标”。总体上看，任何一项政策都应当具有一定的稳定性，过于频繁的政策调整不仅反映出政策制定部门和制定者的草率无章，而且会造成跟踪研究与政策评估的巨大困难，更会导致经济贸易工作中的混乱及损失。同时我们认为，综合考虑中国对外贸易现状和财政、国民经济发展的长期利益，下一步制定的“定位目标”也不应偏离现行出口退税率太远。也就是说，维持与目前水平大致相同的外贸出口退税支持强度是必要的。

（2）实施“弹性出口退税制”。根据国家财政和对外经贸发展的实际情况，参照产业倾斜的国际政策惯例，我们建议制定与实施“弹性出口退税制”。它包括以下内容：①以调定的出口退税率为中心退税率，结合国家产业和外贸产品结构调整的要求，对出口退税的产品进行分类调节。对于国家积极鼓励出口的产品，给予向上不超过17%的退税率鼓励（中间还可以分出不同档次）；对于国家一般鼓励出口的产品，给予等同中心退税率的退税支持；对于其他出口产品，则可以视国家财政力量状况，给予向下限定（保底）或不限定（不保底）标准的退税支持。②调整出口退税政策的支持面，对出口产品进行经济效益评估分类，对于创利创汇高的出口产品给予高强度的退税支持；对于一般盈利和创汇的出口产品给予一般强度的退税支持；对于那些长期亏损而无望救活，即不具竞争潜力的出口产品，或“两高一资”类（即高污染、高耗能与资源类产品）产品，则应坚决停止退税。③建立中央财政出口退税基金，除用于退税的国家增值税收入部分外，从国家关税收入中调剂部分资金，必要时还可以从某些年份外汇储备的富余部分中调换一点人民币资金加以充实这项基金，基金的目的是保证及时退税和全额退税。

（3）当然必须指出，实行上述方案应当保证出口的大部分产品都能得到所需力度的退税支持。为此，建议由商务部、退税主管部门和国家发改委协商制定出口退税优惠产品目录，拟定排序清单，严格按照惯例执行。

（4）减少出口退税的相关环节，恢复使用出口货物的专用税票。通过此类相关方法，理清出口退税惯例的主要过程，保持高度的透明性和高效性，尽量不给犯罪活动留下任何机会及空间，以达到减少偷漏税及打击骗税行为的目的。

（5）允许财政力量雄厚的地方政府对外贸企业实施长期或间断性的、退还某些地方税的支持。在中国对外贸易较发达的某些省市，往往其地方财政力量也相应雄厚，由于外贸对地方经济的发展具有重要的贡献或有经济龙头的地位，地方政府愿意对外贸企业给予退还地方税的支持。对此，中央和有关部门应当予以积极的支持肯定。这一方法与中国过去实行的出口退税由中央和地方分担的政策在作用结果上是相同的，经验也曾证明由中央与地方分担方法的有效性（特别在打击出口骗税方面）。

既然税制改革已经打破了这一经验的基础，则退而求“次优”的做法值得我们考虑和提倡。

2. 配套措施

（1）严肃税法，坚决堵住国税征收环节上的漏洞，严惩出口骗税。中国现行税制在征、退双向的具体运行环节上存在一些漏洞。例如，分税制使国税的征收遇到了地方保护主义的干扰，缺乏制约偷漏的有效机制，同时在打击出口骗税过程中，骗税者也容易从地方保护主义寻求庇护。这类问题的关键在于地方政府不直接享受国税的征收利益，甚至从心态上抵触国税的征收，税法也没有对地方政府保障国税如实征收和使用的义务做出有效的规范。因此，税制的进一步改革应当考虑中央与地方的权益平衡问题。在税制未完善之前，中央政府可以强化行政措施，可以将违法者送交刑法部门处罚，也可以对偷漏税和骗税情况严重的地方予以限制退税甚至在短期内暂停退税等。只有堵住上述双向漏洞，才能恢复征、退税之间的相对平衡。

（2）停止对从流通领域购入的出口产品的退税支持。这既能减少外贸企业和供货生产单位之间的“官倒”“私倒”环节，降低出口产品的成本价格，保证产品的竞争能力，又能理清出口退税的权益关系，能堵住中间流通环节常常出现的骗税漏洞，最终有利于保障外贸企业与生产企业之间的协作利益，也有利于保障国家财政的利益，增进外贸资本积累。

（3）国家和地方经贸部门、企业应加快体制及经营改革的步伐。出口退税制度的改革需要退税主管部门和经贸活动部门的相互配合。在外经贸部门和企业的改革中，从体制方面说，主要是加快向“实业化、集团化、国际化”方向发展，加快内部机制转换，增强国际竞争能力以摆脱对出口退税政策的过度依赖；从经营改革角度看，必须自觉地遵守税法和坚持正当谋利，尽快由粗放型的“以量取胜”和价格竞争转向“以质取胜”的经营策略，适时适量地提高出口产品的销售价格，减少比拼价格的内耗竞争，提高出口退税政策的应用效益，为形成外贸和财政双赢、出口和资本积累双增的正常循环发展新格局贡献力量。

六、其他财政政策调整

（一）外贸财政支持项目

国家财政部门为了支持对外贸易发展，通过设立的专门机构或监管机构，对本国出口产品和鼓励进口的某些产品实行减税、补贴和免税等有利的政策。对于某些地区和产品，国家财政部门还负责向外贸生产和流通企业提供风险性优惠贷款或借款融资担保。

中国加入世界贸易组织后，原有的财政补贴政策须根据 WTO 的要求进行改革。出口补贴和以进口替代为目的的补贴因属于“禁止性补贴”即“红灯补贴”而被取消；“可诉补贴”即对 WTO 成员方利益不造成损害、丧失或减少的“黄灯补贴”可以谨慎实施；而“不可诉补贴”即包括研究与开发补贴、贫困地区补贴、环保补贴等在内的特定的专向性补贴，则在允许的范围内。其中，“研究与开发补贴”是指政府对公司进行研究和开发活动的援助，或对高等教育机构、研究机构与公司签约进行研究和开发活动的援助；“贫困地区补贴”是指按照一项总体地区发展规划给予贫困地区的援助；“环保补贴”则是指为促进现有设施适应法律、法规规定的新的环保要求而提供的援助。

（二）区域外贸管理政策

区域外贸管理政策，即经济特区、保税区、自由贸易区、出口加工区等区域性贸易实体及其相关的税收优惠政策。区域经济通过实行更加符合自由贸易规则的体制，促进对外贸易发展，促进资源更为有效的利用和带动周边经济繁荣，这是世界贸易组织积极倡导的模式。目前，世界各国以各种名义存在的经济特区或自由经济区数以千计，中国加入世界贸易组织后，将加快对现有经济特区和其他区域经济实体的规范发展。因此，区域外贸管理体制和政策是中国外贸宏观调控的重要手段。

（三）政府采购制度

所谓政府采购，是指政府为政府机关自用或为公共目的而选择购买货物或服务的活动，其所购买的货物或服务不用于商业转售，也不用于供商业销售的生产。根据WTO制定的《政府采购协议》，成员方应遵循非歧视原则、透明度原则和公平竞争原则，但成员方政府，包括中央政府、地方政府和其他采购实体在采购对象、采购合同、采购限额、招标方式和招标程序等方面，仍然具有相当的自主权。因此，政府在实施采购业务中可以对本国外贸企业进行合理合法的扶持。

（四）政府信用支持

政府信用支持主要是指“出口信用保险”，它是国家为推动本国产品和服务出口贸易而建立起来的政府支持信用。具体地说，外贸企业出口产品和服务时向由政府财政支持设立的出口信用保险公司投保，一旦出口企业发生保险合同规定项下的收汇风险损失，即由出口信用保险公司向该企业承担赔付责任。由此，外贸出口企业的风险损失得以避免。值得强调的是，以一般的经验惯例而言，在出口信用保险制度下，出口信用保险公司不仅具有政府强大的财政力量作为后盾，它还拥有一套科学的出口信用风险评估方法体系，做到事前调查、评估，过程跟踪监控，事后及时补救或救济处理。同时，出口信用保险公司在世界主要国家建有完整的商业情报网，对与所承保的出口商相关联的国外进口商的资信实力有长期的跟踪了解，可以帮助外贸企业准确了解对方的诚信状况和大胆采取有力的促销手段。因此，经由出口信用保险的外贸出口活动得以在相对安全可靠的环境中开展。

第四节　外汇管理与人民币汇率机制

外汇管理是一国对外贸易宏观调控的重要环节，汇率机制是一国干预商品和劳务进出口贸易、调节国际收支平衡的关键手段之一。20世纪80年代以来，中国外汇管理体制经历了多轮的改革，逐步形成了相对符合国际惯例和有关国际规范的外汇管理体制。1980年，中国引用国际货币基金组织协定第十四条第二款对经常项目实行外汇管制的过渡性安排，以符合第十四条款的身份成为国际货币基金组织的成员国。1994 年 1 月 1 日起，中国对外汇管理制度进行重大改革：实行人民币官方汇率和外汇调剂市场汇率并轨，建立以市场供求为基础的、有管理的浮动汇率制度；实行银行结、售汇制度，取消外汇留成和上缴，实行人民币经常项目下的有条件兑换。1996 年 4 月，中国正式对外宣布不再对经常性国际支付和转移，包括所有无形贸易的支付和转移实行限制，实现了人民币经常项目下的可兑换。2005 年 7 月 21 日起，中央银行宣布人民币汇价不再单一钉住美元定值，而改由 15 种货币组成的货币篮子加权定值。人民币汇率的浮动性开始逐步增强。

一、银行结、售汇制度

(一) 外汇收入结汇制

外汇收入结汇制度是指中国境内所有的中资企业单位、机关和社会团体的各种外汇收入必须汇回境内，按照国家规定卖给外汇指定银行的制度。实行外汇收入结汇制是为了形成稳定、充足可靠的外汇来源，保障实现人民币经常项目下的自由兑换，同时满足全国范围内对外经济贸易活动用汇的需求。

1. 结汇范围

根据 1996 年 6 月 20 日中国人民银行颁布的《结汇、售汇及付汇管理规定》，除境外借款和用于还债的外汇、居民个人外汇及其他一些特殊用途的外汇可保留外，其余外汇一律要及时按银行牌价汇率卖给外汇指定银行。

2. 出口贸易外汇收入的结汇

按照国家规定，所有出口贸易项下的收汇都必须结汇。境内机构出口贸易项下外汇结汇时，凭相应的合同、商业票据、出口核销单等有关凭证办理。

3. 出口收汇核销规定

现行出口收汇核销制度规定，出口收汇核销的具体手续由外汇指定银行办理，外汇管理局负责对出口收汇核销工作进行监督、检查和管理。

(二) 进口用汇售汇制

进口用汇售汇制是指用汇企业、个人或单位需要用汇时，持有效凭证到外汇指定银行按牌价用人民币兑换，银行收取人民币、售给用汇企业、个人或单位外汇的制度。

1. 售汇的办理

境内的用汇企业、个人或单位需要用汇时，需向外汇指定银行出具相关的凭证，如进口合同、配额和许可证明、境外机构的支付通知书等，方可办理售汇。对经常项目下的对外捐赠汇出和资本项目下的用汇，如对外投资、贷款、支付股息红利、偿还境内外外汇贷款等，国家仍然实行较为严格的审批制度。

2. 进口付汇核销规定

现行的进口付汇核销制度规定，进口付汇核销的具体手续由外汇指定银行办理，外汇管理局负责对进口付汇核销工作进行监督、检查和管理。

银行结、售汇制度的实施，使得外经贸企业的经营环境大为宽松。一方面，银行结、售汇使外经贸企业的外汇和人民币资金周转加快；另一方面，经营效益好的企业不再受原有外汇计划配额制度的束缚，得以更好、更快地扩大经营规模，壮大自身实力。

二、银行间外汇市场

从1994年起，中国将外汇调剂中心改为以银行间计算机联网的统一的外汇交易市场，统一国内银行、其他经营外汇业务的金融机构和外资银行的外汇头寸调剂、清算交割和其他业务，即建立起全国统一的银行间外汇交易市场。

银行间外汇交易市场实行会员制，经国家外汇管理局批准，外汇指定银行及其授权的分支机构和经营外汇业务的其他金融机构可以成为交易市场的会员，参与交易市场的交易活动；外汇交易市场采取集中交易、两级清算制，外汇市场进行人民币对美元、人民币对港币的买卖交易，其他货币按照国际市场美元同其他货币的汇率套算。外汇交易的清算，在成交后的三个营业日内完成。

国家对外汇交易市场实行监督管理。中国人民银行除审查批准会员外，对交易币种、交易方式和风险上限等进行严格控制，同时可以根据市场变化干预市场、调节外汇供求、平抑汇价，维护市场稳定。

由于银行间外汇市场的建立和发展，外经贸企业的经营活动倍感便利，交易和清算速度加快，外汇资金的周转更加顺畅，外经贸企业的经营成本得以下降。

三、以市场供求为基础的、单一的、有管理的浮动汇率制

1994年外汇管理体制改革以前，中国实行的是人民币汇率双轨制，即官方汇率与外汇调剂市场汇率双重汇率制。双重汇率制最大的弊病是将外汇市场人为地割裂开来，造成企业特别是国有外经贸企业和三资企业间的不平等竞争和不公正待遇，并带来一系列负面的影响。因此，1994年1月1日起，中国对人民币汇率实行并轨，实行以市场供求为基础的、单一的、有管理的浮动汇率制度。这一制度包括以下三个基本方面：

(一) 基准汇率

基准汇率，即由中央银行根据一定时期内国家货币政策、外汇供求情况和国际金融市场变化而确定的目标汇率。

(二) 市场汇率

市场汇率，即外汇交易市场会员之间买卖外汇的汇率。市场汇率以基准汇率为中心，允许一定程度的浮动。当市场汇率处在允许的幅度内波动时，中央银行不采取干预手段；但若这种波动超出允许的幅度，中央银行将通过介入外汇市场买卖的方式，改变外汇市场的供求情况，使市场汇率重新稳定在规定的幅度之内。中国人民银行根据前一交易日银行间外汇交易形成的加权平均价，每天公布人民币对美元交易的中间价，并参照国际金融市场的变化同时公布人民币对其他主要货币的汇率。

(三) 客户汇率

客户汇率，即外汇指定银行挂牌公布的，对外经贸企业、个人或单位进行交易的外汇汇价。它以中国人民银行当天公布的外汇交易中间价为依据，并在中央银行规定的幅度范围内浮动。

汇率并轨和有管理的浮动汇率制度的实施，为外经贸企业创造了一个平等竞争

的良好环境，促进外经贸企业更加自主、自强地开拓国际市场，同时也为国家运用汇率杠杆调节对外经济贸易活动、适应国际金融形势及应付外部危机的冲击，进而维护中国外经贸企业的整体利益奠定了重要的基础。与此同时，由于外汇体制的重大改革，外经贸企业趋于更加直接地面对国际市场，控制和防范外汇风险无疑也成为外经贸企业发展中的重要课题。

第五节 外贸行业促进组织

一、外贸行业促进组织的分类

外贸行业促进组织，是指对外贸易行业内企业为维护同行业共同利益，谋求同行业利益最大化而自发建立的一种民间团体组织。外贸行业促进组织是外贸非直接生产性组织的一种类型，它介于外贸生产、进出口、服务贸易实体和政府宏观调控部门之间，属于公众组织(public organization)的范畴。20 世纪 80 年代以来，世界各国的外贸中介、行业促进组织及其活动机构与项目不断增多。据粗略统计，目前国内外常见的外贸中介和行业促进组织包括如下：

(一) 协会

协会的主要活动方式是同行业经营活动的协商协调、研究、咨询和顾问、小型座谈会、讲座和讨论会、贸易促进和沟通服务等。有些国家赋予协会很重要的功能，如美国规定，协会可以与外贸生产企业、进口厂商一样作为反倾销、反补贴的申请人。中国政府在相关条例和规则中则规定，代表国内生产者的产量不低于同类产品总产量的 25%的“有关组织”，即可作为代表成为反倾销、反补贴动议的申请人。

(二) 商会

商会是指经营同类产品或服务进出口活动者之间的合作协调机构，其主要活动方式为协商、监督、仲裁等。现阶段中国的商会组织已有相当的基础，在全国范围内已经建立了一批行业商会组织，并形成了完整的管理体系，如纺织总商会、进出口总商会等，不仅拥有了各地方的基层商会，而且还设立了各种行业内专业产品的商会组织如机电、土畜、茶叶、粮油等商会。当然，目前中国商会组织尚存在较重的“官办”色彩，真正意义上的商会功能很不健全，因此其应有的作用得不到发挥，与国际商会组织的运作规则也无从对接。可以说，中国商会组织的改革还有很长的道路要走。

(三) 国际贸易促进委员会

在中国，国际贸易促进委员会是一个半官方的民间协调组织，其主要职能是对外联系、收集信息，组团考察、联合办展，具体发起和承办各种产业和商品交易会、展销会和洽谈会等。

(四) 交易会、展销会、博览会、洽谈会、投资贸易论坛等

这些名目繁多的活动既是一国或国际性、世界性的商品交易场所，也是对外贸易

或国际贸易促进的组织形态，如世界上一些著名的博览会和中国的“广交会”、厦门投资贸易洽谈会等。

各国其他的对外贸易促进组织和方式还有贸易代表团、商务旅行团、项目考察团等；大学、驻外机构合作单位，外聘“荣誉专员”、“项目大使”制度等；“语言银行”、出版物、目录赠阅品和各类对外贸易相关的专业事务所、咨询公司等。

二、外贸行业促进组织的作用

对外贸易行业组织的建设及其作用的发挥，对于发展中国对外贸易与国际经济联系十分重要。

从国际惯例和国际经验考察，对外贸易行业组织的外贸发展促进作用是其他官方组织所难以替代的。换言之，由于外贸行业促进组织的特殊性质，它往往能够扮演其他机构难以扮演的角色。①外贸行业促进组织的自发性，使之能够最广泛地联系国内同行业厂商或经营者，代表同行业的共同利益，行业内部的协调能力更强；②外贸行业促进组织与行业与生俱来的开放性，使之能够较便利地联系国际市场和国外同类组织，获得及时快捷的信息；③外贸行业促进组织的民间性质，使之具有天然的公信力，能够真实、客观地反映行业立场，增强行业与企业对内、对外的谈判能力；④从各国的情况观察，外贸行业促进组织往往还是一个有效的对外宣传渠道，能够起到传递政策信息和扩大招商引资的作用；⑤外贸行业促进组织是一个政策“游说组织”，能够从侧面影响政府的政策制定和完善。因此，在诸如反倾销反补贴调查、听证、应诉等综合性的对外经贸关系活动中，外贸行业促进组织作用收效尤其显著。

中国法律法规和对外贸易发展赋予外贸行业促进组织的职能日益显著。如同前述，中国政府在相关条例和法规中明确规定，代表国内生产者的产量不低于同类产品总产量的25%的“有关组织”，即可作为代表成为反倾销、反补贴动议的申请人。近年来，在中国外贸和生产出口企业应对欧洲、美日等国家对华反倾销诉讼案例中，各类外贸行业促进组织也发挥了重要的作用。

三、中国外贸行业促进组织的改革与完善

由于长期以来，中国对外贸易实行国家垄断经营，传统体制下缺乏自发性对外贸易行业促进组织生成、发展的土壤，致使中国对外经济贸易联系的这一基础环节建设严重滞后。随着中国“入世”和新时期对外贸易的迅速发展，随着中国外经贸体制与国际惯例、规则间的日益接轨，外贸行业促进组织的改革与发展也提上了议事日程。对于外贸行业促进组织的改革与发展，我们认为应当着重强调：

（一）确立外贸行业促进组织的自发性质和民间性质

中国现有的行业协会、商会等组织多由政府出面或牵头组建，带有浓厚的官方性质。这就难免产生一些严重的弊病，例如覆盖范围狭窄，以国有企业为主；性质不清，成为变相的政府行政部门，甚至成为政府官员退休养老和人员分流的主要渠道；政府定额拨付经费，工作人员不思作为，作风涣散；职能模糊或畸形化，脱离行业服务本色。在某些地方和部门，行业组织甚至蜕化为官僚机构的“寻租”工具和非法收入来

源，形成行业内企业的巨大负担。要解决这些弊病，必须首先还行业组织以本来的面目，即解散或重组行业促进组织，恢复其自发性、民间性组织的基本性质，在此基础上科学地形成具有最广泛代表性的，行业内企业自觉、自愿、自养、自理和为集体利益服务的联盟机构。

(二) 确定外贸行业促进组织的职能、角色和发展方向

中国以往对行业组织职能的要求偏于行业自律、协调和“双向服务”，即倾向于协助政府部门约束本行业企业，协调行业企业关系和完成“上传下达”的服务功能。这种职能定位否定了行业组织作为经济利益最大化功能性组织的性质，抑制了行业组织形成行业合力谋求行业利益最大化这一最基础、最本质的职能作用，因而是不科学的。对行业组织职能重新定位应当突出其行业服务职能，即一切从本行业利益的最大化出发，履行对内协调、对外联系，调查研究、组团办展，经贸谈判、联合应诉，宣传政策、游说政府等主要职责。

鉴于中国当前对外经贸发展的客观情势，行业促进组织尤其要尽快地适应国际对华反倾销案件增加趋势，协助和协调本行业统一对外谈判的立场，帮助企业应诉；同时，对于外国同类产品对华倾销问题，行业组织也要加强调查研究，积极参与起诉和听证，尽可能地维护行业利益。随着中国入世和对外贸易的加快发展，行业促进组织具有职能进一步多样化的趋势，例如，有些国家的行业组织参与或协助政府对进出口配额的分配、建立行业出口商品价格监督机制等，都值得中国行业组织参照借鉴。

(三) 行业促进组织要依法发挥职能作用，加强行业内的制度建设

在法制经济条件下，行业促进组织要严格按照法律程序申请成立、履行登记，要依法发挥职能作用；行业组织应自觉接受法律、行业内企业和社会公众的多元监督，杜绝封建家长制度或少数企业或个人欺行霸市，损害全行业的共同利益的行为；行业促进组织还应当加强自身的制度建设，订立共同遵守的章程和规章制度，奖惩有据、褒贬分明；此外，在当前工作中要特别倡导行业的诚信建设，树立行业风范和道德典型，维护“契约经济”，规范商业行为。

总而言之，外贸行业促进组织是中国对外贸易宏观调控的重要环节，或基础性的组成部分。鉴于中国市场经济和对外经济贸易发展的迫切需要，我们必须加快行业促进组织的改革与完善。

本章小结

1. 对外贸易宏观调控体系由对外贸易宏观调控的目标、依据、以及主要手段等组成。

2. 中国对外贸易宏观调控必须依据法律规定进行，关税制度和非关税手段在对外贸易宏观调控中具有十分重要的作用，出口退税和其他财政政策是对外贸易必要的支持手段。

3. 外贸行业促进组织是外贸非直接生产性组织的一种类型，它介于外贸生产、进出口、服务贸易实体和政府宏观调控部门之间，属于公众组织的范畴。

复习思考题

1. 中国对外贸易宏观调控的主要手段有哪些？
2. 中国对外贸易中关税的有效保护率如何？
3. 中国出口退税制度的改革方案是什么？

案例分析

电子商务企业出口退税政策

近些年来，中国跨境电商出口快速发展，为了扶持外贸出口企业，《财政部、国家税务总局关于跨境电子商务零售出口税收政策的通知》（财税〔2013〕96 号）规定，自 2014 年 1 月 1 日起，对符合条件的跨境电子商务零售出口（以下简称电子商务出口）企业执行增值税、消费税退（免）税和免税政策（以下简称退免税）。

根据财税〔2013〕96 号文件规定，享受电子商务出口货物退免税的企业，是指自建跨境电子商务销售平台的电子商务出口企业和利用第三方跨境电子商务平台开展电子商务出口的企业。如果是为电子商务出口企业提供交易服务的跨境电子商务第三方平台，不适用规定的退免税政策，可按现行有关规定执行。跨境电子商务零售出口（以下称电子商务出口）税收政策如下：

（1）电子商务出口企业出口货物（财政部、国家税务总局明确不予出口退（免）税或免税的货物除外，下同），同时符合下列条件的，适用增值税、消费税退（免）税政策：

① 电子商务出口企业属于增值税一般纳税人并已向主管税务机关办理出口

退(免)税资格认定。

② 出口货物取得海关出口货物报关单(出口退税专用),且与海关出口货物报关单电子信息一致。

③ 出口货物在退(免)税申报期截止之日内收汇。

④ 电子商务出口企业属于外贸企业的,购进出口货物取得相应的增值税专用发票、消费税专用缴款书(分割单)或海关进口增值税、消费税专用缴款书,且上述凭证有关内容与出口货物报关单(出口退税专用)有关内容相匹配。

(2) 电子商务出口企业出口货物,不符合本通知第一条规定条件,但同时符合下列条件的,适用增值税、消费税免税政策:

① 电子商务出口企业已办理税务登记。

② 出口货物取得海关签发的出口货物报关单。

③ 购进出口货物取得合法有效的进货凭证。

跨境电商出口退税政策提高了中国品牌的国际竞争力,但同时跨境电商平台出口退税骗税案也不断出现,导致国家大量的财政损失。例如,2018 年,青岛市税务局与公安部门联合查处的山东 HMYS 国际贸易有限公司涉嫌虚开增值税专用发票骗取出口退税案成功告破。抓获犯罪嫌疑人 11 名。查实企业取得江西 11 家企业开具的已被证实为虚开的增值税专用发票合计 4 747 份,价税合计超过 10 亿元。该案是全国范围内破获的首起利用国际贸易综合服务及跨境电商平台进行骗税的案件,有力震慑了涉税犯罪分子,为国家挽回了巨额税款损失。

分析题:

1. 结合案例,分析《财政部、国家税务总局关于跨境电子商务零售出口税收政策的通知》发布的意义。

2. 结合案例,分析实施电子商务出口企业出口退税政策时应注意的问题。

第十三章　对外贸易战略

学习要点

1. 中国对外贸易的战略目标和依据；
2. 中国对外贸易的总体战略和基础战略。

本章主要介绍中国对外贸易战略，分析战略目标、依据，以及相关体制和政策构成的战略体系，阐述对外贸易战略的基本原则，提出对外贸易的总体战略和基础战略。

第一节　对外贸易战略的目标、依据、体制与政策

对外贸易战略是指一国于一定时期内，在国民经济发展整体战略指导下，根据本国比较优势静态基础、比较优势动态方向及国际比较优势竞争格局确定、规划的对外贸易发展目标、步骤和策略。它是一国在特定时期内发展对外贸易经济的宏观指导原则和整体构想。

一、对外贸易战略的目标

对外贸易战略是为实现特定的对外贸易目标而制定的，因此战略目标是战略的核心灵魂，也是战略步骤和策略措施的最终导向。战略目标可以分为长期目标、中期目标和短期目标，其中中、短期目标构成了长期目标的中介目标。换言之，对外贸易长期战略目标的最终成功，有赖于中、短期战略意图的分步实现。

目前，中国对外贸易进入加速发展阶段，2011 年，中国对外贸易总额达36 418.65 亿美元，同比增长 22.5%，外贸总额仅次于美国，居世界第二，其中出口 18 983.81 亿美元，居世界第一位，进口 17 434.84 亿美元，居世界第二位，中国已成为名副其实的对外贸易大国。《国民经济和社会发展第十二个五年规划纲要》指出，继续稳定和拓展外需，加快转变外贸发展方式，推动外贸发展从规模扩张向质量效益提高转变、从成

本优势向综合竞争优势转变。由于这一战略目标的实现过程伴随着优化对外贸易结构,所以任务显得格外艰巨。

二、对外贸易战略的依据

对外贸易战略是国民经济与社会发展战略的有机组成部分,因此,对外贸易战略目标必须服从于国民经济与社会发展的总体规划。纲要主要阐述国家战略意图,明确政府工作重点,引导市场主体行为方向。

《中共中央关于制定国民经济和社会发展第十四个五年规划和二〇三五年远景目标的建议》指出,坚持创新驱动发展,全面塑造发展新优势;加快发展现代产业体系,推动经济体系优化升级;坚持把发展经济着力点放在实体经济上,坚定不移建设制造强国、质量强国、网络强国、数字中国,推进产业基础高级化、产业链现代化,提高经济质量效益和核心竞争力。

对外贸易战略的制定在立足于国民经济与社会发展需要的同时,要立足于国际经济贸易发展的整体趋势。当今世界,国际经济和贸易发展已经走向综合化,单一的商品贸易已经被复合的商品和服务贸易、利用外资和对外投资、知识产权的保护和开发、双边关系和多边合作等一体化关系所替代。因此,对外贸易战略也应当具有综合性或复合功能。

对外贸易战略的制定要立足于中国的国内资源、要素禀赋和经济发展水平,也要符合国际比较利益优势运动的规律。中国是一个发展中大国,在某些资源性产品和劳动密集型产品的出口方面具有较大的优势,因此,对外贸易发展战略要有利于继续扩大大宗传统产品和劳动密集型制成品的出口。但是,由于当今国际比较利益优势的具体形态表现为比较技术优势、比较信息优势和国家竞争优势,我们在制定相关的外贸发展战略过程中,必须强调不断提高出口产品的技术含量和附加价值,增加高新技术产品和高附加值产品的出口。

对外贸易战略的制定要依据中国对外开放的形势和实践步骤。中国已加入世界贸易组织多年,这为我们实现对外贸易战略目标提供了良好的机遇,然而,2008 年以来,美国金融危机、欧洲债务危机久拖未决,并有加重之势,直接拖累了世界经济增长,引发各国贸易保护主义势力重新抬头,使得中国进入了贸易摩擦的高发期。中国外汇储备超常规存量规模引致美国、日本等施压人民币升值,致使人民币计价的国内生产成本大幅上涨。以美国为首的发达国家重新重视工业制造业生产和出口,并提出了出口倍增计划,这直接主导和占领了国际制造业中技术含量高的制造业市场份额。同期,新兴市场经济体如东盟、印度和拉美等利用其要素禀赋优势,直接与中国抢夺中低档技术的劳动密集型和要素禀赋型制造业市场份额,将对中国制造业外贸市场份额构成很大的挤压。全球环境气候变化对世界贸易的影响愈演愈烈,美欧主导和操纵着全球气候变化的环境规则,包括约束性减排义务、碳关税等,占据着未来低碳经济和环保产业领域。中国面临的这些国际贸易环境对中国对外贸易战略目标的实现构成了挑战,要求我们在战略步骤、战略措施的拟订上更加规范、更加谨慎,同时须更加开放、更加留有余地。

三、对外贸易战略与对外贸易体制

对外贸易体制是对外贸易战略借以实施的组织形式和操作机制。从组织经济学的角度分析，对外贸易体制中的决策结构和形式、决策的执行过程和效果，对外贸战略的最终成败及其实施效率具有直接的影响，它决定了对外贸易战略得以实施的范围、规模、程序、形式、效率和效果。从制度经济学的角度考虑，对外贸易体制则着重通过决策机制、信息机制和动力机制的相互作用，逐步实现对外贸易战略的目标意图。其中，决策机制的作用主要在于正确、及时地实施战略推进，并能高效地根据战略目标与现实条件变化纠正在实施过程及实际措施等方面发生的偏差；信息机制包括信息的采集、加工、传递、运用等系统性作用过程，它是战略决策机制赖以存在并发挥功能的基础；动力机制是任何体制下，组织形式和操作机制所具有的最隐蔽、最深刻的内核部分，它是体制中决策机制和信息机制的驱动系统和“润滑剂”，因此，它实际上是对外贸易体制中的利益分配关系构架。

对外贸易体制是组织和制度的统一体，因而对外贸易战略的实施和实现有赖于组织和制度的高度和谐，简言之，有赖于科学合理的对外贸易体制。所以，我们在外贸体制改革中，应当考虑如何改革最有利于实现对外贸易战略；在制定对外贸易战略特别是研究战略的推进策略及步骤时，则应当充分估计现有体制对战略目标与进程可能产生的影响。只有这样，才能形成体制改革与外贸战略之间的高度和谐统一。

四、对外贸易战略与对外贸易政策

在一定程度上，对外贸易政策可以看作是对外贸易战略与对外贸易体制相结合的结果。换句话说，它是在既定的体制条件下，对外贸易战略的实现策略或手段。

对外贸易战略的实现要求对外贸易政策具有科学的综合性。按照著名的“丁伯根法则”(Tinbergen Law)，要实现多个宏观经济目标，当局必须拥有等于或多于目标数的政策工具。中国对外贸易战略目标是复合、多维的，由此决定了对外贸易政策手段的综合多样性。概括地说，它包括总量政策、质量政策、结构政策；也包括长期政策、阶段政策和配套政策；此外，对于中国这样的发展中大国而言，还包括地区政策、产业政策和相关的特殊政策，如国营贸易政策等。所以，对外贸易政策是一个系统科学工程。

对外贸易战略的实现要求对外贸易政策具有科学的针对性。任何战略体系总难免存在一些关键的、有时是决定性的优势或薄弱环节，或阶段性任务，这些环节的实现和突破构成了整体战略的要害或瓶颈。因此，战略的这种特性要求对外贸易政策在具有综合性的同时，要有科学的针对性，即有具体解决问题的效力及鲜明特性。

对外贸易政策要兼顾对外贸易战略和对外贸易体制的特殊性。由于对外贸易战略应有的前瞻性和对外贸易体制固有的滞后性，两者间难免存在一些特殊的矛盾。对外贸易政策既要贯彻战略的前瞻性，为战略目标的连续性完成好目前阶段的任务，也要顾及在现实体制条件完成阶段性任务的基础环境，设计出科学的功能路径。

对外贸易政策及其体现的对外贸易战略要求，都必须服从法律法规的规范。简而言之，对外贸易政策不能违背中国有关的基本法律法规，也不应违背中国参加的各项国际条约或协定。

第二节　对外贸易战略的基本原则

根据中国现阶段国民经济与社会发展水平，结合中国体制改革与对外开放的历史进程，参照国际惯例和经验，在制定对外贸易战略过程中应贯彻落实如下基本原则：

一、自由贸易与保护贸易相结合的原则

自由贸易和保护贸易是数百年来国际经济贸易理论界争持不下、各国政府和议会党团或偏或倚的政策主张。在掌握贸易竞争优势或经济技术“先发优势”的发达国家及地区，自由贸易被视作寻求“帕雷托最优”(Pareto optimum)的天条，而在居于贸易竞争劣势或经济技术发展后进地位的国家及地区，保护贸易则被奉为追求“次优”的法宝。事实上，随着世界经济由单纯的商品贸易竞争向服务贸易、国际投资与技术知识产权、环境保护及可持续发展等综合、复杂的领域争斗转化，各国政策和战略中纯粹倚仗自由贸易或保护贸易的色彩已经少之又少，更多的国家开始转向实行自由贸易与保护贸易相结合的所谓“管理贸易”立场。对于中国这样一个发展中的大国而言，产业发展参差不齐、地区经济极不平衡、总体实力尚属薄弱，无疑是兼具了发达国家的少数表征和发展中国家的整体特性。因此，在制定对外贸易发展战略过程中更须强调自由贸易与保护贸易相结合的根本原则。

二、进口替代与出口替代相结合的原则

发展中国家推进对外贸易的一个重要目标，是通过“两个市场、两种资源”的相互交换，达到产品、服务、要素和资源的互补，特别是通过引进外资和先进技术，加快工业化进程，达到扩大经济总量、优化资源配置、提升产业结构、改善贸易条件、增进社会福利的目的。从中国国民经济与社会发展所处的阶段出发，工业化正处在关键时期，扩大经济总量和提升产业结构的任务十分繁重，因此，对外贸易发展中必须重视强调进口替代。当然，鉴于一些发展中国家在走进口替代道路时曾有过的“经济内向化”和中国计划经济时代也曾发生的“闭关锁国”、最终导致经济停滞衰败的教训，今后发展对外贸易时，必须特别强调进口替代与出口替代的紧密结合，将进口替代的成果落实到出口替代的实效中去。

三、扩大内需与出口导向相结合的原则

众所周知，世界经济发展具有明显的周期性。20世纪70年代以来，世界经济的波动和景气状态呈现出前所未有的复杂性，世界经济整体性不景气和国际、地区间经济波动的不平衡性相互交错并存。新世纪初，美国经济复苏乏力、欧洲经济持续低增长、日本经济迟迟未能摆脱亚太金融危机后的颓势，俄罗斯经济虽有起色但总量和结

构均存在较大问题，中国周边经济、政治的不稳定局势有所加剧。在这种形势下，中国政府坚持实行积极的财政政策和稳健的货币政策，克服外需不足带来的困难，继续实行扩大内需的战略方针，促进了国民经济的较快增长；与此同时，中国坚持加入世界贸易组织，继续扩大对外开放，大力发展对外经济贸易事业，对外贸易总额在世界的排名位序逐步靠前。这是中国立足于发展中大国的地位和国情实际，在对外经济贸易发展战略上做出的正确选择。由此可见，科学确立扩大内需和出口导向相结合的对外经济贸易战略原则是十分重要的。

第三节 对外贸易总体战略

一、出口导向战略与进口替代战略

根据世界银行的贸易战略划分方法，即按照一国对国内市场和国际市场的轻重选择不同，把对外贸易战略分为两类：外向型战略和内向型战略，即出口导向战略和进口替代战略。

（一）出口导向战略

所谓外向型战略或出口导向战略（export oriented strategy），通常被理解为单纯鼓励出口和出口生产、歧视内销的做法。而事实上，这种理解是有偏颇的。世界银行认为，外向型战略或出口导向战略是指“贸易和工业政策不歧视内销的生产或供出口的生产，也不歧视购买本国商品或外国商品”①。因此，所谓出口导向型战略是一种中性的战略主张，其实质意义是将国内国际市场等同看待。换言之，是把国内市场看作开放性的市场，即国际市场的一个组成部分，实行非歧视性的贸易和工业政策。然而不言而喻，发展中国家与发达国家相比，市场处于不成熟状态、贸易和工业都属于“后发展”范畴，发达国家的市场需求和产业结构对不同的发展中国家都具有一定的先导性意义。在此情形下，发展中国家的外向型战略或出口导向型战略难免带有以外需为主要导向，根据国际市场的需求来安排本国生产的某些特征。显然，这些特征不应当属于歧视性做法。

出口替代是外向型或出口导向型贸易战略发展到较高阶段的结果。一国贸易与工业发展通常由静态比较优势起步，逐步向争取动态比较优势目标过渡，因而出口替代通常可以划分为两个相互连接的阶段，即在经济增长、产业演进、技术进步和制度创新的基础上分两步走：第一阶段，实现以制成品出口替代传统的初级产品出口；第二阶段，实现出口产品由简单制成品向高新技术、高附加价值制成品转换。由此，带动本国经济的工业化和现代化。

（二）进口替代战略

进口替代型战略或称内向型战略，世界银行将其定义为“对工业和贸易的奖励制

① 杨圣明，《中国对外经贸理论前沿》，社会科学文献出版社，1999 年。

度有偏向，重视内销的生产，轻视供出口的生产”，而国内外学者比较一致的定义为“进口替代就是以国内生产的同类产品（主要是工业制成品）取代进口品”。进口替代型贸易战略的基本内涵应包括如下方面：①强调本国的工业化和现代化取向，加强经济自立能力；②在进口关键技术和设备的同时，努力提高产品的国产化比率，节约外汇和实现外部经济平衡；③本币汇率高估和幼稚产业保护是实现进口替代的主要手段；④对本国市场实行不同程度的保护。所以，进口替代型战略的鲜明特征是对外来产品的歧视。

进口替代或内向型贸易战略发展到极致状态，即不合理，甚至不理智的情形，是由国家对贸易实行高度的统制或国家垄断，拒绝贸易利益，全面进行计划控制和高保护主义政策。一句话，是以极端扭曲国内的资源配置和国际的比较优势关系的各种方式，换取本国工业在“闭关锁国”状态下的落后、缓慢的发展。对此，世界上不少发展中国家都有过深刻的历史教训，至今仍有一些国家在品尝着错误战略的苦果和承受着政策失误的后遗症。

中国对外贸易战略应突出以上两种战略的有机结合，即长期的出口导向和适度的进口替代相结合，突出出口替代目标效益的组合战略。中国对外贸易战略的这一定位不同于以往理论界指称的“混合型贸易战略”。

迄今为止，中国理论界提出的“混合型贸易战略”实质上是对出口导向战略和进口替代战略的简单折中。它的主要缺陷有：①错误理解出口导向，认为出口导向即鼓励出口、歧视内销；②战略目标及其配套关系不明确，从未有人对两种战略的目标和内涵差异、配套的政策或措施差异进行阐述，甚至于有人将出口导向直接等同于进口替代；③缺乏对战略阶段的规划，主张将两种不同性质的战略等量齐观、并列并重，造成提出的政策和策略主张相互矛盾。因此，所谓“混合型贸易战略”是无法实际操作的空洞无物的一种“理论”形态。

新世纪中国外贸发展战略要避免重蹈“混合型贸易战略”覆辙。具体地说，要从以下几方面进行艰苦的努力：①要以出口导向型贸易战略的科学内涵指导长期的对外贸易实践，即中性地看待商品和服务进、出口贸易行为，国际市场和国内市场并重、出口和国产内销并重；②要在中国已有的工业化和经济结构基础上开展适度的进口替代，即以提高技术和提升产业结构为目的开展必要的进口或引进活动，实施以增强国际竞争力为导向的引进方针；③要以出口替代能力和效果，即产品与服务的国际竞争力或国际市场份额来最终衡量外贸经营的宏观经济效益；④要将总体战略设计落实到具体的对外贸易基础战略和策略中去，细化为战略步骤和战略措施。由此可见，中国新世纪外贸发展中出口导向和进口替代相结合、突出出口替代效益的组合战略是一个有机的整体，是符合中国现阶段经济和对外贸易实际发展的有效战略。

二、外开内撑型贸易战略

“外开内撑”是中国学者在 20 世纪 90 年代提出的一项对外贸易发展战略。其原意是指扩大对外开放的同时，以国内市场为依托、以适度保护为辅助，努力撑大本国内部市场，利用较为广阔的国内市场加快发展。这一战略的主要背景是当前西方国家经济发展所处的周期困境、世界经济发展呈现的不平衡性，以及中国近年来实施扩大内需宏观经济政策所造就的良好的增长环境。

重视扩大国外市场，增加中国参与国际分工和国际竞争的深度、广度，是中国在“十五”期间既定的对外贸易基本方针。改革开放以来，中国外贸依存度已经达到较高程度，国民经济的进一步发展离不开对外贸易的支持和拉动，因而大力拓展国际市场具有特别重要的意义。尽管西方国家经济发展缓慢或面临许多困难，但其长期形成的巨大市场容量仍然构成中国对外贸易的市场基础；同时近年来，一些发展中国家如俄罗斯、拉美、中亚、波罗的海三国经济恢复或发展较快，中国与这些国家和地区的贸易增长迅速，形成新的市场增量。随着中国“入世”，“乌拉圭回合”协议成果的逐步落实和世界贸易组织新体制作用力度的加大，世界经济和贸易气候有望回暖。因此，中国进一步拓展国际市场的空间仍然是十分巨大的。

在积极拓展国际市场的同时，中国对外贸易发展应当强调重视国内市场的作用，适应扩大内需政策调整并抓住由此而来的市场机会。随着中国对外开放步伐的加快，国内外市场的联系日趋密切。中国由于经济高速增长、实行扩大内需政策形成的巨大商机令世界瞩目，因而适度保护国内市场，巩固、扩大和挖掘内部市场，是中国外贸发展须着力实现的目标。当然我们必须指出，对外贸易在利用内需加快发展时，应当起到调节内需结构、引进关键技术、有利于工业化基础水平提高和出口替代的作用。只有这样，才能形成国内、国际生产消费的对接平衡和良性大循环。

三、对外经济贸易复合型战略

所谓对外经贸复合型战略，是指对外多种经济合作与商品、服务进出口贸易相结合的发展战略。众所周知，在当今世界的主要发达国家或中国最主要的贸易伙伴国，产业结构的“软化”表现为第三产业在国民生产总值中所占的比重上升，平均水平高达 60%以上，这说明各国经济活动中非物质生产部门的作用日益重要。与此相适应的是，现代国际贸易不再是单一的商品进出口经营活动，而往往是集国际投资、劳务输出、技术贸易、工程承包、旅游、电信、金融保险服务和知识产权保护等为一体，甚至包括环境维护改善在内的综合性经济合作。各种不同类型的经济合作相互交融、相互带动、相互促进和相得益彰，使一国对外经济贸易的综合效益得以不断提高。

国际投资继国际贸易之后，被世界各国奉为经济增长的“第二级火箭”，从当今世界生产、世界销售、技术开发和贸易、服务提供和交换、金融及电信服务网络的组成、新增资本来源等各个方面来看，跨国公司已经成为世界经济和贸易的重要主体。据统计，目前在全球范围内已有 6 万～7 万家跨国公司母公司，它们控制了全球生产总值 40%、国际贸易 50%～60%、国际投资 90%的比重。对外贸易在许多国家，已经由“国内生产、国际销售”的传统形态，转变为“国际生产、国际销售”的现代模式。所以，中国发展对外贸易就要与跨国公司打交道，即一方面要加强引进外资，扩大加工贸易和服务贸易的比重；另一方面要学习对外投资、建立海外经济贸易合作的基地。在此基础上，带动中国对外贸易总量的增长。

中国是服务贸易逆差大国，服务贸易增长缓慢也制约着商品对外贸易的发展，因此，服务贸易失衡的状态亟待解决。服务贸易的内涵十分丰富，对于中国现阶段而言，重点应求得劳务工程合作、商业和旅游服务的突破，以及关键技术引进与技术产品输出之间的相对平衡。近年来，世界劳务市场有所扩大，亚洲、拉美和非洲等劳务市场的增长尤其明显，以劳务合作带动商品输出的机会大大增加，世界主要劳务输出国以劳务出口带动商品贸易的经验对我们提供了有益的启示。以商业和旅游的输出而言，中国作为轻工、服装、工艺和旅游产品等商品的出口大国和旅游资源大国，应当利用“入世”契机在海外建设自己的商业批零和旅游推介网络，促进商品出口贸易。从技术贸易来看，近年来中国高新技术产品出口增长较快，2020 年中国高新技术产品出口额达 7 767 亿美元，较 2019 年增加了 460 亿元，同比增长 6.29%，占当年总出口额近 30%。其中，计算机及零部件出口额占高新技术产品出口总额的 27.17%；手机出口额占高新技术产品出口总额的 16.16%；集成电路出口额占高新技术产品出口总额的 15.01%；音视频设备及其零件出口额占高新技术产品出口总额的 7.04%；液晶显示板出口额占高新技术产品出口总额的 2.55%；其他出口额占高新技术产品出口总额的 32.07%。但是，中国高新技术产品总量狭小、原生性技术产品很少，因而仍然是一个技术落后的发展中国家。中国技术赋存不足的状况直接决定着技术贸易的失衡状态，而技术贸易的失衡对于一个发展中大国而言，又在一定程度上决定了中国服务贸易乃至商品贸易的长期发展弱势。所以，技术开发和引进、消化吸收与创新是中国外贸发展的瓶颈，也是外贸发展总体战略中亟待突破的关键环节。

加强对原生技术的开发，对自主性知识产权和引进技术的保护，是促进技术贸易加快发展的重要基础。中国已经加入世界贸易组织，并已成为世界最主要的各类知识产权保护协议的签约方，中国的专利权法、商标法和著作权法经修订已基本上实现与国际接轨，因此中国已经形成了完整的知识产权保护法律体系。在对外贸易活动中，我们既要加强对中国知识产权的保护，也要落实对国际知识产权的尊重，维护公平、公正的技术贸易秩序。

四、转变对外贸易增长方式战略

转变对外贸易增长方式是中国 20 世纪 90 年代以来一直努力推进的一项根本性战略。它的基本要求是，实现对外贸易从粗放性增长向集约型增长的根本转变。具体而言，它强调要加快对外贸易体制改革、增强外贸企业活力、实现出口商品结构的优化、推进出口市场结构的多元化和外贸方式的多样化，达到全面提高对外贸易经济效益的目标。因此实际上，转变对外贸易增长方式是一项综合性的战略。

改革开放以来，对外贸易在中国经济增长中发挥了重要的作用。一方面，中国“入世”后，在内需不振、国内投资波动频繁的条件下，外贸的高速增长和外资的持续流入两者相互促进，带动国民经济实现了一轮新的突破；另一方面，“入世”过渡期的顺利推进，也使社会主义市场经济体制建设进程得到加快，促使中国经济平滑地融入经济全球化轨道。实践不断表明，改革开放是中国经济发展的基本经验，贸易大国是制造大国的必要前提，大力促进对外贸易是中国经济取得迅速增长的基础条件。但是我们也要看到，中国对外贸易增长迄今主要依靠量大质次、低价格低附加值的货物出口贸易来实现，劳动密集型的商品结构、高消耗性的能源和资源投入、对外资流入的高度依赖、高风险的环境污染是这种粗放型外贸增长方式的基本特征；拼价格、拼资源、拼数量的内部无序内耗和频繁发生、日益严重的外部摩擦竞争，是粗放型外贸增长的常态。这种对外贸易增长方式的最终后果是，对外贸易无从实现科学的、可持续的发展。

转变对外贸易增长方式，主要在于强调转变出口贸易增长方式。其一，应当努力实现货物出口贸易与服务出口贸易的并重，改变中国货物贸易加快积累顺差与服务贸易日益扩大逆差的不利趋势；其二，增强企业的自主创新和知识产权研发、学习及积累运用能力，尽快实现出口商品结构向高技术含量、高附加值和高质量、高效益的优化；其三，提高国内环保标准，改变高耗高污、生态破坏性的生产与出口方式，扩大节能减耗、环境友好型生产与出口比例；其四，继续坚持出口市场的多元化方向，努力开拓拉美、俄罗斯、东欧、南亚、中亚、非洲等地区市场，避免出口市场过于集中；其五，积极探索“走出去”的贸易投资一体化方向和模式，建立国际化网络状的研发—生产—销售—管理平台，发展一批现代的中国式跨国企业。

转变对外贸易增长方式，也要相应地调整进口增长方式。其一，继续加大高技术和关键设备的进口，加大环保技术与设备的进口，优化国内外贸出口生产的物质技术基础；其二，改善利用外资的结构，有针对性地加强对外商投资进口设备、原材料及零配件、生产过程的监管，提高外资及其产品的技术含量和环保质量；其三，根据贸易摩擦等状况，主动调整进口的方向、种类与力度，积极化解对外贸易的各类相关风险。

转变对外贸易增长方式，还要求加强政府、行业组织、企业的相互协同。从政府角度看，应根据转变对外贸易增长方式战略的需要调整政策，包括国内的进出口关税与非关税手段、出口退税制度、投资与外汇管理政策、产业导向与区域规划、贸易促进等自主性政策与国际的多边、区域、双边合作谈判协调；从企业角度看，要树立效益为先、合作多赢、持续有利的生产管理和竞争指导原则，避免各种粗放、高耗、无效益的短期行为；从行业组织如商会、协会、贸促会等的角度看，需要加强其与政府、企业之间的协调水平，提高行业促进、行业协调、行业预警、行业救济等多方面的能力。

第四节 对外贸易基础战略

一、对外商品贸易战略

根据《国民经济和社会发展第十三个五年规划纲要》，中国应实施优进优出战略，推动外贸向优质优价、优进优出转变，加快建设贸易强国。

在《国民经济和社会发展第十四个五年规划纲要》中，除了实现经济高质量发展、优化经济结构、提升创新能力等传统目标，还提出“促进国内国际双循环”。要实现这一战略目标，必须首先优化出口商品结构，具体包括如下措施：

（一）继续扩大大宗传统产品和劳动密集型工业制成品出口

中国是发展中大国，一些主要产品的生产量居于世界前列，如棉花、钢铁、茶叶、煤炭、服装、鞋类、玩具等，目前在世界出口市场上占据重要的地位。现阶段，尽管上述商品出口在国外遇到重重障碍，出口增长减慢，但是它们仍然是中国外贸收入和利润，以及创汇的主要来源，劳动密集型的工业制成品仍然是中国静态比较优势之所在。因此，中国必须继续扩大此类产品的出口。

（二）鼓励高新技术产品和高技术附加值产品出口

近年来，中国制造业出口商品的技术结构呈现出高度化、合理化的发展趋势，金融危机倒逼推动的中国制造业出口结构的升级效应逐步显现，但是出口结构的升级并不等同于制造业创新能力的增强，因为中国高技术行业出口贸易结构与行业结构存在比较大的偏离，具体如图 13-1 所示。以各行业出口产品占制造业出口总产品的比重来表示制造业出口贸易结构状态（用 A 表示），以各行业产品占制造业总产品的比重代表制造业的行业结构状态（用 B 表示）。以 2015 年为例，制造业按技术分类的出口贸易结构与行业结构存在偏离。其中，高技术行业两者的偏离程度最大，其行业结构滞后于出口贸易结构的变动。

中国以高技术行业为主导的制造业出口格局主要建立在加工贸易的基础上，中国出口的高技术产品中，90%以上都是通过加工贸易实现的，发达国家提供原材料和部分零部件的生产方式，推动了中国制造业出口商品技术结构的迅速提升。但是伴随着发达国家成熟产业技术进步的高层次化和隐性化，缺乏技术积累的中国技术学习难度不断增大。因此，中国应积极推进产业改革和技术创新，支持自主性高技术产品、机电产品、高附加值劳动密集型产品出口，减少资源消耗和环境破坏。

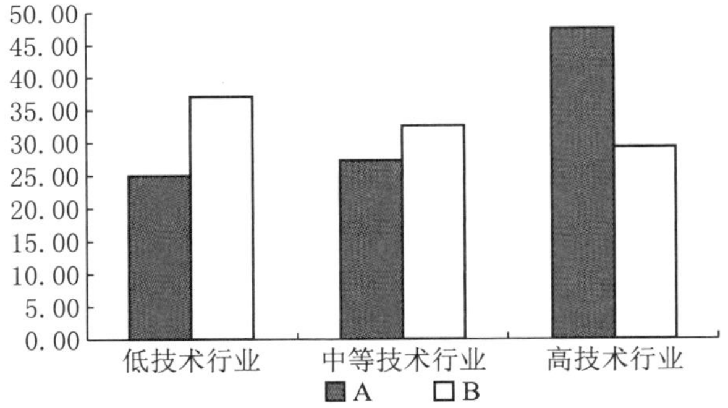

图 13-1　2015 年中国制造业各部门出口贸易结构与行业结构的偏离

资料来源：任太增，《贸易结构、行业结构与制造业出口商品的技术升级》，《江汉论坛》，2019 年第 2 期。

（三）加强加工贸易管理，提高加工贸易的增值率

近年来，中国一般贸易出口增长放慢，而加工贸易则呈现高速增长的势头，中国

成为“世界工厂”的地位趋势日益显著。中国目前有 7 万多家加工贸易企业、102 个海关特殊监管区域、23 个保税物流中心、764 个保税仓库、116 个出口监管仓库从事加工贸易。要保持加工贸易税收政策的稳定，避免禁止类项目的增加，推动加工贸易的转型升级，推动加工贸易向产业链高端延伸、向中西部转移，同时，要强调加工贸易管理的便利化。

(四) 积极扩大先进技术、关键设备和国内稀缺资源的进口

在保持出口稳定增长的同时，还要加强和改进进口工作，提高进口便利化水平，拓宽进口渠道，扩大先进技术设备、关键零部件和国内稀缺资源、原材料的进口，促进资源进口多元化，敦促欧美国家放宽对中国高技术产品的出口管制。充分重视进口在推动出口和拉动中国经济增长方面的作用，通过扩大进口减少贸易摩擦，促进贸易平衡，并且为其他国家的经济复苏提供机会。

(五) 进一步深化改革开放

坚定不移推进改革，坚定不移扩大开放，加强国家治理体系和治理能力现代化建设，破除制约高质量发展、高品质生活的体制机制障碍。强化有利于提高资源配置效率、有利于调动全社会积极性的重大改革开放举措。立足国内大循环，发挥比较优势，协同推进强大国内市场和贸易强国建设，以国内大循环吸引全球资源要素，充分利用国内国际两个市场两种资源，积极促进内需和外需、进口和出口、引进外资和对外投资协调发展，促进国际收支基本平衡。完善内外贸一体化调控体系，促进内外贸法律法规、监管体制、经营资质、质量标准、检验检疫、认证认可等相衔接，推进同线同标同质。优化国内国际市场布局、商品结构、贸易方式，提升出口质量，增加优质产品进口，实施贸易投资融合工程，构建现代物流体系。持续增强发展动力和活力。

二、对外服务贸易战略

服务贸易具有附加值高、环保、节能等特点，成为世界各国竞相发展的重点和国际竞争的焦点。据世界银行《世界贸易报告 2010》统计，2009 年美国是世界上最大的商业服务出口国，约占世界服务贸易出口的 14.2%，而同年中国商业服务出口仅占世界份额的 3.9%，位居美国、英国、德国和法国之后。相应地，美国也是世界上最大的商业服务进口国，约占世界服务进口的 10.6%，而同年中国商业服务进口约占世界份额的 5.1%，位居美国、德国和英国之后。进出口相抵，中国商业服务贸易一直存在着较大的贸易逆差，2009 年逆差达 290 亿美元。中国需要大力发展服务贸易，改变中国服务贸易占世界贸易比重较低的格局。

服务企业应改善服务质量，优化服务贸易出口结构。电信行业可进行对外投资，开展跨国运营；计算机和信息服务企业应充分挖掘自身实力，努力提高自身的服务水平；保险、金融和咨询服务等行业应配合国家政策，适当进行行业重组，通过联合兼并扩大自身规模，防止恶性竞争，积极进行自身管理制度的改革，提高管理水平，注意与外资服务企业合作，学习外资企业先进的管理方法和服务手段，提高自身竞争力。

大力承接国际服务外包，促进服务贸易发展。鼓励国内有条件的企业海外投资建厂，在当地组装生产，带动国内零部件出口，加强技术研发、品牌管理和营销渠道建设，规避贸易壁垒，提高国际化水平，加强全球产业链参与水平；支持中国企业承接服务外包业务，提高服务贸易比重，优化贸易结构；培养专门人才队伍，帮助企业进行海外重要资源和优良资产并购、工程承包等项目的咨询与运作。

加快数字化发展。发展数字经济，推进数字产业化和产业数字化，推动数字经济和实体经济深度融合，打造具有国际竞争力的数字产业集群。加强数字社会、数字政府建设，提升公共服务、社会治理等数字化智能化水平。建立数据资源产权、交易流通、跨境传输和安全保护等基础制度和标准规范，推动数据资源开发利用。扩大基础公共信息数据有序开放，建设国家数据统一共享开放平台。保障国家数据安全，加强个人信息保护。提升全民数字技能，实现信息服务全覆盖。积极参与数字领域国际规则和标准制定。

三、对外贸易“绿色战略”

中国明确的减排目标很宏伟，需要举国之力共同努力方有可能达到。改革开放以来，中国对外贸易一直担当经济建设主力军作用，在中国经济实现绿色革命重大历史发展时期，对外贸易仍将担当起主力作用。具体概括如下：

（1）对进出口商品的制造、消费过程要求必须符合中国有关法律规定。

（2）通过进出口技术，尤其是进口技术加快中国经济绿色革命。

（3）在国际社会涉及制定节能、环保、低排放、治理污染的新规则时，中国对外贸易应以高于世界平均水平的标准要求自己，同时应在世界气候大会等国际舞台上主动参与，发挥积极作用。

（4）绿色战略不是消极防守战略，还包括发展的含义。中国新能源产业、多数战略新兴产业的发展都与绿色革命有关。中国经济总体水平落后于发达国家没有变，中国需要积极引进国际先进技术，主动开放市场，继续实施“以市场换技术”的战略。有人担心中国人工费大幅上涨，与当初发展 IT 产业时期存在较大差异，特别是越南、印度等人工费比中国更低，会降低中国对外资的吸引力。考虑到中国市场广阔，越南、东南亚甚至印度市场规模相对较小，其投资软硬件环境尚不如中国，而且缺少工程技术人才等，综合对比中国环境优势更加突出。因此，通过优惠政策吸引外资来中国发展新能源、新兴产业，以技术换市场策略仍然有效。

四、资源供应的安全战略

国际经验表明，在资源供应紧缺时代，各国政府和企业对资源争夺不遗余力，市场交易背后必然掺杂政治、外交、安全的较量。因此，中国发展资源进口不仅需要按照一般市场交易规则获取，还须与政治、经济、安全等软硬综合实力结合使用，才能取得更好效果，以公平价格获取资源。中国拥有稀有资源优势，建议将其集中到 4～6 家企业，实行专营，对资源实行加工材料出口管制，并纳入中国期货和现货交易市场，以人民币标价，完成交易。且应该禁止外国进口商将资源材料转为军用。对外国军用进口采取最高行政批准手续。即便用于民用事业，出口稀有资源加工的材料价格也应充分考虑国家利益因素，考虑与世界铁矿石、原油价格按照比例进行挂钩的方式实现交易。

此外，世界资源供应长期紧张必然引发价格持续飞涨，从而使世界市场消费理念发生变化，如高能耗、一次性消费产品将不合时宜，节约生产和耐用性消费品将成为时尚。所以，中国出口产品的设计、制造及消费过程也应体现节能、耐用。

五、对外贸易市场多元化战略

对外贸易市场多元化指数，是反映一国对外贸易商品流向分布状况、表示对外贸易伙伴广泛程度的主要指标。多元化出口市场格局有利于保持对外贸易稳定发展，中国早在“八五”计划时就正式启动了出口市场多元化战略，近年来，中国对欧美国家出口份额的下降以及对自由贸易伙伴和新兴市场经济体出口份额的增加，正是中国实施出口市场多元化战略的结果。

2018 年，与中国有贸易往来的国家和地区超过 210 个，但考虑到 2001 年中国加入 WTO 后商品已经走向全球，故贸易伙伴的增加并不明显；从出口市场集中度看，在中国出口排名前五的国家或地区，其出口市场集中度从 2010 年的 48.2%降至 2018 年的 45.3%，下降了 2.9 个百分点。在中国出口排名前五的新兴市场国家或地区，其出口市场集中度从 2010 年的 22.9%升至 2018 年的 27.1%，提升了 4.2 个百分点。具体来看，中国对非洲，拉美及金砖国家等新市场的出口增长还不理想，只占到中国对外出口总额的 17%左右①。由此可以看出，中国出口市场多元化虽然取得一定成效，但出口市场依然比较集中。2018 年中美贸易摩擦的爆发，进一步说明出口市场过于集中的不利影响。与此同时，“一带一路”倡议的提出和推进，中国与沿线国家交通设施的改善，贸易自由化和便利化程度的提高以及亚投行等金融平台的建立，都为中国出口市场多元化提供了契机。

六、区域性贸易发展战略

在区域经济一体化合作蓬勃发展的趋势下，积极参与区域经济一体化组织，是提高一国国际竞争力，提升本国贸易自由化水平的重要途径。目前，中国主要与香港地区、澳门地区、东盟、智利、新西兰、新加坡、巴基斯坦、秘鲁等进行了建立自由贸易区的合作。但中国对于区域和双边合作的长远战略与优先次序尚没有明确的考虑与安排；参与区域贸易合作组织的数量较少，区域合作伙伴类型单一，缺乏与发达国家的合作；参与区域经济合作组织的合作程度较低，大部分合作是致力于建立自由贸易区。

中国是亚洲大国，开展区域合作应首先考虑维持在亚洲的国家利益和影响力。在自由贸易协定合作方面，首先应积极推动与中国港、澳、台的经贸合作，取消关税和

---

① 陈玉玲等，《“一带一路”和中美贸易摩擦背景下推动中国出口市场多元化研究》，《价格月刊》，2020 年第 6 期。

非关税措施，进一步开放服务市场，共同繁荣。大力推动“10＋1”自由化贸易区的推进及与东北亚各国如日本、韩国、俄罗斯、蒙古国的区域合作。研究和启动同南亚、中亚等国的自由贸易协定谈判，推进上海合作组织框架下加快建设自由贸易区的合作。其次，除周边地区外，开展区域合作还应放眼全球，选择与自己有战略利益或优势互补并且关系友好的国家进行区域经济合作。如南方共同市场、南部非洲关税同盟的部分国家都可以成为与中国自由贸易区谈判的对象。此外，中国还应注重与发达国家的经济合作。中国在与发达国家发展经贸关系的同时，可与和发达国家有区域合作的国家开展区域经济合作，也可利用已经参加的一体化组织的力量来加强自身谈判的力量。除了美、日、欧，中国还可着眼其他发达国家，如考虑与澳大利亚、加拿大等国进行经济合作。

本章小结

1. 对外贸易战略是指一国于一定时期内，在国民经济发展整体战略指导下，根据本国比较优势静态基础、比较优势动态方向及国际比较优势竞争格局确定、规划的对外贸易发展目标、步骤和策略。

2. 参照国际惯例和经验，在制定对外贸易战略过程中应贯彻落实如下基本原则：自由贸易与保护贸易相结合、进口替代与出口替代相结合、扩大内需与出口导向相结合。

3. 中国对外商品贸易发展战略目标为推动外贸向优质优价、优进优出转变，加快建设贸易强国。

复习思考题

1. 对外贸易战略目标、依据、体制、政策的关系如何？
2. 制定中国对外贸易战略的基本原则有哪些？
3. 中国对外贸易的总体战略与基础战略是什么？

案例分析

推动市场多元化战略

推进贸易市场多元化一直是中国对外贸易的一个发展方向。面对国际市场不确定因素增加的形势，中国外贸企业需要想方设法开拓新市场，优化市场布局，推动市场多元化发展。根据中国海关的统计，2009 至 2018 年，新兴市场占中国进出口的比重从 51.7%上升到 57.7%，提高了 6 个百分点。

中国与东盟自由贸易区的建立促进了中国对东盟的纺织出口份额的扩大，利于中国纺织行业实施出口市场多元化的战略方针。2010 年 1 月 1 日，中国与东盟 10 国的自由贸易区全面启动，东盟主要国家自中国进口的纺织产品税率整体上将显著降低，进一步增强了中国纺织产品的出口竞争力。同时自由贸易区的建立也加快了东盟经济的复苏步伐，使其逐渐摆脱金融危机的影响，从而也将带动对纺织产品的消费需求。但市场多元化过程中也存在风险，例如，东盟一些国家的纺织产业链配套缺少优势，集约程度低，基础设施仍待完善，也会增加中国纺织企业投资的成本。而且，东盟国家的政治安全隐患和对中国的戒备心理，同样会成为制约中国纺织业布局东盟的重要因素。

近年来，“一带一路”沿线等新兴市场和发展中国家经济增长空间和市场潜力巨大。中国将主要依靠市场的力量，发挥企业的主体作用，不断扩大与这些国家和地区的贸易规模。在广交会上，广东光阳电器有限公司销售经理欧阳浩彬在接受国际商报记者采访时表示，公司主要研发、生产和销售可移式灯具、LED 照明灯具等产品，产品最早出口到韩国和日本，后来拓展到欧洲和美洲市场，在当地有较高的市场占有率。现在，公司正进一步实施市场多元化战略，重点开拓“一带一路”沿线国家和地区市场，尤其是非洲等发展中国家市场。

分析题：

1. 结合案例，分析实施“出口市场多元化”战略的现实意义。
2. 结合案例，分析实施“出口市场多元化”战略过程中应注意的问题。

参 考 文 献

[1] 彭波.新中国成立 70 年来外贸发展对中国及世界的贡献[J].国际商务财会，2019(8).

[2] 朱钟棣，张秋菊.中国需要新的贸易模式[J].国际商务研究，2006(2).

[3] 黄建忠.国际贸易新论[M].北京：经济科学出版社，1999.

[4] 张问敏，宋光茂，郑红亮，等.中国经济大论战[M].北京：经济管理出版社，1996.

[5] 陈家勤.适度增加进口的几点思考[J].国际贸易问题，1999(7).

[6] 卢进勇，李思静，张航.实施扩大进口战略推动中国经济高质量发展[J]. 亚太经济，2019(5).

[7] 黄建忠，郑智昕.异质性企业贸易理论的最新进展[J].国际经贸探索，2011，27(11).

[8] 江林.世界各国(地区)现行贸易政策[M].上海：上海外语教育出版社，1994.

[9] 李春顶.中国外贸发展战略调整与政策选择——来自新-新贸易理论的启示[J].当代经济研究，2009(8).

[10] 李春顶.出口贸易、FDI 与中国企业的国际化路径选择——新-新贸易理论模型扩展及中国分行业企业数据的实证研究[J].南开经济研究，2009(2).

[11] 于永达.卓有成效的贸易管理[M].长春：吉林人民出版社，1993.

[12] 战勇.国际贸易[M].4 版.大连：东北财经大学出版社，2014.

[13] 张二震.国际贸易的政策与比较[M].南京：南京大学出版社，1993.

[14] 张二震，马野清.国际贸易学[M].5 版.南京：南京大学出版社，2015.

[15] 章晶，唐海燕，王洪峰.贸易秩序变迁对传统贸易理论的挑战[J].世界贸易组织动态与研究，2006(6).

[16] ANTRÀS P. Firms, contracts, and trade structure[J]. The Quarterly Journal of Economics, 2003, 118(4).

[17] BALDWIN R. Heterogeneous firms and trade: testable and untestable properties of the Melitz model[EB/OL].[2021-03-24]. https://www.nber.org/system/files/working _ papers/w11471/w11471.pdf.

[18] HEAD K, RISES J. Heterogeneity and the FDI versus export decision of Japanese manufacturers[J]. Journal of the Japanese and International Economies, 2003, 17(4).

[19] Melitz M J. The Impact of Trade on Intra-Industry Reallocations and Aggre-

gate Industry Productivity[J]. Econometrica, 2003, 71(6).
[20] 黄建忠.中国对外贸易概论[M].3 版.北京:高等教育出版社, 2012.
[21] 张波.中国对外贸易概论[M].北京:中国人民大学出版社, 2013.
[22] 徐复.中国对外贸易概论[M].天津:南开大学出版社, 2012.
[23] 刘丽娟.中国对外贸易概论[M].2 版.大连:东北财经大学出版社, 2015.
[24] 黄晓玲.中国对外贸易概论[M].3 版.上海:对外经济贸易大学出版社, 2016.
[25] 中华人民共和国国务院新闻办公室.中国与世界贸易组织[M].北京:人民出版社, 2018.
[26] 石广生.世界贸易组织基本知识读本[M].北京:人民出版社, 2011.
[27] 石广生.中国加入世界贸易组织谈判历程[M].北京:人民出版社, 2011.
[28] 石广生.乌拉圭回合多边贸易谈判结果:法律文本[M].2 版.北京:人民出版社, 2011.
[29] 石广生.中国加入世界贸易组织法律文件[M].2 版.北京:人民出版社, 2011.
[30] 世界贸易组织秘书处.乌拉圭回合协议导读:英汉对照[M].北京:中国商务出版社, 2011.
[31] 盛斌,高疆.超越传统贸易:数字贸易的内涵、特征与影响[J].国外社会科学, 2020(4).
[32] 王洪庆.外商直接投资的贸易效应研究[M].北京:经济科学出版社, 2007.
[33] 裴长洪,杨志远.实现中国吸收外商直接投资的新跨越[J].国际贸易, 2011(9).
[34] 中华人民共和国商务部,国家统计局,国家外汇管理局.2018 年度中国对外直接投资统计公报[R/OL].(2019-10-28)[2021-3-24].http://images.mofcom.gov.cn/fec/201910/20191030110615743.zip.
[35] 中华人民共和国商务部,国家统计局,国家外汇管理局.2017 年度中国对外直接投资统计公报[R/OL].(2018-09-28)[2021-3-24]. http://images. mofcom.gov.cn/hzs/201810/20181029160118046.pdf.
[36] 中华人民共和国商务部,国家统计局,国家外汇管理局.2016 年度中国对外直接投资统计公报[R/OL].(2017-09-30)[2021-3-24]. http://images. mofcom.gov.cn/fec/201711/20171114083528539.pdf.
[37] 中华人民共和国商务部,中国对外承包工程商会.中国对外承包工程发展报告 2018—2019[R/OL].(2020-05-09)[2021-3-24]. http://images. mofcom. gov.cn/fec/202106/20210630085424891.PDF.
[38] 中华人民共和国商务部,中国对外承包工程商会.中国对外承包工程发展报告 2017—2018[R/OL].(2019-03-06)[2021-3-24]. https://www. vzkoo. com/doc/5687.html.
[39] 中华人民共和国商务部,中国对外承包工程商会.中国对外承包工程发展报告 2016—2017[R].中国对外承包工程商会,2017.
[40] BALASSA B. Trade liberalization and revealed comparative advantage[J]. The Manchester School of Economic and Social Studies, 1965, 33(2).

[41] KAUFMANN D, KRAAY A, MASTRUZZI M. Governance matters VII: aggregate and individual governance indicators for 1996—2007[R]. World Bank Policy Research Working Paper, 2008.
[42] FINK C, MASKUS K E. Intellectual property and development: lessons from recent economic research[M]. Oxford: Oxford University Press, 2005.
[43] OSTERGARD R. The measurement of intellectual property rights protection [J]. Journal of International Business Studies, 2000, 31(2).
[44] 代中强.知识产权调查引致的贸易壁垒:形成机理、效应及预警机制研究[M].北京:知识产权出版社, 2018.
[45] 代中强,蔡华津.美国知识产权调查的贸易抑制效应研究[J].国际贸易问题, 2019(8).
[46] 韩玉雄,李怀祖.关于中国知识产权保护水平的定量分析[J].科学学研究, 2005(3).
[47] 沈国兵,刘佳.TRIPS 协定下中国知识产权保护水平和实际保护强度[J].财贸经济, 2009(11).
[48] 孙赫.知识产权保护强度测量方法研究述评[J].科学学研究,2014, 32(3).
[49] 孙旭玉.中国知识产权保护水平与影响因素的实证分析[J].理论学刊, 2010, (7).
[50] 王绍媛,李艳丽.中国对外贸易[M].3 版.大连:东北财经大学出版社, 2010.
[51] 许春明,单晓光.中国知识产权保护强度指标体系的构建及验证[J].科学学研究, 2008(4).
[52] 姚利民,饶艳.中国知识产权保护的水平测量和地区差异[J].国际贸易问题, 2009(1).
[53] 余乐芬.美国"337 调查"历史及中国遭遇知识产权壁垒原因分析[J].宏观经济研究, 2011(7).
[54] 张平.产业利益的博弈:美国 337 调查[M].北京:法律出版社, 2010.
[55] 郑秉秀.国际贸易中的知识产权壁垒[J].国际贸易问题, 2002(5).
[56] 郑成思.知识产权论:修订本[M].北京:法律出版社, 2001.
[57] 朱玉荣.自由贸易的新障碍:知识产权壁垒[J].国际经贸探索, 2005(3).
[58] 那力,何志鹏.WTO 与环境保护[M].长春:吉林人民出版社, 2002.
[59] 蓝海涛.国际农业贸易制度解读政策应用[M].北京:中国海关出版社, 2002.
[60] 盛斌.全方位应对疫情对全球价值链的冲击[N].社会科学报, 2020-04-09(2).
[61] 陈柳钦.有关全球价值链理论的研究综述[J]. 重庆工商大学学报(社会科学版), 2009, 26(6).
[62] 张会清,翟孝强.中国参与全球价值链的特征与启示——基于生产分解模型的研究[J].数量经济技术经济研究, 2018, 35(1).
[63] 欧阳峣.多极雁行理论与全球价值链重构——从产业视角观察当前世界经济体系[N].光明日报,2020-07-28(11).
[64] 王亚飞.贸易摩擦研究文献综述——兼论中美贸易摩擦[J].世界经济与政治论

坛，2006(4).

[65] 陈泰锋.中美贸易摩擦[M].北京：社会科学文献出版社，2005.

[66] 黄辉.中欧贸易摩擦[M].北京：社会科学文献出版社，2005.

[67] 赵瑾.应对贸易摩擦的国际经验和中国选择[J].国际经济评论，2004(5).

[68] BOWN C P. Trade disputes and the implementation of protection under the GATT：an empirical assessment [J]. Journal of International Economics，2004，62(2).

[69] NOLAND M. Trade，investment，and economic conflict between the United States and Asia [J]. Journal of Asian Economics，1996，7(3).

[70] 黄建忠.出口退税制度改革的若干问题与思路[J].中国经济问题，1997(3).

[71] 刘耀威.普惠制的原则和应用[M].北京：对外经济贸易大学出版社，2001.

[72] 张秋菊.出口稳定增长的制约因素及对策研究[M].北京：经济与管理出版社，2016.

教师教学资源服务指南

教师可扫描下方二维码，关注微信公众号“高教财经教学研究”，免费申请课件和样书、下载试卷、观看师资培训课程和直播录像等。

云书展

点击导航栏中的“教学服务”，点击子菜单中的“云书展”，了解最新经管教材信息。

样书申请

点击导航栏中的“教学服务”，点击子菜单中的“免费样书”，填写相关信息即可免费申请样书。

课件申请

点击导航栏中的“教学服务”，点击子菜单中的“课件申请”，填写相关信息即可申请课件。

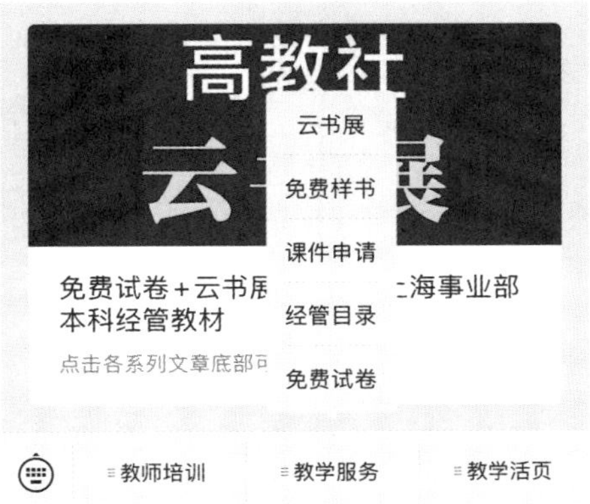